이사의 주주에 대한 충실의무

이사의 주주에 대한 충실의무

이상훈 지음

경북대학교출판부

이상훈

서울대학교 법과대학 사법학과를 졸업(경제학 부전공)하였다. 행정고시와 사법시험 합격 후 2001년부터 로펌 김앤장에서 변호사로 근무하면서 회사와 주주를 분리하는 한국의 회사법 실무에 관심을 갖게 되었다. 2006년 미국 유학길에 올라 조지타운대학교에서 금융 및 증권법 석사학위(LL.M)를 취득하였으며 미국 회계사 시험에 합격하였다. 2008년 귀국하여 김앤장 복귀 후 이사의 의무 대상에서 주주를 배제하는 실무가 한국 회사법 문제의 근원임을 국내 최초로 주장하였다. 그 뒤 KDI를 거쳐 2015년부터 경북대학교 법학전문대학원 교수로 재직하면서 이사의 의무를 주주까지 확장하는 상법 개정의 필요성을 다양한 관점에서 설파하고 있다. 이 책은 약 20년에 걸친 저자의 실무 경험 및 연구를 집약한 것으로 30여 편의 논문을 비롯해 학회 발표 자료, 대중 세미나 및 유튜브 강연, 학교 강의 등을 체계적으로 정리하고 아울러 최근의 연구 성과를 담았다.

경북대학교 학술총서 19

이사의 주주에 대한 충실의무

초판 1쇄 2024년 12월 24일 • **초판 2쇄** 2025년 1월 17일
지은이 이상훈 • **펴낸이** 허영우 • **펴낸 곳** 경북대학교출판부
출판등록 1973년 10월 10일 ㉑97호 • **주소** 대구광역시 북구 대학로 80 • **전화** 053-950-3830
팩스 053-953-4692 • **이메일** press@knu.ac.kr • **홈페이지** www.knupress.com
ISBN 978-89-7180-647-0 93360
정가는 뒤표지에 있습니다. 파본은 바꾸어 드립니다.

이 저서는 〈2024년 경북대학교 학술총서 집필 및 출간지원사업〉의 재원으로 출간되었습니다.

목 차

머리말

이사의 '주주에 대한' 충실의무 — '상법 개정'의 배경과 쟁점

Ⅰ. '주주에 대한' 충실의무 — '상법 개정'의 의미

최근 우리 주식시장의 이른바 코리아디스카운트 현상을 해소하기 위한 기업 거버넌스 과제로 상법 개정이 화두가 되고 있다. 상법 개정이란 구체적으로는 상법 제382조의3이 규정하는 이사의 충실의무 조항 속에 그 대상으로 회사뿐 아니라 주주도 포함시키는 것을 가리킨다. 충실의무란 경영자가 자신의 이익을 앞세우지 말아야 할 의무, 한마디로 "딴 주머니 차지 말고 회사의 이익을 최우선으로 추구해야 할 의무"를 말한다. 상법 개정론은 그처럼 '최우선으로' 챙겨 주어야 할 대상에 "회사 외에 주주도 넣어 달라"는 요구이다. 가령 위 382조의3은 "이사는 법령과 정관의 규정에 따라 회사를 위하여 그 직무를 충실하게 수행하여야 한다"고 되어 있는데, 이 중 "회사를"이라는 문구를 "주주의 비례적 이익과 회사를" 또는 "회사와 총주주를"이라고 수정하는 방안들이 상법 개정론의 예들이다. 위에서 예로 든 두 개정 방안은 민주당 국회의원들을 중심으로 지난 2022년 21대 국회에 발의되었다가 임기만료로 폐기되었으나 2024년에 22대 국회가 구성되면서 다시 발의되었다. 위 방안들은 이사의 충실의무 속에 주주도 포함시키자는 것이 골자인데, 위 법안들의 문구는 완벽하지 않을 수 있고 보완이 필요할 수도 있으나 문제는 그러한 법 문구의 완결성이나 체계성이 아니다. 자구(字句)를 논하기 전에 "과연 '주주에 대한' 충실의무라는 관념을 받아들일 것이냐"가 관건이다.

종래 우리 회사법하에서의 판례는, 이사의 충실의무는 회사에 대해서만 부담하는 것일 뿐, 주주에 대해서는 부담하지 않으며, 따라서 '주주 보호'는 이사의 선관/충실의무에 포함되지 않는다는 것이 전통적인 입장이었다. 학설들 또한 이러한 판례의 입장을 대체로 지지하여 왔다. "회사의 이익과 주주의 이익이 동일하므로, 회사를 보호하고 회사의 이익을 추구하면 주주의 이익 보호, 주주 이익의 추구는 당연히 따라오는 것"이라는 이른바 「동일성설」 및/또는 "위임의 주체는 회사일 뿐, 주주가 될 수 없다"는 「위임주체설」[1]의 논리가 주된 근거였다. 이와 같이 주주를 충실의무의 대상에서 제외하려는 판례의 법리는 여러 차례 재판을 통해 선언되어 왔는데 그 대표적인 것은 삼성 에버랜드 사건의 판결이다. 그 외에도 같은 취지의 여러 민사 판결들이 내려진 반면, 개별 사안에서 주주의 이익이 이사의 의무 대상이라는 점에 근거하여 주주의 손을 들어준 판결은 현재 존재하지 않는다. 이러한 전통적인 판례 법리의 영향으로 말미암아, "경영진은 명문의 규정이 없는 한 전체 주주를 보호하지 않아도 무방하며 그에 대해 법적인 책임을 지지 않는다"는 쪽으로 실무가 진행되어 왔고, 그로 인해 피해를

---

1 예컨대, 천경훈, 「한국회사법상 이사의 의무와 주주이익의 보호」, 『한국상사법학회 특별학술대회 자료집』, 상사법학회, 2024.9.5., 85~86, 92면(주주에 대한 충실의무 도입 상법 개정론은 이사가 회사의 수임인으로서 '회사에 대하여' 의무를 부담하는 위임구조와 맞지 않음); 손창완, 「상법 개정의 현황과 평가」, 『상사법연구』 제43권 제1호, 상사법학회, 2024, 279~280면(이사는 주주로부터 수임관계가 없으므로 '주주에 대한' 충실의무 도입 상법 개정에 반대).

보는 주주들은 이렇다 할 법적 구제를 받지 못해 왔다. 그 점에서 상법 개정에 반대하는 입장에서 일부 제기되는, "현재 판례나 실무가 주주 보호에 미흡한 입장을 취하고 있다고 해석하는 것 자체가 잘못된 해석"이라거나, "상법에는 문제가 없으므로 상법 개정은 불필요하며 상법을 바꾸더라도 어차피 지금과 달라지지 않으며 차이가 없다"는 취지의 주장은 현실과는 동떨어진 주장이라고 보인다. "주주는 이사의 의무 대상이 아니다"는 명제는 현재 대한민국의 확고한 실무라고 여겨진다.

필자는 10년 넘게 대형 로펌에서 이런 종류의 기업법무를 전문적으로 수행하고, 미국 로스쿨에 유학 가서도 이 문제를 집중적으로 연구하는 등 교수 재직 기간을 포함하여 20년 넘는 기간 동안 30편 이상 관련 논문을 집필하며 이 문제를 관찰, 연구하여 왔다. 실제 분쟁 사안에도 전문가 의견 형태로 관여하고 사외이사 활동도 수행하는 등 실무와의 교류도 꾸준히 해 온 필자의 관점에서는, "현실 인식 자체가 잘못된 것"이라고 말할 수 있는 상황은 아니고, 단지 현실을 그대로 존치할 것이냐 바꿀 것이냐의 결단이 필요한 상황이라고 판단된다. 현실에 문제가 없다면 이처럼 상법 개정론이 힘을 얻고 많은 사람들의 지지를 받아 여러 개의 법안 발의로까지 이어지지는 못하였을 것이다.

주주이익의 보호 및 증진이 이사, 즉 경영진의 의무가 아니라는 현행 법리하에서는 우리나라처럼 전체 상장기업의 약 85%가 지배주주 내지 총수 체제라고 알려져 있는 상황에서 일반주주들이 보호되지 않고 주주가치 훼손이 손쉽게 이루어질 수 있음은 어렵지 않게 짐작할 수 있다. 상법을 개정하여 기존의 '회사 only' 패러다임을 '회사 및 주주' 패러다임으로 바꿀 것인지의 문제는, 60년 상법 역사상 종래의 천동설을 지동설로 바꾸는 것에 비견될 정도의 가장 획기적인, 가히 혁명적인 쟁점이라고 할 수 있다.

현재는 상법 개정에 반대하는 쪽, 그러니까 기존의 논리를 고수하는 입장이 회사법학계에서는 주류를 이루는 것으로 보이는데 그 논리의 큰 흐름은, ① 상법 개정이 법 문구나 체계상의 문제를 일으킨다는 형식논리에 입각한 개정 반대론, ② 상법 개정 찬성론과 반대론 모두 잘못되었다며 이를 '진영논리'로 바라보는 양비론 등이라고 할 수 있다. 그러나 이러한 논의들은 초점을 흐리는 면이 있다. 이 문제를 제대로 논의하려면 상법 개정론이 지적하고 있는 문제점, 즉 과연 주주이익 침해 상황(가령 합병비율 불공정이나 물적분할 상장)이 한국의 현실에서 발생하고 있는지, 기존의 통설과 판례, 규칙 중심의 입법 패러다임(rule-based approach)이 이러한 주주이익 침해 상황에서 문제 해결 능력을 갖추고 있는지, 상법 개정이 이루어지면 이러한 문제들이 해결될 수 있겠는지와 같은 '실체적'인 부분이 「동일성설」 또는 「위임주체론」과 같은 형식적인 부분에 앞서 논의되어야 한다. 이러한 논의는 자본시장과의 소통, 법학과 재무, 그리고 실무의 통합적인 분석 관점이 필요하다.

필자는 이상과 같은 문제의식을 바탕으로, 상법 개정론이 대두된 이유, 즉 현재와 같은 주류 해석론 및 판례로 말미암아 주주이익이 현실에서 어떠한 형태로 침해되고 있는지, 그에 대해 현재의 통설과 판례, 또는 '회사' 중심의 패러다임하에서 마련된 개별적인 입법들이 왜 제대로 된 해결책을 제시하지 못하는지, '주주에 대한' 충실의무를 도입하면 이러한 문제점들이 어떻게 바뀌고 어떠한 기대효과가 예상되는

지를 제시하려고 한다. 아울러 반대론에서 제시하고 있는 '회사법 체계론'과 비교법론에 대해서도 반론을 제시하려고 한다. 이를 통해 이러한 핵심적인 내용에 대한 자세한 논의를 생략한 채, 회사법 체계에 안 맞는다거나 외국에 입법례가 없다는 등의 형식적인 추상론에 근거하여 제기되고 있는 반대론과 양비론을 극복하여, 진정한 문제 해결 — 주주이익 침해 방지 — 을 달성하기 위한 토대를 제공하려는 것이 이 책을 집필하게 된 동기이다.

II. 상법 개정론이 대두된 배경

이사의 선관/충실의무의 대상에, 주주의 이익은 포함되지 않는다는 논의가 언제 처음 시작되었는지는 분명치 않다. 그러나 1983년에 회사의 이익과 주주의 이익은 엄격히 구별되며, 이사의 선관의무는 회사의 이익만을 포함한다며, 이사의 선관의무 맥락에서 회사의 이익과 주주의 이익을 동일시하였던 종전 판례를 뒤집은 전원합의체 판결[2]이 있었고, 그 뒤 2004년에는 주주의 지분율 희석을 초래한 가장납입 사건에서 이사는 주주의 재산권을 보호할 사무를 처리하는 자의 지위에 있지 않다며 '주주에 대한' 배임죄의 성립을 부정한 판결[3]이 선고되었다. 이 판결은 회사법 교과서에서 이사의 주주 보호의무를 부정한 리

2 대법원 1983.12.13. 선고 83도2330 전원합의체 판결
3 대법원 2004.5.13. 선고 2002도7340 판결

딩 케이스로 소개될만큼 하나의 이정표를 세운 판결이라 할 수 있다. 이때까지만 해도 회사와 주주의 구별 문제, 그에 따른 이사의 선관/충실의무의 대상에 주주는 포함되지 않는다는 논점은 법학 수험생들의 관심을 넘어 사회적인 관심까지 얻지는 못하였다. 그러다 2006년의 LBO 판결[4]을 계기로 회사의 이익과 주주의 이익의 구별, 이사의 보호대상이 누구인지의 문제가 크게 부각되었다. 이 판결에 대해 필자는 2008년에 회사와 주주 이익을 구별하며 주주의 이익을 이사의 의무대상에서 제외하는 법원의 태도를 자세히 비판하며 판례 및 해석론의 변경을 촉구하는 논문을 발표하였지만, 이 문제가 학계나 실무 수준의 관심을 넘어 사회적인 수준으로까지 크게 주목을 받거나 후속 논의로 이어지지는 못하였다.

이 논점이 사회적으로 커다란 주목을 끌게 된 계기는 2009년 에버랜드 판결[5]이었다. 국내 최고 재벌 그룹인 삼성그룹 총수의 승계와 직결되는 사안이라 사회적으로 커다란 주목과 관심을 끌었는데, 정작 이 사건의 주된 쟁점이었던 이사의 의무 대상에 주주가 포함되는지와 같은 법리적인 문제에 관하여는 학계의 관심이 잠시 고조되었지만 그 후속적인 논의가 오래 지속되지는 못하였다. 그 뒤 이 문제는 2015년 삼성물산 합병을 계기로 다시 한번 전기를 맞는다. 당시 필자는 이 사건을 이사의 주주 보호의무가 인정되지 않는다는 에버랜드 판결의 핵심 판시에 토대를 둔 주주편취 사안이라고 보아 '에버랜드의 재림'으

4 대법원 2006.11.9. 선고 2004도7027 판결
5 대법원 2009.5.29. 선고 2007도4949 전원합의체 판결

로 명명하면서, “이 문제(‘주주에 대한’ 이사의 의무)의 해결 없이는 주주의 피해 회복과 재발 방지가 불가능한데, 해석론의 변경을 기대하기는 어렵거나 지나치게 오랜 시간이 소요되므로 상법 개정 논의가 필요함”을 처음으로 주장하고 나섰다. 이때부터 이 문제는 사회적인 관심을 서서히 불러일으키기 시작하였고, 2020년경 LG화학이 물적분할 상장을 추진함에 대하여, 필자는 이 문제 역시 이사의 주주 보호의무가 핵심 쟁점이라는 점과 아울러 상법 개정의 필요성을 주장하였고, 이 사안은 드디어 시민사회의 상법 개정 움직임으로 연결되기에 이르렀다. 그동안 무수히 많은 합병이나 물적분할 사안들이 있었지만 관심이 크게 모이거나 지속적인 관심으로 이어지지 못하다가, 이즈음에 이르러 비로소 여론과 언론이 공감하기 시작하면서 입법 움직임이라는 동력을 얻게 된 것이다. 이 문제가 LG화학 물적분할을 계기로 갑자기 주목을 받게 된 이유는 아마도 ① 주식투자자 수가 500만이던 것이 코로나 사태를 계기로 1400만으로 급증하면서 LG화학의 다수 주주들이 주가 하락으로 손실을 보게 되자 여론과 정치인들이 주목하기 시작하였던 점, ② 유튜브 활성화로 지식의 공유와 여론 조성이 매우 깊이 있게 빠른 속도로, 광범위하게 이루어질 수 있었던 점, ③ 이른바 MZ 세대로 불리는 젊은 층이 대거 투자자로 유입되면서 주식가치의 논리나 원인에 대한 이론적인 접근과 관심도 수준이 올라간 점, ④ MZ 세대가 사회 주류로 등장하면서 단체를 명분으로 개인의 희생을 당연시하던 이른바 ‘꼰대’식 사고방식에 대한 거부감이 고조되어 가던 시대적인 분위기, ⑤ 미국 주식 투자가 개방되면서 미국의 투자자 보호법제, 특히 ‘주주에 대한’ 충실의무 법리에 대한 지식이 널리

퍼지게 된 점, ⑥ 증권 투자자들의 급증과 더불어 증권 전문가들이 새롭게 중심세력으로 떠오르면서 이들이 여론을 선도하고 투자자들에게 전문적인 관점에서 여러 인풋을 제공한 점 등 여러 가지 원인이 복합적으로 작용한 것이라고 추측된다.

특히 위 ⑥의 점은 한국 주식시장의 매우 주목할 만한 현상이라고 보이는데, 한국 주식시장의 성장과 더불어 다양한 전문가들의 출현이 한국 주식시장의 개선 방향에 관한 논리를 이끌며 상법 개정의 당위성에 힘을 보태고 있는 상황이라고 판단된다. 가령 최근에는 한국거버넌스 포럼과 같은 증권 전문가들 중심의 비영리단체가 형성되어 주식시장의 여러 현상에 대해 주주가치 증진의 관점에서 객관성과 전문성을 갖춘 여러 평론을 내는 등 적지 않은 여론 형성의 영향력을 펼치고 있음은 물론,[6] 유튜브를 통해 여론의 주목을 받고 있는 증권 전문가 또는 인플루언서들이 다양한 관점에서 미처 법률가들이 생각지 못한 자본시장의 문제점과 현실, 논점에 대한 입체적인 시각과 생각해 볼 거리를 제공하면서, 주주에 대한 충실의무 도입을 위한 상법 개정 필요성에 힘을 싣고 있는 모습이다.[7]

---

6 본서에서도 한국거버넌스 포럼(회장 이남우)의 허락을 받아 그 논평을 전재하였다.(제4부의 IX항)

7 현재 다수의 증권시장 전문가들이 주주에 대한 충실의무 도입 상법 개정 필요성을 주장하고 있다. 예컨대 '동학개미의 스승'이라 불리는 체슬리 투자자문의 박세익 대표(https://youtu.be/hrKNdEW12CE?si=_caTOhXG_TAP9NpS), 와이스트릿의 이대호 대표(https://www.youtube.com/shorts/c2dMZGrn8QU), 각도기 TV의 곽상준 대표(https://www.youtube.com/shorts/GZuCgc-Qhxo), '가치투자의 대부'로 알려져 있는 라이프자산운용의 이채원 의장(https://www.youtube.com/watch?v=xWEke3z0LwI&t=983s), '주식농부'라는 닉네임으로 잘 알려져 있는 박영옥 대표와 한국거버넌스 포럼의 전 회장 김규식 변호사(박영옥·김규식, 『주주 권리가 없는 나라』, 센시오, 2024), 행동주의 펀드로 잘 알려져 있는 KCGI의 강성부 대표(『좋은 기업, 나쁜 주식, 이상한 대주주』, 페이지2북스, 2020), 차앤파트너스의 김

III. 상법 개정 논의의 최근 진행

2022년 법안이 발의되었다가 자동 폐기되면서 다소 주춤해졌던 상법 개정 논의는 2024년 1월 2일 윤 대통령이 거래소를 방문하여 주주 보호를 위한 상법 개정의 필요성을 언급하면서 다시 급물살을 타기 시작[8]하였다. 그 뒤 2024년 6월에는 이복현 금융감독원장이 상법 개정이 반드시 필요하다는 취지를 여러 차례 공개석상에서 표명하고 대통령실은 물론 기획재정부 최상목 부총리도 호응하는 취지를 밝힘[9]에 따라 범정부 차원에서 추진이 이루어질 듯한 분위기가 연출되기도 하였다. 그러나 그에 대해 재계의 강력한 반발이 잇따르면서[10] 정부도 이를 추진하겠다던 종래 방안을 사실상 철회하는 듯한 모습을 보여 주었다.[11] 이러한 정부의 입장 선회를 마치 기다리기라도 한 듯이 재벌 그룹에서는 주주가치 훼손 논란을 불러일으키는 거래들, 가령 한화그룹의 총수

형균 본부장(https://www.youtube.com/watch?v=grbFutdNjVE), 밸류파트너스자산운용의 김봉기·윤종업 대표(https://www.youtube.com/watch?v=RqrAVRSfswU&t=1s), 유튜브 86번가의 정광우 대표(『투자의 역사는 반드시 되풀이된다』, 포레스트북스, 2023), 증권집단소송 등 증권 관련 변호사로 유명한 법무법인 한누리의 김주영 대표변호사(https://youtu.be/lLYhMsOSeMM?si=5_Y_ZWZFNLItUEDb)와 법무법인 한결의 김광중 변호사(https://www.youtube.com/watch?v=QoFHKJRDFSY), 한국거버넌스 포럼 부회장 천준범 변호사(『코리아 프리미엄 시대가 온다』, 부키, 2024), 행동주의 주주로서 현재 남양유업 감사를 맡고 있는 심혜섭 변호사 등 다수이다.

8 오형주, 「'주주이익 보호' 명시한 상법 개정 논의 급물살」, 『한국경제』, 2024.1.2.

9 신병남, 「이복현 금감원장 "쪼개기 상장 방지위해 상법개정 필요… 배임죄 폐지로 경영부담 최소화할 것」, 『문화일보』, 2024.6.26.

10 2024.6.25. 8개 경제단체 공동건의 "이사의 충실의무 확대에 대한 경제계 의견"

11 2024.7.3. 기획재정부가 발표한 종합대책에서는 상법 개정이 포함되지 않았고, 이어 같은 해 7.11.에는 기획재정부 장관이 상법 개정을 추진하지 않을 것임을 대한상의와의 공개석상에서 표명하였다, 김경민, 「'이사 충실의무 강화' 상법개정안 일단 보류」, 『한국경제』, 2024.7.3.; 노정안, 「최상목 "상법개정안, 기업하는 분들 걱정하는 결론 안 낼 것"」, 『한국경제』, 2024.7.17.

아들들이 100% 소유하고 있는 계열사가 그룹의 지주사인 (주)한화의 주식을 공개매수하는 사안, 두산그룹이 두산밥캣을 로보틱스와 합병하는 방안, SK 그룹이 SK이노베이션과 SK E&S와 합병하는 방안들을 잇따라 발표하면서 주주가치 훼손에 대한 근본 방지책으로서 상법 개정의 필요성이 다시 소환[12]되기도 하였고 금융감독원(원장 이복현) 또한 두산밥캣의 합병신고서를 두 차례나 반려하는 등 '주주에 대한' 충실의무 도입의 필요성을 지속적으로 강조[13]한 바 있지만, 정부 차원의 추진 동력은 매우 약해지다 못해 거의 소멸하다시피 한 것으로 보인다.[14] 민주당에서는 상법 개정을 추진하겠다는 입장을 내놓은 상황이기는 하지만 민주당의 법안 발의는 민주당이 압도적인 다수를 점하고 있던 2022년에도 발의되었다가 본회의 회부도 되지 못한 채 폐기된 전력에 비추어 국회 차원의 움직임은 계속 지켜보아야 할 것으로 보인다.

IV. 상법 개정의 실익

상법 개정이 이루어지면 구체적으로 어떠한 실익이 있을까? 무엇보다도 주주를 대하는 경영진의 근본 자세 변환을 촉구한다는 점일 것이다. 그리고 이러한 근본적인 변화가 가져올 세부적인 실익은 본문

---

12 김소연, 「이러니 상법 개정 안 할 수 있나 [편집장 레터]」, 『매경이코노미』, 2024.7.21.

13 김종용, 「이복현 "두산 합병 제동건 것 아냐… 현재 증권신고서, 투자자들이 이해하기 어려워"」, 『조선비즈』, 2024.8.25.

14 「[사설] 국힘 "상법 개정은 논리적 모순", 타협 아니라 폐기가 정답」, 『한국경제』, 2024.10.23. (여당이 상법개정안에 반대하는 것으로 입장을 정리하였다고 함).

에서 설명할 G20/OECD의 기업거버넌스 원칙(2023)에서 제시하고 있는 바와 같이, ① 회사 경영, 특히 자산운용과 투자판단에 있어 경영진의 사익을 추구하려는 여러 은밀한 편향(bias)에 대한 견제, ② 자본거래를 통한 주주가치 훼손(편취)에 대한 견제, ③ 계열사 등 특수관계인과의 이해상충 거래를 통한 주주가치 훼손(편취)에 대한 견제, ④ 이해상충적인 임원보수 과다 책정에 대한 견제, ⑤ M&A 가치평가 과정에서의 가치평가 왜곡에 대한 견제 등을 들 수 있을 것이다. 자세한 사항은 본문에서 상술하고 이곳에서는 이 중 가장 핵심적인 것 세 가지만 부연한다.

1. 주주에 대한 경영진의 근본적인 자세 전환

첫 번째 실익은 주주를 대하는 경영진의 근본적인 자세 전환이다. 이 점은 가장 근본적이면서도 핵심적인 것이다. 여기서 주주라 함은 개별 주주, 개인적인 특성이 가미된 주주 각각을 의미하는 것이 아니다. 개인적인 속성이 제거된, 주식이라는 증권에 부여된 n분의 1의 가치, 다시 말하면 전체 주주의 비례적 집단적인 이익을 말한다. 이러한 주식의 n분의 1의 가치를 보장하고 증진해야 하며 이를 훼손하면 안 된다는 주식회사의 기본 원칙에 대한 촉구가 상법 개정론에 담긴 핵심이다.

이 첫 번째 실익은 모든 다른 실익을 가져오는 데 있어 근본적으로 지향해야 할 나침반 역할을 수행한다. 기업의 경영활동은 다종다양하기 때문에 일일이 행위 규칙을 정해서 규제하는 규칙중심의 접근(rule-based approach)은 한계를 가질 수밖에 없다. 그 점에 대응하기 위한 것이 바로 원칙중심 접근(principle-based approach) 또는 스탠더드 접근

(standard approach)이고 충실의무 규제는 그 대표적인 예에 해당한다.

2. 자본거래에서 주주가치 훼손 방지

세부적인 실익 중 핵심적인 것 중 하나는, 자본거래에서 주주가치 훼손 방지이다. 자본거래란 회사의 계좌에는 직접적인 손익을 유발하지 않으면서 주주들의 지분율을 건드리거나 주주가치에 직접 영향을 주는 합병, 분할, 발행 등 주식 거래를 말한다. 이는 우리나라의 기업 소유구조가 총수 중심의 지배 집중구조이다 보니 특히 상법 개정의 실익이 두드러지게 발휘될 것으로 예상되는 분야이다.

LG화학 물적분할 상장을 예로 들어보자. LG화학이 알짜배기 배터리 사업 부문이 있으나 돈이 필요하므로 유상증자가 필요하다. 이때 그냥 유상증자를 하는 것보다는 배터리 사업 부문만 분할하여 유상증자를 하면 증자대금을 더 크게 받을 수 있다. 그렇다면 인적분할을 한 뒤 유상증자를 하면 된다. 인적분할은 기존의 주주 구성을 똑같이 하여 배터리 부분만 별도 회사로 떼어내는 것이다. 그런데 그 상태로 증자를 하면 지주사인 LG도 증자에 참여해야 하는 문제가 있다. 증자에 참여하여 돈을 내면 되지만 그러기는 싫다. 그렇다고 참여를 하지 않으려니 다른 주주들의 지분율이 늘어날 것이고 그렇게 되면 LG의 지배력이 희석되고 이는 결국 총수의 지배력 희석으로 이어지는 딜레마가 생긴다. 총수 입장에서, 이 딜레마 즉 돈을 넣거나 그게 싫으면 지배력을 잃어야 하는 딜레마를 피하는 방법, 다시 말하면 증자 참여를 피하면서도 지배력도 잃지 않는 묘안이 없을까? 그게 바로 물적분할이다. 지배력 희석을 겪지 않으면서 돈을 조달하는 방법은, 배터리 사업부를 인적분할이 아닌 물적분할 방식으로 떼어내 100% 자회사로 만든 뒤 주식을 판매하여 상장하는 것이다. 배터리 사업부를 물적분할로 떼어내면 기존 일반주주들은 배터리 사업부에 대한 주주권이 사라지기 때문에 신주를 인수할 권리를 달라는 주장은 물론 그밖에 다른 문제제기도 할 수 없게 된다. 총수의 입장에서는 그렇게 회사를 쪼갠 다음 상장을 하면(이른바 '쪼개기 상장') 100% 지배력을 장악한 상태에서 증자를 시작하기 때문에 일반주주들의 반발을 완벽하게 따돌리고 지배력 희석 방지와 유상증자라는, 두 마리 토끼를 동시에 잡을 수 있다. 이로써 LG화학의 일반주주들이 입는 피해는 무엇일까? 인적분할 방식을 택하였더라면 가질 수 있었던 알짜사업인 배터리 사업에 대한 주주로서의 권리 상실이다. 상장차익을 얻을 기회의 상실은 그에 따른 효과다. 상장차익을 처음부터 모두 일반주주에게 돌려줄 것이 전제되어 있었다면 피해가 없다고 말할 수도 있겠지만, 그것을 피하고자 인적분할 대신 물적분할을 선택한 것이므로 상장을 전제로 물적분할을 하는 순간 이미 일반주주들의 법익 침해(= 주주권 상실 내지는 주주권의 감축 또는 상장차익의 상실)는 예견된 일이다. 주가 하락은 그 자체가 손해라기보다는 위와 같은 법익 침해를 시장이 인식하여 주가에 반영함으로써 나타난 사후적인 결과라고 봄이 타당할 것이다.

이처럼 총수의 [자금투입 회피 + 지배력 유지]라는 사익과, 특정 주주의 이익을 위해 모든 주주의 비례적 이익을 훼손시키면 안 된다는 회사법상의 이익, 즉 전체 주주의 이익이 충돌한다. 경영자는 총수의 사익을 우선시해야만 자신의 자리가 보전되고 보수가 확보될 수 있기에 총수의 사익과 연동되는 사익을 갖는다. 사외이사들은 이러한 사익이 없지 않느냐 할 수 있으나 총수와 연동된 사내이사의 영향력이 제거되지 않은 상태로 이사회가 이루어지기 때문에 이해상충이 해소된 독립된 이사회라고 보긴 어렵다. 이사들이 이해상충이 해소되지 않은 '오염된' 상황에서 자신들의 사익을 추구하는 방향으로 의사결정을 내리게 됨으로써 LG화학의 전체 주주가치는 훼손된다.[15] 하지만 이때 LG화학이라는 회사의 재산이나 영업력에는 손실이 없기 때문에 '회사에 대한' 충실 개념으로는 이사의 행위를 문제 삼기 어렵다. 다시 말하면 주주가치를 훼손하더라도 '회사를 위한다'는 명분, 또는 '회사에는 손해가 없다'는 이유로 경영진은 아무런 책임을 지지 않게 되는 것이 현재의 '회사 충실'의 규범적 귀결이다. 이처럼 '회사'를 가림막으로 내세워 그 뒤에서 주주가치를 훼손하는 행위가 아무런 견제를 받지 않고 허용되고 있다는 것이 상법 개정론의 문제의식이다. 이러한 행위는 '회사에 대한' 충실의무로는 규제가 어려우므로 주주가치를 훼손하는 행위를 직접 금지시킬 수 있도록 충실의무의 대상에 주주도 포함시켜야 한다는 것이다.[16]

3. 이해상충 해소 기준의 변화 — 총수와 전체 주주의 이해상충 인식 가능

또 한 가지 핵심적인 실익은, 이해상충 해소를 위한 판단 기준이 현

15 이상훈, 「물적분할과 지주사 디스카운트-LG화학 물적분할을 소재로-」, 『법학논고』 제71집, 경북대학교 법학연구원, 2020.

16 이러한 취지는, 앞서 상법 개정안(2022년 3월 이용우 의원 대표발의)의 제안 이유에 잘 나타나 있다.

재의 '회사' 레벨로부터 '주주' 레벨까지 올라갈 수 있다는 점이다. 상법 제397조 내지 제398조와 같은 이해상충 해소 조문들은 경영진에게 '회사'와의 이해상충을 해소할 것을 요구한다. 이해상충 해소는 충실의무를 구현하기 위한 하부 개념이므로 충실의무 자체가 '회사'에게만 초점이 맞추어져 있으면 이해상충 해소도 '회사'와의 관계에서만 요구되어진다. 그 배후의 주주 간 이해상충, 즉 '총수와 주주 전체 사이의 이해상충'은 '회사' 레벨이 아닌 '주주' 레벨의 문제이므로 거기까지 거슬러 올라가질 못하는 것이다. 그렇게 되면 '총수와 전체 주주' 사이의 이해상충을 '회사법상의 이해상충'으로 읽어 낼 수 없어 회사법상의 이해상충 해소 조문들이 사실상 무력화되는 문제가 발생한다. 각종 계열사 일감 몰아주기, 계열사 간 합병, 분할 등 총수의 이해상충이 문제되어 일반주주에게 피해를 야기하는 거래들에 관하여는 상법에 정해진 이해상충 해소 조문들이 거의 작동을 하지 못하는 것이다.[17] 이사회나 주총 단계에의 이해상충을 규율하는 상법 제391조 제3항과 제368조 제3항도 모두 마찬가지다.[18] 계열사 간 거래는 대립되는 이해당사자 양쪽의 의사를 그룹 총수가 모두 결정하는 구조여서 사실상 쌍방대리 실질이거나 총수가 그 거래를 통해 이득을 보는 자기거래인 경우가 많다. 그렇기 때문에 양쪽 주주들의 이익이 최선을 다해 정당하게 대변되기보다는 총수에 의해 자의적으로 취급되기가 쉽다.

---

17 이상훈, 「한국기업지배구조 문제의 본질과 바람직한 상법개정」, 『상사법연구』, 제36권 제1호, 상사법학회, 2017, 232~237면.

18 이에 관한 상론은, 이상훈, 「공정거래법상 동일인(지배주주)의 이해상충과 선관의무의 보호대상·자기거래·특별이해관계인 조항의 재해석-삼성SDS 회사분할 사례를 중심으로-」, 『증권법연구』 제17권 제2호, 2016, 500~503면.

이러한 이해상충 문제를 해결하는 것은 단체법으로서 단체적인 의사결정의 적정성을 확보해야 할 상법의 최대 임무라 할 텐데, 현재 상법은 이러한 '총수와 전체 주주 사이의 이해상충' 문제, 즉 계열사 및 특수관계인과 전체 주주 사이의 이해상충 문제에 관하여 거의 역할을 못하고 있다. 그 이유는 '회사법상의 이해상충' 문제로 인식할 수 있는 틀, 즉 충실의무 개념 틀이 부재하기 때문이다. 이러한 이해상충 법제들이 제대로 빛을 발휘하기 위해서는 주주에 대한 충실의무 도입이 긴요하다. 상법 개정은 '주주' 레벨의 이해상충을 판독하고 해결하기 위한 지평을 넓힘으로써 이해상충과 부의 이전 문제 해결에 결정적인 돌파구를 열 수 있을 것으로 기대된다. 미국 델라웨어주의 판례가 주주에 대한 충실의무를 구현하기 위한 이해상충 해소 방안으로 채택하고 있는 MoM(Majority of Minority) 원칙[19]처럼 말이다.

V. 상법 개정을 둘러싼 쟁점과 전망

상법 개정에 반대하는 논거는 앞서 언급한 것 외에도 다양한 각도에서 여러 가지가 제기된다. 가령 세계 각국의 예를 보아도 입법례가 없다거나, 회사와 이사의 관계를 핵심으로 하는 회사법 체계를 깨뜨린다, 경영판단에 혼선을 초래한다, 경영활동의 탄력성·M&A에 커다란

19 이에 관한 최근의 델라웨어의 동향에 대하여는, 서진호, 「지배주주 관여 거래와 경영판단 원칙에 관한 최신 델라웨어 판결」, 『법률신문』, 2024.5.15.(https://www.lawtimes.co.kr/news/1982780).

장애요인이 된다, 경영권 방어 장치가 없는 상황에서 상법 개정은 부적절하다, 주주의 비례적 이익이라는 말이 모호하다, 그리고 전술한 바와 같이 상법 개정이 되어도 현재와 차이가 없으므로 불필요하다 등이 그 예이다.

이러한 주장들은 본문에서 자세히 다루겠지만 몇 가지 공통적인 문제가 있다.[20]

첫째, 상법 개정이 가져올 총수의 불이익을 회사의 불이익으로 환원하여 논리를 전개하고 있다는 점이다. 즉 '총수의 이익'과 '기업의 이익'을 동일시하여 논리를 전개하는 문제가 있다. 일반주주의 이익 침해를 당연시할 때에는 "회사의 이익과 주주의 이익이 다르다"고 선을 그음으로써 주주이익 침해를 정당화하는 반면, 총수의 남용행위를 규제하자는 주장에 대해서는 총수를 기업과 동일시함으로써 총수의 불이익을 마치 기업의 불이익인 양 주장한다는 점이다. 가령 경영권 방어는 총수의 사익인데 그것을 모든 주주들을 위한 기업의 이익 그 자체와 동일시한 나머지 기업의 "경영권 방어"가 취약해지며 "경영활동에 제약이 된다"는 취지로 반대하는 것이 그 예이다.

둘째, 주주이익 침해 현상에 대한 분석이나 해법을 제시함이 없이 논리를 전개한다는 점이다. 가령 상법 개정론에서 제기하는 주주이익 침해 사례에 대해 동의하는지, 이에 관한 시장 또는 시민사회의 불만에 대한 입장은 무엇인지, 그에 대해서는 어떠한 해법을 대안으로 내

---

20 이에 관하여는 다음 유튜브 설명을 참고하기 바란다, 기업거버넌스 포럼, 밸류업과 이사의 충실의무, https://www.youtube.com/watch?v=xWEke3z0LwI&t=999s

놓을 수 있는지, 개정 반대론자들이 내놓는 대안들의 문제점으로 지적되는 사항에 대한 답변은 무엇인지가 제시되어야 하는데 그러한 분석이 결여된 상태로 상법 개정에 대한 반대론 내지 양비론이 주장되고 있다. 이는 적절치 않다.

셋째는, 외국의 입법례가 없다거나 글로벌 스탠더드와 동떨어진 개정이라는 주장인데, 이는 본문에서도 살펴보겠지만 사실과 다르다.

상법 개정을 가장 강력하게 반대하는 쪽은 아무래도 재계, 그리고 이러한 입장을 지지하는 일부 주요 언론들, 그리고 60년간 '천동설'의 입장을 지지해 온 보수적인 일부 학계 및 실무가들일 것이다. '주주에 대한' 충실의무를 도입하자는 주장의 핵심은 총수의 사익추구, 이해상충 행위를 금지하자는 것이므로 총수나 지배주주들이 강력히 반대하고 나서는 것은 당연하다고 볼 수 있다. 그러나 이사의 '주주에 대한' 충실의무는 정보와 권한을 독점한 총수가 주주가치를 훼손시키는 이해상충 사익추구를 하지 못하도록 그리고 그것을 방지할 의무를 이사의 의무로 법제화하자는 것이므로 정의와 형평에 비추어 매우 당연한 요구라고 할 것이다. 따라서 오랜 기간 지속되어 온 관행과 인식의 전환에 걸리는 시간이 문제일 뿐, 이것이 앞으로 나아가야 할 기본 방향이라는 방향성 자체는 의문의 여지가 없다고 본다. '주주에 대한' 충실의무가 조속히 도입되어 주주가치가 보호, 증진되고 기업의 낙수효과와 선순환, 상생이 이루어지는 기업 지배구조 마련에 이 책이 조금이나마 기여하기를 바라마지 않는다.

VI. 이 책의 구성 및 특징

이 책은, ① 현재의 판례와 학설의 분석을 통해 이러한 기존 법리가 주주의 이익 침해를 방치하고 있어 문제라는 점(제1부), ② 그 원인은 주주에 대한 충실의무가 부정되고 있기 때문이라는 점(제2부), ③ 상법 개정 반대론자들이 펼치는 "상법 개정론은 해외의 입법례에 유례가 없는 금시초문의 주장"이라는 논리는 잘못된 것이라는 점을 해외 입법 사례 분석을 통해 반박하는 내용(제3부), ④ 상법 개정이 이루어질 경우 기업 거버넌스의 거의 모든 분야에서 구체적으로 어떠한 기대효과가 예상되는지를 법 개정 전과 후로 나누어("Before and After") 거래 유형별로 비교 분석하는 내용(제4부)으로 구성되어 있다. 이 중 ④가 가장 큰 비중을 차지하는데, 그중 상당 부분은 논문으로 출간되지 않았던 주제들도 담고 있다. 부록에는 필자가 대중 강연이나 학교강의를 하는 과정에서 상법 개정론에 대해 자주 제기되었던 질문에 대한 설명 등을 담았다.

이 책이 다루고 있는 이사의 주주에 대한 충실의무 도입은 필자가 국내에서 처음 주장한 지 14년 만인 2022년 민주당 국회의원들의 법안 발의를 이끌어 내었고, 2024년에는 대통령도 그 필요성을 언급하고 금융감독원장 또한 여러 차례 그 필요성을 역설하였으며, 22대 국회 개원과 동시에 2024년 다시 법안 발의로 이어지고 2024년 12월 4일 현재 민주당의 당론으로 채택된 반면, 경제단체들은 강하게 반발하며 정부에 건의서를 내고 정부와 여당 역시 상법 개정에 반대하며 자본시장법 개정을 대안으로 내놓는 등 전 국가적인 어젠다로 부상한 상황이다. 하지만 이 주제는 단순히 상법 개정의 문제에 그치는 것이 아니라 민사적인 부의 이전과 이해상충 문제, 주식회사의 권력 배분과 역학관계, 재무와 회계, 주식시장의 실무, 비교법적인 글로벌 스탠더드에 대한 통합적인 지식을 묻는 종합적인 주제이다. 회사만을 중심으로 바라보던 기존의 상법 패러다임을 주주 포함으로의 변경을 제안하는 내용인바, 이러한 논점에 대해 종합적인 지식을 바탕으로 상론하여 새로운 패러다임을 제시하는 것은 전에 없던 새로운 내용이므로 법 개정 여부를 떠나 학문적 또는 실무적인 기여도가 크리라고 자부한다.

이 주제는 필자 혼자 거의 10여 년 넘게 주장해 오다 보니 여러 주제에 대해 상론하고 있는 필자의 흩어져 있는 논문들과 유튜브 등 외에, 달리 참고할 만한 다른 사람의 글도 마땅치 않고, 또 필자가 그동안 발표한 세부 주제들에 대한 산발된 내용들을 하나의 단일한 흐름으로 체계를 갖추어 종합적으로 설명한 글도 없었다. 이 책은 이 논의에 관하여 궁금해하는, 그러나 필자가 그간 주장해 온 30여 편 넘는 논문 모두를 읽기는 부담스럽고 그보다 훨씬 적은 분량으로 체계적이고 일관된 흐름으로 그리고 지금의 시점에서 업데이트된 내용을 접하고 싶은 독자들을 위해 쓰였다. 회사법 전문가뿐 아니라 법학 논문에 접근이 쉽지 않지만 인접 분야로서 관련 내용을 정확히 알고 싶어 하는 일반 주식시장의 전문가들과 인접 학문인 경영학(재무관리 및 기업거버넌스) 연구자들, 법 개정에 관하여 세밀하게 준비하고자 하는 정부의 정책 당국자들에게도 유용한 서적이 되었으면 하는 바람이다.

VII. 나가며

이 책에 담긴 필자 생각의 기본 줄기는 이 책을 통해 처음 제시하는 것은 아니다. 전술하였듯이 오랜 기간 필자가 30여 편 이상의 논문을 통해 발표했던 내용들, 그리고 학회와 대중세미나, 유튜브, 학교 강의에서 발표한 흩어져 있던 내용들을 수정 보완하여 종합하고 최근의 논의들을 추가한 것이다. 평소 필자의 주변 지인들로부터, 오랜 기간 주장해 온 필자의 독자적인 논리를 하나의 책으로 펴내는 것이 독자들에게 필자의 생각을 널리 알리는 데 도움이 될 것이라는 이야기와 함께 책의 출간을 권유받아 오던 중 필자의 생각을 정리도 할 겸 책을 펴내기로 마음먹게 되었다. 또한 필자가 처음으로 주창한 주주에 대한 충실의무 상법 개정론이 이처럼 많은 지지를 받고 법안으로까지 만들어진 데 대하여 학자로서 매우 보람을 느낌과 동시에 일종의 책임감도 함께 느끼면서 독자들의 접근성을 제고하여 상법 개정 논의가 좀더 널리 활발하게 이루어지는 데 보탬이 되었으면 하는 바람도 책을 쓰게 된 동기의 중요한 부분이다. 그에 더하여 '회사에 대한' 충실의무 체제와 '주주에 대한' 충실의무 체제에서 각 거래 유형별로 어떠한 논리 전개가 가능하며 또 그에 따라 현재의 실무가 어떻게 전개되고 있는지, 다시 말하면 회사법의 가장 큰 패러다임이라 할 수 있는 '회사 only vs. 주주 포함'의 관점에 따라 회사법의 주요 테마가 어떻게 달리 전개되고 있는지를 종합적으로 제시해 보려는 것이 이 책을 집필하면서 가장 의욕을 가졌던 부분이다. 이 부분은 회사법을 바라보는 커다란 프레임 내지는 패러다임에 관한 사항이기에 상법 개정이 이루어지건 그렇지 않건, 상법 개정이 이루어지지 않은 상태에서는 그 상태대로, 이루어진 상태에서는 그 상태대로, 각각 주주에 대한 의무의 필요성 내지는 그 내용과 한계를 논의하는 출발 토대를 제공하는 역할을 수행하리라고 기대한다. 이 문제에 관심이 있는 회사법 연구 및 실무가, 증권시장의 전문가와 정책 당국의 담당자들에게도 많은 도움이 되었으면 하는 바람이다.

이 책이 나오기까지는 많은 분들의 도움이 있었다. 가장 먼저 떠오르는 것은 미국 유학 당시 Finance and Securities Regulation LL.M 이라는 집중 코스를 개설하여 회사법과 증권법, 그리고 Corporate Finance 과목을 통해 필자를 이 분야 연구로 이끌어 준 미국 조지타운대학교 로센터, 그리고 그 각 과목들 강의를 맡아 주신 교수님들이다. 이들 강의는 필자의 회사법 세계관을 지금의 것으로 바꾸어 준, 필자에게 '인생강의'였고 전 세계에서 아마도 미국의 로스쿨만이 제공할 수 있는 강의였다. 우리나라의 로스쿨도 언젠가는 이처럼 이론과 현실, 정책과 구체적 타당성, 금융과 법학이 씨줄과 날줄처럼 엮여 있는 재밌고 인사이트 넘치는 독창적인 — 남의 나라 것을 우선시하기에 앞서 자기 고유의 현실과 문제의식에 토대를 둔 — 법학을 가르치고 배울 수 있는 날이 올 수 있으리라 생각하며, 그런 날이 올 수 있도록 노력하는 것이 필자와 같은 사람들의 몫이라고 다짐해 본다. 조지타운 로센터와 교수님들께 무한한 감사를 드린다.

필자가 큰 은혜를 입은 또 한 분의 스승은 로펌 김앤장에서 처음 근무를 시작할 당시 선배 파트너 변호사로서 필자에게 회사법과 증권법, 기업재무와 회계, 이들을 융합한 corporate finance라는 학문의 존재, 그리고 그 기본 원리를 가르쳐 주신 이현철 변호사님이다. 이현철 변호사님 덕분에 미국 유학 가서도 회사법과 증권법에 흥미를 가지고 매진할 수 있었고 그 끈이 오늘날까지 이어질 수 있었다. 평생의 은혜로 감사하게 생각한다. 그리고 이 책을 집필하도록 아이디어를 주시고 격려해 주신 성균관대 고동원 교수님께도 깊은 감사 말씀을 드린다. 또한 같은 학교에 계시면서 늘 이 책의 집필을 독려하고 책의 집필에 관하여 여러 가지 조언을 해주신 신영수 교수님께도 각별한 감사 말씀을 올린다. 두 분 교수님이 아니었더라면 아마도 이 책은 출간이 어려웠을 것이다.

아울러 가장 감사해야 할 분들은 어찌 보면 자본시장에 참여하며 거버넌스 개선을 위해 노력해 온 현업 종사자들과 투자자들, 언론사 기자, 유튜버 등 전문가분들이란 생각이 든다. 시장 참여자들과 정책 당국에게 선한 영향력을 행사하며 전문성에 기반하여 목소리를 높이고 여론을 조성하는 데 기여해 온 이러한 전문가분들과 그들에게 힘을 실어준 현명한 투자자분들이 없었더라면 아마도 상법 개정론은 여기까지 오지 못하였을 것이고 필자 또한 선뜻 책을 쓸 마음을 내지 못하였거나 그 시기가 훨씬 뒤로 미루어졌을 것이다. 필자가 계속 이 분야를 연구하고 발표하며 책으로까지 내도록 이른 데에는 이러한 분들의 도움과 관심의 역할이 컸다. 물론 가장 고마운 사람은 이 책을 쓰느라 여러모로 소홀했던 필자를 이해해 주고 아낌없는 성원을 보내준 가족들이다. 가족들에게 깊은 고마움을 표한다.

제1부
이사의 '주주에 대한' 충실의무 — 개념과 효용

제1부
이사의 '주주에 대한' 충실의무 — 개념과 효용

Ⅰ. 이사의 충실의무의 개념

1. 충실의무의 의미

가. 이해상충 해소의무

상법 제382조의3은 "이사는 법령과 정관의 규정에 따라 회사를 위하여 그 직무를 충실하게 수행하여야 한다"고 규정한다. 이를 이사의 충실의무라고 하는데, 구체적으로 이사는 그 직무를 수행함에 있어 회사의 최대 이익이 되도록 성실하고 공정하게 처리하여야 하고, 그 지위를 개인의 이익을 위하거나 제3자의 이익을 얻기 위해 사용하여서는 안 된다는 것을 가리킨다.[21]

위 조문의 문구에서 눈여겨볼 대목은 "회사를 위하여"라고만 되어 있을 뿐, 주주에 대한 언급이 없다는 점이다. 이 부분에 주주를 포함시키자는 것이 이 책에서 말하는 「이사의 '주주에 대한' 충실의무」론이다.

충실의무의 대상 범위를 주주에게까지 확장시킬 것인지가 이 책의 주제인데, 그에 관한 논의에 앞서, 충실의무의 내용이 무엇인지 좀 더 살펴본다. 위 개념 정의에서 보듯이 충실의무는 "회사의 최대 이익이 되도록 성실하고 공정하게 처리한다"는 부분과, "그 직위를 개인의

21 이완희, 「제382조의3 이사의 충실의무」, 『주석 상법[회사3]』 제6판, 한국사법행정학회, 2021, 229면.

이익을 위하거나 제3자의 이익을 얻기 위해 사용하여서는 안 된다"는 부분으로 나뉜다. 전자는 최대이익을 추구할 의무, 후자는 이해상충 해소의무라고 부를 수 있다.

전자의 최대이익 추구의무는 상법 제382조 제2항에서 민법의 위임 규정을 준용함에 따른 선량한 관리자의 주의의무("선관의무")와 내용이 다소 중복되므로(이에 관하여는 후술한다), 충실의무 고유의 독자적인 실익이 발휘되는 부분은 후자의 이해상충 해소의무라고 할 수 있다. 즉 충실의무란, 이사가 자신과 회사 이익의 충돌 상황을 회피하고 이해관계가 충돌하는 경우에는 회사의 이익을 우선시해야 한다는 내용을 핵심으로 한다.[22] 이해상충 행위는 그 자체로 금지된다는 관점, 즉 이해상충 '금지'의무로 보아야 한다는 시각도 가능하나 이해상충이 있다고 해서 무조건 금지시키는 것은 바람직하지 않다. 이해상충이 있지만 실제로 그 이해상충으로 말미암아 피해를 입을 수 있다고 예상되는 잠재적인 피해자에게 피해가 발생하지 않고 오히려 이익이 되는 상황도 있을 수 있고 그 부분은 법원이 절대적인 기준을 정하기보다는 당사자들 간에 타협으로 해결하는 것이 적절할 수도 있다. 즉 이해상충이 있다면 그러한 이해상충을 해소하는 절차를 밟아 이해상충을 해소한 뒤 해당 거래는 계속 앞으로 나아가게 하는 것이 합리적일 수 있다. 따라서 이해상충 금지의무보다는 이해상충 해소의무라고 이해하는 것이 타당하다.

22 고창현, 「이사의 충실의무」, 『주식회사법대계 II』 제4판, 상사법학회 편, 법문사, 2022, 756면.

나. 이해상충의 의미

이해상충이란 회사 내의 의사결정권자가 자신의 권한과 정보를 이용하여 회사에게 불리할 수 있는 거래를 회사로 하여금 체결하도록 영향력을 행사할 위험이 있는 상황을 가리킨다. 이러한 이해상충에 대한 개념 정의에서 중요한 요소는 의사결정권자라는 부분이다.

회사 내에 이익이 충돌한다고 해서 그 모두를 충실의무가 적용되어야 하는 이해상충 상황이라고 부르진 않으며, 그렇게 불러서도 안 될 것이다. 가령 회사가 어떤 결정을 내리면 그것이 일반주주 A에게는 이익이고 다른 일반주주 B에게는 손해일 수 있다. 가령 그 회사 X가 다른 회사 Y와 합병을 하려고 하는데 합병 비율이 X에게 불리한 경우를 생각해 보자. A는 그런데 두 회사 모두에 지분을 가지고 있고 X보다는 Y사의 지분율이 더 높다면, X에게 불리하고 Y에게 유리한 합병 비율은 A에겐 득이다. B는 반대의 지분율을 가지고 있다면 그러한 합병 비율은 B에겐 손해이다. 또한 C라는 일반주주는 X의 주식을 가지고 있지만 X 주식에 대한 선물 매도 계약(공매도 포지션과 유사한 지위)을 체결해 놓은 상황이라면 X 주식의 주가가 떨어져도 손해가 없으므로 X의 다른 일반주주들과는 이해가 상반된다. 이처럼 A와 B, C는 회사의 의사결정 내용에 따라 그 이해관계가 다른 주주들과 달라 엇갈릴 수 있지만, 이것은 회사법상의 이해상충이 아니다. 이들은 회사의 내부정보나 권한에 접근할 수 있는 자들이 아니어서 회사의 의사결정에 영향을 미칠 수 있는 자들이 아니기 때문이다. 하지만 위 예에서 만약 그들 중 어느 하나, 가령 A가 지배주주라면 이야기가 달라진다. 그는 회사의 내부정보나 권한을 독점한 자이므로 회사의 의사결정을 자신에게 유리한 방향으로 이끌어 갈 수 있도록 정보를 통제하고 의사결정 절차를 교묘히 조절할 수 있는 능력이 있다. 그는 회사의 의사결정 권능이라는 회사의 자원(resource)을 자신의 사적 이익을 위해 남용할 수 있기에 문제가 되는 것이다. 이해상충이란 이처럼 회사의 권한과 정보에 접근 가능한 자가 회사의 자원(resource)인 자신의 권한과 정보를 이용하여 자신의 이익을 앞세움으로써 회사의 이익이 최선으로 추구되지 못하도록 할 위험이 있는 상황을 가리킨다.

이해상충의 가장 전형적인 경우는 자기거래와 쌍방대리이다(민법 제124조 참조). 자기거래란 해당 거래로부터 이익을 얻거나 손해를 면하는 자가 거래 여부 및 조건을 결정하는 경우를 가리킨다. 총수가 계열사와 거래하면서 계열사로 하여금 총수 자신에게 물건을 저가로 양도하도록 시킨다든지 일감을 몰아주도록 시키는 경우가 이에 해당한다. 쌍방대리란 이해가 대립되는 두 당사자 간의 거래에서, 그 거래 여부 및 조건을 한 사람이 결정하는 경우를 가리킨다. 이렇게 되면 두 당사자의 이익이 각각 최선으로 대변되지 않고 그 중간에 있는 결정권자의 자의로 소홀하게 취급될 수 있기 때문에 각 거래 당사자와 의사결정권자 사이에 이해상충이 발생한다. 쌍방대리 구조의 의사결정권자는 상대방 회사의 이익을 위해 우리 회사의 이익을 손상시킬 위험이 있기 때문에 우리 회사를 위한 직무 수행에 장애가 되는 이해상충 요인이 있다고 보는 것이다. 변호사가 소송 상대방 양측을 대리하는 경우, 회사 거래에서는 그룹의 총수가 계열사끼리 영업양수도 거래를 시키는 경우를 떠올리면 이해하기 쉽다. 우량한 B사의 재원을 부실한 A사를 지원하는 데 사용하기 위한 목적의 영업 양수도라면, '계열사를 살려냄으로써 기업집단을 유지 강화시키려는 총수의 지배력 추구 사익' 또는 '부실한 A사에 대한 총수의 지분가치를 보강하는 총수의 사익'이 우선시될 수 있고 B사의 이익은 훼손될 수 있다. 이러한 경우에는 총수가 양쪽을 대리하면서 자신의 사익을 추구하는 경우이므로 자기거래와 쌍방대리 두 성격을 모두 겸비한다고 볼 수 있다. 따라서 이러한 경우에는 총수 및 그에게 보수 및 보직과 승진 등 직업적·경제적으로 의존하는 이사들로 하여금 해당 거래를 하기 전에 사전적으로 이해상충 해소절차를 밟도록 하고 거래의 내용적 절차적 공정성에 대한 입증의 부담을 지움으로써 B사의 이익을 보호할 필요가 있다. 이것이 바로 충실의무가 작동하는 모습이다. 이러한 형태의 이해상충 해소의무를 '회사'에 대해서만이 아니라 '전체 주주'에 대해서도 부담시키자는 것이 이 책에서 말하는 이사 충실의무론의 요지다. 이해상충 해소를 '회사'에 대해서만 부담시키면 '회사의 계좌(計座, account)'에는 손해가 발생할 위험이 없지만 '전체 주주들의 계좌(shareholder account)'에 손해가 생길 수 있는 '전체 주주와의 이해상충' 상황에서 총수의 사익추구가 손쉽게 이루어질 수 있으니 이를 막자는 것이다.

2. 충실의무의 상대방 — 주주에게까지 확장할 것인가?

현재 충실의무 조항은 위에서 보았듯이 '회사'만을 그 대상으로 규정하고 있다. 이를 주주에게까지 확장하자는 것이 이 책의 논지임은 전술하였다.

이러한 필자의 논지에 대해서는, 주식회사의 특성상, 이사의 의무는 회사를 위해서뿐 아니라 주주를 위해서도 발동되므로 별도로 '주주에 대한 충실의무' 조항을 도입하는 것이 불필요하고 부적절하다는 취지의 견해도 주장된다. 그러나 그렇게 보긴 어려운 점이 있다. 일단 조문 문구상 '주주'를 언급하지 않고 '회사'라고만 적고 있는 데다가, 판례상으로도 주주에 대하여 '직접' 이사가 충실의무를 부담하는지 여부가 쟁점이 된 사안에서 법원이 이를 긍정한 사례는 현재까지 존재하지 않고 그 반대의 판례들, 가령 이사는 회사에 대하여만 의무를 부담할 뿐 주주에 대하여 의무를 부담하지는 않는다는 판례만 다수 존재하는 상황이기 때문이다. 회사법 문헌상으로도 이사는 '오직' 회사에 대하여만 의무를 부담할 뿐 주주에 대하여는 부담하지 않는다며, 판례의 입장도 그와 같은 것으로 해석하는 것이 통설이라는 설명[23]이 주를 이룬다.

한편, "회사를 위한 충실의무의 내용 속에 주주를 위해 노력할 의무가 당연히 포함된다. 따라서 판례나 학설상 주주에 대한 충실의무가 인정되지 않는다는 해석은 지나치게 협소한 해석으로 잘못된 것이다. 따라서 상법 개정은 원칙적으로 불필요하다"고 주장하는 견해도 있다. 그러나 이러한 견해는 다음과 같은 문제가 있다; ① 우선 이 견해는 의무의 상대방에 주주가 포함된다는 취지가 아니다. 의무의 상대방은 회사이고, 단지 그 '회사에 대한' 의무의 내용 속에 주주의 이익을 추구해야 할 의무가 포함된다는 취지일 뿐이다. 회사에 대한 의무

---

23 이철송, 『회사법강의』 제32판, 박영사, 2024, 676~677면; 김건식·노혁준·천경훈, 『회사법』 제5판, 박영사, 2021, 418면; 박수영, 『주식회사법대계 II』 제4판, 상사법학회 편, 법문사, 2022, 712면; 송옥렬, 『상법강의』 11판, 홍문사, 2021, 1041면; 장덕조, 『회사법』 제5판, 법문사, 2020, 353면; 최준선, 『회사법』 제18판, 삼영사, 2023, 527면; 김문재·최주희, 『회사법 강론』, 책과 세계, 2024, 421면. 상법 개정에 반대하는 견해들도 마찬가지이다, 가령 천경훈, 앞의 「한국회사법상 이사의 의무와 주주이익의 보호」, 92면; 손창완, 앞의 「상법 개정의 현황과 평가」, 279~280면.

만 이행하면 주주의 이익이 저절로 담보된다는 사고에 기초하고 있는데, 이는 자본거래처럼 회사의 이익과 주주의 이익이 달라질 수 있는 거래의 재무적 특성을 간과한 것이다. ② 주주이익 보호의무를 부정하고 있는 다수의 판례들에 대한 분석이 결여된 것이어서 현실에 대한 분석에 토대를 둔 현실 진단 내지 해석론이라기보다는, 앞으로 나아가야 할 방향을 제시하는 당위론에 가깝다. ③ 이 견해에 의할 경우 이사가 '주주에게 직접' 의무를 부담한다는 것은 아니기 때문에, 주주에게 직접 손해가 발생한 경우 주주가 직접 자신의 권리가 침해되었음을 주장하여 소를 제기할 수도 없다. ④ 이 견해에 의할 경우 충실의무의 핵심 실익이라고 할 이해상충 해소 절차의 적용에서도 회사를 상대로만 이해상충을 판별한다는 것인지, 주주를 상대로도 판별할 수 있다는 것인지 불분명한 문제도 있다. 현재 실무는 전자이고 그 결과, 계열사 간 거래에서 상법 제398조와 같은 이해상충 해소 장치가 제대로 작동하지 못하는 것이 현재의 상황이다. 이것은 주주에 대한 직접적인 충실의무를 인정하는 것과는 커다란 차이다.

3. 선관의무와의 차이

이사는 제382조 제2항에 따라 회사에 대해 선관주의 의무를 부담한다고 해석되는데, 선관주의 의무는 법령에 위반하지 않도록 주의할 의무와 항상 회사의 최선의 이익이 되도록 최선을 다할 의무를 뜻한다. 충실의무와 내용이 비슷하여 둘 간의 차이가 무엇인지 문제가 된다. 회사의 이익을 위해 최선을 다해야 한다는 점은 선관주의 의무나 충실의무가 차이가 없다고 본다. 그렇다면 양자의 공통분모를 빼면 충실의무 조항의 차별화된 의의는 이해상충 해소의무, 다시 말하면 자신의 이익을 회사의 이익에 앞세우면 안 될 의무, 쉽게 말하면 '딴 주머니 차지 말아야 할 의무'이다. 문헌상의 일반적인 설명도 그와 같다.

다만 선관의무와 충실의무의 관계에 대하여 일본을 본받아 동질설과 이질설의 견해대립이 있다. 동질설은 충실의무가 선관의무를 다시 적거나 강조한 것에 불과하다고 보고, 이질설은 양자가 서로 다른 것이며 영미의 "duty of loyalty"를 특별히 규정한 것이라고 본다. 충실의무 조항이 1998년 IMF 직후 도입된 것임을 고려하면 굳이 선관의무를 다시 풀어서 쓴 것이라기보다는 영미법상의 duty of loyalty를 도입하려는 취지였을 것으로 추측은 되나, 조문 문구만 가지고 그러한 취지를 명확히 끌어내긴 쉽지 않기 때문에 위와 같은 논쟁의 단초가 생기고 말았다. 다만 어느 견해에 의하건 이사가 자신의 사익을 추구해서는 안 된다는 결론 자체를 부정하는 것은 아니므로, 실천적으로 의미가 큰 논쟁이라고 보긴 어렵다.[24]

특히 이사의 '주주에 대한' 의무를 인정할지의 문제를 논하는 맥락에 있어서는 더욱 그러하다. '주주에 대한' 의무가 도입되어야 한다고 보는 입장에서는, 충실의무를 동질설로 파악하건 이질설로 파악하건, 그 내용 속에 '주주에 대한' 직접 의무를 인정할 것이냐가 관건인 것이고 둘 중 어느 견해를 취할지는 사실은 그다음 단계의 문제다.[25] 즉 '주

---

24 송옥렬, 앞의 책, 1040면은 의무위반의 판단기준이 다르지 않기 때문이라고 하나, 구체적인 이해상충 해소절차 필요 여부와 증명책임의 전환의 점에서 양자 사이에 차이를 두는 것이 타당하다.

25 이상훈, 「이사의 주주에 대한 충실의무-충실의무에 주주의 비례적 이익을 명시하는 법안에 대한 검토-」, 『상사법연구』 제41권 제2호, 상사법학회, 2022, 420면 이하.

주에 대한' 의무 단계에서부터 의무가 부정되어 버리면, 그다음 단계의 논의, 즉 그 의무가 선관인지 충실인지 서로 같은지 다른지는 논할 상황조차 생기지 않게 된다. 게다가 현재와 같은 '회사에 대한' 의무 체제에만 의지하는 경우에 비하여 '주주에 대한' 의무 추가가 특별히 중요하고 실익이 있을 국면은 대부분 경영진이 이해상충이 있는 상황이다. 이해상충이 없는 상황에서는 굳이 회사에 대한 의무인지 주주에 대한 의무인지의 구별 실익이 크지 않은 경우가 대부분이어서 현실에서는 문제 상황이 거의 발생하지 않는다.[26] 이러한 이유로 필자는 주주에 대한 직접 의무를 논하는 국면에서는 선관의무보다도 충실의무가 특히 중요하다고 보아 현재 진행되고 있는 주주에 대한 '충실의무' 도입만이라도 찬성하는 입장이다. 그러나 그렇다고 해서 "선관의무의 영역에서는 주주에 대한 직접 의무가 필요 없으며 선관의무와 충실의무를 달리 파악하자."라는 취지는 아니다. 근본적으로는 충실의무이건 선관의무이건 주주에 대한 직접 의무 포함은 일관되어야 할 것이나 그 주된 실익은 충실의무 영역이다.

26 경영진의 주주에 대한 이해상충이 없는 상황임에도 그것이 회사에 대한 의무인지 주주에 대한 의무인지 구별이 문제되는 대표적인 사안은 LBO(Leveraged Buy Out)와 같은 주주와 채권자의 이해상충 상황이다. 주주를 위한 관점에서는 채권자에게 손해를 가하는 LBO도 허용된다고 보아야 하지만, 회사를 위한 관점에서는 그러한 종류의 LBO는 회사를 파산위험에 빠뜨리므로 허용되어서는 안 된다고 보아야 할 것이다. 주주에 대한 충실의무론은 회사의 이익보다 주주의 이익을 앞세우자는 주장이 아니다. 다만 이러한 논의는 미국과 달리 회사법상 채권자 보호절차가 구비되어 있고 엄격한 자본충실 규제가 이루어지고 있는 한국에서는 논의 실익이 크지 않다. 이에 관한 상론은, 이상훈, 「LBO와 배임죄(상)-손익관계와 출자환급적 성격 및 법인이익독립론을 중심으로-」, 『법조』 제619호, 법조협회, 2008, 114면(주17 및 관련 본문), 138면(주50 및 관련 본문), 146~148면.

4. 일반조항 성격

선관의무 조항은 일반조항 형태로 되어 있고 구체적인 행위 형태가 규정되어 있지 않다. 이 점은 충실의무도 마찬가지다. 이사가 회사의 이익을 저버리고 사익을 추구하는 행위 유형은 매우 다양하다. 예컨대 회사의 재산으로 계열사를 위해 무상으로 보증을 서는 행위, 제3자를 위해 저가로 물품을 매매하는 행위, 저가의 신주발행 사안에서 계열사를 위해 일부러 신주인수권을 포기하는 행위, 계열사를 위해 일감을 몰아주는 행위, 수익률이 낮은 계열사 주식을 총수의 경영권 확보를 위하여 매입하여 보유하는 행위 등 무수히 많은 해사(害社) 행위를 상정해 볼 수 있다. 이러한 행위들은 각 행위별로 별도의 조문이 있는 것은 아니지만, 최선을 다해 회사의 최대 이익을 추구해야 하고 사적인 이익을 회사에 앞세우면 안 된다는 추상적인 원칙을 선언하고 있는 선관의무와 충실의무 조항에 의해 — 적어도 규범적으로는 — 모두 통제되고 있다. 충실의무의 경우에는 상법 제397조의 경업 금지의무, 제397조의2의 회사기회이용 금지의무, 제398조의 자기거래 금지 등이 그 구체화 규정으로 제시되지만 그것은 예시규정일 뿐, 그에 국한된다는 의미는 아니다. 다양한 의무위반 행위를 사전에 모두 미리 예상할 수는 없으므로 충실의무 조항과 같은 일반규정을 둔 것이다.[27] 이처럼 개별 행위를 일일이 규제하는 방식, 이른바 규칙 중심의 접근(rule-based approach)을 취하지 않고, 추상적인 원칙을 선언하는 형태로 접근하는 방식을 스탠더드 접근(standard approach) 또

27 같은 취지로, 송옥렬 앞의 책, 1041면.

는 원칙 중심의 접근(principle-based approach)이라고 한다.

그런데 이와 같이 추상적·선언적인 성격이라는 이유로 주주에 대한 충실의무의 도입을 반대하는 견해도 있다. 가령 "주주에 대한 충실의무를 도입하더라도 내용이 추상적이므로 도입 실익이 적어 필요가 없다"는 논리가 그것이다. 2024년 법무부의 구상엽 법무실장도 주주에 대한 충실의무 도입에 유보적인 입장을 표명하면서 이러한 논리를 내세운 바 있다.[28] 그러나 이러한 주장은 본말이 전도된 주장이다. 본래 기업의 행위는 다종다양하여 일일이 모든 행위를 규칙으로 정할 수가 없고 정하더라도 빠져나가기가 쉽기 때문에, 또 실제로 그 많은 규정들이 만들어져 왔음에도 불구하고 끊임없이 새로운 형태의 주주가치 침해행위들이 등장함에 따라, 스탠더드 접근 내지 원칙 중심의 접근으로서 주주에 대한 충실의무가 대두되었던 본래의 배경을 간과한 주장이기 때문이다. 또한 '회사에 대한' 충실의무나 선관의무 모두 스탠더드 내지 원칙 중심의 접근이어서, 추상적·선언적일 뿐 구체적인 내용을 규정하고 있지 않다. 하지만 그렇다고 해서 누구도 그 조문들이 쓸모가 없다거나 불필요하다고 말하진 않는다. '회사에 대한' 선관/충실의무 조항은 위에 예를 든 다양한 개별 사안에서 모두 살아 움직이면서 오히려 때로는 배임죄의 형태로 너무나 강력하게 발휘된다는 비판을 받을 정도로 막강한 통제기능을 수행하고 있다. '회사에 대한' 의무도 추상적이기는 마찬가지임에도 그에 대해서는 아무 문제가 없다고 보면서도, '주주에 대한' 의무는 추상적이라는 이유로 쓸

---

28 백지현, 「정부 "이사충실의무 강화는 추상적…기회유용 방지 추진"」, 『비즈워치』, 2024.1.17.

모가 없다고 여겨진다면, 그것은 실제 그렇게 쓸모가 없어서라기보다는 '주주 보호'라는 개념을 모른 채 수십년 살아온 현실을 바꾸어야 하는 데 대한 부담감 내지 거부감 때문라고 보는 게 정확한 진단일 것이다.

다음 항에서는 이사의 의무의 기초가 되는 기업가치와 주식(주주)가치의 의미, 양자의 괴리 가능성에 대하여 살펴본다.

II. 기업가치 — 주식(주주)가치의 괴리와 충실의무

1. 기업가치와 주식(주주)가치

가. 충실의무와의 관련성

이사의 '회사에 대한' 충실의무는 '회사'의 가치를 보존하고 증진시킬 의무를 주된 내용으로 하므로, 그 전제로서 '회사의 가치'가 무엇인지가 선결되어야 한다. 충실의무의 범위를 '주주'에 대해서까지 확대하자는 관점에 의할 때에도 마찬가지로 '회사의 가치'는 무엇이고 '주주(주식)의 가치'는 무엇인지, 양자가 어떻게 다르길래 회사만으로는 부족하고 주주를 추가해야 한다는 것인지 설명이 필요하다. 실제로 필자가 미국의 로스쿨 유학 당시 이러한 관점에서 이사의 신인의무를 논하기 위한 전제로서 기업가치와 주식가치에 관하여 자세히 가르치는 Corporate Finance라는 과목이 인기리에 개설되어 운영되었는데, 이는 앞으로 우리나라 회사법학의 나아갈 바라고 본다. 기업가치와 주식가치는 결국 가치 평가의 문제이므로 자산의 가치는 무엇으로 결정되는가라는 문제로 귀결되는바, 이에 관한 현대 파이낸스의 일반론에서 출발할 필요가 있다.

나. 자산의 가치(가격) 일반론

현대 파이낸스에서 자산의 가치는 여러 가지 평가 방식이 있지만 그 중에서 가장 이론적으로 우수하다고 평가되는 방법인 DCF법(현금흐름할인법; Discounted Cash Flow Method 법)에 의하면 자산의 가치는 그 자산이 미래 벌어들일 순 현금흐름의 현재가치 합계라고 설명된다. 이는 고등학교 수학시간에 미래연금의 현재가치 계산법으로 배웠던 내용 즉 현재가치할인법인데 이를 공식으로 나타내면 다음과 같다.

$$\text{자산의 (현재) 가치(PV; Present Value)} = \sum_{t=1}^{n} \frac{CF_t}{(1+r)^t}$$

CF_t는 미래에 다가올 매기(每期)의 미래 순 현금흐름(Cash Flow)을, r은 할인율을 나타낸다. 할인율은 금융비용 또는 자금조달 비용을 가리킨다. 오늘의 100원이 미래의 100원보다 크다는 점, 즉 화폐의 시간가치가 고려되어야 하므로 미래의 가치는 오늘로 환산하려면 디스카운트(할인)가 필요함을 나타낸다. 즉 할인율은 미래의 현금흐름을 현재 시점으로 할인하는 현가요소라고 설명된다.[29] 손안에 든 새 한 마리가 날아다니는 두 마리보다 값어치 있다는 속담과 통하는 사고방식이다. 할인율 r은 미래의 불확실성을 나타내는 수치로서, 시장평균이자율에 더하여 해당 자산의 위험 프리미엄(스프레드), 즉 해당 자산과

29 Brealey/Meyers/Allen, 『재무관리의 이해』 13판, 강경훈 외 번역, 교문사, 2020, 47~49면.

동일한 위험 수준을 가진 자산에 대하여 시장에서 요구하는 추가 수익률을 가산함으로써 구해진다. 미래의 현금유입 가능성이 불확실하다면 할인율, 즉 자금조달 비용은 올라가고 이는 위 식에서 분모에 위치하기 때문에 자산의 가치를 낮추는 역할을 한다. 안전자산의 화폐가치가 위험자산의 화폐가치보다 높다는 뜻이다.[30] 위 식에서는 할인율 r이 매기 동일하다고 가정하였는데, 매기별로 다르다면 그 각각의 할인율 r_t를 대입하면 된다. 위 식을 통해, 분자에 올 현금흐름이 클수록, 분모에 올 할인율이 작을수록 자산의 가치는 커진다는 점, 반대로 현금흐름이 작을수록, 또는 할인율이 클수록 자산의 가치는 작아진다는 점을 알 수 있다. 특히 할인율은 제곱에 반비례하는 형태로 반영되기 때문에 조그마한 변화도 자산의 가치에 미치는 영향이 크고, 기간이 멀수록 제곱의 승수가 커지기 때문에 현금흐름이 먼 미래일수록 그에 상응하는 할인율의 효과 또한 커져 자산가치에 반영되는 정도가 급격히 작아지는 반면 가까운 장래의 현금흐름일수록 자산의 가치에 반영되는 정도가 커진다.

다. 기업의 가치(가격)

기업의 가치를 위 현재가치할인법으로 생각해 보자. 기업의 가치는 위 자산의 가치 공식에 대입하면 얻어진다. 즉 기업의 가치(CV; Corporate Value)는 *그 기업이* 벌어들일 매기의 미래 순 현금흐름(FCF)을 모두 현재가치로 할인하여 이들을 합계함으로써 얻어진다. 일본

30 위의 책, 52면.

경제산업성이 발표한 M&A 지침에서도 기업의 가치를 위와 같이 현금흐름의 합계라고 설명한다.[31]

$$\text{기업의 (현재) 가치(CV)} = \sum_{t=1}^{n} \frac{CF_t}{(1+r)^t}$$

위 식을 통해, 분자에 오게 될 기업이 벌어들이는 매기의 현금흐름이 클수록, 그리고 분모에 오게 될 할인율이 작을수록 기업의 가치는 커지고, 반대로 벌어들이는 현금흐름이 작을수록, 또 할인율이 클수록 기업의 가치는 작아짐을 알 수 있다. 기업의 가치를 주주들에게 귀속될 자기자본의 가치만 가지고 산정한다면, 분자의 현금흐름은 주주에게 귀속될 순 현금흐름이 되어야 할 것이고, 그때의 할인율 r에는 회사 전체의 자본비용인 가중평균자본비용(WACC; Weighted Average Cost of Capital)이 아니라 주주들의 자본비용인 자기자본비용(COE; Cost of Equity), 즉 비슷한 위험도를 가진 자기자본에 대해 시장에서 요구하는 수익률을 대입해야 할 것이다.

이 식을 이사의 '회사에 대한' 충실의무와 연관지어 생각해 보자. 회사 계좌로 원래 입금시켜야 할 금액보다 적은 금액을 입금시킨다든지, 원래 지출되어야 할 금액보다 많은 금액을 지출시킨다면, 이는 위 식의 분자의 현금 흐름을 낮춤으로써 회사의 가치를 저하시키는 행위이므로 충실의무 위반의 임무위배 행위가 될 것이다. 한편, 분모에 관하여 보면, 할인율은 제곱에 반비례하는 형태로 반영되고 현재로부

31 일본 經制産業省, 2023.8.31., "企業買収における行動指針-企業価値の向上と株主利益の確保に向けて-".

터 먼 시점의 미래일수록 승수가 커지기 때문에 먼 미래의 변화일수록 자산의 가치에 미치는 영향이 커진다. 따라서 회사 계좌로 입금될 금액에 대하여 상응하는 대가 없이 현금의 회수 기간을 장기화한다든지, 또는 불필요하게 비싼 비용으로 자본을 조달하는 행위들은 모두 분모의 할인율을 높이고 이는 위 식의 분모 값을 크게 만듦으로써 회사의 가치를 떨어뜨리는 행위들이므로 충실의무 위반의 임무위배 행위라고 볼 수 있다.

라. 주식(주주)의 가치(가격)

주식의 가치 역시 위 자산의 가치 공식에 대입하면 얻어진다. 즉 주식(주주)의 가치(SV; Share Value 또는 Shareholder Value)는 *그 주식이* 벌어들일 미래 순 현금흐름(CF; cash flow)을 현재가치로 할인함으로써 얻어진다. 그런데 주식이 벌어들일 미래 순 현금이란 결국 회사로부터 받을 배당금이다. 미래에 주식을 처분할 경우에는 양도차익도 얻을 수 있으므로 주식 양도 시점까지의 배당금과 양도금액을 합한 것이 현실적인 주식의 현금흐름일 것이다. 다만 그 양도 가격은 결국 그 시점의 주식 가격이 결정할 것인바, 그 가격은 이론상 그 시점 현재의 주식이 벌어들일 미래 순 현금, 즉 배당금에 의해 결정될 것이다. 따라서 이론적으로는 배당금이 열쇠를 쥐고 있다. Myron Gordon이라는 사람은 이러한 아이디어, 즉 배당금이 주식가치를 결정한다는 아이디어를 구체화한 주식가치 결정모형을 제시하였는데, 배당금이 매년 일정한 비율로 성장할 경우의 주식가치 공식은 다음과 같다.[32]

$$주식의\ (현재)\ 가치(SV) = \frac{D(1+g)}{(r-g)}$$

위 식에서 D는 현재의 배당금, g는 매년의 성장률, r은 매년의 할인율이다. 주식의 가치는 배당금이 클수록, 그리고 그 배당금의 연 성장률이 클수록, 할인율이 작을수록 커짐을 알 수 있다. 여기서 할인율은 그 주식에 대한 자본비용 즉 비슷한 위험도를 가진 주식에 대하여 시장에서 요구하는 수익률이다.

2. 기업가치와 주식(주주)가치의 괴리 — 주주환원율

가. 기업가치와 주식가치의 이동(異同)

앞에서 기업가치를 구하는 공식은 기업이 벌어들일 미래 현금을 합하는 개념이고, 주식가치를 구하는 공식은 주식이 벌어들일 미래 현금을 합하는 개념임을 보았다. 대부분의 파이낸스 교과서는 이 둘을 동일시한다. 기업이 벌어들이는 현금에서 채권자의 몫을 제외하고 나면 나머지는 주주의 몫이 될 것인바, 이것이 곧 주식가치 그 자체라고 보는 것이다. 그런데 여기에는 숨겨진 중대한 가정이 하나 있다. 기업이 벌어들여 회사에 쌓아 놓은 현금을 주주들에게 그대로 전달한다는 가정, 또는 반드시 그 즉시 전달하지는 않더라도 보다 나은 배당을 위해, 다시 말하면 주주들을 위해 이 돈을 사용할 뿐, 경영진의 사익을 위해 돈을 다른 곳에 허투루 사용함으로써 회삿돈이 밖으로 새지는 않으리라는 가정 말이다. 거래비용이나 세금이 존재하지 않고, 경영

---

32 성장하지 않고 배당금이 D로 매년 고정되어 있는 경우의 주식가치는 영구현금의 현재가치 공식에 따라 D/r이 된다.

진이 주주의 몫을 빼돌리는 대리인 문제도 존재하지 않는 교과서에나 등장하는 완벽한 자본시장이라면, 그리하여 기업이 벌어들인 순 현금 중 주주의 몫을 전액 그때그때 주주에게 돌려주거나 더 나은 배당을 위해 재투자되고 언젠가는 그것이 주주에게 전액 귀속되며, 이와 관련된 정보가 실시간으로 완벽히 주식시장과 공유된다면, 기업가치와 주식(주주)가치는 동일할 것이다. [기업이 벌어들이는 것 = 주주가 손에 쥐게 되는 것]의 등식이 성립할 것이기 때문이다.

그러나 짐작하는 바와 같이 현실에서는 양자가 동일하지 않다. 완벽한 자본시장의 가정이 너무 엄격하여 현실에서는 전혀 그렇지 않다는 점을 논외로 하더라도, 경영진이 주주들에게 주주들의 몫을 제대로 돌려주지 않거나 주주를 위해 최선의 곳에 재투자하기보다는 자신에게 유리한 곳에 사용하거나 비효율적인 곳에 투자하는 대리인 문제가 큰 역할을 한다. 대리인 문제라 함은 대리인인 경영진이 주주인 본인에게 충실하지 않고 자기 이익을 추구하는 것을 가리키므로 이 책의 주제인 충실의무 문제와 통하며 그 자체라고 할 수 있다. 이 점이 회사법적 관점에서는 핵심 문제 중 하나이고 이것이 이 책에서 논하려는, 우리나라의 현실에서 가장 주목을 받는 코리아디스카운트의 핵심 이슈라고 본다.

나. 주주환원율

기업이 벌어들인 순이익, 즉 주주들의 몫을 주주들에게 얼마나 돌려주는지를 나타내는 비율을 주주환원율이라고 한다. 구체적으로는 다음과 같은 수식으로 나타낼 수 있다.

$$주주환원율 = \frac{현금배당액+자사주매입액}{순이익} \times 100\%$$

위 식은 기업이 벌어들인 돈을 과연 주주에게 충실히 전달하는지를 나타내는 개념이므로 앞에서 우리가 살펴본 기업가치와 주식가치의 괴리를 측정하기에 매우 좋은 지표이다.

기획재정부의 2024.7.3.자 보도자료에 따르면, 10년(2014~2023)간 평균 주주환원율(%)은 미국이 92, 한국 29, 중국 31, 선진국 평균 67, 신흥국 평균 37이다.[33] 이것은 기업이 벌어들인 순이익을 미국의 기업들은 10년간 평균 92%를 주주에게 환원한 데 비하여 한국은 29%만 환원하였다는 뜻이다. 한국은 상장기업이 100을 벌면 그중 주주에게 30%도 채 전달하지 않는다는 의미인데, 이는 신흥국 평균, 사회주의 국가인 중국보다도 못하다는 것이니, 한국의 주식가치가 저평가되는 이유를 잘 보여 주는 통계라고 하지 않을 수 없다.

위 통계의 의미를 오해 없이 제대로 이해하기 위해 몇 가지 첨언할 점이 있다.

첫째, 주주환원율의 분모는 '순이익'이라는 점이다. 매출액이나 영업이익이 아니다. 순이익이라 함은, 회사가 비용으로 지불해야 할 돈을 모두 지불하고 난 뒤의 순액, 즉 주주들의 몫이다. 이 금액은 채권자에 대한 원리금, 근로자에 대한 임금, 정부에 대한 세금, 기타 이해관계자에 대해 지불해야 할 모든 비용을 공제하고 난 나머지 순액, 즉 주주들의 몫을 의미하는데, 이 점은 회사법적으로도 매우 중요하다. 주주환

33 2024.7.3.기획재정부 발표, 관계부처 합동 「역동경제 로드맵」, 19면.

원율을 이야기하면 주주자본주의니, 이해관계자 자본주의니 하면서 주주이익극대화의 폐해를 지적하는 경우를 종종 접하는데, 그것은 개념을 오해한 것이거나 의도적인 논점 흐리기다. 순이익이라는 개념이므로, 주주들의 몫을 주주들에게 돌려주느냐 중간에 그 돈이 새느냐의 문제일 뿐, 이해관계자 자본주의의 문제와는 관련이 없음을 유의하기 바란다. 이해관계자들과 주주의 몫을 나누는 국면의 문제는 주주에 대한 충실의무를 논하기에 앞서 이미 '회사에 대한' 충실의무 상태에서 존재하는 문제이다. 회사의 순이익을 높이는 것이 '회사에 대한' 선관/충실의무이기 때문이다. 즉 이 문제는 '주주에 대한' 충실을 도입하기 전 상태인 '회사에 대한 충실' 상태에서도 이미 존재하던 쟁점으로, '주주에 대한' 충실을 도입한다고 해서 달라질 성격의 쟁점이 아니다.

둘째, 위 통계는 10년이라는 장기간을 토대로 산출된 평균 비율이라는 점이다. 주주환원율이 낮은 부분에 대하여는, 우리나라 산업이 제조업 중심이라 지속적인 R&D와 설비투자가 필요하고 경기변동이 심해 회사 내에 유보가 많이 필요하여 벌어들인 돈을 주주에게 전액 배분할 수는 없다며 서비스업 중심인 미국과의 비교는 부적절하다는 취지의 주장도 종종 접한다. 일면 타당한 측면도 없지는 않겠으나 일반화하기에는 적절치 않은 주장들이다. 설비투자를 하였다면 언젠가는 투자비 이상의 이윤을 회수할 것이고, 그 회수 기간이 10년을 넘지는 않는 것이 보통일 것이기 때문이다. 위 비율은 관찰 기간을 임의로 최근 10년으로 끊은 것일 뿐, 과거엔 '밸류업' 개념이 지금보다 오히려 희박하였으므로 관찰 기간을 과거 20년 또는 30년 전까지로 늘려서 잡으면 위 비율은 오히려 더 떨어질 가능성이 높다. 또한 일부 특수산업은 투자 회수에 10년 이상 걸릴 수 있다손 치더라도 — 그러한 기업은 사실은 상장하기에 적합하지 않다고 보아야 할 것이다 — 위 수치는 평균이라는 점이 고려되어야 한다. 모든 산업이 '평균적으로' '장기간에 걸쳐' 또는 '거의 항상' 29%밖에 주주에게 돌려주지 않는다는 것은 산업구조만 가지고는 설명이 어려운 부분이다. 뿐만 아니라 기업이 성장을 하면 자기자본 규모가 커진다는 점도 고려해야 한다. 가령 초창기 기업이 1년에 100억 원의 순이익을 올리면 그중 70%를 재투자해야 한다는 주장을 이해하기는 비교적 쉽다. 하지만 회사 규모가 1천억, 1조 원, 100조 원이 되어도 계속 같은 비율로, 70%를 재투자한다는 것은 엔비디아처럼 폭풍 성장을 하는 기업의 잠시 몇 년간이라면 몰라도 일반화할 수 있는 패턴이 아니다. 실제로 우리나라 코스피 시가총액 상위 종목들을 보면, ROE나 매출액 성장률이 그리 높지 않음에도 불구하고, 매년의 당기순이익 중 주주환원율 또는 배당의 절대금액 수준을 일정하게 유지함으로써 결국 회사 내에 자산이 과도하게 쌓이고 유보율은 갈수록 높아지며 그 결과 PBR은 점점 낮아지고 주주환원율 또한 낮게 유지되는 것을 매우 쉽게 관찰할 수 있다.[34] 또한 경기변동이 불확실하여 미래의 재원 유보가 필요하다는 논리도 수긍하기 어려운 면이 있다. 어느 정도의 재원 유보가 필요함은 사실이지만 적정한 유보 수준이라는 것이 있고, 회사에 무작정 현금을 쌓아놓는 것은 효율적인 자산운용이 아니다. 추가로 자금이 필요하면 그

34 2023년 말 현재 우리나라의 10대 그룹 중 PBR이 1을 넘는 그룹은 HD현대, 삼성, LG 그룹 3곳뿐이라고 한다. 이들도 1.09~1.27로 1을 간신히 넘기는 수준이라고 한다, 이경은, 「청산가치도 안 되는 10大그룹 주가... GS, 롯데 그리고 1위는」, 『조선일보』, 2024.8.26.

때 가서 차입을 하거나 유상증자를 해도 된다. 그러나 시장에서 조달할 경우 주주들과 금융시장의 평가를 거쳐야 하는 불편함을 피하고 경영진 재량으로 자유로이 자금을 (방만하게) 쓰기 위해 주주의 돈을 막대한 규모로 회사 내에 장기간 유보시키려는 경향은 미국 회사법학에서도 오래 전부터 모럴해저드 내지는 대리인 문제의 한 단면으로 지적받아 온 사항이다. 특히 한국은 그렇게 자산을 쌓아 놓은 다음 이를 부실한 계열사 또는 승계를 위한 개인회사와의 합병 또는 주식교환 내지 일감 몰아주기 재원으로 사용하거나, 계열사 주식 취득 기타 방만한 투자 재원으로 사용하는 경우가 많아 특히 문제가 되며 주식 저평가의 주원인을 구성한다.

3. 주주환원율과 '주주에 대한' 충실의무의 관계

이상에서 본 바와 같이 한국의 주주환원율이 지나치게 낮은 부분은 회사법적으로 어떻게 바라보아야 할까? 회사가 벌어들인 순이익의 71%를, 장기간에 걸쳐 주주에게 배분하지 않는다는 것은 회사에 돈을 쌓아 놓았거나 돈이 주주 이외의 곳 어디론가 새고 있다는 뜻이다. 회사가 벌어들인 돈을 주주에게 배분하는 것은 주식회사의 기본적인 존재의의라고도 할 수 있는데, 이 기본원칙이 무시되고 있는 것이니 중대한 문제라고 하지 않을 수 없다. 이 문제의 근본 원인은 경영진이 주주를 대하는 자세, 즉 주주의 가치를 지켜주고 훼손하지 않으며 경영진 자신의 사익을 앞세우지 않겠다는 기본 자세를 의심케 하는 문제이므로, 그 회사법적 주소는 결국 주주에 대한 충실의무의 문제라 할 수 있다.

이 문제에 대해 '주주에 대한' 충실의무를 적용한다고 하더라도 장기간에 걸쳐 불합리하게 낮은 주주환원율을 유지하는 경영행위는 소송으로 책임을 추궁하기가 법적으로 마땅치 않은 면은 있다. 그러나 그것은 그 입증이나 기준 제시가 어려운 데 따른 것일 뿐 개념적으로 '주주에 대한' 충실의무의 적용 대상이 아니라거나 '주주에 대한' 충실의무와 무관한 영역이라고 말할 것은 아니다. '주주에 대한' 충실의무는, 불합리하게 과도한 유보, 목적이 불분명한 모럴해저드 내지 사익추구적 성격의 과잉 유보에 대해 "그것은 사익을 이유로 주주의 가치를 훼손하는 행위로서 충실의무 위배 소지가 있다"는 인식, "그런 식으로 회사의 자본을 운용하면 안 되며 회사의 자본 운용은 주주에 대한 자본 비용이 기준이 되어야 한다"는 인식을 심어 주는 형태로 이사회의 의사결정 단계에서 규범력을 가질 수 있다. 그리고 뒤에 IV장에서 보듯이 '주주에 대한' 충실의무가 확립된다면 불합리한 과소 배당에 대해 소송도 가능하다고 봄이 타당할 것이다.

4. 주주환원율만 높이면 '주주에 대한' 충실의무 도입은 필요없는가?

위와 같이 "주주환원이 잘 안 되는 점이 한국 주식시장의 문제이고 이는 충실의무의 문제"라는 필자의 논리에 대해서는, 그러면 주주환원율만 높이면 되는 것 아닌가? 굳이 충실의무 도입까지는 필요 없는 것 아닌가라는 의문을 종종 접한다. 주주환원을 잘하는 기업들을 모아 밸류업 지수를 만들면 될 뿐 상법 개정은 필요없다는 식의 윤석열 정부의 태도도 그러한 관점이라고 할 수 있다. 그러나 그러한 의문은 주와 종을 혼동한 것이다.

주주환원을 잘 하지 않는 것은 충실의무가 결여됨으로 인하여 나타나는 결과이지 그 자체가 원인은 아니다. 경영진이 회사 내에 장기간에 걸쳐 과다한 유휴 현금을 쌓아 놓음으로써 회사의 자산 효율을 떨어뜨리고 주주환원율을 비정상적으로 장기간에 걸쳐 낮추는 행위는 경영진 자신의 사익을 위한 경우를 제외하면 달리 합리적인 이유를 찾기 어렵다. 그러나 그것은 충실의무 위반의 여러 모습의 하나에 불과할 뿐이고, 주주환원율만 높인다고 충실의무의 문제가 모두 해결되는 것은 아니다.

요컨대 주주환원을 법으로 강제하거나 그 자체를 타깃으로 삼아 정책을 수립하기보다는, 합리적인 이유가 없음에도 현금을 잔뜩 쥐고 있는 것 자체가 잘못된 것이라는 점, 그것은 경영판단 영역이 아니라 경영진의 사익에 의한 주주가치 훼손이 우려되는 이해상충 국면이라는 점에 대한 규범적인 인식이 선행될 필요가 있다. 그래야 어떠한 상황에서 어떠한 논리로 어느 정도 보유하는 것이 합리적인지 기준에 대한 논의도 가능해질 것이다(이에 관하여는 제4부의 Ⅷ항).

주주환원율만 높인다고 충실의무 문제가 해결되지 않는 또 한 가지 예는, 자본 운용 자체가 비효율적이고 불합리한 경우에는 주주환원율을 높이는 것은 별 의미가 없다는 점이다. 가령 계열사나 특수관계인을 위하여 회사의 자금을 수익성 낮은 불량자산에 투자한 경우를 예로 들어보자. 그 자산은 가격도 잘 오르지 않고 배당도 나오지 않는다. 그렇게 되면 이 자산을 들고 있는 회사의 순이익 자체가 별로 증가하지 않을 것이다. 순이익이 낮은 상태에서 환원율을 높여 보았자 별 의미가 없으며, 주주의 돈이 어디론가 비효율적으로 헛되이 쓰이고 있다는 본질은 달라지지 않는다.

III. 코리아디스카운트와 이사의 충실의무

1. 코리아디스카운트의 개념

코리아디스카운트란 우리나라 기업이 비슷한 수준의 외국 기업에 비해 주식가치가 낮게 평가되는 현상을 말한다.[35] 수준이 비슷한다는 말은 기업의 자본이나 수익력, 즉 기업의 펀더멘털이 비슷하다는 말이다. 수준 자체가 낮으면 그에 대해 주가가 낮게 형성되는 것은 저평가가 아니라 합당한 평가이므로 디스카운트란 말을 쓸 이유가 없다. 자본이나 수익력에 비해 주가가 저평가된다는 말은 앞서 언급한 기업의 가치 공식 중 분자, 즉 벌어들이는 현금이 비슷한 다른 기업에 비해 분모에 문제가 있다는 뜻이다. 달리 표현하면 할인율이 높다, 또는 투자자들의 요구수익률이 높다, 또는 수익이나 자본에 대해 곱해지는 승수, 즉 멀티플(multiple)이 낮다는 의미라고 할 수 있다.

2. 코리아디스카운트의 발생 원인

코리아디스카운트를 유발하는 할인 요소는 여러 다양한 원인이 있을 것인바, 회사법적 관점, 기업거버넌스 관점에서 그 모든 요소를 전부 해결할 수는 없다. 회사법 관점에서 집중해야 할 포인트가 무엇인지 보려면, 코리아디스카운트의 발생 원인을 분류해 볼 필요가 있다. 이에 관하여는 사람마다 관점이 다를 수 있는데, 필자는 다음과 같은 세 가지 유형으로 그 원인을 분류한다.

---

35 한경닷컴 경제용어사전(https://dic.hankyung.com/economy/view/?seq=7161).

가. 발생 원인 ① — A type 이슈

A type 이슈는 펀더멘털(기업가치)에 직접 영향을 미치는 이슈를 말하는데, 이는 지배주주, 일반주주 할 것 없이 모든 주주에게 공통으로 파급효과가 미친다. 예를 들면, 북핵으로 인한 위험요인, 미중 갈등으로 인한 요인, 우리나라 산업구조가 경기민감형(cyclical)이어서 변동성이 큰 점, 인구가 급격히 감소하여 사회불안 요인이 높아지는 점, 우리나라의 전반적인 기술력, 사회통합 능력 내지 갈등해결 능력의 저하로 말미암아 생산성이 저하된다고 지적되는 점 등이 이러한 예에 해당할 수 있다. 이러한 요인은 미래의 불확실성을 키우기 때문에 다른 조건이 동일하다면 기업가치 공식 중 할인율을 높이는 요인이 된다. 그런데 이러한 것들은 법률 이슈(legal issue)가 아니다.

나. 발생 원인 ② — B type 이슈

B type 이슈는 기업가치가 주식가치로 전달되는 과정에 영향을 미치는 이슈로 인하여 가치가 중간에 새는 현상을 가리킨다. 그점에서 '누수(漏水)효과'라고 부를 수 있다. 앞서 A type 이슈가 기업가치 자체를 좌우하는 요소라면, B type 이슈는 기업가치 자체를 좌우하는 것을 가리키는 것은 아니고, 동일한 기업가치를 가정하더라도 그 기업가치가 주주에게 고르게 분배 전달되지 않고 왜곡됨으로써 주주의 비례적 이익을 침해하여 주식가치가 할인되도록 만드는 요소이다. 기업의 자원(resource)을 주주를 위해 제대로 투자하지 않고 이해상충적으로 투자함으로써 기업의 가치를 작게 만드는 행위도 기업의 자원을 주주에게 제대로 전달하지 않고 전용하는 행위이므로 여기에 해당한다.

이해의 편의를 위해 몇 가지 예를 들어 보면 다음과 같다.

(1) 예 1: 지배주주의 부당한 지분율(지배력) 증가를 초래하는 M&A

우리나라에서는 회사가 M&A를 하고 나면, 지배주주(그 특수관계인이나 우호주주 포함)의 지배력이 증가하는 일이 많다. 가령 제3자 배정 신주발행, 합병, 지주사 전환, 특정인 앞 자사주 처분 등 주로 영업상의 이유보다는 계열사나 총수일가 등 특수관계인과의 자본거래에 이러한 일이 벌어지는 경우가 많다.

이러한 거래는 거래가 끝나고 나면, 전체 기업가치에서 일반주주들이 차지하는 몫은 줄고, 총수일가의 몫은 늘어난다. 그렇게 되면 기업가치에는 변함이 없더라도 그 기업가치가 주주에게 전달되는 과정에서 주주 간의 배분비율(지분율)을 바꾸어 버리기 때문에 주주의 비례적 이익이 침해된다. 일반주주의 몫은 거래소에서 거래되므로 이 현상은 거래소의 시장주가를 떨구는 요인으로 작용한다. 반면 총수의 몫은 종전보다 증가하므로, 총수의 몫이 거래되는 M&A 시장에서 지배권 주식의 전체 가치는 증가한다. 그리고 총수는 이러한 거래를 실행할 권능이 있는 반면, 일반주주들이 그것을 견제할 법적 수단은 미비하기 때문에 지배주주의 주식은 그러한 미래의 잠재권능이 반영된 높은 프리미엄 가격으로 M&A 시장에서 거래되고, 반대로 일반주주들의 주식은 항상 그러한 미래의 잠재적인 가치 저하 요인이 반영되어 할인(minority discount; 일반주주 할인)된 가격으로 거래소에서 거래될 것이다. 이 프리미엄과 일반주주 할인은 동전의 양면으로, 바로 이 부분의 크기가 코리아디스카운트의 크기라고 할 수 있다.

(2) 예 2: 물적분할—자회사 상장 차익을 모회사 주주에게 돌려주지 않는 경우

두 번째 예는 최근 2020년경 LG화학이 배터리 사업부를 분할하면서 크게 문제가 되었던 물적분할 상장이다. 물적분할 상장은, 회사의 알짜 사업부를 자회사로 떼어낸 뒤 동 자회사의 주식을 시장의 대중에게 매도(IPO)한 뒤 이를 상장하는 것이다. 물적분할을 하면 그 떼어낸 부분은 기존 회사의 100% 자회사가 되므로 일견 보기에는 전체 회사의 가치에는 변화가 없다. 하지만 주주들의 입장에서 보면 기존의 알짜 사업부가 자회사의 사업부로 내려가기 때문에 더 이상 그 부분에 대해서는 직접적인 주주권이 미치지 않는다. 이것은 주식이 커버하는 사업의 범위가 축소되고 그 축소된 사업부에 대해서는 간접 보유관계로 후퇴함을 의미하므로 다른 조건이 동일하다면 주식가치의 감축, 주주의 손해가 된다. 물론 그에 상응하는 반대급부, 가령 시너지나 경영 효율에 따른 이익이 생겨 이를 상쇄시킨다면 상관이 없다.

만약 물적분할을 하여 상장함으로써 생기는 이익을 전량 주주들에게 귀속시킬 수만 있다면 주주는 손해가 없다고 말할 수 있을 것이다. 물론 그렇게 할 것 같았으면 처음부터 인적분할을 선택했을 테니 애당초 말이 안 되는 가정이기는 하다. LG화학의 경우를 예로 들면, 배터리 사업 부문을 물적분할한 뒤 그 분할로써 설립된 자회사인 LG에너지솔루션 주식의 100%를 LG화학이 보유하게 된다. 그중 80%는 LG화학이 계속 보유하고, 20%만 공개시장에 매도를 하는 것이 물적분할 상장의 기본 틀이었다. 그 20%에 불과한 매도에 따른 상장차익마저도 LG화학 주주들에게 배분하지 않고 LG화학 또는 LG에너지솔루션의 법인 계좌로 입고시켜 경영진(총수) 관리로 귀속시킨다. 만약 인적분할에 의하였더라면 또는 아무 분할도 하지 않은 채 그냥 현재 상태로 유상증자를 하였더라면, 기존 LG화학 주주들에게 신주가 배정되거나 LG화학 주주들은 자신의 주식을 높아진 상장 가액에 팔고 나가는 형태로, 보유 물량 전량에 대해 상장차익을 누릴 수 있었을 것이다. 매도 물량, 매도 가격, 매도 타이밍을 모두 자신이 결정할 수 있음은 물론이다. 매도 물량, 가격, 타이밍이라는 요소는 앞서 주식가치 공식에 넣어 생각해 보면 주식이라는 자산의 가치를 결정하는 분자의 현금흐름과 분모의 할인율에 모두 관련되는 부분들이다. 이 부분들을 모두 빼앗겼으니 주식가치가 저하됨은 당연하고 시장에서 이를 인식하여 가격에 반영하는 것 또한 매우 당연하다. 결과적으로 사업부의 일부를 상장했지만 그 상장차익이 기존 주주들의 손에는 전혀 쥐어지지 않고 '회사 계좌'로 입고되어 경영진의 관리로 이관되는 것이 거래의 본질임을 알 수 있다. 상장차익이라는 주주가치의 본질적인 요소가 기존 주주들에게 환원되지 않고, 총수(지배주주)에게 집중됨으로써 주주들의 가치는 저하되고 그에 상응하는 만큼 총수의 지배권 프리미엄은 증가된다. 이는 거래소에서의 시가총액 감소, 즉 코리아디스카운트로 귀결된다.

(3) 예 3: 이익을 주주환원하지 않고 비효율적인 곳에 투자/활용하는 경우

세 번째 예는, 회사가 벌어들인 돈을 투자효율이 높은 곳에 지속적으로 투자하거나 그에 못 미칠 경우 주주환원 용도로 사용하는 대신, 총수의 경영권 승계를 위해, 계열사 확장 등 비효율적인 용도로 투자,

사용하는 경우이다. 지주회사 체제를 수립하여 주주들의 돈으로 총수의 경영권 확보를 위해 배당도 주지 않는 수익률 낮은 계열사 주식에 투자하여 보유하고 있는 경우가 전형적으로 이에 해당한다. 지주사들이 대체로 PBR이 매우 낮고 ROE도 매우 낮은 수치를 보이는 이유가 여기에 있다. 총수는 일반주주들의 돈으로 자신의 경영권을 확장할 수 있어 좋을지 몰라도 일반주주 입장에서는 총수의 경영권 확장에 '들러리'를 서는 격이니 주식가치 저하를 피하기 어렵다. 앞서 (2)의 물적분할 상장을 하여도 지주사 체제가 수립되는데 위 (2)의 물적분할 사례에서 LG화학이 물적분할 후에도 80%의 지분을 보유하고 있는 부분도 예 3의 한 사례로 범주화할 수 있다.

(4) 소결: B type 이슈와 충실의무

현재 한국의 충실의무는 기업가치 보호에 대해서만 인정될 뿐, 주주(주식)가치 훼손에는 인정이 되지 않는다. 그렇기 때문에 위 B type 이슈처럼 기업의 영업력을 훼손시키는 것은 아니지만 벌어들인 돈을 주주에 대한 비례적 이익을 깨뜨리는 형태로, 총수를 위해 비효율적으로 사용하더라도 충실의무 통제가 미치지 못하고 있다. 즉 현행 충실의무 체제하에서는 B type 할인 현상이 방치, 조장되는 문제가 있다. 충실의무의 대상에 '주주'도 포함하자는 상법 개정안이 대두되도록 만든 주된 원인이라 할 수 있다.

다. 발생 원인 ③ — C type 이슈

C type 이슈는 B type 이슈, 즉 주식가치 할인 현상이 다시 기업가

치 훼손으로 이어져 되먹임되는 현상을 가리킨다. 다음과 같은 예를 들 수 있다.

(1) 예 1: B type 할인 요인에 따른 자본비용 증가

B type 할인이 생기면, 그 기업에 투자하는 투자자의 요구수익률이 증가한다. 투자자의 입장에서는 기업의 가치 대비 주가 하락 요인, 즉 리스크가 상대적으로 크다고 느끼기 때문에 그에 상응하는 더 높은 수익률을 요구하게 된다. 이것은 회사의 입장에서는 주주로부터 투자금을 유치하기 위한 자본비용이 비싸진다는 뜻이다. 이렇게 되면 주식이 헐값에 거래되기 때문에 같은 영업력을 가진, 가령 미국의 동급 회사에 비해 시가총액이 작아지고 그렇게 되면 돈을 빌리기도 상대적으로 어려워지고 유상증자나 주식을 활용한 자금 조달을 하려고 할 때 기존 주주들의 가치 희석이 커져 선택지가 좁아진다. 한마디로 자본시장에서 자금조달이 어려워지므로 기업가치 할인요인으로 작용한다. 자금조달이 어려워지므로 회사의 성장도 어려워지고 주가도 잘 안 오르는 악순환에 빠지게 된다.

(2) 예 2: 거버넌스 악화에 따른 기업가치 저하

B type 할인이 생긴다는 것은 총수(전문경영진 포함)의 부당한 지배력 증가가 용이해진다는 것을 뜻한다. B type 이슈의 예 1과 같은 사유는 직접적으로 총수나 지배주주, 또는 경영진의 지배력을 증가시킨다. 문제는 그 지배력 증가가 자신의 개인 돈으로 개인적인 거래로 주식을 매입하여 이루어진 것이 아니라, 회사의 정보와 권한을 독점한 이

해상충 당사자 지위에서 '회사'를 동원하여 달성하였다는 점에 있다. 일반주주를 위한 충실의무가 존재하지 않는 상황에서 경영진은 자신의 회사 내 공적인 권한을 활용하여 회사라는 모든 주주를 위한 자원을 사적인 용도로 동원함으로써 자신의 지배력 증가라는 사익을 달성하는 점이 문제인 것이다. 이는 주주의 비례적 이익이 특정인을 위해 징발, 이전됨을 의미한다. 이때 경영진은 그 자신이 주식을 보유한 주주이건 주주가 아니건 상관없다. 주주의 n분의 1의 주식가치, 즉 비례적 이익은 그 어느 경우이건 손상되기 때문이다. 주식을 전혀 보유하지 않은 전문경영인이 다른 회사와 자사주 맞교환을 통해 자신의 지배력을 강화하는 것도 주주들의 지배력을 편취해 가는 성격이므로 이에 해당한다.

이러한 문제가 초래하는 부작용은, 회사의 지분구도를 바꾸어 건전한 견제 세력을 약화시키고 경영권 경쟁을 사실상 봉쇄하는 효과를 낳는다는 점이다. 경영진의 지배력이 견제받지 않고 발휘될 수 있으면, 불합리한 투자와 자본운용, 회사와 주주의 이익을 빼돌리는 터널링(tunnelling) 등의 이해상충 상황에서 사익추구 행위를 견제받지 않고 실행시키기가 더더욱 용이해진다. 기업의 본원 경쟁력 향상, 즉 자산상태표 좌변의 가치상승을 통한 경영진의 지분가치 상승 또는 주주들로부터의 신임도 상승보다는, 회사의 자본 변경을 위한 '머니게임', 즉 자산상태표 우변의 변경을 통한 자신의 지분가치, 지배력 증가를 용이하게 만들기 때문에, 경영진으로 하여금 '회사의 전체 파이 키우기'보다는 '파이 빼앗기'에 보다 많은 관심을 갖게 만드는 '인센티브 왜곡'을 초래한다.

(3) 예 3: 주식가치 양극화, 경제력 집중과 국부 저하

기업가치가 모든 주주들에게 비례적으로 배분되지 않고 지배주주에게 집중되는 일이 용이하게 벌어진다면, 합리적인 시장에서는 지배주주의 지배권 주식에 부가되는 지배권 프리미엄(control premium)의 가치는 더욱 증가할 것이고, 반대로 일반주주 주식가치의 할인(minority discount)은 지배주주의 프리미엄이 증가하는 것에 상응하여 심화될 것이다.

이는 곧 주식가치가 양극화됨을 뜻하는데 이러한 양극화는 다음과 같은 연쇄 효과를 초래할 수 있기에, 이 문제는 국가의 명운이 걸린 중대 사안이라고 할 수 있다.

총수 앞 경제력 집중과 일반주주(국민연금) 소득 감소 → 계층 간 양극화, 가계소비 감소 → 기업의 매출/우수인력 감소 → 부동산, 코인, 해외로 자금 이탈, 외국인 투자 감소 → 주식시장의 유동성 ↓ 금융의 자원배분 기능 ↓ → 기업가치 ↓ → 국민통합/士氣/정의감↓ → 정부 불신 ↑ → 국가경제 ↓ 저출산 ↑ 국부 ↓

3. 코리아디스카운트 해소를 위한 충실의무 — B type 할인 해소가 핵심

이상에서 본 바와 같이 코리아디스카운트의 원인은 다양하다. 그렇기 때문에, 막연하게 "코리아디스카운트 해소 추구"라고 정책목표를 설정하는 것은 지나치게 불분명하고 범위가 넓어 적절치 않다. 주가가 오르지 않는 이유를 정부가 모두 해결할 수는 없다. 가령 ROE, PBR, PER이 낮은 것은 기본적으로는 주주환원이 미흡하고 자본 운용이 비효율적이라는 점 또는 기업의 본원 경쟁력이 약하다는 점을 나타내는 지표들이기 때문에 코리아디스카운트의 '원인'이라기보다는 코리아디스카운트 현상을 보여 주는 '결과'라고 봄이 타당하다. 따라서 정부가 주가를 띄우겠다, 또는 ROE, PBR, PER을 높이겠다는 식으로 결과 변수에 치중하는 발상보다는, 그 원인이 되는 요소, 그중에서도 주식시장의 발전을 저해하는 구조적 불공정, 불평등 요인 제거와 같이 민간이 할 수 없거나 민간이 하기 적절치 않은 일, 가령 기울어진 운동장을 바로 잡는 일에 집중하는 것이 바람직하다. 그것은 곧 B type 이슈에 초점을 맞추는 일이 될 것이다. 기업의 펀더멘털 자체를 증가시키는 일은 민간이 할 일이지 정부가 할 일은 아니다. 엔비디아 납품 통과와 HBM 수율(收率) 개선은 삼성전자 스스로 해결해야지 정부가 대신 해줄 수는 없지 않은가?

요컨대 코리아디스카운트 해소를 위해 정부가 적극 나선다면 B type 이슈(주식가치 할인) 해소에 초점을 맞추어야 할 것이고, 이 문제는 기업가치가 주주(주식)에게 전달되는 과정에 관한 문제, 회사 내부의 의사결정 왜곡을 바로잡는 것에 관한 문제이다. 우리나라 현실에서는 주로 지배주주 또는 총수의 이해상충으로 말미암아 일반주주의 가치가 훼손되고 부가 이전됨에도 회사의 경영진, 즉 이사가 이를 방지할 의무가 없어 현상이 방치되는 것이 문제의 핵심이므로 결국 이사의 주주에 대한 충실의무 도입이 핵심이라고 할 수 있다.

제2부
이사의 '주주에 대한' 충실의무 — 상법 개정의 필요성

제2부

이사의 '주주에 대한' 충실의무 — 상법 개정의 필요성[36]

Ⅰ. 서론

2022년 3월 22일 제21대 국회에서 국회의원 12인의 입법안 발의로 (이용우 의원의 대표발의) 다음과 같은 내용의 상법 일부개정안이 제안되었으나 국회 임기만료로 폐기되었고, 그 뒤 22대 국회에서도 2024년 6월 5일 정준호 의원의 대표발의로 동일한 내용의 개정안이 발의되었으며 유사한 취지의 법안들이 추가로 발의되었다.

현 행	개 정 안
제382조의3(이사의 충실의무) 이사는 법령과 정관의 규정에 따라 회사를 위하여 그 직무를 충실하게 수행하여야 한다.	**제382조의3(이사의 충실의무)** -- **주주의 비례적 이익과 회사를** --.

위 표에서 보듯이, 위 상법 개정안은 현행 상법 제382조의3의 "회사"라는 문구를 "주주의 비례적 이익과 회사"로 바꾸는 내용이다. 박주민 의원의 대표발의 법안은 위 문구를 "회사와 총주주를 위하여"라

36 제2부는 이상훈, 앞의 「이사의 주주에 대한 충실의무-충실의무에 주주의 비례적 이익을 명시하는 법안에 대한 검토-」, 399면 이하를 수정 보완한 것이다.

고 하고 있는데, 어느 것이나 이사의 충실의무를 통해 보호하려는 이익의 범주 속에, 종전의 '회사의 이익'에 더하여 '주주의 이익'도 포함시키겠다는 취지이다. 위 표의 법안은 개정 취지에 대해 다음과 같이 설명하고 있다(밑줄 및 강조는 필자).

> 현행법은 이사에게 법령과 정관의 규정에 따라 회사를 위하여 그 직무를 충실하게 수행하도록 하는 충실의무를 부여하고 있음.
> 그러나 최근 물적 분할 등과 같은 자본거래 과정에서 이사의 행위가 회사에는 아무런 영향이 없으나 단지 주주 사이에서 부의 이전의 결과만 가져오는 경우 이로 인해 특정 주주에게 피해가 발생하더라도 이사의 임무해태가 아니어서 이사는 어떠한 책임도 지지 않는바, 이와 같이 기업 가치는 변화가 없거나 심지어 증가하지만 일반주주의 가치가 저하되는 경우 지배주주와 일반주주 사이의 이해상충 문제를 해소하기 위한 입법 대응이 필요하다는 의견이 제기되고 있음.
> 이에 이사의 충실의무의 대상에 주주의 비례적 이익을 추가함으로써 회사에는 영향이 없더라도 일반주주의 가치가 훼손되는 경우 이사에게 ***주주에 대한 보호 의무***를 부과하려는 것임(안 제382조의3)

위 법안의 개정취지에 잘 드러나 있듯이, 상법 개정 논의는 2020년경 LG화학의 물적분할 상장을 계기로, 그로 인해 주주들의 주주가치가 훼손됨에도 불구하고 이를 견제할 법리적인 수단이 부재하다는 문제의식에서 대두되었다. 사실 이 문제는 2015년 삼성물산 합병 당시에도, 또 더 거슬러 올라가면 2006년경 LBO 사건이 문제되었을 당시에도, 거기서 한번 더 거슬러 올라가면 회사와 주주는 별개라고 선언한 1983년 전원합의체 판결(1983.12.13. 선고 83도2330 판결)에서부터 불거졌던 이슈로서, 위 LG화학 사건에서 처음 등장한 이슈는 아니다.

이 문제가 지속적으로 쟁점화되어 온 이유는, 회사와 주주는 법인격이 달라 그 손익이 다르므로 '회사'를 위한다는 현행 규정의 문구 속에 '주주도 위한다'는 의미가 당연히 포함되지는 않는다는 점에 있다. 해석의 여지가 있는 부분인데, 포함된다고 보는 긍정설의 입장에서는, ① 주주의 이익과 회사의 이익을 분리해서 생각하기 어렵다는 주식회사의 본질, ② 형사법이 아닌 민사법의 특성상 형식적인 자구에 얽매일 것이 아니라 부의 이전이라는 관점에서 구체적인 타당성을 중시해야 한다는 점 등을 논거로 하여, 회사라고만 쓰여 있더라도 '주주에 대한' 의무도 당연히 포함한다고 보아야 한다고 주장할 수 있다.[37] 반면, 회사와 주주는 법인격이 달라 서로 손익도 다르므로 위 문구만 가지고 '주주에 대한' 의무까지 인정할 수는 없다는 엄격한 입장도 가능하다. 후자가 현재 우리나라의 지배적인 견해 및 실무로서 여러 차례 대법원 판례를 통해 선언되어 온 바이기도 하다.[38] 법 문구를 중시하는 대륙법 체계상 이 견해가 지지를 받아 온 것은 그리 놀랄 일은 아니다. 대체로 형사판결들에서 이 점이 명시적으로 선언되어 오기는 하였지만 민사판결이라고 해서 사정이 다르지는 않다. 가령 ① 회사가 보유 중인 자기주식을 특정 제3자에게 처분하는 것이 주주의 비례적 이익을 침해한다는 주장에 대해, 명문의 규정이 없는 한 주주들의 그러한 이익은 사실상의 이익에 불과하다는 이유로 원고의 청구

---

37 이러한 취지의 견해로, 이상훈, 「LBO와 배임죄(下)-손익관계와 출자환급적 성격 및 법인이익 독립론을 중심으로-」, 『법조』 제620호, 법조협회, 2008, 199면 이하.

38 대법원 1983.12.13. 선고 83도2330 전원합의체 판결, 대법원 2000.5.26. 선고 99도2781 판결, 대법원 2004.5.13. 선고 2002도7340판결, 대법원 2004.6.17. 선고 2003도7645 판결, 대법원 2006.6.16. 선고 2004도7585 판결, 대법원 2006.11.9. 선고 2004도7027 판결, 대법원 2009.5.29. 선고 2007도4949 전원합의체 판결, 대법원 2011.3.10. 선고 2008도6335 판결 등 다수.

를 기각한 판결(대법원 2010.10.28. 선고 2010다51413 판결[39]), ② 1만 대 1의 주식병합을 통해 1만 주 미만을 소유한 소액주주들을 축출한 사안에서 주주평등의 원칙에 문제가 없다는 등의 이유로 원고의 청구를 기각한 판결(대판 2020.11.26., 2018다283315 판결), ③ 상장회사가 회사 내 유망 사업을 100% 자회사로 설립한 뒤 그 자회사의 신주를 그룹 총수의 아들에게 발행해 줌으로써 자회사의 지배권 물량인 83%를 총수의 아들에게 넘긴 사안에서, 상장회사인 모회사 소액주주들이 회사의 이사들에게 대표소송을 제기하자 자회사의 신주발행은 모회사 주주들의 이익과는 무관하다는 취지로 원고의 청구를 기각한 광주신세계 판결(대법원 2013.9.12. 선고 2011다57869 판결),[40] ④ 비록 하급심이긴 하지만 삼성물산 합병 사안에서 주주들이 합병무효 소송을 제기하자 합병비율은 주주들의 문제이므로 이사의 선관의무가 존재하지 않는다고 한 판결(서울중앙지방법원 2017.10.19. 선고 2016가합510827 판결, 항소취하로 확정) 등 매우 다양하다. 일부 학자 중에는 민사판결로서는 '주주에 대한' 충실의무를 부정한 선례가 없다는 취지로 주장하기도 하나 이는 잘못된 주장이며, 위 사례에서 보듯이 민사 판결도 충실의무를 부정하는 전제에 선 판례들이 적지 않다. 또한 판결이 많지 않다는 것은 현행 판례하에서는 승산이 없다고 보아 실무에서 소 제기 자체를 하지 않은 데 기인하는 면이 크므로 판례가 많지 않다고 해서 현재 민사

39 "자기주식이 제3자에게 처분되어 기존주주들의 회사에 대한 비례적 이익(의결권 등)이 감소되어 주식의 가치가 희석되는 것은 …사실적·경제적 이익에 불과할 뿐"(대법원 2014.7.10. 선고 2012다29373 판결에서 재인용).

40 이에 관한 상론은 이상훈, 「그룹총수의 계열사 지분투자와 회사기회 이용」, 『상사법연구』 제40권 제4호, 한국상사법학회, 2022, 200면 이하.

판례가 '주주에 대한' 충실의무를 부정한다는 점에 대해 의문을 제기할 상황은 아니라고 판단된다. 모두(冒頭)에 언급한 상법 개정안과 관련, 2023.7.1. 국회 법사위의 법안심사 1소위에 제출한 법무부와 대법원 법원행정처 등 관계부처의 의견서도 이 점은 모두 인정하는 바이며 다툼이 없다.[41] 금융위원회 역시도 의무공개매수제도 도입안을 발표한 보도자료에서 우리나라는 미국과 달리 이사의 '주주에 대한' 충실의무가 인정되지 않으므로 그 대안으로 의무공개매수가 필요하다고 설명하고 있다.[42] 학설 중에는 "이사의 의무에 '주주에 대한' 충실의무가 포함되는 것은 당연하며 그것이 다수의 견해"라는 주장을 펴는 경우도 있으나 그것은 앞으로 나아갈 '당위'라면 몰라도 현재의 상황에 대한 '진단'이라고 보긴 어렵다. 학설상으로도 이사는 '오직' 회사에 대하여만 의무를 부담할 뿐 주주에 대하여는 부담하지 않는다며, 판례의 입장도 그와 같은 것으로 해석하는 것이 통설이라는 설명[43]이 주를 이룬다.

이상과 같이 판례와 학설이 확고한 상황에서, 주주에 대한 충실의무를 도입하자는 주장은 주주 보호가 이사의 의무에 포함되지 않는다고 일관되게 선언해 온 대법원 판례들, 그리고 그에 터잡아 확고한 믿

---

41 가령 법무부 의견서의 경우 "이사의 회사에 대한 선관·충실의무를 전제한 현행법체계…회사에 대하여만 인정되는 이사의 선관의무…상법은 기본적으로 독일·프랑스 등 대륙법계…대륙법계 국가의 경우 이사의 주주에 대한 의무 불인정"

42 금융위원회 2022.12.21. 보도자료, 「주식양수도 방식의 경영권 변경 시 일반투자자 보호방안 세미나」. 이에 대한 설명 및 분석은, 이상훈, 「지배권주식 양도 시 의무공개매수 도입 논거에 대한 비판적 검토-금융위의 도입안을 중심으로-」, 『상사법연구』 제42권 제3호, 상사법학회, 2023, 132면 및 159~163면.

43 주 23.

음(?)으로 진행되고 있는 거래 실무 관행 및 통설적인 해석론을, 입법을 통해 변경한다는 의미를 갖고 있다. '주주에 대한' 충실의무가 현재의 해석론상으로도 이미 녹아 있다고 주장하는 입장에서는 상법 개정이 불필요한 사항을 선언적으로 규정하는 것이 될 것이라는 주장[44]을 펴기도 하나, 필자가 보기에 현재의 해석론에는 뒤에 Ⅴ.장의 기대효과 부분에서 보듯이 '주주에 대한' 충실의무가 전혀 녹아 있지 않기 때문에 상법이 개정된다면 그것은 선언적인 것이 아니라 현재의 실무와 해석을 바꾸는 '창설적'인 것에 가깝다.

필자는 위 법안의 문구에 완벽히 동의하지는 않지만, 위 법안이 제시하고 있는 '주주에 대한' 충실의무 개념의 도입 필요성 등 현재 해석론과 실무에 대한 문제의식 및 그에 대한 대응은 타당하다고 생각하는데, 이하 그 자세한 내용을 살펴본다.

Ⅱ. "주주의 비례적 이익"의 의미

1. 주주의 비례적 이익의 개념

가. 'n분의 1'의 이익

단순히 주주의 이익이라 하지 않고 주주의 비례적 이익이라고 표현한 이유는 총주주의 이익이 아닌 주식 1주당 가치를 보호한다는 뜻

44 천경훈, 「한국회사법상 이사의 의무와 주주이익의 보호」, 『한국상사법학회 특별학술대회 자료집』, 2024, 92면.

을 분명히 하기 위한 것이라고 볼 수 있다. 총주주의 이익이 증가할지라도 이를 지배주주가 대부분 가져감으로써 일반주주의 부는 저하되는 이해상충 행위가 가능한데, 그간 학계나 실무에서 이러한 부분을 소홀히 한 채 이론과 판례를 정립해 온 문제가 있었다. 이러한 결과를 방지하기 위해서는 1주당 가치의 훼손과 주주 간 부의 이전을 방지한다는 의미에서 '비례적'이라는 개념이 필요하다.[45] 비례적 이익이란 미국 판례 등 미국의 회사법 문헌에서 종종 언급되는 "proportionate(또는 proportional) interest"를 직역한 단어로,[46] 전체 기업가치의 n분의 1의 이익을 지칭할 때, 가령 M&A 국면에서 주주들에게 공정한 평가액이 지급되는지를 논할 때 종종 언급되는 단어이다.[47] "pro rata share"라는 표현[48]도 같은 말이다. 주식은 각 주식 1주당 기업가치의 n분의 1의 이익을 가지는 것이므로 주주의 비례적 이익이란 말은 사실상 '주식 그 자체'를 가리키는 말이며, n분의 1의 이익, 즉 주식가치를 훼손하지 말고 보장해 달라는 매우 단순한 요구 사항을 담고 있는 말이다. 최근에는 우리나라 판례에서도 주주의 비례적 이익이라는 단어가 등장한 바 있다. 앞서 언급한 대법원

---

45 이상훈, 「한국기업지배구조 문제의 본질과 바람직한 상법개정」, 『상사법연구』, 제36권 제1호, 상사법학회, 2017, 217면.

46 가령 Jeffrey J. Haas, 『Corporate Finance in a Nutshell』 3rd edition, West Academic Publishing, 2015, 174~175면. 이에 관한 상론은, 이상훈 「주식매수청구권, 기존 논의의 한계와 대안」, 『기업법연구』 제33권 제2호, 기업법학회, 2019, 26면 이하.

47 같은 취지로, 이철송, 앞의 『회사법강의』 제32판, 624면: [주식매수청구권에서] 공정한 가치란 바로 계속기업에 있어서의 (주식이 갖는) 비례적 이익(proportional interest in a going concern)을 뜻한다; Tri-Continental Corp. v. Bayttye, 31 Del. Ch. 523, 74A.2d 71(1950).

48 가령 In re Appraisal of GoodCents Holdings, Inc., 2017 WL 2463665 (Del. Ch. June 7, 2017).

2010.10.28. 선고 2010다51413 판결은 물론, 최근에는 비록 하급심이기는 하지만 에스엠의 카카오 앞 발행한 신주 및 전환사채 사건에서 법원은 "기존 주주가 회사에 대하여 가지는 지분에 따른 비례적 이익이 침해"되었다는 표현을 사용하였는데(서울동부지법 2023.3.3. 선고 2023카합10034 결정), 이는 주주의 비례적 이익 개념의 두 가지 요소, 즉 '회사에 대하여' 가지는 이익이라는 점, '지분율에 비례'하는 이익이라는 점을 잘 나타내고 있다.[49]

나. 비례적 이익의 의미 — 지배주주가 비례적 이익을 침해하는 것이 불가능한가?

한편, 상법 개정안에 반대하는 견해 중에는 주주의 이익은 n분의 1씩 동일하므로 주주 간 이해상충이라는 것 자체가 성립 불가능하고, 따라서 지배주주가 일반주주의 이익을 침해한다는 것도 불가능하므로 주주의 비례적 이익 보호라는 개념 자체가 불필요하고 부적절하다는 주장을 펴기도 한다.

그러나 지배주주/일반주주 이해상충으로부터 일반주주를 보호하는 문제(주주의 비례적 이익 보호)는 강학상 회사법의 핵심 문제인 3대 대리인 문제, 즉 지배주주와 일반주주, 전문경영인과 전체 주주, 전체 주주와 채권자 문제 중 하나로 일컬어질 만큼 잘 알려져 있는 오래된 문제이

---

49 이 결정의 내용 소개 및 의미에 대한 상론은, 이상훈, 「행동주의 펀드와 주주의 비례적 이익-에스엠 사례(서울동부지법 2023.3.3. 선고 2023카합10034 결정)를 소재로-」, 『증권법연구』 제24권 제12호, 증권법학회, 2023, 18면 이하.

다.[50] 따라서 지배주주/일반주주 간 이해상충 문제가 마치 금시초문이라는 듯이 듣도보도 못한 논리라는 주장을 펼치는 것은 수긍하기 어려운 주장이라고 하겠다.

한편 "지배주주도 같은 주주로서 n분의 1의 이익을 일반주주들과 공유하므로 지배주주가 주주의 비례적 이익을 훼손할 이유가 없고 현실적으로 훼손할 수도 없다"는 식의 주장은 기업 재무와 실무를 간과한 데서 비롯된 주장이다. 지배주주가 비례적 가치를 훼손시키는 경우는, ① 지배주주가 주주의 이익을 지배주주 앞으로 이전시킴으로써 주주 간 비례성, 즉 각 주식이 가지는 n분의 1의 몫을 깨뜨리는 형태와, ② 전체 주주에 대하여 공통적으로 n분의 1을 감축시키는 피해를 입히는 경우, 이렇게 두 가지가 있다. 위 ①의 경우는 지배주주나 그 특수관계인 앞으로 저가로 신주를 발행한다든지 자사주를 특수관계인이나 우호세력에게 매도하여 지배주주의 지배력을 증가시키는 경우를 생각해 보면 이해하기 쉽다. 그렇게 하면 다른 일반주주들의 지분율이 희석되고 그 대신 지배주주는 자신의 지분율을 끌어올리는 이익을 봄으로써 주주 간의 비례성이 깨진다. 즉 다른 주주들이 회사에 대하여 가지는 지분적인 이익이 지배주주 앞으로 이전됨으로써 편취되는 경우이다. 한편 ②의 경우는 계열사 간 합병을 생각해 보면 이해하기 쉽다. 지배주주가 A사에는 지분율이 높은 반면, B사에는 지분율이 낮은 경우을 상정해 보자. 이 경우 지배주주는 양사를 합병시키면

50 Reinier Kraakman 외 10인 공저(김건식 외 번역), 『회사법의 해부』 개정판, 소화, 2020, 72~73면.

서 합병비율을 A사에게 유리하게, B사에겐 불리하게 하려는 인센티브를 가질 수 있다. 그렇게 하면 지배주주를 포함한 B사의 주주들 전체에게 공통의 피해를 입힌다. 즉 주주 전원이 각자 가지는 n분의 1의 가치가 모두 침해되는 피해를 입게 되고 그에 따라 지배주주 자신도 B사의 지분과 관련해서는 손해를 입게 된다. 하지만 지배주주 자신은 A사에 대한 지분율이 더 높기 때문에 A사 주식을 통해 얻는 이익이 B사 주식을 통해 입는 피해를 상회하고도 남으므로 전체 거래를 통해서는 이득을 보게 된다. 지배주주가 한마디로 '딴 주머니'를 차고 있는 경우이다. 이 경우 합병 거래 전체를 놓고 보면 B사의 주주들 중 지배주주 혼자서만 이득을 보았으므로 B사 주주들 간에 비례성이 깨졌다고 볼 수 있다. 견해를 달리하여 B사만 국한해서 볼 경우에는, 지배주주도 피해를 입기는 마찬가지이므로 비례성이 깨진 것은 아니라고 말할 여지도 있다. 그러나 논의를 하는 맥락과 목적에 비추어 보면 전자처럼 비례성이 깨졌다고 보는 것이 타당할 것이다. 설령 후자처럼 B사로 국한하여 보더라도, 주주에게 공통의 피해를 입힌 것은 결국 모든 주주들이 가지는 n분의 1의 이익이 침해되었음을 의미하므로 그 경우 역시 '주주의 비례적 이익이 침해되었다'고 말하는데 어떠한 장애가 되지 않는다. 지배주주의 이해상충, 즉 지배주주가 '딴 주머니'를 차고 있는 경우가 많은 우리나라의 기업집단 체제에서는 이처럼 '지배주주 자신을 포함한 모든 주주에게' 피해를 입히는 일이 얼마든지 일어날 수 있다.

요컨대 주주의 비례적 이익이 침해되었다는 표현은 ① 하나의 회사 내에서 주주 간의 비례성이 깨지는 경우와 ② 둘 이상의 거래 주체 사이에서 지배주주가 (이해상충으로 말미암아) 그중 어느 한 당사자인 회사에 대하여 그 모든 주주에게 공통으로 그 n분의 1의 가치를 침해하는 경우, 이 두 가지 모두를 아우르는 표현이라고 할 수 있다. ①의 경우에는 '비례적'이라는 표현이 상대적으로 보다 더 강조될 것이고, ②의 경우에는 '비례적'이라는 표현을 굳이 강조하지 않아도 되기는 하지만 비례적이라는 표현은 주식가치의 n분의 1의 가치를 나타내는 말이므로 이 말을 쓴다고 해서 부정확한 말이 되지는 않는다. 여전히 침해하는 대상, 즉 객체는 n분의 1의 비례적 이익이기 때문이다. 이 경우에도 비례적 이익이란 표현은 주식 1단위의 가치가 침해된다는 점, 그 피해의 주체가 주주라는 점을 명료하게 지칭하는 이점이 있다.

다. 용어의 문제 — 지배주주보다는 총수, 소액주주보다는 일반주주

한 가지 첨언할 것은 우리나라의 일반적인 기업 소유구조에 비추어 "지배주주"라는 표현은 많은 경우 적합하지 않다는 점이다. 왜냐하면 우리나라의 주요 기업들은 대개 기업집단 소속인데, 기업집단의 회장은 경우에 따라서는 계열사 내에 지분을 전혀 갖고 있지 않아 '주주'라는 표현을 쓸 수는 없지만, 그럼에도 계열사나 특수관계인을 통하여 집단적으로 해당 회사를 지배하는 경우가 적지 않기 때문이다. 그러한 경우에는 "controlling shareholder"라는 표현보다는 미국의 1934년 증권법이 사용하고 있는 "controlling person"이라는 표현이 더 적합하다. 그런데 우리 회사법에는 그와 같은 개념이 없다. 그 대신 공정거래법에 그에 상응하는 개념으로서 동일인 또는 공정거래위원회가 공식적으로 자주 사용하는 '총수'라는 용어가 있다.[51] 주주의 비례적 이익 보호를 논하는 목적에서는 한 개의 회사를 단위로 하는 지배'주주'라는 개념보다는 여러 개의 기업이 속한 기업집단 전체를 통하여 지배가 이루어지고 있는 우리 현실상 '총수' 또는 '동일인'이라는 개념이 더 적합하다.

이상과 같은 이유로, 이하에서는 기존 관행대로 지배주주라는 용어 외에 총수 또는 총수일가라는 용어도 함께 사용한다. 지배주주라는 용어를 사용하더라도, 그 의미는 회사에 대한 지분율이 매우 낮거나 심지어는 한 주도 갖고 있지 않으면서도 그 회사를 지배하는 기업집단의 회장을 포함하는 의미이다. 총수가 지분을 갖고 있기는 하지만 형식적인 최대주주는 계열사이고 총수가 최대주주는 아닌 경우에도 총수라는 용어는 지배주주라는 용어 대신 사용할 실익이 있다.

한편, 일반주주라는 용어 대신 소액주주 또는 소수주주라는 용어를 사용하는 경우도 있으나 이는 적절치 않다고 본다. 소액주주는 투자금액이 적은 투자자, 일반적으로는 법령에서 문맥에 따라 정하는 일정 기준 금액 이하의 투자자를 말한다. 그러나 이는 증권법상 투자자 보호 맥락에서 사용되는 용어로서 전문투자자 또는 기관투자자에 대응하는 개념이다. 회사의 경영에 참여할 수 있는 위치에 있는지 여부를 기준으로 하여서는 지배주주와 그렇지 않은 비지배주주로 나누는 것이 적절하다. 필자는 이러한 배경하에 후자, 즉 지배주주와 그 특수

51 미국 증권법의 controlling person 개념과 공정거래법상 동일인 개념의 비교에 관하여는 이상훈, 「공정거래법 동일인 제도에 대한 회사법적 평가-상법, 자본시장법 및 미국 증권법과의 비교를 통해 본 공헌과 과제-」, 『기업법연구』, 기업법학회, 2022, 41면 이하.

관계인 그룹을 제외한, 비지배주주를 지칭하는 용어로 오래전부터 일반주주라는 용어를 사용할 것을 제안하여 왔다.[52] 가령 국민연금은 소액주주가 아님은 물론, 지배주주가 존재하는 상장기업의 1대주주 지위를 차지하고 있는 경우(가령 삼성물산 합병 당시의 국민연금)도 있기 때문에 소수주주라고 부르기도 적절치 않다. 하지만 많은 경우 지배주주의 경영에 휘둘릴 수밖에 없는 소극적인 위치에 있고 달리 내부 경영에 관여하거나 그 정보를 알 수 있는 위치에 있지도 않다는 의미에서는 그저 일반주주일 뿐이다. 총수 체제인 기업에서 대부분의 기관투자자들도 마찬가지다. 이처럼 소액주주 또는 소수주주는 반드시 일반주주와 일치하는 개념이 아니다. 일반주주라는 용어는 회사법 분석상 이해상충의 양상이 지배주주와 일반주주 사이에 성립한다는 점을 선명하게 부각시킴으로써 분석의 초점이 지배주주의 이해상충과 일반주주 편취 행위에 놓여야 함을 분명하게 드러내는 장점이 있다. 실제로 이 용어의 사용이 보편화되면서 한국 회사법의 문제가 '지배주주와 일반주주의 이해상충' 문제로 리셋되었고 그로써 한국 회사법의 논의 지평이 한 단계 업그레이드되었다고 판단된다. 반면 소액주주나 소수주주라는 용어는 이러한 초점을 흐려지게 만드는 단점이 있다.

한편 소수주주는 지배주주 또는 다수주주 또는 과반주주에 대응하는 말인데, 외국과 달리 우리나라는 지배주주가 과반수를 넘지 못하고 일반주주가 오히려 다수인 이른바 소수지배 현상이 굉장히 흔하기

52 우리나라에 일반주주라는 용어가 정착한 데에는 이 용어의 사용을 일찍부터 제안(이상훈, 「한국기업지배구조 문제의 본질과 바람직한 상법개정」, 『상사법연구』, 제36권 제1호, 상사법학회, 2017, 219~220면)하고 사용해 온 필자의 기여가 적지 않다고 자부한다.

때문에 일반주주를 가리키는 의미로 소수주주라고 표현하는 것은 다소 어색하고 부정확하여 혼동을 줄 수 있다. 이러한 이유에서 이 책에서는 그러한 용어들 대신 일반주주라는 용어를 사용한다.

2. 주주의 비례적 이익 침해 예시 — 물적분할

비례적 이익이 침해되는 경우를 좀더 살펴보기 위해 의안에서 거론하고 있는 물적분할[53]을 예로 들어 보자. 예컨대 회사가 수익성이 좋은 신규 사업부를 물적분할을 통해 자회사로 떼어낸 뒤 이 자회사가 공모 유상증자(IPO)를 하여 그 주식을 상장한다고 가정해 보자. 회사는 둘로 나뉘었지만, 두 회사를 합쳐서 보면 신규 자금조달을 통해 종전보다 자산 규모가 커지고 신사업 추진을 위한 자금 소요를 충당함으로써 전체 기업가치가 커질 수 있다. 하지만 일반주주의 입장에서는, 종전보다 또는 인적분할 상장과 같은 다른 대안에 비해 훨씬 불리해질 수 있다. 종전, 즉 분할하지 않은 상태에서 증자를 하거나, 물적분할 대신 인적분할을 한 다음 증자 및 상장을 하였더라면, 그 사업부에 대해 주주로서의 통제권과 현금수취권을 계속 유지할 수 있었다. 하지만 지배주주가 물적분할을 선택하는 바람에, 모회사가 신규 회사의 단독주주가 되었고, 이로써 일반주주는 신규 사업에 대한 주주권

53 최근의 물적분할 상장에 관하여는, 이상훈, 「물적분할과 지주사 디스카운트-LG화학 물적분할을 소재로-」, 『법학논고』 제71집, 경북대학교 법학연구원, 2020, 301면 이하; 권재열, 「물적분할 후 자회사 상장시 소수주주 보호방안 검토-법령개정사항을 중심으로-」, 『증권법연구』 제23권 제1호, 증권법학회, 2022, 23면 이하; 원종현, 「회사 물적분할의 주요 쟁점과 주주보호 방향」, 『경제법연구』 제21권 제2호, 경제법학회, 2022, 65면 이하; 최승재, 「기업재편과정에서의 투자자보호: 인적분할과 물적분할을 중심으로」, 『기업법연구』 제37권 제4호, 기업법학회, 2023, 53면 이하 등.

을 완전히 상실하였다. 게다가 신주가 기존 주주들에게 배정되는 것도 아니므로 일반주주의 입장에서는 지분율에 비례하여 주식을 배정받을 수 있는 상법 제418조의 신주인수권 조항도 무력화되었다. 반면 지배주주는 수익성이 좋은 사업부를 자회사로 떼어냄으로써 모회사 대표이사를 통해 다른 주주들을 배제하고 단독 지배할 수 있게 되었으므로 지배력을 오히려 강화시켰고, 그러면서도 대규모 자금을 끌어모을 수 있었다. 주식을 발행하더라도 지배권이 희석되지 않고 유지되는 기능을 수행하는 것이 복수의결권 주식 또는 황금주인데, 물적분할의 경우 지배주주의 지배권은 유지 수준을 넘어 오히려 강화되었으므로 복수의결권 주식 또는 황금주보다도 오히려 강력한 지배력 증가 효과를 얻게 되었다.

위의 사례는 회사에는 영향이 없더라도 기존 일반주주의 가치 희석, 그로 인한 부가 지배주주에게 집중되는 효과가 생김으로써 기존 주주의 비례적 주식가치가 침해될 수 있음을 보여 준다. 이러한 경우 단순히 주주의 이익을 위한다고만 표현할 경우, "총주주의 이익 또는 기업의 총가치는 증가하였으므로 문제가 없지 않냐"는 반론의 우려가 있다. '비례적'이라는 단어는 이처럼 '전체를 위한다'는 이름으로 '일반주주'의 주식가치를 지배주주 앞으로 이전시키는 경우를 통제하기 위해 필요한 단어라고 할 수 있다. 주주의 단체법적 지위에서 비롯된 비례성이라는 개념은 주주평등의 원칙과 마찬가지로 주주라는 지위에 내재된 당연한 개념이므로 조문에 굳이 쓸 필요까지는 없다고 볼 여지도 있지만, 우리나라처럼 이러한 기본 원칙이 무시되고 지켜지지 않는 현실에서는 조문에 명시하는 것도 의미가 있을 수 있다고 생각된다.

III. 판례의 태도에 비추어 본 법 개정의 필요성

1. 선구적인 판결 — 대법원 2004.5.13. 선고 2002도7340 판결(가장납입사건)

가. 판결의 의의

회사와 주주는 법인격이 다르므로 회사를 기준으로 임무위배를 판단하여야 한다는 취지의 판결[54]은 오래전부터 있어 왔다. 그러나 보다 명시적으로, "이사는 회사의 이익을 보호할 뿐, 주주의 이익을 보호할 의무를 부담하지 않는다, 따라서 주주의 비례적 이익은 회사법상 보호되는 이익이 아니다"는 취지가 직접적으로 선언된 최초의 판결은 대법원 2004.5.13. 선고 2002도7340 판결(이하 "2002도7340 판결")이다.

이 2002도7340 판결에서는 주주의 비례적 이익, 즉 지분율에 따른 이익이 구체적으로 언급이 되었고, 그러한 특수한 경우에 이사의 의무를 인정할 것인지 여부가 직접 논의되었다. 그리하여 이 판결은 이사가 회사에게만 의무를 부담할 뿐 주주에게는 의무를 부담하지 않는다는 점을 판시한 선례로 소개되기도 한다.[55] 이 판결은 이사가 주주의 비례적 이익을 보호할 의무를 부담한다는 것이 어떠한 의미를 갖는지, 그것을 인정한다고 볼 경우(검찰의 기소 및 원심인 서울고법 2002.12.5. 선고 2002노150 판결)와 그것을 부정할 경우(위 대법원 판결)의 논리 구성을

---

54 대법원 1983.12.13. 선고 83도2330 전원합의체 판결 외 다수.

55 예컨대, 이철송, 『회사법강의』 제29판, 박영사, 2021, 658면; 한편 김건식·노혁준·천경훈, 『회사법』, 제6판, 박영사, 2022, 414면은 이러한 취지를 선언한 선례로 대법원 2004.6.17. 선고 2003도7645 판결을 소개하는데, 이 판결 역시 가장납입 사안으로 위 2002도7340 판결과 취지가 거의 같다.

보여 주고 있어, 법 개정이 왜 필요한지, 개정한다면 어느 부분을 고쳐야 하는지 많은 시사점을 제공한다. 이하 이 판결의 사실관계, 그리고 원심과 대법원의 판시를 살펴본다.

나. 사실관계와 쟁점

이 판결은 가장납입(假裝納入), 즉 특정인에게 제3자 배정 방식으로 대규모 신주를 발행했지만 증자대금을 그 즉시 바로 빼내 주금이 납입된 것처럼 가장(가장납입)함으로써 결과적으로 그 특정인에게 대규모 무상증자를 한 것과 동일한 실질이 발생토록 한 사안이다. 특정 주주에게만 무상증자로 주식을 발행해 준 실질이라는 것은, 그 주주에게만 발행가 0원으로 주식을 발행해 주었음을 의미하므로 저가 발행의 가장 극단적인 형태라 할 수 있다. 그 점에서 저가 발행 사안으로 유명한 에버랜드[56]나, 불공정한 합병비율 논란이 벌어진 2015년의 삼성물산 합병과 유사한 점이 있다. 이들 유형의 공통점은 기존 주주들의 지분가치가 희석되고 주주들 간에 부의 이전이 일어나지만 회사의 자산이나 부채가 감소하는 것은 아니기 때문에 회사의 관점에서는 이익을 논할 수 없다는 점이다. 그리하여 이들 사안은 공통적으로, 회사와는 별도로, 주주를 보호할 것이냐는 문제를 수면 위로 끌어 올린다.

다. 검찰의 기소 요지 — '주주들에 대한' 배임

검찰은 위 행위를 '주주들에 대한' 배임으로 기소하였다. 대표이사

56 대법원 2009.5.29. 선고 2007도4949 전원합의체 판결.

와 부사장이 자기 자신 및 자신들과 친분이 있는 자들 앞으로 납입가장의 방법을 통해 납입된 주금을 빼냄으로써 기존 주주들의 부를 자신(또는 자신과 친분 있는 자들) 앞으로 이전하였는데, 이는 주주들에 대한 배임이라는 것이다. 즉 "피고인 1과 2는 회사의 대표이사 및 부사장으로서, (중략) 그 주식을 기존의 ***주주들에게*** 그 주식 비율에 따라 배분하여 다른 ***주주들의 권익을 침해하지 않도록 하여야 할 업무상 임무***가 있음에도 불구하고, (중략) ***그 임무에 위배***하여 (중략) 주금이 납입된 것처럼 가장하면서 신주 25만 주를 모두 피고인에게 배정하여 동액 상당의 재산상 이익을 취득하고 위 주식을 배정받지 못한 다른 ***주주들에게*** 동액 상당의 재산상 손해를 가하"였다고 본 것이다(밑줄 및 강조는 필자).

위 기소 내용 중, "주식을 기존의 ***주주들에게*** *그 주식 비율에 따라* 배분하여 다른 *주주들의 권익을 침해하지 않도록* 하여야 할 *업무상 임무*"가 있다고 본 부분이 눈에 띄는데, 이를 좀 더 일반화하여 표현하면 회사의 이사가 부담하는, 주주의 지분율에 따른 이익, 다시 말하면 '주주의 비례적 이익'을 보호할 의무라고 할 수 있다.

다만 검찰은, 의무의 내용을 위와 같이 주주들의 지분율 이익을 지킬 임무로 특정했으면 손해 역시 그와 인과관계가 맞아떨어지도록 주주들의 희석된 지분율, 지분가치 손해로 특정했어야 했는데, 그렇게 하지를 않고 인출된 금액 그 자체를 손해로 보았다. 그 금액은 회사의 계좌로 입고되는 금액이지 주주의 손에 직접 쥐어질 금액은 아니므로 그 금액 자체를 주주의 손해라고 말하긴 어렵다.[57] 그 점에서 재무적

57 앞서 소개한 에버랜드 판결(대법원 2009.5.29. 선고 2007도4949 전원합의체 판결)에서도 대

으로나 법률적 인과관계의 측면에서나 정확하지 못한 손해 파악인데, 이 부분 오류는 고등법원에서 바로잡힌다.

라. 고등법원의 판단 — 기소 내용을 유죄로 인정

위 대법원 판결에 소개된 바에 따르면, 원심(서울고등법원)은 "일반적으로 볼 때 회사의 대표이사는 주주가 아닌 회사에 대해서만 타인의 사무를 처리하는 자의 지위에 있다고 할 수 있으나, 신주발행이라는 구체적인 업무에 있어서는 일반 주주들에 대해서도 그들의 신주인수권 또는 기존 주식의 가치를 해하여서는 아니 될 업무상 임무가 있다고 전제한 후, 회사의 대표이사가 신주발행에 있어서 일반 주주들의 주식 가치를 감소시키는 행위를 하였다면 업무상 임무에 위배되는 행위를 한 것으로 볼 수 있다고 판단하였다"(밑줄은 필자). 나아가 손해에 관하여는 인출된 주금액 자체가 아니라 감소된 소유 비율의 가치라고 판단함으로써 검찰의 기소 내용을 바로잡았다.

이 고등법원의 판단에는 매우 중요한 함의가 있다.

우선 회사의 (대표)이사가 원칙적으로는 주주가 아닌 회사에 대해서만 의무를 부담한다는 점을 인정하면서도, 신주발행과 같이 주주들의 이익에 직접 관련이 있는 구체적인 사안에서는 '일반 주주들에 대해서도 그들의 신주인수권 또는 기존 주식의 가치를 해하여서는 아니 될 업무상 임무'가 있다고 판단한 부분, 그리고 그러한 임무 위배로 인

법원은 저가발행으로 인하여 회사로 유입되지 않은 금액은 회사의 손해라며, 이는 주주가 지분율 감소로 인해 입은 손해와는 성격이 다르다고 판시한 바 있다.

해 야기된 손해의 내용 역시 회사의 계좌로 입고되었다가 인출된 현금액 그 자체(이것은 법인 계좌의 관점이다)가 아니라 희석된 지분가치 그 자체(이것은 주주 계좌의 관점이다)로 보았다는 부분이다. 이것은 회사의 이익 보호가 원칙임을 인정하면서도, 회사의 이익과 주주의 이익이 서로 다르다는 점을 분명하게 인식한 위에, 회사의 이익과 무관하게 기존 주식의 가치를 해할 수 있는 신주발행 사무에 대하여는 주주이익 보호 또한 인정되어야 한다는 취지라고 할 수 있다. 기본적으로 앞서 본 개정안의 태도, 즉 자본거래와 같이 회사의 이익에 손해가 없더라도 주주의 이익이 침해될 수 있는 국면에서 이사의 주주의 비례적 이익 보호 의무를 인정한 것과 일치한다.

마. 대법원의 태도 — 검찰과 고등법원의 판단을 배척

한편 대법원은 위 검찰과 서울고등법원의 판단을 배척하였다. 즉, "신주발행은 주식회사의 자본조달을 목적으로 하는 것으로서 신주발행과 관련한 대표이사의 업무는 회사의 사무일 뿐[중략] 이다. 신주발행에 있어서 대표이사가 일반 주주들에 대하여 그들의 신주인수권과 기존 주식의 가치를 보존하는 임무를 대행한다거나 주주의 재산보전 행위에 협력하는 자로서 타인의 사무를 처리하는 자의 지위에 있다고는 볼 수 없다"고 판단하였다(밑줄은 필자).

대법원은 원심의 결론을 뒤집으면서 그 뒤집는 이유는 제시하고 있지 않다. 즉 신주발행 사무에 관하여 이사는 "주주의 재산보전 행위에 협력하는 자로서 타인의 사무를 처리하는 자의 지위에 있다고는 볼 수 없다"면서 원심의 결론을 뒤집었을 뿐, 원심이 고민하였던 부분,

즉 "회사의 대표이사가 신주발행에 있어서 일반 주주들의 주식 가치를 감소시키는 행위를 하였다면" 그 경우 일반 주주들의 피해는 어떻게 구제될 수 있는지에 대한 고민이나 해법을 제시하고 있지 않다.

바. 소결

가장납입은 신주발행 시 사실상 발행가가 0원이나 마찬가지인 극단적인 저가 발행 사안으로서, 주주들의 지분율 이익이 침해, 편취된 사안이므로 전형적인 '주주의 비례적 이익'이 문제된 사안이다. 그런데 대법원은 검찰과 원심의 판단을 뒤집으며 이러한 경우에 이사는 주주의 사무를 처리하는 자가 아니라고 함으로써 결국 주주의 이익을 보호할 선관/충실 의무를 부정하는 결론을 내렸다.

2. 위 판결의 시사점

가. 법 개정의 필요성과 개정할 대상을 가리킴

위 판결은 주주의 지분율 이익이 문제되는 전형적인 주주의 비례적 이익 사안에서 이사의 주주보호 의무를 부정함으로써 주주의 비례적 이익 편취를 사실상 용인하는 핵심적인 법리를 선언하였다. 민사사건인 삼성물산 합병 무효 1심판결에서 법원이 원고의 주장을 배척하면서,[58] 또 형사사건인 삼성물산 합병 배임 기소사건 1심 판결에

---

58 서울중앙지방법원 2017.10.19. 선고 2016가합510827 판결(합병무효 소송 1심): 이사들은 일반 주주들에 대하여 (중략) 타인의 사무를 처리하는 자의 지위에 있다고 볼 수 없으므로(대법원 2004.5.13. 선고 2002도7340 판결 참조), 구 삼성물산 이사들이 (중략) 개별 주주의 구체적·경제적 득실을 고려해야 할 의무까지 있다고 보이지 않는[다.]

서 법원이 합병비율 불공정이 '주주에 대한' 배임이라는 검찰의 주장을 배척하면서,[59] 법원은 공히 이 2002도 7430판결을 전거로 제시하며 이사는 회사에 대하여만 의무를 부담할 뿐 주주에 대하여 의무를 부담하는 것은 아니라고 판시한 점이 이 판결의 선례적 성격을 잘 말해 준다.

요컨대 이 판결은, 주주의 비례적 이익 편취를 막고 싶다면 이 판례를 바꾸어 그 원심판결처럼 이사가 주주의 주식가치를 좌우할 수 있는 회사법상의 권능을 행사하는 경우에는 주주에 대하여 선관/충실의무를 부담하도록 만들 필요가 있음을 말해 준다. 특히 대법원은 원심이 고민한 문제 — 이사가 주주의 주식가치를 좌우하는 사무를 수행하는 국면에서는 의무를 인정해야 한다는 문제의식 — 에 대한 별다른 고민이나 대안을 보여 주고 있지 않음은 물론, 이사가 주주를 보호하는 것이 실체적으로 부당하다거나 주주를 보호할 현실적인 필요성이 부정된다는 식의 언급도 하고 있지 않다. "이사는 회사의 사무를 처리하는 자"라며, 마치 "법이 그러하니 어쩔 수 없다"는 식의, 삼권분립의 원칙상 해석론으로는 그 이상 나아갈 수 없다는 듯한 모습만 보이고 있다. 이러한 점들은, 결론을 바꾸어 주주 보호의무를 부담시키려면, 이사의 의무사항에 주주의 이익 보호도 포함된다는 점을 명시하는 것이 바로 법 개정의 포인트라는 점, 또한 법 개정을 통해 대법원에게 결론 변경의 명분을 제공할 필요성도 시사하는 의미가 있다.

59 서울중앙지법 2024.2.5. 선고 2020고합718, 920 판결, 871면.

나. 민사와 형사의 구별 문제가 아님

일부 견해는 주주보호 흠결의 문제를 민사냐 형사냐의 구별로 합리화하는 논리, 즉 기존의 대법원 판결의 법리는 형사판결에서 선언된 것이므로 민사 문제에서 이사의 선관/충실 의무 문제를 규정짓는 것은 아니라는 식의 논리(따라서 본 개정안과 같은 법 개정은 필요없다)를 주장하는 경우도 있다.[60] 그러나 이러한 견해는 앞으로 그와 같이 나아가야 할 '당위'에 관한 주장일 수는 있을지언정 현실에 관한 정확한 '진단'이라고 보긴 어렵다. 적어도 현재 지배적인 견해와 실무는 판례를 위와 같이 해석하여 민사상으로도 이사는 '주주에 대한' 의무는 부담하지 않는다고 보고 있을 뿐 민형사 구별론에 입각하고 있지는 않다. '주주에 대한' 선관/충실 의무를 부정하는 전제에 서 있는 다수의 민사 판결들도 존재함은 전술하였다(제2부의 Ⅰ. 서론 참조). 이사의 의무는 민사법에서 도출되는 것이지, 형사법 독자의 이사의 의무라는 개념은 있을 수 없으며(형사책임을 민사책임에 비해 축소하는 조정은 별론), 위 2002도7340 판결을 비롯한 배임죄 판결들은 하나같이 이사의 의무 범위에 관하여 판단할 뿐, 민사와 형사를 구별하는 논리 구조를 취하고 있지는 않다. 학설상으로도 이사의 의무 문제는 민사뿐 아니라 형사도 콘트롤한다고 보는 것이 일반적이다.[61]

---

60 예컨대, 천경훈, 「계열회사 간 합병과 이사의 의무」, 『상사법 연구』 제36권 제3호, 상사법학회, 2017, 280~282면(특히 281면의 주6)은, 에버랜드 판결의 법리는 형사판결이고, 합병에 관한 것도 아니므로, 삼성물산 합병에서의 주주보호와 같은 이사의 민사적 의무를 규정짓는 법리가 아니며 따라서 현행법의 해석론으로도 기존 판례와 충돌 없이 합병에서 이사의 주주보호 의무 도출이 가능하다는 취지로 주장한다.

61 같은 취지로, 송옥렬, 앞의 책, 1038면.

생각건대, '타인의 사무를 처리하는 자'라 함은 배임죄라는 형사처벌 목적에서의 개념이므로, 반드시 상법상 선관/충실 의무라는 민사책임을 논하는 목적에서의 '위임'의 의미와 이론상 동일해야 할 필요는 없다. 민사적인 의미에서는 위임의 의미에서 '타인의 사무를 처리하는 자'에 해당하지만 배임죄 구성 요건상의 '타인의 사무를 처리하는 자'에는 해당하지 않는다고 선을 그을 수 있는 가능성도 있다. 하지만 법원이 위와 같이 민사적인 위임으로서의 의미와 형사적인 구성요건으로서의 의미를 구별하지 않은 채 주식회사의 이사를 '타인의 사무', 즉 '주주의 사무'를 처리하는 자가 아니라고 함으로써 민사적인 위임, 민사책임마저 부정하는 결론으로 굳어져 버렸고, 이것이 현재 통용되고 있는 실무 및 학설이 되고 있다. 가령 2024년 금융감독원장은 이사의 '주주에 대한' 충실의무를 도입하면 배임죄의 범위가 자동으로 확대된다는 전제에서 배임죄 폐지 필요성을 주장[62]하였는데, 이것도 민사와 형사를 구별하지 않는, 양자를 동일시하는 맥락에 있다.

다. '주주에 대한' 충실의무는 생각하기 나름인 수용 가능한 사고방식임을 보여 줌

위 판결은 2심까지 검찰과 법원 모두 '주주에 대한' 배임의 유죄를 인정할 정도로 주주의 비례적 이익을 이사의 의무 대상으로 보았다. 비록 대법원에서 뒤집히기는 했지만, 이것은 당대 실무의 주류라고 할 수 있는 법원과 검찰의 법조인들이 적어도 2000년대 초반까지

62 신윤우, 「이복현이 불 당긴 '배임죄 폐지'…대통령실도 "검토해야"」, 『연합인포맥스』, 2024.6.17.

는 주주의 비례적 이익을 선관/충실 의무의 대상으로 보아야 한다고 생각한 예가 있음을 보여 준다. 일부 견해들은, 선관/충실 의무의 대상에 주주이익 보호를 포함시키는 것이 비교법적으로 유례가 없다거나[63] 회사법 이론 내지 체계상 불가능한 사고방식이라는 취지의 주장[64]을 펼치는 경우도 있으나, 우리 법체계하에서도 생각하기 나름인 문제라는 점을 위 판결의 원심과 검찰이 말해 주고 있다.

라. 주주 보호의 필요성

위 판결의 원심은 이사의 주주이익 보호의무를 일반적 원칙적으로 인정하고 있지는 않다. 이사는 원칙적으로 회사에 대해서만 타인의 사무를 처리하는 자의 지위에 있음을 분명히 한 뒤, 신주발행과 같은 구체적인 경우는 주주의 사무를 처리하는 자의 지위에 있다고 판단하고 있다. 이 점은 중요한 시사점을 제공한다.

생각건대, 주주와 회사 사이에 직접적인 계약관계가 없을지라도, 신주발행이나 합병비율 결정과 같이 주주의 주식거래가 수반되는 단체

---

63 송옥렬, 「이사의 주주에 대한 신인의무의 존부, 법적 성질 및 관련 사례」, 『(사)한국기업거버넌스포럼 25차 세미나 유튜브』 51분 지점 이하(https://www.youtube.com/watch?v=WdX49mlgk1M); 천경훈, 「이사는 누구를 위해 일하는가」, 『법률신문』, 2024.7.22.(미국, 영국, 독일, 일본 등 대부분의 입법례도 이사는 '회사에 대하여' 의무를 진다고 규정한다며 충실의무 조문에 주주를 명시하는 것에 반대); 권재열, 앞의 논문, 12면; 상장사협의회, 2022.5.6. 「이사의 주주 비례적 보호의무 인정 상법 일부개정법률 의원발의안(이용우 의원, 의안번호 2114916)에 대한 의견 제출」, 2면. 반대 견해로는, 이상훈, 「이사의 주주에 대한 충실의무에 관한 비교법적 검토」, 『비교사법』, 사법학회, 2022, 131면 이하.

64 최준선, 「이사의 충실의무란 도대체 무엇인가」, 『한국경제』, 2024.7.22.(회사와 이사의 관계로 구성되어 있는 현행 법체계를 파괴하는 입법); 천경훈, 「한국회사법상 이사의 의무와 주주이익의 보호」, 『한국상사법학회 특별학술대회 자료집』, 2024.9.5., 85~86, 92면(주주에 대한 충실의무 도입 상법 개정론은 이사가 회사의 수임인으로서 '회사에 대하여' 의무를 부담하는 위임구조와 맞지 않음).

법적 거래(주로 자본거래가 이에 해당한다)에서는 이사가 전체 주주의 비례적 주식가치를 좌우하는 회사법적 권능을 행사한다. 따라서 그러한 개별 사안에 관하여 이사는 상법으로부터 주주의 권리를 결정할 수 있는 권한을 부여받은 실질이므로, 이사와 전체 주주 사이에는 상법에 따라 민법 제122조 소정의 법정대리[65] 내지 법정 위임[66]의 법률관계가 형성되었다고 보아 대리 또는 위임의 일반 원칙(민법 제681조)에 따라 '주주에 대한' 선관/충실 의무를 부담시키는 것이 타당하다.[67] 이사는 상법에 따라 타인의 재산권(주식회사에서 주주의 지분율은 주주의 권리를 규정짓는 핵심적인 사항이다[68])에 대한 실질적인 처분권을 행사하는데도 그 타인에 대하여 재산을 보호해야 할 아무런 의무를 부담하지 않는다면 그렇게 규정한 상법은 자기책임의 원칙을 기반으로 하는 사적 자치 원칙과 헌법상 재산권 보장 원칙에 위배되는 법률이라고 봄이 마땅할 것이다.[69] 우리 민법상으로도 타인의 권리를 대신 행사하는 대위채권자(민법 제404조)는 그 타인의 권리를 행사함에 있어 법에 명

65 반드시 '법정' 대리 또는 '법정' 위임이라고 구성할 필요는 없을 것이다. 상법을 전제로 주주들이 이사를 선임하고 그에 따라 회사와 이사가 계약을 체결하는 것이므로 그러한 '법률행위'들 속에 주주의 사무에 관한 대리권 설정과 위임의 의사표시가 포함되었다고 보는 임의대리 또는 '법률행위에 의한 위임'이라는 법리 구성도 가능하다고 생각된다. 이사 선임은 법인과의 계약체결행위가 없더라도 주주총회의 승인으로 유효하다는 취지의 대법원 2017.3.23. 선고 2016다251215 판결도 참고할 필요가 있다.

66 대리관계가 성립하면 해석상 법정 위임이 성립한다, 박동진, 『계약법강의』(법문사, 2016), 192면.

67 이상훈, "합병비율 불공정 구제수단과 이사의 의무-민법 제124조 및 대리법리를 중심으로-", 법조(2018), 195면 이하.

68 주주의 주식 소유권은 지배권 이익(control-right)과 현금수취권(cash-flow right)으로 구성되는데(John Armour, Henry Hansmann, Reinier Kraakman, "회사법이란 무엇인가?", 「회사법의 해부」, 개정판, 소화(2020), 44면), 이를 결정짓는 요소는 주주의 비례적 이익, 즉 지분율이다.

69 이상훈, "합병비율 불공정 구제수단과 이사의 의무-민법 제124조 및 대리법리를 중심으로-", 법조(2018), 199~200면.

문의 규정이 없음에도 그 대위채권자와 본래의 권리자와의 사이에 법정위임이 성립하였다고 보는 것이 판례의 입장이며,[70] 그에 따라 선관의무를 부담[71]하게 된다.[72] 이처럼 위임 관계는 그 관계의 실질이 타인의 사무, 즉 타인의 권리를 대신 행사하는 관계에 있으면 성립하는 것이지 반드시 명시적인 계약관계 또는 법에 명시적인 위임관계에 관한 규정이 있어야만 하는 것이 아니라는 점은 이미 우리 민사법 체계상으로도 인정되는 바이다. 미국에서도 신인의무(fiduciary duty)를 부담시키는 근거를 타인의 재산에 대한 재량적 처분권(discretionary control)을 가진다는 점에서 찾는데,[73] 이는 위 법정 대리 내지 법정 위임의 논리와 같은 취지라고 할 것이다. 영국의 판례법상으로도, 이사는 원칙적으로 회사에 대해서만 신인의무(fiduciary duty)를 부담한다면서도, 예외적으로 ① 이사가 주주의 주식을 매수하거나 그 매수에 이해관계가 있는 경우, ② 소규모회사/가족회사인 경우, ③ 주주에겐

70 대결1996.8.21.96그8(채권자대위권을 행사하는 경우 채권자와 채무자는 일종의 법정위임의 관계에 있[다]).

71 민법 제681조.

72 송덕수, 『신민법강의』, 제17판, 박영사, 2024, 870면.

73 Ann Lipton, 「The Three Faces of Control」, Lipton, Ann, The Three Faces of Control (November 2, 2021). 77 The Business Lawyer 801 (2022), Tulane Public Law Research Paper No. 21-8, Available at SSRN: https://ssrn.com/abstract=3954552 or http://dx.doi.org/10.2139/ssrn.3954552, p.805의 주24 및 관련 본문(이 논문에서 전거로 인용하고 있는 델라웨어 판결들은 다음과 같다: Sokol Holdings, Inc. v. Dorsey & Whitney LLP, 2009 WL 2501542, at *3 (Del. Ch. Aug. 5, 2009) ("The hallmark of a fiduciary relationship is that one person has the power to exercise control over the property of another as if it were her own"); Gilbert v. Perlman, 2020 WL 2062285, at *1 (Del. Ch. Apr. 29, 2020)("Fiduciaries are those who have ownership or control of property belonging, equitably, to others."); In re Pattern Energy Grp. S'holders Litig., 2021 WL 1812674, at *40 (Del. Ch. May 6, 2021) ("The essential quality of a fiduciary is that she controls something she does not own.").

권한이 없고 이사에게 권한이 부여되어 있는 경우(주식의 매매가 게재되어 있는 회사의 거래를 예로 들고 있음)에는 주주에 대해 신인의무를 부담한다고 보는데,[74] 이 중 특히 ③은 위 법정대리 내지 법정 위임의 논리나 미국의 신인의무 인정 근거와 같은 맥락이다. 위 ③의 경우 주주에 대하여 직접 신인의무가 성립한다고 보는 이유를 위 판결은 다음과 같이 설명하고 있다[75]:

> *주식의 양수도가 개재된 거래는 이사에게 주주의 이익을 침해할 수 있는 재량권을 부여하기 때문에 주주들은 이사의 그러한 직책상의 권한 남용에 매우 취약한 상태에 놓이게 된다. 이러한 일방적인 재량권의 행사, 또는 어떠한 권한행사로 인하여 그에 대해 특히 취약한 상태에 놓이게 되는 사람에게 잠재적인 피해를 입힐 수 있는 그러한 권한행사 사안이야말로 신인관계가 성립한다는 분명한 징표이다.*

앞서 본 2002도7340 판결의 원심인 서울고등법원 판결이 구체적인 법리 구성을 자세히 논증하고 있지는 않으나, 회사법에 명문의 규정이 없음에도 신주발행이라는 구체적인 사안에 관하여 이사에게 '주주

---

74 Vald Nielsen Holding A/S v. Baldorino[2019] EWHC 1926, 725.

75 원문은 다음과 같다: c) Vulnerable shareholders: transactions involving the sale/purchase of shares will put the directors in a special position of power. They will have a special opportunity to exercise the power or discretion to the detriment of the shareholders, such that the shareholders are vulnerable to abuse by directors of their position. The scope for unilateral exercise of a discretion or power to the potential determinant of another who is peculiarly vulnerable to the exercise of the power is a hall-mark of a fiduciary relationship.

의 사무를 처리하는 자의 지위'를 인정하면서 "회사의 대표이사가 신주발행에 있어서 일반 주주들의 주식 가치를 감소시키는 행위를 하였다면" 임무위배라고 보아야 한다고 판시한 것은 위에서 언급한 법정대리/법정 위임의 논리 또는 위에서 언급한 미국의 논의 및 판례, 위 영국의 판결의 언급들과 같은 맥락이라 할 것이다. 이와 같이 본다면 이사의 주주보호 의무는 법 개정이 반드시 필요한 것은 아니고 사실은 민사법 일반원칙에 의해서도 같은 결론이 도출될 수 있는 사항이라고 볼 수 있다. 따라서 법 개정의 취지는 입법례상 유례가 없다거나 회사법 체계에 반한다고 할 것은 아니다. 민사법 일반원칙상 당연한 사항임에도 현재 실무는 전혀 그와 같지 아니하므로 이 점을 회사법에 명시하여 분명히 하기 위한 확인적인 의미의, 그러나 실무를 바꾼다는 의미에서는 창설적인 의미의 개정이라고 할 수 있다.

IV. 법 개정안에 대한 비판적 견해 검토

판례는 이사의 선관/충실 의무에 주주보호 임무는 포함되지 않는다고 하는데, 그로 인해 발생하는 주주보호 흠결을 어떻게 해결할 것인가? 대법원은 이에 대해 별다른 고민이나 문제의식을 보여 주고 있지 못하다는 점은 앞서 본 바와 같다. 이를 바라보는 학설들의 입장은 제각각인 상황이라고 보이는데 그 어느 것이건 기본적으로 이사의 의무를 주주에게까지 확장하는 상법에 대해서는 반대하는 입장이라는 점에서는 공통된다. 이들을 필자 나름대로 분류하고 그에 대한 필자의 의견을 제시하면 다음과 같다.

1. 판례와 배치된다는 이유로 상법 개정에 반대하는 견해

가. 이 견해의 근본적인 문제점

상법 개정에 반대하는 견해 중에는 "이사는 누구의 수임인인가"라는 질문에서 시작하여, 이사는 회사의 수임인일 뿐, 주주의 수임인이 아니라면서 판례를 그 논거로 제시하는 견해[76]도 유력하다. 그러나 이러한 견해는 여러모로 잘못되었다고 생각한다.

(1) 동어반복, 입법과 사법을 혼동한 점

첫째, 입법과 사법의 기능을 혼동한 점이다. 상법 개정론의 요지는 "판례가 현행 법조문하에서는 이사가 주주의 사무를 처리하는 자가 아니라는 이유로 법원이 '주주에 대한' 의무를 부정하니, 법을 개정하여 '주주에 대한' 의무를 인정하는 것으로 현실을 바꾸자"는 것이다. 그런데 이에 대해 "판례가 반대하니까" 또는 "현행법상 그렇게 되어 있지 않으니까" "법을 개정하면 안 된다"고 주장하는 것은 질문에 질문으로 답하는 것이자 동어반복의 순환론이다. 또한 법을 해석·집행하는 사법(司法)의 영역과, 법을 만드는 입법의 영역을 혼동한 주장이다.

(2) 주식회사의 법정대리 구조를 간과

둘째, 이사가 주주의 수임인이 아니므로 충실의무를 인정하면 안 된

---

76 가령 천경훈, 「이사는 누구를 위해 일하는가」, 『법률신문』, 2024.7.22.

다는 논리 자체에 문제가 있다. 이사에게 충실의무를 인정하여야 할 이유는 매우 많다. 앞서 보았듯이 이사와 주주의 관계, 특히 이사가 주주의 주식사무를 직접 처리하는 관계에서는 둘 사이의 관계를 상법상 법정대리에 준하는 관계로 보는 것이 타당하다. 상법은 이사에게 주주들의 주식가치에 직접적인 영향을 미치는 여러 사무를 결정할 권한을 부여해 놓고서는 정작 그 권리의 당사자인 주주는 직접 경영에 관여하지 못하도록 해 놓고 있다. 이는 어느 나라이건 일반적인 주식회사에게 부여된 기본 속성이기도 하다. 상법이 이처럼 이사로 하여금 주주들의 사무를 처리하는 권한을 갖도록 하면서 정작 주주는 자신들의 주식이 단체법적으로 처분되는 현상에 관여할 수 없도록 해 놓은 것은 둘 사이의 관계를 법정대리 내지 법정위임의 관계로 설정한 것으로밖에 볼 수가 없다. "이사가 주주로부터 수임한 바가 없으니 타인의 사무를 처리하는 자가 아니다"는 논리는 임의대리, 즉 계약에 의해 본인이 직접 대리인을 선임하는 법률관계만을 염두에 둔 것으로 보이나, 이는 법정대리처럼 법에 의해 강제로 대리관계가 성립하는 법률관계의 가능성을 간과한 주장이다. 민법상 채권자대위권을 행사하는 대위채권자도 법에 아무런 관련 규정이나 계약상의 근거가 없음에도 대위를 당하는 채무자에 대하여 법정위임 관계가 성립한다고 보는 것이 판례임은 앞서 보았다. 더구나 일반적인 대리관계는 본인이 수여한 대리권을 임의로 철회하여 회수하고 본인 자신이 직접 법률행위를 할 수도 있지만, 상법상 이사와 주주의 관계는, 주식회사의 기본원칙상 이사의 권한을 없애고 본인인 주주가 직접 나설 수도 없다. 이처럼 이사는 타인의 재산, 즉 주주의 주식에 대하여 본인인 주주를 배제하고 그 처분에 관한 의사결정을 직접 내리는데[77] 그러면서도 그 의사결정에 대해 본인인 주주의 권리를 최선으로 보장하여야 할 법적 책임을 지지 않는다면, 그렇게 규정한 법조문이나 그렇게 해석하는 법원의 판례는 모두 헌법상 사적 자치의 자기책임 원칙과 재산권 보장 원칙에 위배되는 것이라 보아야 할 것이다.

(3) 주주는 궁극적인 최종 리스크 부담자임을 간과

다른 이해관계자들, 가령 근로자, 소비자, 대출채권자 등은 모두 자신이 회사로부터 받을 권리와 받을 몫을 계약서에 기재하여 회사를 구속하는데, 회사의 최종 후순위자로서 궁극적인 최종 리스크 감수자인 주주는 정작 자신이 언제 얼마를 받게 되리라는 구속력 있는 권리 보장이 계약서 그 어디에도 쓰여 있지 않다. 그렇기 때문에 주주의 권리를 보호하는 원칙 규정으로서 이사의 '주주에 대한' 신인의무가 필요하다는 점은 주지하다시피 미국의 회사법학에서 핵심 논거로 제시되고 있을 뿐 아니라 거의 모든 회사법 교과서의 첫머리에 등장하는 내용이다. 이는 주식회사의 기본 속성에 관한 것이므로 한국이라고 해서 미국과 달라야 할 이유가 없는 논거이다. 그럼에도 상법 개정

---

77 가령 합병 의사결정 이사회 결의를 생각해 보라. 이사회는 합병 비율, 날짜, 합병 상대방, 구체적인 합병의 방법에 관하여 모든 것을 결정한 뒤 주주총회에 안건을 회부하며 회부하는 내용도 자신이 정한다. 주주총회는 이사회가 정하는 내용을 수동적으로 받아들일지 여부만 결정할 수 있을 뿐인데다가 모든 사안이 주총에 회부되는 것도 아니다. 비록 주주에게 주주제안권이 있기는 하지만 이는 매우 제한적이며, 주식회사는 소유와 경영의 분리를 전제로 한 제도이지 주주 스스로가 적극적으로 회사를 경영할 수 있는 구조를 염두에 둔 제도가 아니라는 점을 유의할 필요가 있다. 그 결과 주주의 주식가치에 영향을 미치는 거의 대부분의 사안들에 관하여 이사회가 실질적인 결정권을 행사하게 된다.

반대론자들은 이 부분을 외면하는 문제가 있다. "명확하게 정의된 회사 및 주주에 대한 충실의무야말로 지배주주의 권한 남용을 통제하는 핵심 장치"라고 기술하고 있는 G20/OECD Corporate Governance Principle(2023)에 비추어 보더라도(제3부의 Ⅱ항), 위와 같은 주장은 글로벌 스탠더드에 배치된다. 이사를 선임하는 자는 주주총회라는 점, 선관/충실 의무에 주주보호가 포함되지 않으면 후술하는 바와 같이 그 많은 상법의 조문들은 '주주이익 보호를 위해' 그리고 '주주들에 의해' 발동될 수 없다는 점, 주주에게 부여된 각종 소송권은 설명하기 어렵다는 점도 유의할 필요가 있다.

(4) '회사에만 충성'은 누구에게도 충성하지 않겠다는 뜻임을 간과

주주에 대한 충성을 배제한 채 오로지 회사에 대해서만 충성한다는 것은 듣기에는 그럴싸해 보이지만 현실에서는 작동하기 어려우며, 경영진이 회사라는 가림막을 내세우고 그 뒤에서 통제받지 않는 무한한 재량을 누리겠다는 것이나 다름없다. 회사 내에는 다양한 이해관계가 존재하는데, 주주에 대한 충성을 배제한 채 회사에 충성하겠다는 것은 회사 내 이해관계자 모두에게 두루두루 충성하겠다는 의미가 된다. 이는 여러 명의 주인을 동시에 섬길 수 없는 것과 같은 이치로 결국 그 누구에게도 충성하지 않겠다는 것이 된다.[78] 이러한 상황은 이사에게 의무의 충돌을 야기하며 책임과 성과평가 기준도 제공해 줄 수 없게

---

78 이상훈, 「LBO와 배임죄(하)-손익관계와 출자환급적 성격 및 법인이익독립론을 중심으로-」, 법조(2008), 211면.

된다.[79] 이 역시 미국 회사법학에서 결국 주주에 대한 충실이 되어야 하는 이유로 제시되는 내용인데, 한국에서 주주에 대한 충실에 반대하는 견해 중에 이 문제에 대한 해소방안을 제시하는 경우는 드물다.

나. 대법원 2016.7.22. 선고 2015다66397 판결을 논거로 주장하는 부분

위에서는 판결의 논리를 들어 상법 개정에 반대하는 것 자체가 입법과 사법을 혼동한 주장이어서 타당하지 않다고 하였는데, 그와 별개로, 반대론에서 제시하는 판결들이 과연 반대론의 논거가 될 수 있는지 그 내용적인 면을 살펴본다.

주주에 대한 의무가 부정되어야 한다고 보는 견해 중에는, 그 논거로 대법원 2016.7.22. 선고 2015다66397 판결의 논리[80]를 제시[81]하기도 한다. 그러나 이 판결을 근거로 '주주에 대한' 충실의무 도입에 반대하는 것은 의문이 있다.

이 판결은 외환은행의 주주가 주식의 포괄적 교환으로 하나금융지주로 신분이 바뀐 상태에서 외환은행의 배당이 과다했다며(따라서 론스타에게 지급되었던 과도한 배당액을 다시 은행으로 환입시켜야 한다는 취지로) 주

79 American Bar Association Committee on Corporate Laws, Other Constituency Statutes: Potential for Confusion, 45 Bus. Law. 2270.

80 이 사안에서 대법원은, "주식회사의 주주는 주식의 소유자로서 회사의 경영에 이해관계를 가지고 있다고 할 것이나, 회사의 재산관계에 대하여는 단순히 사실상, 경제상 또는 일반적, 추상적인 이해관계만을 가질 뿐, 구체적 또는 법률상의 이해관계를 가진다고는 할 수 없다"고 일반론을 설시한 뒤, [하나은행의 주총 배당 결의가 부존재하는 것으로 확인이 되어 동 결의에 근거한] "배당액이 모두 하나은행에게 반환됨으로써 피고의 완전모회사인 하나금융지주에 이익이 된다고 하더라도, 이로 인하여 하나금융지주의 주주인 원고들이 갖는 이익은 사실상, 경제상의 것에 불과하다고 할 것이므로, 원고들은 이 사건 주주총회결의 부존재의 확인을 구할 법률상 이익을 가진다고 할 수 없다"고 판시하였다.

81 권재열, "물적분할 후 자회사 상장시 소수주주 보호방안 검토", 증권법연구(2022), 12면.

총결의 부존재 확인을 구하자, 법원은 원고에게 확인의 이익이 없다는 이유로 청구를 '각하'한 사안이다. 이 사안은 자회사의 주주가 주식 교환으로 인해 모회사 주주가 된 뒤에도 여전히 자회사에 대해 소의 이익을 갖는지, 주총결의 부존재 확인의 소가 유효적절한 분쟁해결 수단인지 등 소송법상 소의 이익이 문제된 사안인 바, 이 판결을 실체법상 이사가 주주에게 충실의무를 부담하는지 여부를 판단하는 근거로 삼는 것은 적절치 않다.

다. 대법원 2022.6.9. 선고 2018다228462, 2018다228479 판결

주주에 대한 의무가 부정되어야 한다고 보는 견해 중에는, 그 논거로 대법원 2022.6.9. 선고 2018다228462, 2018다228479 판결을 제시하기도 하는데, 이 판결은 오히려 주주에 대한 의무를 법으로 도입해야 할 필요성을 극명하게 보여 준 판결이라고 생각된다.

(1) 판결의 요지 및 함의

이 판결은 회사가 제3자와 체결한 영업양도 계약에 대해 회사의 주주가 그 거래의 무효 확인을 구한 사안인데, 여기서도 대법원은 주주의 소의 이익을 부정하였다. 법원이 이유로 제시한 내용은 다음과 같다.

> *"주식회사의 주주는 주식의 소유자로서 회사의 경영에 이해관계를 가지고 있기는 하지만, 직접 회사의 경영에 참여하지 못하고 주주총회의 결의를 통해서 이사를 해임하거나 일정한 요건에 따라 이사를 상대로 그 이사의 행위에 대하여 유지청구권을 행사하여 그 행위를 유지시키고 대*

표소송에 의하여 그 책임을 추궁하는 소를 제기하는 등 회사의 영업에 간접적으로 영향을 미칠 수 있을 뿐이다. 그러므로 주주가 회사의 재산관계에 대하여 법률상 이해관계를 가진다고 평가할 수 없고, 주주는 직접 제3자와의 거래관계에 개입하여 회사가 체결한 계약의 무효 확인을 구할 이익이 없다. 이러한 법리는 회사가 영업의 전부 또는 중요한 일부를 양도하는 계약을 체결하는 경우에도 마찬가지이다."(밑줄은 필자)

생각건대, 위 판결은 '주주에 대한' 충실의무 도입의 반대 논거로 제시될 사례로 보긴 어려우며 오히려 '주주에 대한' 충실의무 도입이 필요함을 지지해 주는 사례라고 이해하는 것이 타당해 보인다.

위 판결 설시에 드러난 법원의 주된 논리는 "주주는 (회사 재산의 소유자가 아니라) 주식의 소유자일 뿐이므로 회사의 경영에 직접 참여하지 못한다"는 것이다. 하지만 회사의 경영진이 주주에 대해서 이해상충이 존재하는 경우에는 주주 말고는 달리 나서서 문제를 시정할 사람이 없고 그 여파는 주주의 주식가치에 직접적인 영향을 미친다. 그런데 그러한 경우 법원이 주주의 소의 이익을 부정하면서 그 대안으로 제시하고 있는 사항들은 제대로 작동하기 어렵다. 따라서 주주의 소의 이익을 부정한 위 판결의 결론은 문제가 있다고 본다.

요컨대 법원이 위와 같은 판시를 한 것이 '주주에 대한' 충실의무를 부정하는 전제에 선 것이라는 지적은 타당하나, 오히려 그렇기 때문에 위 판례의 결론을 바꾸기 위해 '주주에 대한' 충실의무 도입이 필요하다고 할 수 있다. 이 점을 상론하면 아래와 같다.

(2) 법원이 제시하고 있는 대안들의 내용 및 한계

총수가 전체 주주의 이익을 빼돌리기 위해 회사로 하여금 계열사와 영업양수도 거래를 하도록 하는 경우를 생각해 보자. 위 법원의 판시를 이러한 사안에 대입하면 「주주는 ① 주주총회 결의로 이사를 해임하거나 또는 영업양수도를 주총에서 부결시키거나, ② 이사의 행위가 위법하다는 이유로 그 행위를 유지(중지)시키고 ③ 대표소송에 의하여 이사에게 책임을 물으면 된다. 그러므로 주주는 회사의 재산관계에 대하여 법률상 이해관계를 가진다고 할 수 없고 따라서 직접 거래관계에 개입하여 무효확인을 구할 이익이 없다.」

정말 법원의 논리대로 주주의 입장에서는 무효확인과 같은 구제수단이 필요없는 것일까? 법원이 대안으로 제시한 구제수단들이 과연 '주주에 대한' 충실의무가 인정되지 않는 우리나라 현실에서 제대로 작동할 수 있을까? 이에 대한 필자의 답은 "No"이다.

(가) 경영진의 자발적인 시정

우선 주주들이 경영진의 선의에 기대어 이해상충 행위의 시정을 요구하고 이것이 받아들여진다면 가장 좋겠지만, 총수와 이해를 같이하는 '이해상충 경영진'들이 자발적으로 총수의 명시적 또는 묵시적인 지시를 어기고 일반주주를 위해 거래를 시정할 가능성은 거의 없다. 특히 그들에게는 현행법상 모든 주주의 비례적 이익을 보호할 주주에 대한 충실의무도 부과되지 않는다. 따라서 회사가 스스로 자정능력을 발휘하여 하자를 치유하기는 어렵다고 가정하는 것이 현실적이다.

(나) 주주총회

법원은 주주총회를 대안으로 제시하고 있지만, 지배주주란 말 그대로 주주총회를 장악할 수 있는 주주이다. 따라서 지배주주의 이해상충이 존재하는 상황에서 주주총회에게 실효적인 견제 역할을 기대하기 어렵다. 이런 상태에서 주주총회를 통해 이사를 해임하면 될 것 아니냐는 법원의 제안은 너무나 현실과 동떨어진 무책임한 답변이다. 더구나 이사의 해임에는 특별결의라는 가중 요건이 필요하기에 더욱 그러하다. 주총에서 영업양수도 안건을 일반주주들이 부결시킨다는 것 역시 비현실적이다.

지배주주가 일반주주의 부를 편취하는 이해상충 사안은 주총결의와 같은 다수결로 밀어붙일 수 있는 사항이 아니라고 보아야 한다. 이해상충 당사자는 당해 안건으로부터 배제해야 한다는 회의체 일반원칙, 그리고 자기거래와 쌍방대리는 반대편 상대방의 의사에 따르도록 하는 민법 제124조와 그것의 구체화 규정인 상법 제398조 및 상법 제368조 제3항(주총 특별이해관계인 의결권 배제조항)에도 위배된다고 보아야 한다. 최근 들어 미국 델라웨어 주의 MoM(Majority of Minority) 원칙을 참고삼아 우리나라에서도 계열사 간 거래에 이해관계 없는 주주들만의 다수결을 의무화하는 법안들이 국회에 제출되고 있는 것도 이러한 맥락에서 이해되어야 한다. 그런데 이러한 문제의식, 즉 주총의 안건에 이해상충이 있는 당사자[82]는 배제하고 이해상충이 없는 당사자

---

82 정보와 권한을 독점(가령 총수 및 그 특수관계인들)하는 등의 형태로 회사의 의사결정, 안건 작성에 영향을 미칠 수 있는 자의 이해상충만 회사법상의 이해상충이라고 보아야 할 것이다. 정보와 권한의 독점과는 무관한 일반주주들의 경우도, 자신의 사익에 기반하여 회사의 공동

의 의사를 존중한다는 사고방식은 '주주에 대한' 충실의무를 전제로, 그것을 구현하기 위한 하부개념이라는 점을 유의해야 한다. '주주에 대한' 충실의무의 뒷받침 없이는 기울어진 주주총회가 평평해지기를 기대하긴 어렵다.

(다) 이사에 대한 유지(중지) 청구권

또 다른 대안으로 법원이 제시한 것은, 이사의 행위에 대해 유지(중지)청구(상법 제402조)를 하면 되지 않느냐는 것인데, 이 역시 한계가 있다. 이 청구는 이사의 행위가 위법(법령이나 정관위반)할 것을 요건으로 하는데, '주주에 대한' 충실의무가 인정되지 않는다면 계열사 간 거래와 같은, 총수의 전체 주주에 대한 이해상충 거래는 경영판단의 영역으로 분류되기 때문에 거기에 어떠한 위법요소를 추출해 내기가 어렵다. 계열사 간 거래는 많은 경우 '주주에 대한' 이해상충 거래일 뿐, '회사에 대한' 이해상충 거래에는 해당하지 않는다. 그렇기 때문에 '주주에 대한 충실'이 아닌 '회사에 대한 충실'이라는 잣대로는 그 거래를 '회사법상의' 이해상충 거래로 분류하기 어렵다. 그렇게 되면 해당 거래는 경영판단의 영역으로 분류되므로 실체법상 하자를 문제 삼기가 어렵거나 거의 불가능에 가까워진다. 유지청구가 실효적으로 작동하

이해관계에 반하는 형태로 의결권을 행사하는 것은 적절치 않다는 전제하에, 모든 주주들이 신의칙상 다른 주주에 대하여 충실의무를 부담한다는 사고방식이 불가능한 것은 아니다. 그러나 그와 같은 전면적인, 모든 주주의 모든 주주에 대한 충실의무는 현실적으로 집행하기도 어렵고 주식회사를 폐쇄된 계약관계(일종의 조합체)로 이해한다면 몰라도 무수히 다양한 이해관계에 놓여 있는 상호 익명관계에 있는 주주들을 당연한 전제로 받아들이는 상장법인과는 맞지 않는 사고방식이라고 본다. 이사회를 장악한 지배주주(총수) 및 그와 의결권 행사를 같이하는 그룹(공동보유자)에 대해서만 적용된다고 봄이 타당하다.

기 어려운 것이다. 같은 이유로 이사회 결의의 하자를 문제 삼아 이사회 결의 무효확인을 구하기도 어렵다.

(라) 주주대표소송

또 다른 대안으로 법원이 제시한 것은, 거래가 실행되기를 기다려 그 결과에 대해 이사에게 회사로 손해배상 책임을 추궁하는 주주대표소송을 제기하라는 것인데 이 역시 이사의 행위가 위법해야만 성립 가능한 청구이기에 위 유지(중지)청구에서 본 것과 같은 이유로 성립요건을 충족하기 어렵다. 게다가 이 대표소송 방법은 거래가 종결된 후 되돌리는 사후적인 수단이라는 점에서 실효성에 커다란 한계가 있다. 영업양수도로 인력과 조직, 재산이 모두 섞여 버리고 난 다음 대표소송을 제기해 보았자 금전 손해만 배상하게 될 텐데, 이것은 원상회복적 구제와는 거리가 멀다.

대표소송보다 효과적이고 근원적인 방법은 애당초 거래가 실행되지 않도록 이사의 행위에 대해 유지(중지)청구를 하거나 상법 제398조 위반을 이유로 계약의 효력을 부인함으로써 재화나 부가 이전되지 않도록 하는 것이다. 이렇게 하면 사후적인 구제에 의할 경우의 문제점, 즉 원상회복이 충분히 이루어지지 않을 불확실성과 리스크가 상당부분 제거 내지 완화될 수 있다. 이러한 유지청구권 또는 무효확인 청구권이라는 본안(本案)의 권리가 인정된다면 이를 피보전권리로 하는 가처분신청도 가능할 것이다. 그런데 이 방법들은 전술하였듯이 '주주에 대한' 충실의무가 인정되지 않는 상황에서는 그 청구권의 성립요건을 충족하기 어렵다. 총수 체제하에서 이해상충 경영진이 자발적인 시정을 위해 나설 가능성도 없다고 보아야 하므로 주주에게 소의 이익을 인정하지 않는다면 위와 같은 문제성 거래는 사실상 견제가 불가능해진다. 그것이 실제 우리나라의 현실이기도 하다.

(3) 소결

'주주에 대한' 충실의무가 인정되지 않는 현행 '회사에 대한' 충실 체제하에서는 경영진이 총수를 위해 계열사와의 거래행위를 하더라도 주주가 이를 문제 삼을 ① 실체법상의 하자 및 ② 소송법상의 원고적격을 주장하기 어렵다. 만약 '주주에 대한' 충실의무가 인정된다면 주주는 충실의무 위반 또는 그 구체화 규정인 상법 제398조 위반이라는 실체법상의 하자를 주장할 수 있는 소 제기 적격을 가지게 될 것이다. 또한 '주주에 대한' 충실의무 위반이 문제되는 사안은 경영진이 주주들과 '딴 주머니를 차고 있는' 상황이므로 경영진이 문제 시정에 나설 유인이 없고 따라서 "현실적인 관점에서도 주주들에게 소의 이익을 인정할 수밖에 없다"는 결론에 이르기가 용이했을 것이다.

이상에서 본 바와 같이 현행 '주주에 대한' 충실을 부정하는 법리하에서 주주는 지배주주/경영진의 이해상충 행위에 대해 실효적인 실체법 및 소송법적 견제수단을 갖기 어려운데 그 주된 원인이 '주주에 대한' 충실의무 부재에 있으므로 이러한 현실을 바꾸자는 것이 '주주에 대한' 충실의무 도입론의 핵심이다. 즉 "판례가 지배주주의 이해상충을 통제할 수 있는 주주의 권리를 일관되게 부정해 오고 있으므로, 법 개정을 통해 이러한 판례를 바꾸자"는 것이 핵심이다. 그런데 이에 대해 "판례가 그러한 주주의 권리를 부정하고 있으므로 법 개정은 하면 안된다"는 논지로 답을 한다면, 이는 '질문에 질문으로 답하는 것' 내지는 사법과 입법의 기능을 혼동한 주장이 될 것이다.

2. 사안별로 개별 규정(특칙)을 만들어 대응하자는 견해

가. 내용

이 견해는 이사의 '주주에 대한' 선관/충실 의무 도입에 반대하는 전제에서, 주주보호 문제는 각 사안별로 특칙을 만들어 대응하자는 입장이라고 할 수 있다. 판례에 찬성하면서 본 개정안에 반대하는 견해들은 명시적이건 묵시적이건 대부분 이 입장에 해당한다고 볼 수 있다. 이 입장은 개별 사안별로 맞춤식 규칙 제정으로 대응(rule-based approach)을 하려는 접근이라는 점에서 원칙을 선언하자는 상법 개정론의 접근(principle-based approach)과 차이가 있다.

실무에서 쟁점화되는 거의 모든 문제에 대한 그간의 대응은 위 입장에 기반한 것이라고 볼 수 있다. 예컨대 물적분할과 상장에 대해서도 주주에 대한 의무를 도입하기보다는, 주식매수청구권과 자회사의 신주를 모회사 주주에게 배정하도록 하는 특칙을 만들어 대응하자는 것이 그 예다.[83] 그간 역대 정부가 보여 온 정책 방향도 이러한 쪽이라고 할 수 있다. 가령 지배주주의 주식양도 시 과도한 프리미엄의 '독식'이 문제라면 그러한 과도한 프리미엄이 생성되는 것 자체가 예방되도록 하는 방법, 가령 평상시에 프리미엄이 일반주주들과 실시간으로 공유되도록 주주의 비례적 이익 보호의무 도입이 우선일 텐데, 2023년 금융

83 이호기/성상훈, 「물적분할 반대주주에…주식매수청구권 준다」, 『한국경제』, 2022.7.28.

위원회에서 발표한 내용처럼, 그러한 '주주에 대한' 충실의무라는 원칙의 도입은 거부하면서 그에 대한 대안으로서 의무공개매수 또는 주식매수청구권의 도입이라는 개별 규칙의 도입을 추구하는 것이 그 예다. 이러한 발상은 과도한 프리미엄의 생성은 그대로 둔 채 매매 단계에서만 이를 나누어 갖자는 사고방식이니, 일단 매매가 끝나고 나면 그 시점부터 다시 과도한 프리미엄이 생성되는 현상을 막을 수 없게 된다. 자기주식을 지배주주의 경영권 방어 용도로 매각하는 경우에도, 주주의 비례적 이익 보호에 어긋나므로 그러한 행위는 '주주에 대한' 충실의무 위반이어서 금지된다는 식의 스탠더드로 접근하기보다는, 자기주식 매각 시 신주발행 규정을 유추할 수 있는지 여부의 문제로 문제를 정의한 뒤 그에 대한 긍정설의 입장을 택하여 신주발행 규정의 유추적용을 주장하거나 신주발행 규정을 준용하도록 하는 입법론을 주장하는 것도 그 예다. 그런 식으로 접근하면 신주발행 규정의 세세한 요건 하나만 벗기면 해당 규제가 통째로 적용되지 않기 때문에 손쉽게 규제를 회피할 수 있게 된다. 또한 이사가 지배주주의 이익만을 대변하는 것이 문제라면 이사에게 모든 주주의 비례적 이익을 대변하도록 '주주에 대한' 충실의무를 부담시키는 스탠더드로 접근하는 것이 우선일 텐데, 그 자체는 부정하면서 사외이사인 감사위원을 선임할 때 3%룰을 적용하도록 법을 만들거나 집중투표제를 의무화하자고 주장하는 것도 이러한 예다. 사실 모든 이사가 모든 주주의 비례적 이익을 대변한다면 그 이사를 누가 뽑는지가 본질은 아닐 텐데도(가령 집중투표제의 창시자인 미국의 경우 집중투표제가 현실에서 거의 활용되고 있지 않지만 주주의 비례적 이익 대표성에 문제가 있다는 논의는 찾기 어렵다) 그러한 본질적인 면은 외면한 채 주주를 누가 뽑느냐에 치중하는 것은 한마디로 난센스다. 자신을 뽑아 준 주주를 위해서만 충성을 하여서는 안 될 것 아니겠는가? 먼저 이사에게 전체 주주의 이익을 저버리지 말 것을 의무로 부과한 뒤에, 그럼에도 그 의무조항이 집행이 잘 안 되어 실효성이 없다면 선출 단계에서도 대표성을 고려하는 것이 순서일 것이다. 인적분할 시 자사주를 활용하여 지배주주의 지배력을 강화하는 이른바 '자사주마법'도 마찬가지다. 자사주마법이 문제라면 이사로 하여금 주주의 비례적 이익을 깨뜨리는 행위를 하지 못하도록 '주주에 대한' 충실의무를 부담시키는 것이 기본일 텐데 그러한 스탠더드의 도입은 부정하고 자기주식에 신주를 배정하면 안 된다는 식의 규칙 중심으로 접근하는 것도 이에 해당한다.[84] 이에 해당하는 예는 매우 많다.

나. 문제점

이 입장은 어느 한 견해라기보다는 현재 상법의 실무와 입법을 전반적으로 지배하는 패러다임(관점)이라고 할 수 있는데, 다음과 같은 문제점이 있다.

첫째, 위와 같은 특칙을 일일이 만들자는 주장이나 입법을 보면, 거의 예외 없이 그 취지로 일반주주 보호를 내세우는데, 주주보호의 원칙화는 부정하면서, 건건이 특정한 사안에서만, 규칙이 정하는 대로만 보호하겠다는 것은, 그 스탠스 자체가 모순적일 뿐 아니라 규칙의

---

84 이상훈, 「인적분할과 자사주마법」, 『상사법연구』 제39권 제2호, 상사법학회, 2020, 367면 이하.

문구에 매몰되어 근본 취지를 달성하는 데 실패하기 쉽다. 스탠더드 자체를 부정하면서 특정 사안에 대해서만 특별히 무언가를 창설적·시혜적으로 베풀어 준다는 관점은 집행 과정에서 한계와 왜곡을 초래할 가능성이 높다. 특히 M&A, 금융기법이 발달할수록 규정의 문구를 우회하거나 벗어나면서도 실질적으로 동일한 효과를 나타내는 거래 유형을 만들기 쉽다. 그렇기에 물적분할 상장과 같은 예상 못한 행위가 발견될 때마다 새로 규정을 만드는 접근은 사후약방문이 되고 만다. 무엇보다도 가장 큰 문제는, 개별 건별로 특칙을 마련한다는 위와 같은 사고방식이, 그 기저에 주주가치 훼손 방지를 도모한다는 공통분모가 존재한다는 사실, 위와 같은 다양한 거래들을 관통하는 공통점은 주주가치를 총수 앞으로 이전하려는 편취행위라는 점을 충분히 인식하지 못한 채 전개되고 있다는 점이다. 사안의 본질은 총수와 일반주주의 이해상충과 부의 이전에 있다는 점, 그것을 추구하는 거래 유형은 다양할 수 있으므로 개별 대응은 한계가 있으며 사후약방문이 될 수밖에 없다는 점을 인식한 뒤, 그에 대응하는 공통적인 원칙규정(= '주주에 대한' 충실의무) 마련에 대한 논의로 나아갈 필요가 있다.

둘째, 시민사회와 국가권력 간 역할분담의 균형과 효율성 문제이다. 주주보호를 달성하고 싶다면, 각 회사 스스로 그것을 실행하도록 맡기고 — 그렇게 만드는 가장 쉬운 방법은 이사에게 그렇게 할 의무를 지우는 것이다 — , 문제가 있는 행위가 발생할 경우에도 그 직접 피해자인 주주에게 소송할 수 있는 권리를 인정하는 것 — 권리를 인정하는 가장 쉬운 방법은 상대방에게 의무를 부과하는 것이다 — 이 가장 효과적이고 정부의 대리인 비용(agency cost)도 줄이는 길일 것이다. 그러나 이러한 당사자들의 자치적인 권리 의무 시스템 도입은 거부하면서, 정부가 사안별로 건건이 법으로 정해 주는 경우에만, 그리고 정해 주는 규칙의 한도 내에서만, 주주가 보호받을 수 있다고 선을 긋는 태도는 문제가 있다. 피해자의 재판청구권의 관점, 시민사회와 국가권력 간의 역할 분담과 균형, 탈권위주의, 그리고 정경유착의 근절이라는 관점에서도 재고가 필요해 보인다.

3. 현행 법리로도 주주 보호가 가능하다는 견해

가. 내용

이 견해는 합병이나 분할 같은 자본거래에서 주주이익 보호는 현재의 회사 중심의 선관/충실 의무 개념으로도 해결이 가능하며 따라서 '주주에 대한' 충실의무 도입과 같은 상법 개정은 불필요하다는 입장이다. 즉 '주주의 이익'과 '회사의 이익'은 동일하므로, '주주의 이익'은 '회사의 이익'으로 환원될 수 있으며, 따라서 회사에 대한 선관/충실 의무 개념을 유지하더라도 주주의 이익 보호가 가능하다[85]는 것이다(이하 "동일성설" 또는 "환원론"). "상법 개정 무용론"이라 할 수 있다. 현재 일반주주 보호가 미흡한 것은 법에는 문제가 없는데, 단지 주주들이

85 이러한 입장을 취하는 견해로, 김건식·노혁준·천경훈, 앞의 『회사법』 제6판, 414~415면(이사는 회사에 대하여만 신인의무를 부담하지만, 회사의 이익과 주주의 이익은 원칙적으로 일치하므로 회사에 대하여 주주이익을 증진할 의무를 부담하고 그 의무를 위반하여 주주이익을 해치는 경우에는 회사에 대한 신인의무 위반에 해당하며, 회사에 대한 의무를 위반한 경우에는 상법 제401조 제1항에 의해 주주에 대한 손해배상책임을 발생시킬 수 있으므로 실질적으로 주주에 대해서 이사의 신인의무를 인정한 것과 유사한 효과를 얻을 수 있음). 같은 취지로, 천경훈, 앞의 「계열회사 간 합병과 이사의 의무」, 280~282면.

자신들의 권한 행사를 소극적으로 하기 때문에 문제가 시정되지 않을 뿐이며, 따라서 본건 개정안은 불필요하다는 입장[86]도 같은 취지로 볼 수 있다.

위 동일성설은 가령 합병비율 불공정 문제를 설명함에 있어, 불리한 합병비율이 적용되는 회사가 존속회사인지 소멸회사인지를 나누어 차별적으로 접근한다. 존속회사에게 불리한 합병비율이 적용되는 경우는, 상대방인 소멸회사의 주주들에게 유리한 가격, 즉 저가로 신주를 발행해 주는 것과 실질이 동일하므로, 에버랜드의 법리에 따라 존속 '회사'의 관점에서 손해로 볼 수 있다는 것이다. 따라서 존속 '회사'에 대한 이사의 선관/충실 의무 위반 결론의 도출이 가능하며 이들에 대한 상법 제399조에 의한 회사 계좌로의 손해배상을 통해, 존속회사 주주들의 피해구제가 가능하다고 본다. 반면 존속회사 주주들에게 유리한 합병비율이 적용되는 경우라면 이는 그 상대방인 소멸회사의 주주들이 피해를 입는 상황이라 할 수 있는데, 이 경우 그 피해 주주들은 자신의 회사가 소멸하기 때문에 회사를 손해의 주체로 내세우는 상법 제399조에 의할 수는 없고, 주주들 자신이 직접 손해를 입은 피해자로 나서 상법 제401조에 근거한 주주 계좌로의 손해배상을 청구함으로써 피해구제가 가능하다[87]고 본다.

---

86 예컨대, 송옥렬, 앞의 유튜브, 50분 지점 이하.

87 이러한 입장을 취하는 견해로는, 김건식·노혁준·천경훈, 『회사법』 제6판, 786면; 송옥렬, 앞의 책, 1241~1242면; 이철송, 앞의 『회사법강의』 제29판, 1124면의 주1; 노혁준, 「합병비율의 불공정성과 소수주주 보호-유기적 제도설계를 향하여-」, 『경영법률』 제26권 제2호, 경영법률학회, 2016, 171면.

나. 문제점

이 견해의 난점[88]은 다음과 같다.

첫째, 합병의 경우 주주들의 계좌에서 손해가 발생한다는 점은 그 주주들이 존속회사 소속이건 소멸회사 소속이건 동일함에도, 존속회사와 소멸회사를 구별한 뒤 어느 쪽에 유리한지에 따라 손해를 전보받는 주체와 적용 법조, 즉 피해자(배상의 객체)와 청구원인이 달라진다고 차별적인 법리를 전개하는 점이다. 피해자인 주주의 입장에서 경제적 실질이 동일함에도, 법인격에 얽매여 통일적인 권리구제 법리, 동일한 청구원인 요건 사실을 제공해 주지 못하는 단점이 있다. 특히 흡수합병이건 소멸합병이건, 주주는 합병 법인에 잔류함에도 불구하고 그 둘 중 어느 것인지에 따라 손해배상을 법인 계좌에 입고하기도 하고 주주 계좌에 입고하기도 한다는 논리는 근본적인 결함이라고 보인다.

둘째, 합병비율 불공정의 경우 피해를 입는 주체는 주주인데, 주주의 손해로 구성하면 선관/충실 의무의 문제로 포섭되지 못하는 문제가 발생하는 것을 회피하기 위하여 '주주의 손해'를 '회사의 손해'로 환원, 재구성하는 방식으로 접근하였다는 점이다. 이를 위해 손해의 본질을 '주주의 지분율 손해'가 아니라 '회사의 관점'에서 회사 계좌로 저가 유입된 '금액의 차이'라고 손해의 본질을 재구성한다. 앞서 가장납입 사안(대법원 2004.5.13. 선고 2002도7340 판결)에서 검찰이 채택했다가 원심에 의해 바로잡힌 논리와 동일한 관점인데, 법리적인 이론 구성

---

88 이에 관한 상론은, 이상훈, 「합병비율 불공정에 대한 상법 제399조, 제401조의 적용가능성-주주는 보호되는가-」, 『증권법연구』 제20권 제3호, 증권법학회, 2019, 54면 이하.

에 맞추기 위해 사안의 실질을 왜곡하는 문제가 있다.

셋째, "주주의 이익을 위하여 회사에 대하여 의무를 부담한다"는 명제가 가지는 모순이다. 의무부담의 상대방이 회사라면, 민사법의 기본 원칙상 회사만이 피해자가 될 수 있고 회사만이 손해배상 소송의 원고가 될 수 있다. 따라서 주주만 피해를 입을 뿐 회사는 피해를 입지 않는 자본거래의 경우 위 명제로는 문제를 해결할 수 없다. 회사에 손해가 없다면 회사는 소송의 원고로 나설 수가 없는데 그렇다면 주주가 입은 손해는 누가 소송을 해줄 것인지의 문제가 남는 것이다. 에버랜드와 같은 신주발행 유형이면 그나마 회사의 손해로 구성하여 손해배상을 회사 계좌로 입고하면 모든 문제가 해결된다고 이론 구성을 해 볼 여지도 있지만, 합병이나 주식교환, 회사분할, 주식병합 등의 경우처럼, 회사로 무언가 입고될 것을 남기지 않는 거래 유형의 경우에는 회사를 피해자로 세우는 논리 구성이 여의치 않다는 문제에 봉착한다. 결국 이 경우 피해를 입는 사람은 주주밖에 없기 때문에 주주가 나서야 할 텐데, 민사법의 기본 원칙상, '주주에 대한' 의무를 부정하면, 주주가 원고가 되어 자신의 피해를 구제받을 수 있는 방법은 없다. 이것을 해결하려면 '주주에 대한' 의무를 인정하는 법을 만들든지 제3자를 위한 계약의 법리(민법 제538조)를 동원하여 주주를 수익의 의사표시를 통해 권리를 가질 수 있는 법익의 주체로 만들어야 한다. 이사와 회사의 위임계약이 주주의 이익을 위해야 하는 것을 내용으로 하는 계약, 즉 주주를 제3자로 하는 "제3자를 위한 계약"으로 법리 구성을 한다면 원칙적으로 계약당사자인 회사가 권리자이지만, 계약당사자가 아닌 주주도 수익의 의사표시를 하면 권리자가 되어 직접 소 제기가 가능해진다(민법 제539조 제2항). 그런데 위 견해는 제3자를 위한 계약 법리를 동원하지는 않으며, 주주는 계약이 아닌 법조문들, 즉 상법 제399조 또는 제401조에 의해 직접 원고로 나설 수 있다고 설명한다. 그러나 상법 제399조는 회사의 손해를 배상하는 조문이기에, 전술한 순수한 주식교환 거래들처럼 회사 계좌로의 부족 금액의 추가 납입을 요구하지 않는 유형의 거래에는 쓰이기 어렵다. 또한 주주의 이익을 보호해야 한다면서 고의 중과실이라는 요건을 설치한 위 401조에 의한다고 설명하는 것도 앞뒤가 맞지 않으며 설명이 궁색하다. 위 401조는 회사와 특수관계가 없는 자까지 포함하여, 주주건 채권자이건 일체의 제3자를 보호하는 조문이기에 더욱 그러하다. 또한 만약 회사에 손해가 없다면 과연 위 401조에서 말하는 '임무해태'가 존재한다고 볼 수 있을지도 문제가 된다. 회사를 위한 임무 속에 주주이익을 도모할 임무가 존재한다는 논리 구성인 것으로 보이나, 위 401조는 주주뿐 아니라 채권자를 포함한 제3자 일반에게 적용되는 조문인데, 그럼 채권자가 상대방일 때에는 위 401조에 의하여 회사가 금융기관도 아닌데 계약 상대방인 채권자의 이익을 일반적으로 보호할 의무까지도 부담한다는 논리인 것인지, 과연 그러한 해석이 타당한 것인지, 그게 아니라면 여러 이해관계자들 중 주주에 대해서만 동 조의 '임무' 개념의 해석을 달리하여 주주이익을 도모할 임무가 존재한다고 해석하겠다는 것인지, 그렇다면 그렇게 주주에 대해서만 다른 제3자들과는 다른 차별적인 '임무' 내용을 가진다고 해석하는 법적 근거는 무엇인지 등등 끝없는 의문을 불러일으키게 된다. 결정적으로, 충실의무가 아닌 제401조로 해결하는 것은 충실의무에 내재된 이해상충 해소의무의 적용을 받을 수 없다는 문제도 있다. '주주에 대한' 충실의무 적용의 핵심적인 이점은 경영진에게 '주주에 대한' 이해상충 해소를 요구할 수 있다는 점인데, 위 401조에 의한다는 것은 이 부분을 포기하겠다는 것이기에 이는 충실의무를 인정하는 것과는 중대한 차이점이다.

넷째, 합병 이외의 여러 거래에서 발생하는 지배주주의 이해상충 상황에 대한 포괄적이고 체계적인 설명을 제시하지 못한다. 가령 합병 외에도, 지배주주는 분할, 신주발행, 주식의 병합, 주식의 포괄적 교환, 지주사 전환, 공개매수 등 자사주매입이나 처분 등의 다양한 자본거래를 통해 일반주주의 부를 편취할 수 있고, 그 경우 재무적 본질은 일반주주의 지분가치 편취라는 점에서 합병과 실질적인 차이가 없다. 그럼에도 이 견해는 합병 이외의 다른 유형에 대해서는 — 물론 합병에 대해서도 정합적인 설명을 제시하지 못하지만 — 통일적인 논리체계를 제시할 수 없는 약점이 있다. 주주의 손해를 회사의 손해로 환원하는 무리한 논리 구성을 취한 데 따른 불가피한 결과라고 할 수 있다.

4. 지배주주의 충실의무 도입으로 해결이 가능하다는 견해

가. 내용

이 견해는 지배주주에게 충실의무를 부과하는 입법 또는 해석에 의해 지배주주의 이해상충 행위를 견제할 수 있다고 보는 입장[89]이다. 이 입장은 두 가지 의미가 있을 수 있는데, 첫째는, 이사의 '주주에 대

89 지배주주의 충실의무론에 대한 설명은, 우선 육태우, 「주주의 권리와 의무」, 『주식회사법대계 Ⅰ』 제3판, 법문사, 2019, 675면 이하; 김재범, 「주주 충실의무론의 수용」, 『비교사법』 제22권 제1호, 비교사법학회, 2015, 186면 이하.

한' 충실의무 도입론에 대한 대안 내지 비판론으로서의 의미이다. 둘째는, 이사의 '주주에 대한' 충실의무 도입에 동의함을 전제로, 미국처럼 이사만의 의무만으로는 부족하므로 그것을 보완하기 위해 지배주주에게까지 확대하자는 의미일 수도 있다. 필자는 장기적으로는 이러한 둘째의 관점에서 지배주주 충실의무도 인정되어야 한다고 보는데, 이하에서는 첫째의 관점에 대하여 검토한다.

나. 문제점

이 견해는 다음과 같은 문제점이 있다.

첫째, '의무의 주체'와 '의무의 상대방'을 혼동한 점이다. 지배주주에게 충실의무를 부과한다고 해도, 그 충실의무의 대상을 '회사의 이익'으로 고정시켜 놓는다면 자본거래에서 회사의 이익과 무관하게 발생할 수 있는 '주주이익'의 침해행위, 즉 지배주주의 일반주주 편취 행위는 견제할 수 없다. 문제의 본질은 충실의무의 '상대방', 즉 '대상'이 무엇이냐이지 그 '의무의 주체'가 누구인지가 아닌 것이다. 예를 들면, 지배주주가 아닌 전문경영인도 MBO 거래를 통해 일반주주들의 부를 편취하는 것이 가능한데, 이때 행위 주체는 지배주주가 아닌 전문경영인이기 때문에 지배주주의 충실의무 도입은 문제 해결에 전혀 도움이 되지 않는다. 의무의 주체가 누구냐가 아니라 의무의 상대방, 즉 보호대상이 누구냐가 핵심이다.

둘째, 충실의무의 부담 주체를 지배주주까지 확장하는 것의 필요성은 인정되나 이사를 건너뛴 채 지배주주에게 바로 가는 것은 법리 체계에 맞지 않기에 현 시점에서 우선적인 문제라 보긴 어렵다. 먼저 이사의 책임부터 인정하는 것이 순서라는 뜻이다. 지배주주는 개념 자체로 이사 선임을 실질적으로 지배하는 자이다. 따라서 특별한 사정이 없는 한 이사는 지배주주에게 직업적·경제적으로 의존할 수밖에 없으며, 이사는 지배주주와 전체 주주의 이해상충 상황에서 지배주주의 이익을 우선할 구조적인 인센티브를 가진다. 그러므로 우리나라처럼 지배주주가 이사들을 실질적으로 선임하고 보수결정권과 보직결정권 등 인사권을 행사함으로써 소유와 경영이 분리되지 않은 지배구조에서는, 달리 그렇지 않다는 점에 대한 반증이 없는 한 특정한 거래에서 지배주주가 직면하는 전체 '주주에 대한' 이해상충은 이사 자신의 전체 '주주에 대한' 이해상충 및 충실의무 문제와 동일시하는 것이 타당하다.[90] 다시 말하면 지배주주가 존재하여 이사 선임 등 경영에 관여하는 시스템하에서는, 굳이 지배주주를 겨냥하지 않고 이사만을 겨냥하여 충실의무를 부과하더라도 규범 체계상 지배주주의 이해상충에 대한 규제가 이루어질 수 있다. 다만 실질적인 이해상충의 주체, 배후에서 이사들을 명시적 묵시적으로 콘트롤하는 주체, 실질적인 부의 이전의 실질적인 수혜자는 지배주주라는 점에서, 지배주주 역시

90 예컨대 미국 모델회사법 8.60조는 "이사의 이해상충"의 의미를, "거래를 위하여 회사의 이사회에 상정되었는지의 여부와 관계없이 이사가 그 거래를 통해 재무적 이익을 향유하거나 그 거래와 매우 밀접한 연관이 있으며, 이사가 그 거래에 관하여 결의하기 위하여 소집된 경우에는 그 이사의 이해관계가 이사의 판단에 영향을 미칠 것이라고 합리적으로 예상하는 경우"가 포함되도록 정의하고 있는데, 우리나라 기업집단 소속 계열사의 이사들은 지배주주의 이해상충 거래 상황에서 이러한 정의에 해당한다고 보는 데 큰 어려움이 없다고 본다. 특히 우리나라는 공정거래법에 의하여 동일인과 계열사가 매년 지정 공표되고 있고, 자본시장법에 의해 특수관계인들이 분기보고서에 공시되는 등 지배주주의 지배력, 즉 실질적인 임원 임면권이 미치는 계열사의 범위가 모두 공시되고 있으므로 이러한 개념을 적용할 수 있는 객관적인 토대도 정비되어 있는 상황이다.

도 규제 대상으로 포함시키는 것이 행위억제 효과 및 증명책임 곤란의 구제, 손해배상 책임재산 확보를 두텁게 할 수 있어 바람직하고 원칙적이기는 하다. 그렇지만 그 경우 지배주주의 책임은 어디까지나 지배주주가 이사를 콘트롤하기 때문에 인정되는 책임이지 이사를 건너뛴 채 지배주주가 회사법상 직접 책임을 부담하기 때문에 인정되는 책임은 아니다. 즉 충실의무 구조에서 마치 형법의 신분범, 정범과도 같은 위치에 있는 자는 이사이지 지배주주가 아니다. 지배주주는 정범이 아닌, 이사에 대한 교사범의 구조이다. 그렇다면 이사에게조차도 '주주에 대한' 충실의무 개념을 인정하지 않으면서, 이사를 건너뛰고 지배주주에게 직접 의무를 부과하겠다는 발상은 이사 중심의 회사법 시스템과 충돌하며, 그것을 근본적으로 수정하자는 것이어서 타당하지 않다. 따라서 이사에 대한 의무 인정을 먼저 매듭지은 연후에, 행위 억지력 제고, 손해배상 책임 부담의 형평성 도모, 입증책임 곤란의 구제 등을 위해 지배주주에게까지 직접 의무를 부과할 것인지 결정하는 순서로 나아가는 것이 바람직하다. 게다가 이미 상법 제401조의2가 업무 집행 지시자의 책임을 인정하고 있기 때문에 완벽하지는 않지만 어느 정도 지배주주에게 책임을 물을 법적 근거도 존재한다. 문제는 상법 제401조의2가 '회사의 손해'만을 보호하고 있을 뿐, '주주의 손해'를 커버하지 않는다는 점이 핵심이다.[91] 따라서 의무의 '주체'

---

91 위 401조의 또 한 가지 핵심적인 문제는 입증책임 문제이다. 구조적인 관계를 인정하여 지배주주 측에게 증명책임을 전환시켜 두는 구조가 아니라, 개별 행위 건별로 피해사실을 주장하는 피해자가 지배주주 측의 개별적인 지시 사실을 입증해야 하는 구조이다. 이 점은, 이 조문을 심지어 '회사의 손해' 사안에서조차 사실상 무용지물로 만들고 있는 요소이다.

를 지배주주에게 확장할 것인지 여부가 아니라, 의무의 '대상'을 주주에게까지 확장할 것인지를 핵심 문제로 설정하여 논의해야 한다.

5. 선관/충실 의무 '이질설'을 해법으로 제시하는 견해

가. 내용

이 견해는 지배주주의 이해상충 행위를 견제하지 못하는 이유를, 선관의무와 충실의무를 동일하게 파악하는 이른바 동질설에서 찾는 입장이다.[92] 즉, 이해상충을 해소할 의무는 충실의무에서 유래하는 것으로서, 이는 단순한 주의의무를 뜻하는 선관의무와는 그 내용이 서로 다른 것인데도(이질설), 현행 대법원 판례가 충실의무를 선관의무와 동일하게 파악(동질설)[93]하는 바람에, 충실의무로부터 경영진의 이해상충 행위를 견제하고 이해상충을 해소할 의무를 도출해내는 데 실패하고 있다고 본다. 이질설의 입장을 분명히 하는 방향으로 판례 또는 법이 바뀌면 문제가 해결될 수 있다고 보는 입장이라고 할 수 있다.

나. 문제점

이 견해는 일면 타당한 점이 있다. 대법원이 최근 들어서는 양자를

---

92 예컨대, 유영일, 「이사의 충실의무의 체계화에 관한 연구」, 『상사판례연구』, 상사판례학회, 2013, 324~325면; 채이배, 「상법 제382조의3(이사의 충실의무) 개정 필요성-이사 및 지배주주의 사익추구 방지를 위하여-」, 『경제개혁연구소 이슈&분석[2013-8호]』, 경제개혁연구소, 2013, 3면.

93 이질설과 동질설의 내용과 쟁점에 관하여는 김재범, 「이사 보수액의 적정성과 이사 충실의무의 위반 -대상판결: 대법원 2016.1.28. 선고 2014다11888 판결-」, 『상사판례연구』 제33권 제4호, 상사판례학회, 2020, 207~213면.

구별한 예[94]가 있기도 하지만 그간 동질설의 관점에서 선관의무와 충실의무를 함께 병렬적으로 언급하면서 양자의 차이점을 구별하지 못한 측면이 있음은 사실이고 그로써 충실의무에 내재된 이해상충 해소 요구를 도외시한 점[95]이 있기 때문이다.

다만, 동질설이 문제의 진정한 원인은 아니며 이질설을 따른다고 해서 문제가 해결되지는 않을 것으로 생각된다. 이질설의 주장대로 충실의무 상황에서 경영진에게 이해상충 해소의무가 부과된다 한들 '주주의 이익'은 보호되지 않으며, 지배주주의 이해상충은 견제되지 않을 것이기 때문이다. 그 이해상충 해소의 상대방을 회사라는 '법인격'으로 고정시킬 것이냐, 아니면 전체로서의 '주주'로까지 확장시킬 것이냐가 본질이며 이것은 동질설/이질설 논쟁과는 별개의, 논리상 그에 선행하는 문제이다.

이 점을 좀더 구체적으로 설명하면 다음과 같다. 첫째, 선관/충실 의무의 대상을 '회사'로 고정시켜 놓는 이상, 회사의 이익에 아무런 영향이 없고 주주의 지분가치를 훼손시키는 자본거래의 경우에는 동질설에 의하건 이질설에 의하건 이사의 의무라는 것 자체가 도출되지 않는다. 이사의 의무가 도출되고 난 뒤라야 선관/충실 의무의 '내용' 속에 이해상충 해소의무가 포함되는지 여부를 논할 실익이 생긴다. 우리나라에서 문제되는 대부분의 회사법 사안들은 지배주주와 일반주주 간의 이해상충 문제이기 때문에 '주주에 대한' 선관/충실 의무 자

94 2006.1.28. 선고 2014다11888 판결; 2016.8.24. 선고 2016다222453 판결.

95 같은 취지로 김재범, 앞의 「이사 보수액의 적정성과 이사 충실의무의 위반-대상판결: 대법원 2016. 1. 28. 선고 2014다11888 판결-」, 210~213면.

체가 도출되지 않으면 그다음 단계의 논의는 진전이 어렵다. 요컨대 주주에 대한 의무 자체가 도출되지 않는 상황에서, 그 의무가 존재함을 전제로 선관의무와 충실의무가 같은지 다른지를 논하는 것은 무의미하다. 둘째, 이질설을 취함으로써 이해상충 해소의무가 부과된다고 본들 이해상충 해소 대상을 파악할 때 주주이익 관점이 뒷받침되지 않으면 법인격 배후의 주주들의 이해상충 관계, 가령 계열사나 특수관계인과의 이해상충이 이해상충을 해소해야 할 대상에서 모두 누락되기 때문에, 이해상충 해소 절차는 알맹이가 빠진 채 형해화된다. 결국 이질설이냐 동질설이냐는 문제는 의미가 전혀 없는 것은 아니지만 적어도 총수의 전체 주주에 대한 이해상충을 문제 삼으려는 국면에서는 '주주에 대한' 의무 인정이 선결 문제이며, 그다음 단계에서나 논할 성격의 문제라고 할 수 있다.

6. 신탁법상의 충실의무 적용으로 해결하려는 견해

2011년에 신탁법이 개정되면서 영미의 충실의무 내지 신인의무 개념을 대폭 수용하였는바, 주식회사의 주주를 신탁에서의 수탁자 내지 수익자에 상응하는 지위라고 보아 신탁관계에 근거하여 주식회사의 '주주에 대한' 이사의 충실의무를 도출하려는 시도[96]도 있다. 그러

96 예컨대, 김규식, 「이사의 주주에 대한 신인의무의 존부, 법적 성질 및 관련 사례」, 『(사)한국기업거버넌스포럼 25차 세미나 유튜브』, 1:46분 지점 이하(https://www.youtube.com/watch?v= WdX49mlgk1M). 이중기, 「이사의 충실의무의 강행성 여부와 충실의무에 대한 사적 자치: 신탁 충실의무법의 보충적 적용을 중심으로」, 『비교사법』, 비교사법학회, 2015, 1295면(신탁법의 보충적 적용을 주장); 유영일, 앞의 논문, 323~324면.

나 신탁과 주식회사는 법적 구조와 취지가 다르므로[97] 회사법상의 이사와 주주 간의 권리 의무 문제를 신탁법을 원용하여 해결하려는 시도는 여의치 않을 수 있다.[98] 그리고 이왕 신탁법 원용을 주장할 바에야 차라리 주식회사 구조로 되어 있는 회사형 펀드에서 이사에게 직접 투자자들에 대한 선관/충실 의무를 인정하고 있는 자본시장법[99] 원용이 나을 것이다.

V. 법 개정의 실익

앞서 본 2002도7430 판결 등 주주에 대한 의무를 부정해 온 여러 판례들의 태도를 변경하려는 것이 개정안의 요체라고 할 수 있는데, '주주에 대한' 충실의무를 도입하는 것으로 상법을 개정할 경우의 예상 실익은 다음과 같다.

1. 총론: 주주에 대한 경영진의 근본적인 자세 전환

총론적인, 가장 근본적인 첫째 실익은 주주를 대하는 경영진의 근본적인 자세 전환이다. 이 점은 가장 근본적이면서도 핵심적인 것이다. 여기서 주주라 함은 개별 주주, 개인적인 특성이 가미된 주주 각각을

97 구체적인 차이점에 관하여는 고창현, 「이사의 충실의무」, 『株式會社法大系 II』 제3판, 상사법학회 편, 법문사, 2019, 659면.

98 같은 취지로 위 같은 곳(신탁법 개정이 상법상 충실의무에 미치는 영향은 제한적일 것).

99 자본시장법 제79조, 제96조, 제102조는 집합투자업자, 투자자문/일임업자, 신탁업자에게 투자도구인 법인격(vehicle)이 아니라 '투자자(수익자)에 대한' 선관/충실 의무를 규정하고 있다.

의미하는 것이 아니다. 개인적인 속성이 제거된, 주식이라는 증권에 부여된 n분의 1의 가치, 다시 말하면 전체 주주의 비례적 집단적인 이익을 말한다. 이러한 주식의 n분의 1의 가치를 보장하고 증진해야 하며 이를 훼손하면 안 된다는 주식회사의 기본 원칙에 대한 촉구가 상법 개정론에 담긴 핵심이다.

이 첫 번째 실익은 다른 모든 실익들을 가져오는 데 있어 근본적으로 지향해야 할 나침반 역할을 수행한다. 기업의 경영활동은 다종다양하기 때문에 일일이 행위규칙을 정해서 규제하는 규칙 중심의 접근(rule-based approach)은 한계를 가질 수밖에 없다. 그점에 대응하기 위한 것이 바로 원칙 중심 접근(principle-based approach) 또는 스탠더드 접근(standard approach)이고 충실의무 규제는 그 대표적인 예에 해당한다. 이하의 다른 모든 실익들은 이 첫 번째 실익을 구체화하는 예시적인 의미를 가지며, 그 점에서 총론과 각론의 관계라고 할 수 있다.

2. 각론

가. 자본거래를 통한 부의 편취에 제동

구체적인 실익 중 첫 번째는 자본거래와 같이 법인의 계좌에 영향을 주지 않으면서 주주 계좌의 부를 편취하는 행위들에 대한 견제가 가능해진다는 점이다. 이것은 판례 변경의 가장 핵심적이면서도 중요한 실익 중 하나이다.

자본거래라 함은 문자 그대로 자본, 즉 회사의 자기자본이 거래되는 것, 바꾸어 말하면 주주들의 주식이 회사에 의해 거래되는 것을 말한다. 주주들의 주식이 '회사의 행위에 의하여' 단체적으로 거래되거나, '회사의 행위'는 아닐지라도 '지배주주에 의하여' 거래되는 공개매수와 같은 경우에는, 회사의 정보와 권한을 이용하여 주주들의 지분구조 또는 지분의 상대적 가치 구조에 변경을 가함으로써 주주들 간에 부의 이전을 초래할 위험이 상존한다. 이러한 경우 이사의 의무를 문제 삼는 이유는 해당 거래가 이사가 자신에게 부여된 회사법적 권능을 이용하는 거래이기 때문이다. 회사에 의해 이루어지는 단체법적 거래란 신주발행(BW, CB 포함), 합병, 분할, 주식병합, 지주사 전환, 주식교환 및 이전, 자사주 매매, 회사 스스로의 공개매수에 의한 소수주주 축출 등을 가리킨다. 지배주주에 의해 이루어지는 주식거래란, 지배주주에 의한 공개매수, 지배주주에 의한 소수주주 축출(지배주주의 주식매도청구권) 등을 가리킨다. 포괄적 주식교환이나 주식병합은 형식상 회사에 의해 이루어지는 거래이지만 그 회사의 지배주주가 실질적인 이득 주체로서 거래의 실질적인 의사결정 주체인 경우 주주 간 이해상충 맥락에서는 양자를 구별할 실익이 없다.

회사에 의한 자본거래는 주주들의 주식이 거래될 뿐, 원칙적으로 회사 자체의 손익에 영향이 없으므로[100] '회사에 대한' 선관/충실 의무로 일관할 경우 주주의 비례적 이익 보호에 흠결이 발생한다. 이들 자본거래는, 지분율 또는 지분의 상대적인 가치에 영향을 미치기 때문에 지배권 편취, 승계를 위한 도구가 되어 지분구도를 바꾸어 놓고 거기

---

100 회사가 자기주식을 거래하는 경우 또는 신주발행을 하는 경우에는 그 값을 얼마로 하느냐에 따라 회사 계좌에도 영향을 주지만, 회사와 주주 간의 거래이기 때문에 회사 계좌에의 영향은 결국 다른 주주들 간의 상대적인 지분가치의 구조에 영향을 미치는 형태로 귀결된다. 그 점에서 본질은 자본거래인 것이다. 일반적인 자산양수도와 같은 손익거래와는 확연한 차이가 있음을 비교해 보기 바란다.

에 일감 몰아주기를 결합시켜 효과를 증폭시키는 등의 형태로도 활용될 수 있다. 그러나 정작 그로부터 피해를 입는 일반주주들의 비례적 이익의 보호를 판례가 외면하고 있어 문제가 되는 것이다. 지배주주 개인에 의한 개인법적 거래인 경우에도 그가 경영에 전혀 관여하지 않아 회사의 권한과 정보를 독점하지 아니한 상태라면 거래 조건에 대해 이해상충 내지 정보비대칭을 이용한 우월한 지위에 있지 아니할 터이므로 그러한 거래를 이해상충 거래라고 부르기 어려울 것이다. 하지만 우리나라는 거의 대부분 지배주주가 경영을 장악한 상태에서 오랜 기간 낮은 배당과 낮은 PBR로 '주가 누르기'를 행한 것으로 의심받는 상태에서 매우 낮은 가격으로 합병 등 주식교환 거래를 단행하거나, 일반주주들의 지분을 공개매수[101]하고, 거기서 더 나아가 이들을 몰아낸 뒤 상장폐지를 시도하는 경우가 많다.[102] 그러한 경우 이사회 역시 이해상충으로 말미암아 지배주주로부터 일반주주를 보호하기 위한 조치를 취하지 않는 것이 일반적이다. 이러한 경우에 이사에게 주주보호를 위한 충실의무를 부과한다면 일반주주를 염가로 축출하는 행위를 방지하기 위한 여러 조치, 가령 평소 배당 성향을 높여 과도한 주가하락을 방지하거나 자사주 취득이나 공개매수를 통해 지배주주가 염가로 일반주주의 가치를 편취하는 행위를 방지할 권한과 의

---

101 예컨대, 최근 한화그룹 총수의 아들이 100% 보유하고 있는 한화에너지가 (주)한화의 주식을 공개매수한 사례에 관한 한국거버넌스 포럼의 다음 논평을 참고: 2024.7.11., "한화에너지의 한화 지분 공개매수 공정성 결여되었다-한화그룹 공개매수 상법개정 필요성 재부각-".

102 예컨대, 대주주의 포괄적 주식교환 또는 공개매수에 의한 상장폐지 사례와 문제점을 다룬 다음 기사를 참고: 김제림/나현준, "대주주 상폐 강행땐 개미들 속수무책", 『매일경제』, 2024.7.31.

무의 근거가 마련될 것이다.

기업지배구조 개선의 필요성을 널리 알린 계기가 되었던 2020년 LG화학의 물적분할 상장 사례는 자본거래에 따른 주주가치 편취의 전형적인 예다. 물적분할을 통해 법인격을 분리해서 자회사를 만든 뒤, 이 자회사에서 신주를 대거 발행하면, 기존(모회사) 일반주주들의 주식 수에 따라 비례적으로 신주를 인수받도록 규정한 상법 제418조의 신주인수권을 매우 손쉽게 우회할 수 있다. 회사를 쪼개 놓았기 때문에 1개의 회사를 전제로 하는 상법 제418조의 신주인수권 규정에 저촉되지 않으며, 그렇다고 회사라는 법인의 계좌에 달리 손해도 없기 때문에 '회사만을 위한' 이사의 선관/충실 의무의 틀로는 견제가 어렵다. 만약 이사의 '주주에 대한' 선관/충실 의무가 인정된다면, 위와 같이 회사를 쪼갬으로써 상법 제418조를 우회하는 것에서부터 시작하여 상장으로 마무리되는 일련의 전체 과정이 주주의 비례적 이익을 침해하는 위법한 행위로 간주될 것이다.

나. 손익거래에의 영향 — 자산운용과 이해상충 판단기준의 합리화

(1) 손익거래의 의미

(가) 순수한 손익거래의 유형

손익거래[103]는 재산의 유출입이 회사의 계좌에서 일어남으로써 그

103 손익거래란 회사의 관점에서 손익을 인식하는 거래, 즉 회사의 계좌에서 거래가 일어나고 손익이 발생하는 거래를 말한다. 회사의 영업상의 매매거래가 대표적이다. 이러한 거래는 회사의 손익계정에서 거래가 일어나므로 주주들 상호간의 상대적인 지분가치나 지분율 구도에는 영향을 미치지 않는다. 다만 손익거래에서도 주주 간의 부의 이전은 발생할 수 있다. 지배주주의 지분율이 낮은 쪽 회사에서 높은 쪽 회사로 부가 이전되도록 하는 일감 몰아주기 등 계열사

에 따른 손익이 회사의 계좌로 귀속되는 거래이다. 자산양수도 거래를 생각해 보면 쉽다. 회사의 계좌에서 자산이 유출되고 그 반대급부로 현금이 회사 계좌에 유입된다. 이러한 거래에서는 급부와 반대급부 간의 등가성 여부에 따라 '회사의 손해' 여부가 결정된다. 따라서 '회사의 손해'를 방지하기 위한 의무, 즉 '회사에 대한' 충실의무를 발휘하여 회사의 계좌를 보호하여야 한다. 회사 계좌로 대가가 유입되면 그 효과는 모든 주주에게 지분율 비례로 동등하게 귀속되므로 이러한 경우에 회사를 보호하면 주주 보호는 자동적으로 달성된다. 따라서 이러한 거래에서는 회사의 이익과 구별하여 주주의 이익을 별도로 논할 필요가 없음이 원칙이다. 그 점에서 손익거래는 회사의 계좌에 영향을 주지 않고 주주의 계좌에 직접 영향을 주는 자본거래와는 구별된다.

(나) 특수한 유형 ① — 저가발행의 경우

회사 계좌로 자산의 유출입이 일어나 외관상으로는 손익거래처럼 보이더라도 그 본질적 속성은 주주의 비례적 이익을 깨뜨리는 형태인 자본거래인 경우가 있어 주의를 요한다. 따라서 자본거래인지 손익거래인지는 도식적·기계적으로 판단해서는 안 되고 설령 회사의 계좌로 자금이 유출입되는 손익거래처럼 보이는 경우에도 자본거래의 속성이 함께 게재되는지를 잘 살펴서 '주주에 대한' 충실의무를 적용해야 한다. 자본거래냐 손익거래냐는 재무적 개념 구분이 중요한 게 아니라 그

부당 지원은 대표적인 예다.

거래로 인하여 피해를 보는 주체가 누구인지, 거래의 속성 자체가 주주의 비례적 이익을 건드리는 거래인지 아닌지가 중요하다는 의미다.

이러한 구분이 쉽지 않아 문제가 되었던 특수한 유형으로, 회사가 신주발행을 하는 경우를 들 수 있다. 주식 발행의 대가가 회사의 계좌로 유입되므로 마치 이 거래는 '회사를 위한' 거래이고 따라서 '회사에 대한' 충실의무만 발동하면 되는 것으로 착각하기 쉽다. 저가 발행이 문제되었던 에버랜드 사건에서 그러했듯이 말이다. 회사가 주식을 저가로 발행하면 회사에 원래 유입되어야 할 금액보다 자금이 덜 유입되므로 그것은 일견 '회사의 손해'라고 볼 여지가 없지 않다. 하지만 일반 손익거래를 통해 자금이 유입되는 거래였다면 문제가 거기서 그칠 뿐 주주들의 지분율을 건드리지는 않지만, 주식이 발행되기 때문에 주주의 지분 구도를 건드린다는 특징이 있고 그 점에서 일반적인 손익거래와는 다르다. 돈이 적게 들어오면 기존 주주들의 지분율도 희석되므로 '주주의 손해'도 발생하는 것이다. 에버랜드에서 대법원은 이 두 가지 손해, 즉 '회사의 손해'와 '주주의 손해'를 모두 설명한 뒤 양자는 엄격히 구별되며 주주의 이익은 이사의 선관의무 대상에서 제외되며 회사의 이익만이 보호대상이라는 점을 분명히 하였다. 그러나 이처럼 주주이익 보호를 이사의 의무에서 제외하는 관점은 타당하지 않다. '회사에 대한' 의무로만 이 문제를 바라보면, 주주 간 이해상충이 문제의 본질이라는 점, 궁극적인 손해의 귀착점은 주주이며 핵심은 회사로 유입될 금액이 아니라 희석된 주주의 지분율이라는 점을 놓치게 된다. 즉 저가발행의 본질은 주주 간 이해상충, 지분율 문제라는 점을 판독해 내고 그것을 해결해야 한다는 문제의식을 가져야지만 그에 맞는 해법 제시도 가능해지는데 그것은 '주주에 대한' 충실의무가 뒷받침되어야 가능하다. 주주 간 이해상충을 읽어내고 그것을 해소하기 위해서는 충실의무를 법인격 배후의 '전체 주주' 레벨까지 밀고 갈 수 있어야 한다. '주주에 대한' 의무를 부정하고 '회사에 대한' 의무로만 이 문제를 바라보면, "지배주주의 '전체 주주에 대한' 이해상충 해소를 위한 절차적 공정성(fair process)이 핵심"이라는 인식으로까지 나아가지 못한다. 나아가 손해의 핵심, 구제수단의 핵심도 주주의 잃어버린 지분율을 어떻게 복원시킬 것이며 사전적으로 이를 어떻게 예방할 것인지가 핵심이라는 문제의식도 갖지 못하게 된다. 결국 경영판단의 문제로 귀착되고 말아 주주들의 권리구제는 사실상 불가능해진다. 에버랜드 판결, 삼성물산 합병 판결 등은 그 전형적인 예들이다.

이처럼 회사의 손해와 주주의 손해가 혼재되어 있는 것처럼 보이는 경우에도, 앞서 동일성설 또는 환원론이 그러했듯이, 회사의 손해만 보호하면 된다고, 그럼으로써 주주의 손해는 저절로 보호된다고 결론 내리는 것은 부적절하며, 실제 문제 해결의 접근 방법이 전혀 달라진다는 점을 주의할 필요가 있다.

(다) 특수한 유형 ② — 공개매수, 상장폐지, 현금교부형 합병, 포괄적 주식교환, 주식병합

두 번째 유형으로 이번에는 회사가 상장폐지나 스퀴즈아웃을 위해 주주들로부터 자사주를 매입하는 경우를 생각해 보자. 현금교부금 합병이나 포괄적 주식교환, 주식병합도 일반주주들을 염가로 축출하는 용도로 회사의 자사주매입이 동원될 수 있다는 점에서 공통된다. 이러한 경우 회사로서는 회사 계좌에서 유출되는 금액을 최소화하는 것, 다시 말하면 가급적 저가로 주식을 매입하는 게 '회사의 이익'이고 그것이 '회사에 대한' 충실의무라고 생각하기 쉽다. 저가로 발행, 즉 저가 매도한 것이 회사의 손해라는 에버랜드의 논리를 관철하면, 저가로 매입하는 것은 반대로 회사의 이익이라고 보아야 하므로 '회사에 대한' 선관/충실 의무의 법리상 아무 문제가 되지 않는다고 말해야 논리가 일관된다.

하지만 이러한 거래들의 실질은, 지배주주가 회사에 대한 지배력, 즉 회사의 정보와 권한을 이용하여, 일반주주들을 싼 가격에 축출하는 약탈적인 자본거래가 본질인 경우가 많다. 따라서 주주들을 염가로 축출하는 현금교부형 합병·주식의 포괄적 교환, 주식 병합, 공개매수(자사주 취득) 등의 경우, "회사의 자금 유출을 최소화하는 것이 '회사에 대한' 충실의무를 이행하는 것이며, 따라서 매도주주를 착취하여도 아무런 문제가 없고 오히려 회사의 이익을 위해 그렇게 해야 한다"고 생각하여서는 곤란하다. 이러한 거래의 본질은 잔존주주와 매도주주 사이의 이해상충과 부의 이전이 문제되는 자본거래가 본질이고, 이러한 거래에서 회사는 단지 잔존주주와 매도주주의 집단적 단체적 거래를 매개하는 도구(vehicle)에 불과할 뿐, 그 자신의 독자적인 손익을 논하는 것은 적절치 않기 때문이다.

따라서 위와 같은 거래의 지도(指導) 이념은, '회사의 계좌'를 보호하는 '회사에 대한' 충실의무여서는 곤란하고, 잔존주주와 매도주주 사이에 기업가치의 n분의 1이 비례적으로 잘 배분되도록 공정가치 거래를 보장하는 것, 즉 주주의 비례적 이익을 보장하기 위한 '주주에 대한' 충실의무여야 한다. 위와 같은 거래 유형에서 '회사의 계좌'를 보호한다는 것은 잔존 지배주주를 보호하고 매도하는 일반주주 편취를 당연시하겠다는 것에 불과하다. 우리나라에서는 주주 축출 거래에서 이러한 관념이 잘 형성되지 못한 나머지 염가로 주주를 축출하는 실질인 경우에도 법원이 별 문제의식 없이 거래를 승인하는 경우가 적지 않아 문제이다. 이러한 현상은 '회사의 이익'이라는 도그마에 빠져 '주주에 대한 충실의무'가 문제의 본질임을 간과한 데 기인한다.

이러한 거래 유형을 통해서도, "회사의 손해만 보호하면 주주가 저절로 보호된다"는 환원론이나 동일성설이 부적절하다는 점, 즉 현실을 설명하는 힘이나 결과적인 정의 관념의 면 모두에서 미흡함을 알 수 있다. 자본거래냐 손익거래냐는 것은 그 구별 자체나 용어의 개념이 중요한 것이 아니다. 주주의 지분율, n분의 1의 지분가치를 직접 건드리고 훼손하는 거래인지, 그리고 그러한 거래에 지배주주나 경영진의 이해상충과 부의 편취가 작용하는지 여부를 본질로 바라보아야 한다.

(2) 손익거래와 '주주에 대한' 충실의무

위와 같이 손익거래는 회사를 직접 보호함으로써 주주도 자동으로 보호되므로 '주주에 대한' 충실의무는 필요없다고 생각하기 쉽고, 실제 그러한 취지에서 '주주에 대한' 충실의무 도입을 위한 상법 개정 필요성을 부정하는 견해들 — 가령 환원론 내지 동일성설 또는 상법 개정 무용론(無用論) — 이 있으나 이들은 적절치 않다.

이러한 견해들은 두 가지 점을 간과한 것이다. 첫째, 자본거래는 손익거래에서와 같은 회사이익 주주이익 동일성 구조가 성립하지 않는다는 점이다. 따라서 환원론 또는 동일성설이 작동하지 않는다. 둘째, 심지어는 손익거래만 놓고 보더라도 위와 같은 환원론 내지 동일성설은 타당하지 않으며 따라서 주주이익 보호를 위한 상법 개정은 여전히 필요하다. 이 두 가지 중 첫째의 점에 관하여는 앞서 가.항에서 보았으므로 이곳에서는 둘째의 점에 관하여 보충한다.

손익거래에서조차 '주주에 대한' 충실의무가 필요한 이유는 두 가지다.

첫째, 회사의 계좌로 손익이 입고될 때, 주주의 관점을 놓친 채 '회사의 이익'만을 생각하면, 현재의 판례처럼 법인의 독립된 자산증감의 '절대량' 개념으로 판단하기 쉬운데 '주주에 대한' 충실의무는 이 점을 바로잡아 주는 데 도움이 된다. 주주의 관점에서 생각하면, 에버랜드처럼 유입되는 자산의 절대량이 초점이 아니며, 주식 1주의 단위당 가치의 관점이 중요하게 된다. 그러면 에버랜드와 같은 저가발행 사안도, 회사에 유입된 재산의 양은 이미 정해져 있는 상태에서 주식 수가 중요한데 불필요하게 주식 수가 증가함으로써 1주당 가치가 훼손된 부분이 중요하다는 점에 주목할 수 있게 해준다. 회사의 경영에 있어서도 매출이나 영업이익처럼 회사에 유입되는 절대량만 신경 쓸 게 아니라 수익률, 즉 자본 1단위당 효율성이 중요하다는 점에도 주목할 수 있게 만들어 준다. 가령 주식 1단위당 수익률과 같은 ROE 지표, 자산 1단위당 운용효율성을 시장에서 어떻게 평가하는지를 나타내는 PBR과 같은 지표가 중요하다는 관념을 이해할 수 있고 그에 주목할 수 있도록 도와준다. 그렇게 함으로써 회사 경영진으로 하여금 자본의 효율성을 무시한 채 회사의 규모에 집착하는 것이 사실은 진정으로 회사를 위하는 것이 아니라 경영진 자신의 사익추구에서 비롯되는 이른바 제국건설(empire-building)일 수 있음을 되돌아보게 해 줌으로써 시장 및 주주와 소통할 수 있게 이끌어 줄 것이다. 마찬가지로, 성과보상의 기준도 영업이익이나 매출액과 같은 양적 지표, 회사 계좌 관점의 지표들 — 이들은 효율성이나 주주환원과는 무관한 채 총수가 관장하는 재산규모, 즉 즉 총수의 통솔 가능한 권한 범위인 '회사의' 잠재 리소스를 양적으로 확대시켰는지만을 알려주는 지표들이다 — 보다는, 투자자 관점의 지표, 가령 1주당 매출액(SPS), 1주당 순이익(EPS), 1주당 수익률(ROE), 자사주매입 소각 규모, 주주환원율, 주가 등이 중시될 것이다. 마치 미국의 기업들이 실적을 발표할 때 주당순이익(EPS) 발표에 공을 들이는 것과 마찬가지로 우리 기업들도 실적 발표할 때 중점을 두는 변수들과 내용들도 달라질 것이다.

둘째, 의무의 상대방이 회사인 손익거래일지라도, 자본거래의 경우와 마찬가지로, 특수관계인과의 자기거래 등 이해상충 판단 시에는 '전체 주주'의 이익을 기준으로 판단해야 한다는 지침을 준다. 이 점은 굉장히 중요하며 '주주에 대한' 충실의무 도입의 핵심적인 실익 중 하나이다. 이에 관하여는 이미 앞서 대법원 2022.6.9. 선고 2018다228462, 2018다228479 판결(제3부. Ⅳ.1.다.항)에 대한 부분에서 설명하였는데 뒤에 다시 다.(2)항에서 상술한다.

다. 이해상충 해소 절차의 실질화

충실의무에 주주의 이익이 포함되면 충실의무를 이행하기 위해 전체 주주와의 이해상충을 해소해야 한다는 의무의 도출이 가능해진다.

이는 전술한 바와 같이 '주주에 대한' 충실의무 도입의 핵심적인 실익 중 하나이다. 이것은 두 가지 실익을 가져다준다.

(1) 자본거래에서 이해상충 해소 의무의 작동

현재처럼 이사의 선관/충실 의무가 회사만을 위한 것이라고 간주하면, 회사법상의 이해상충 해소 장치들은 모두 '회사와의' 이해상충만을 해소하는 도구로 그 역할이 한정된다. 따라서 이사, 이사회 및 주총 단계에서의 이해상충 해소 조문들(397조, 397조의2, 398조, 391조 3항, 368조 3항)은 해당 안건이 오로지 '회사의 이익'과 충돌되는 경우에만 발동될 뿐, 회사의 이익에는 영향이 없이 '전체 주주의 (비례적) 이익'과 충돌되는 자본거래의 경우에는 발동되기 어렵다. 전체 주주와의 이해상충이 상법상 이해상충 해소 장치의 적용 대상이 되면, 자본거래의 경우에도 위와 같은 상법상 이해상충 해소 장치들이 작동될 수 있다.

(2) 자본/손익거래 불문, 계열사 등 특수관계인 개념이 작동

(가) '주주에 대한' 충실의무 도입의 의의

현재의 '회사만을 기준으로 하는' 충실의무 개념은 이해상충이 존재하는 인적 범위를 판단할 때, 지배주주와 계열사 등 특수관계인과 같은 개념들을 누락시키는 문제가 있다. 계열사 등의 특수관계인 개념은 주주 간의 이해상충을 들여다보아야 도출되는 개념이기 때문에 회사라는 법인격 중심의 사고 틀에서는 수용이 불가능[104]한 것이다. 이

104 이상훈, 앞의 "공거래법상 동일인(지배주주)의 이해상충과 선관의무의 보호대상·자기거래·특

는 자본거래는 물론 손익거래에서도 발생하므로 그 영향이 전방위적이다. '주주에 대한' 충실의무를 도입해야 이 문제가 해결된다.

(나) '회사에 대한' 충실의무로는 이해상충 해소가 형해화되는 이유

법인격 단위의 사고에서는, 주주의 회사에 대한 영향력과 그에 따른 주주 간 이해상충을 따질 때 필요한 개념들인 계열사 등 특수관계인 개념이 설 자리가 없다. 특수관계인 개념은 법인격 외부가 아닌 법인격 내부의 주주들 간의 비례적 이익, 주주 간 이해상충 관계를 살펴보기 위해 설정된 개념이기에 애당초 법인격 단위의 사고 틀과는 맞지 않는다. 달리 말하면, '회사에 대한' 충실의무로 접근하면, 회사 외부가 아닌 회사 내부의 지배주주와 일반주주 간의 이해상충과 같은, 법인격 내부의 미시적인 이해상충은 상법의 레이다망에 포착되지 않는다. 따라서 자본거래이건 손익거래이건, 이해상충을 따질 때 계열사나 특수관계인 등의 개념을 수용하여 그룹 단위로 이해상충을 파악하는 것이 불가능해진다. 그렇게 되면 지배주주가 직접 계약의 상대방이 되지만 않으면, 가령 계열사나 특수관계인을 거래 상대방으로 내세워 거래함으로써 총수는 외관상 해당 법인격과 직접적인 이해상충 거래 상대방만 아니게 구성하면, 실질적인 이익은 지분율 구조 및 지배력 분포에 비추어 총수에게 집중되는 경우에도, 총수 및 이사는 이해상충 해소의무의 적용 대상에서 빠져나가는 문제가 생긴다.[105] 심지

별이해계인 조항의 재해석-삼성SDS 회사분할 사례를 중심으로-", 495면 이하.

105 이에 관한 상론은, 이상훈, 앞의 「한국 기업집단 지배구조 문제의 본질과 바람직한 상법개정-주주의 비례적 이익 관점에서-」, 215~218, 234~238면.

어는 지배주주가 직접 계약의 상대방이 되는 경우조차도 그 경우 해소해야 할 이해상충의 본질이 '전체 주주'와의 이해상충이라는 점을 수용하기 어렵기 때문에, 지배주주와의 거래에서 해소해야 할 이해상충의 본질이 무엇이며 해소절차를 어떻게 구축해야 할 것인지, 가령 의사결정 과정에서 이해상충 대상자로 배제해야 하는 범위는 어디까지인지 등과 같은 문제에 대응하기 어렵게 된다.

(다) 임원 보수 결의 — 일론 머스크(Elon Musk) 판결의 함의

가령 총수가 임원으로 재직하는 경우 그 임원 보수를 결정하는 이사회 또는 주주총회를 상정해 보자. 이 경우 총수는 회사와의 직접 거래 상대방이며 회사에 대하여 직접적인 이해상충 관계에 놓인다. 그러나 그 경우에도 '회사에 대한' 충실의무 관점으로만 보면, 이는 '총수 1인과 회사'의 문제이므로, 이는 총수 개인의 개인법적 문제이고 다른 이사들이 승인해 주면 이해상충은 해소("cleansing")되었다고 보게 된다. 그 이사들이 총수의 지배를 받는 총수의 특수관계인인지와 같은 배후의 주주관계, 주주의 비례적 이익관계는 들여다보지 않고 말이다. 이사회 단계뿐만이 아니다. 주총 단계에서도 상법 제368조 제3항을 적용할 때, 그가 총수인지 여부는 중요하지 않다. 개인법적인 문제로 바라보므로 설령 이해상충이 있다고 판단되는 경우에도 그 개인만의 표결만 제한되면 충분하다. 그리고 이 결론은 그가 총수가 아닌 소액주주였더라도 차이가 없다. 총수로서 다른 주주들과의 이익충돌, 회사에 대한 영향력에서 비롯되는 자기거래 성격과 같은 회사법 특유의 단체법적 이해상충을 묻는 것이 아니라, 그저 계약 상대방 상호간의 이해상충처럼 개인법적 이해상충만을 생각한다. 이처럼 이사의 주주로서의 지위를 떠나 개인적인 이해관계만을 묻는 개인법설이 통설 판례인바, 이에 따르면 다른 이사들 또는 주주들이 지배주주의 영향력하에 놓여 있는지를 묻는 것은 단체법적인 관계를 보겠다는 것이기에 체계에 안 맞다. 따라서 그러한 의사결정 과정에서 '주주에 대한' 충실의무 관점에서의 절차적 공정성(fair process)과 내용적 공정성(fair price)을 묻는 완전한 공정성(entire fairness) 개념의 도입은 생각하기 어렵다.

반면 '주주에 대한' 충실의무 관점으로 이 문제를 바라보면, 이는 「총수와 전체 주주」 사이의 문제, '주주에 대한' 충실의무의 문제로 '리셋(reset)'된다. 총수 1인만의 개인적인 문제가 아니라 총수가 그의 특수관계인과 더불어 회사에 대한 지배력을 사용한다는 점, 진정한 이해상충과 부의 이전의 전선(戰線)은 '총수 1인 vs. 회사'가 아니라 '총수 및 그 특수관계인 vs. 나머지 주주들' 사이에 형성된다는 점에 주목하게 된다. 따라서 이사회가 어떤 이사회인지 묻지도 않은 채 그저 이사회가 승인만 하면 문제가 해결되었다는 식으로 보진 않게 된다. 충실의무 관점에서의 절차적 공정성(fair process)과 내용적 공정성(fair price)을 묻는 완전한 공정성(entire fairness) 개념이 발동된다.[106] 즉 그 이사들이 총수의 지배력/영향력이 미치는 이사들, 즉 총수를 대변하는 특수관계인인 이사들인지, 아니면 전체 주주를 대변하는 독립 이사들인지, 다시 말하면 해당 이사회가 '주주' 레벨에서 이해상충이 해소

---

106 미국 테슬라의 일론 머스크 판결도 주주에 대한 신인의무에 근거하여 이러한 완전한 공정성 기준에 의해 심사되었다. 이나래, 「상장회사 지배주주에 대한 주식 보상의 절차적 통제 방안」, 『경제법학회 하계학술대회 자료집』, 경제법학회, 2024, 16~17면.

된(이른바 cleansing을 받은) 이사회인지까지 묻게 됨으로써 이해상충 해소절차가 실질화되는 효과가 발생한다. 최근 미국에서 일론 머스크가 자신이 지배주주로 있는 테슬라의 스톡옵션을 받을 당시 테슬라의 이사회 구성원 중 일부가 일론 머스크의 영향력하에 있었다는 이유로 이사회 결의가 델라웨어 법원에서 무효 판결을 받은 것[107]이 바로 이에 해당한다. 이러한 테슬라 판결은 주주 간의 이해상충을 들여다보겠다는 취지로서 '주주에 대한' 충실의무가 도입된 델라웨어주(洲)였기에 가능한 것이며, '회사에 대한' 충실의무만을 인정하는 한국이었다면 불가능하였을 것이다. 한국이었다면 '회사에 대한' 충실 관점에서, 이사가 지배주주의 영향력하에 있는지 묻지 않고 따라서 완전한 공정성(entire fairness)과 같은 관념은 생각조차 하지 못한 채, 그저 이사회의 승인이 있기만 하면 상법 제398조에 따라 '회사와의 관계에서' 이해상충이 해소되었다고 보아 아무 문제가 없다고 결론 내려졌을 것이다.

주주총회 단계에서도, '주주에 대한' 충실의무가 도입되면 제368조 제3항은 주주의 비례적 이익을 확보하기 위한 전체 '주주에 대한' 이해상충 해소 조문이라고, 마치 미국에서의 MoM(Majority of Minority) 원칙의 역할을 하는 조문이라고 그 의의가 재설정될 것이다. 그렇게 되면 '주주에 대한' 충실의무 관점에 따라, 총수의 지배력이 미치는 지분들, 즉 특수관계인들의 표결들은 모두 이해상충이 있다고 보아 제368조 제3항에 따른 의결권 제한을 받는다는 결론이 가능해질 것이다. 실제로 위 일론 머스크의 테슬라 사안에서도, 델라웨어 판결 이후

107 위 같은 곳.

머스크는 회사의 적을 텍사스 주로 옮긴다면서 자신의 스톡옵션 사안을 일반주주들만의 표결에 다시 부쳤는데[108] 이처럼 일반주주들만의 표결에 부쳤다는 것 속에 이 문제를 전체 주주와의 이해상충 문제로 바라보는 관점이 잘 드러나 있다.

(라) 소결

자본거래가 아닌 손익거래인 경우에도, 관련 거래의 가격 등 핵심 조건은 거래 상대방이 계열사 등 특수관계인일 경우 심하게 영향을 받을 수 있기 때문에, 주주의 이익을 위한다는 충실의무 개념, 주주 간 이해상충 관점에 입각한 이해상충 해소절차 구축이 필요하다. 그러나 회사에 대한 충실의무 관점만으로는 이를 놓치는 문제가 발생한다. 이러한 주주의 영향력 문제에 대응하기 위하여 상법 제398조는 2011년에 이들 주주관계를 일부 고려하는 항목들을 각호에 넣어 두기는 했지만, 위와 같은 문제, 즉 충실의무의 범위 문제와 이해상충 판단 기준과의 상호 관련성 및 정합성 문제를 깊이 고민하지 않은 채 조문을 만든 나머지, 대부분의 계열사들이 규정에서 누락되었을 뿐 아니라 일부 적용 대상으로 명시된 경우조차도 해석 및 집행 과정에서 법인격 중심 사고 틀과의 부조화로 별 실효성 없이 형식 논리로 흘러 현재 실무에서 거의 작동을 하지 못하고 있다. 상법 제368조 제3항의 특별이해관계 개념도 마찬가지이다.[109]

---

108 신다미, 「테슬라 '머스크 보상안' 재승인 후 텍사스로 법인 이전」, 『SBS BIZ』, 2024.6.15.
109 이에 관한 상론은, 이상훈, 앞의 「공거래법상 동일인(지배주주)의 이해상충과 선관의무의 보호대상·자기거래·특별이해계인 조항의 재해석-삼성SDS 회사분할 사례를 중심으로-」,

주주의 비례적 이익 보호의무를 이사의 충실의무에 포함시키면 지배주주(경영진)와 전체 주주와의 이해상충을 살펴보아야 하므로 전체 주주들의 지분 구도, 지배주주와 이해를 같이하는 특수관계인들의 파악이 중요해진다. 자본시장법의 특수관계인 개념, 공정거래법의 동일인 관련자 개념이 이러한 관점에 입각한 입법이라고 할 수 있는데 상법과 이들의 정합성도 높아질 것이다. 상법에도 자본시장법의 특수관계인 조항이 도입되었지만, 제 역할을 하고 있지 못한데 이 역시 법인격 중심의 사고 틀 때문이라고 할 수 있다.

라. '불공정' 개념의 성립을 가능케 함 — 객관적 기업가치 평가가 가능해짐

'회사'라는 법인격 중심의 사고틀에서는, '불공정'이라는 것 자체가 성립하기 어렵다. 그 결과 일반주주들은 어떠한 소송을 제기해도 이기기 힘들고 지배주주는 항상 부의 편취에 성공하기 쉬운 유리한 입장에 놓이게 된다. 이와 달리 주주이익 보호를 의무화하면 전체 주주와의 이해상충을 해소하지 않은 채 일반주주의 가치 훼손을 통해 사익을 추구하는 경우를 의무위반으로 볼 수 있게 해줌으로써 불공정 개념을 리셋시켜 주고 그로써 객관적 기업가치 평가 또한 가능하게 된다.

(1) 경제적 불공정과 법적 불공정의 차이: 위법 요소(legal issue)

법에서 말하는 불공정이란, 경제적 대가 불균등이 아니라 법적인 불

500~503면.

공정을 가리킨다. 즉 거래가 불공정함을 이유로 소 제기가 가능하려면, 그 불공정은 '법적인' 불공정이어야 한다. 일반적으로 상거래에서 거래의 등가성이 흠결되는 일은 비일비재하며 누구는 팔고 누구는 산다는 것은 각자의 시장 전망과 투자 판단에 따른 것이므로 결과적으로 누가 이득을 보거나 손해를 보았다고 해서 그 거래를 법적으로 불공정하다고 말하지는 않는다. 그것을 법적으로 문제 삼으려면, 거기에 위법 요소나 의사의 하자가 개입되어 있어야만 한다. 다시 말하면 어떠한 거래이건, 민법 제109~110조의 착오, 사기, 강박 등 의사의 하자가 개입되거나 민법 제103조의 선량한 풍속 기타 사회질서 위반 또는 민법 제104조의 궁박을 이용한 폭리행위 등의 하자, 기타 법령 위반 등 위법 요소가 포함되지 않는 한, 단순한 경제적 등가성 흠결만으로는 거래의 위법성이 도출되지 않는다. 요컨대 경제적 불공정, 즉 대가 불균등을 소구 가능한 법적 불공정으로 전환시키려면 거기에 위법 요소(legal issue), 즉 의무위반과 같은 규범적 요소가 추가되어야 한다.[110]

(2) '회사 only'의 충실의무가 '불공정' 성립에 미치는 영향

그런데 '회사 only'의 충실의무하에서는, 가령 합병비율의 등가성이 흠결되어 지배주주 측에 크게 유리하더라도, 회사의 자산이 유출된 바는 없으므로 '회사'의 손해가 없고, 자본시장법의 관련 규정을 준수하였으며 그 외 달리 법적 하자가 없기 때문에 규범논리상 '법적 불공

110 이에 관한 상론은, 이상훈, 「'합병비율 불공정'과 구제수단-비판과 대안: 불공정의 재정의(再定義)와 신주의 추가발행-」, 『증권법연구』 제18권 제3호, 증권법학회, 2017, 44~50면.

정'이라는 개념이 성립할 수 없다. 자본시장법을 준수하였고 달리 법적인 하자가 없으므로, 합병비율 불공정 자체가 성립할 수 없다고 판시한 삼성물산 합병의 무효소송 판결[111]은 대표적인 예다.

2020년의 LG화학 물적분할 상장의 경우를 예로 들면, 기존 주주들은 이른바 '쪼개기 상장'으로 신주인수권을 침해당하고 주주가치가 희석되었지만, 총수는 자신의 자금을 투입하지 않고 회사의 재산을 키우면서도 오히려 그에 대한 지배력을 강화하였기 때문에, 일반주주로부터 지배주주 앞으로 주식가치를 이전받는 효과를 얻었다.[112] 주주의 비례적 이익을 침해하는 결과라고 할 수 있지만, 주주의 비례적 이익 보호의무가 인정되지 않는 상황에서는 거기에 어떠한 법적 하자나 의무위반을 인정하기 어렵다. 체감적으로 느껴지는 불공정은 사실상의 불공정, 사실상의 이익 침해일 뿐, 법적 불공정, 즉 '법률상의 이익' 침해로 인정받지 못하는 것이다.

'법적인' 불공정이 인정되지 않는다면, 그로 인한 손해는 손해로 인정받을 수 없다. 여기서 손해로 인정받을 수 없다는 것의 의미는, 손해가액의 입증이 어렵다는 뜻이 아니라 개념 자체로 '법적으로 구제 가능한' 손해, 즉 '법적인' 손해로 인정될 수 없다는 뜻이다. 법에서 말하는 손해 개념은 재무적인 개념이 아니라 법적인 개념인데, 법적인 의미에서 손해란, 법위반(의무위반)이 없었더라면 있었을 상태와, 법위반(의무위반)으로 인한 현재 상태와의 차이다(통설 판례인 차액설의 입장). 바

111 서울중앙지방법원 2016.10.19. 선고 2016가합210827 판결.
112 이상훈, 앞의 「물적분할과 지주사 디스카운트-LG화학의 사례를 소재로-」, 312~316면.

꾸어 말하면 법적인 손해란, 해당 거래가 불공정하여 손해를 입었다는 뜻인데, 이때 불공정이란 재무적인 등가성 요소가 아니라 법적인 의무위반 요소(legal issue)를 가리키는 개념이기 때문에, 애당초 법적인 의무위반이 없으면 '손해'라는 개념도 성립할 수 없다. 이 점은 에버랜드 판결에서도 확인된 바 있다. 동 판결은, 주주배정의 경우에는 이사에게 법상 시가로 발행할 의무가 없으므로 시가보다 낮게 발행하였더라도 회사의 재산 보호의무 위반이 성립하지 않는 반면, 제3자배정의 경우에는 법상 시가 발행의무가 존재하므로 시가대로 발행하였더라면 있었을 회사의 재산 상태와 그렇지 아니한 현재의 재산 상태의 차이만큼이 회사의 손해라는 취지로 판시하였는바,[113] 이는 손해라는 개념이 시가와의 비교에 의해 재무적으로 자동 결정되는 것이 아니라, 법적인 의무위반 여부에 좌우되는, 그와 인과관계에 놓여 있는 법적인 개념이라는 점을 매우 잘 보여 준다.[114]

정리하면, 손해라 함은 의무위반과 '(상당)인과관계'가 있을 때 인정

---

113 대법원 2009.5.29. 선고 2007도4949 전원합의체 판결: "회사의 이사로서는 주주 배정의 방법으로 신주를 발행하는 경우 … 경영판단에 따라 자유로이 그 발행조건을 정할 수 있다고 보아야 하므로, 시가보다 낮게 발행가액 등을 정…하였다고 하여 배임죄의 구성요건인 임무위배, 즉 회사의 재산보호의무를 위반하였다고 볼 것은 아니다. 그러나 …제3자 배정방법의 경우, …제3자에게 시가보다 현저하게 낮은 가액으로 신주 등을 발행하는 경우에는 시가를 적정하게 반영하여 발행조건을 정하거나 또는 주식의 실질가액을 고려한 적정한 가격에 의하여 발행하는 경우와 비교하여 그 차이에 상당한 만큼 회사의 자산을 증가시키지 못하게 되는 결과가 발생하는데, 이 경우에는 회사법상 공정한 발행가액과 실제 발행가액과의 차액에 발행주식수를 곱하여 산출된 액수만큼 회사가 손해를 입은 것으로 보아야 한다."

114 같은 취지의 분석으로, 최문희, 「주식회사의 법인격의 별개성 再論-"에버랜드 판결"에 대한 비판적 고찰을 통하여」, 『한양법학』 제20권 제4집, 한양법학회, 2009, 22면("다수의견은 제3자배정방식과 주주배정방식 각기의 경우에 있어서 이사의 의무에 관하여, 전자에 있어서는 공정한 가액으로 발행하는 것이 이사의 의무라고 한 반면, 후자에 있어서는 공정가액 발행 의무는 없고 이사는 액면가액 이상으로 발행하면 된다고 하고 있다. 그리하여 후자에서는 회사에 대해 시가(또는 공정한 가액)발행의무가 없으므로 회사에 대한 손해도 논할 수 없다고 한다.")

되는 개념인데(민법 제390조 및 750조),[115] '회사 only'의 사고 틀에서는 '재무적으로' 주주이익이 침해되었다는 점만 가지고는 이사의 의무위반 자체가 성립하지 않는다. 의무위반이 성립하지 않는다면, '그와 인과관계가 있는 손해'라는 개념 역시 성립하기 어렵다. 결국 회사 중심의 사고 틀에서는 자본시장법의 법정 산식만 준수하면 '회사에 대한' 의무 위반을 인정할 수 없기에 항상 '손해'가 없다, 다시 말하면 항상 그 거래는 '법적으로' 공정하다는 결론에 이르게 된다.[116]

의무위반을 전제로 하는 '소송'이 아닌 '비송', 예컨대 주식매수청구권의 경우에도 이 문제는 심각한 결과를 초래한다. 주식매수청구권은 비송사건이므로 법률적인 의무위반(legal issue)을 요구하지 않으며 가치평가의 적정성만을 심사함이 원칙이다. 그러나 지배주주의 이해상충을 법상 문제 삼지 않는 시스템이라면, 그러한 이해상충이 제대로 해소되지 아니한 채 그대로 시장에 투영됨으로써 형성된 시장가격 역시 법에 위반됨이 없이 형성된 정상적인 경제활동, 시장기능의 일부로 인정해 주고 이를 문제 삼지 말아야 논리가 일관된다.[117] 다시 말하면 자본시장법에 따라 거래 가격의 기초로 활용된 당시의 시장 주가가 설령 지배주주의 이해상충으로 말미암아 '오염'된 것일지라도 그 가격

---

115 송덕수, 『신민법강의』 제14판, 박영사, 2021, 811~812면; 지원림, 『민법강의』 제19판, 홍문사, 2021, 1118면.

116 이상훈, 앞의 「합병비율 불공정에 대한 상법 제399조, 제401조의 적용 가능성」, 56~58면.

117 이상훈, 「주식매수청구권 시장성예외 도입논의 검토」, 『증권법연구』 제21권 제1호, 증권법학회, 2020, 170면; 삼성물산 합병 무효소송 1심 판결, 26면("이 사건 합병을 예상한 특정 주주·전문가들이 이와 같은 정보를 이용하거나 악용하였다고 하더라도, 그것이 가격조작 등 시장의 기능을 방해하는 부정한 수단에 의한 것이 아닌 이상 앞서 언급한 바와 같이 기업지배구조에 대한 예측, 전망과 이에 따른 시장참여자들의 기대도 반영된 것이 시장가격이[다].")

을 공정한 가격이 아니라고 말하기 어려워진다. 거기에 어떠한 법위반이나 의무위반도 없으니 그것을 비정상적인 가격이라고 단정짓기도 곤란해진다. 만약 총수의 영향을 일부 제거하겠다고 한다면 왜, 무슨 근거로 그렇게 하겠다는 것인지 설명 논리가 필요할 것이다. 주주에 대한 충실을 전제하지 않는다면 그 논리를 설명하기가 쉽지 않다. 자본시장법상 법정 산식에 따른 시가를 사용하는 주식매수청구권 제도에게 일관된 결론을 기대하기 어려운 이유, 그것이 견제 기능을 발휘하기 어려운 이유이다.[118]

(3) '주주에 대한' 충실의무 — 객관적인 가치 평가를 가능케 함

만약 '주주에 대한' 충실의무, 즉 주주의 비례적 이익 보호의무를 도입한다면 어떻게 될까? 이사가 주주의 비례적 이익 보호의무를 소홀히 한 채, 또는 이사가 지배주주의 이해상충을 해소할 의무를 위반한 채 거래를 진행한 것 자체가 의무위반이 된다. 따라서 거래의 공정성 문제는, 그러한 법적 하자가 제거되었더라도 과연 그러한 거래를 진행하였을지, 그 가격으로 거래를 체결하는 것이 가능한지라는 인과관계에 대한 질문으로 연결되어 공정성을 다시 정의하여 심사하는 것이 가능해진다. 즉 주주의 비례적 이익 보호의무를 인정하면, ① 법적 하자의 인정이 가능해지고(전체 '주주에 대한' 충실의무/이해상충 해소의무 위반), ② 인과관계와 손해 문제도, 만약 그러한 하자가 없었더라면 형성되었을

118 위의 논문, 같은 곳('소송(訴訟)'으로도 지배주주의 이해상충을 견제할 수 없는(견제해서도 안 되는) 시스템에서 '비송(非訟)'사건인 주식매수청구권으로 지배주주를 견제하겠다는 발상은 규범 체계상 모순이며 본말이 전도된 접근방식).

거래 가능한 가격 또는 현재 유지되었을 가격(이는 곧 객관적인 기업가치 즉 이해상충이 없는 이사가 주주들의 이익을 위해 거래하였더라면 형성되었을 주당 가치를 의미할 것이다)이 얼마인지라는 질문으로 재설정이 가능해진다.[119]

비송사건인 주식매수청구권에 대한 관점도 달라진다. 지배주주(및 그 휘하의 경영진)의 이해상충이 해소되지 않은 상태에서 자본시장법의 법정 산식을 이용하여 거래를 추진하였다면, 그 무렵의 시장주가는 이해상충으로 말미암아 왜곡되었을 가능성이 높다. 이는 정상적인 시장의 가격 발견 기능이 위법하게(= 주주의 비례적 이익 보호의무에 위반하여) 침해되어 형성된(또는 그렇게 의심되는) 가격이므로 원칙적으로 주식매수청구권 가격으로 사용할 수 없다고 볼 수 있게 된다.[120]

결론적으로, 현재의 '회사 only'의 사고에서는 일반주주들이 소를 제기하거나 주식매수청구권을 행사하더라도, '불공정' 요건의 흠결 때문에, 다투는 것 자체가 사실상 불가능한 구조인 반면, 주주에 대한 충실의무를 도입하면, 불공정 개념이 충족될 수 있어 손해 개념의 성립을 가능케 하고, 손해의 가액을 이해상충으로 오염된 자료에 의해 평가하는 것이 아니라 그것을 모두 제거한 상태의 객관적 기업가치로 재평가할 수 있는 규범적인 길이 열린다(entire fairness에서의 fair process와 fair price 개념). 이로써 불복절차를 실익 있게 만들고, 실체적인 정의에 보다 다가갈 수 있다.

일부 견해는 손해 개념이 인정되지 않는 이유가 시가(市價) 중심으로

---

119 이상훈, 앞의 "합병비율 불공정에 대한 상법 제399조, 제401조의 적용 가능성", 58~60면.

120 이 논점에 관한 상론 및 미국과의 비교는, 이상훈, 앞의 「주식매수청구권 시장성예외 도입논의 검토」, 153~156, 169~171면.

되어 있는 자본시장법의 법정 산식에 있다면서 이것을 '공정가격'으로 바꾸면 문제가 해결될 것이라고 주장하는 경우도 있다. 2024년 12월 2일 정부가 상법 개정에 반대하면서 그 대안으로 발표한 자본시장법 개정안도 이러한 관점에 입각해 있다. 하지만 그것은 근본적인 접근 방법은 아니다. 이해상충이 해소되지 않아 의사결정 절차가 오염된 채 어느 한쪽으로 기울어 있다면, 현 경영진은 회사의 매출과 수주, 회계/공시와 배당, 회계법인과 로펌에 대한 인풋 요소 등 의사결정 과정상의 모든 기초변수와 정보, 절차를 통제함으로써 '시가'에 영향을 줄 수 있기 때문이다. 'fair process' 확보 없이 'fair price' 확보는 거의 불가능에 가깝다. 주주에 대한 충실의무, 그에 따른 이해상충 해소 절차가 담보되지 않는 한, 평가 규정이라는 것은 그 방식이 무엇이건 경영진의 입장에서는 언제나 그리고 얼마든지 우회가 가능하다는 점을 간과해선 안 될 것이다.

제3부
해외 입법례

제3부

해외 입법례[121]

Ⅰ. 서론

이사의 '주주에 대한' 충실의무를 도입하자는 말은, 이사의 충실의무를 통해 보호, 증진하려는 이익의 범주 속에, 종전의 '회사의 이익'에 더하여 '주주의 이익'도 포함시키자는 취지이다. 즉 이사의 충실의무의 대상이 회사로만 규정되어 있는 현행 상법 제382조의3을 주주에게까지 확장하는 것으로 고치자는 것이다. 이러한 법 개정 움직임에 반대하는 견해에서 제시하는 주된 논거 중 하나는, 비교법적으로 이사의 선관/충실 의무의 상대방으로 주주를 포함시키는 선진 입법례는 없다는 것이다. 이러한 주장이 타당한 것일까?

이러한 주장은 두 가지 점에서 잘못되었다고 본다. 첫째, 우리 상법을 개정하여 주주에 대한 충실의무를 도입하자고 주장하는 이유는, 우리 판례가 그것을 부정하고 있고 실무상으로도 그것이 부정되기 때문이다. 따라서 외국의 법조문에 무엇이라고 되어 있는지를 비교하면 안 되고 조문에 뭐라고 되어 있건, 외국은 실제 보호되는지 — 그

121 제3부는 이상훈, 앞의 「이사의 주주에 대한 충실의무-비교법적 검토」, 131면 이하를 수정 보완한 것이다.

것이 조문이건, 판례이건, 일본 경제산업성의 행정지침 같은 지침이건 — 여부를 가지고 비교를 해야 본질에 부합하는 논의가 된다. 그런데 상법 개정에 반대하며 글로벌 스탠더드에 어긋난다고 주장하는 견해들은 한결같이 이러한 부분은 쏙 빼놓고 조문만을 가지고 논하려고 한다. 이것은 본질을 벗어난 태도로서 쟁점을 잘게 쪼개 논점을 흐리고 결론을 엉뚱하게 몰고 가는 부적절한 논의가 될 수 있다.

둘째, 외국의 예를 보더라도 — 심지어는 조문만 놓고 보더라도 — 위 반대론자들의 주장은 사실이 아니다. 이 장에서는 주로 이 두 번째의 부분을 보려고 한다.

이러한 배경하에 이곳에서는 '주주에 대한' 충실의무 도입이 글로벌 스탠더드라는 점을 확인하는 데 가장 유용하다고 생각되는 「G20/OECD 기업지배구조 원칙(2023)」을 먼저 살펴본 뒤, 미국 델라웨어주 회사법과 모델회사법, 그리고 일본과 영국, 독일 회사법 등과 관련하여 반대론이 주장하는 내용의 당부를 간략히 살펴본다.

Ⅱ. 「G20/OECD의 기업지배구조 원칙(2023)」[122]

1. 「G20/OECD 기업지배구조 원칙(2023)」(이하 "「원칙」")의 의의

G20이라 함은 국제금융시장의 안정을 위한 20개국 정상 및 재

122 OECD (2023), G20/OECD Principles of Corporate Governance 2023, OECD Publishing, Paris(https://doi.org/10.1787/ed750b30-en).

무장관의 협의체로서 우리나라도 20개 회원국의 일원이다.[123] 또한 경제개발협력기구(The Organization for Economic Cooperation and Development; OECD, 이하 "OECD"라 함)는 38개 회원국으로 구성된 국제협력기구로서 우리나라도 그 회원국이다.[124]

「원칙」은 각국의 정책입안자들로 하여금 기업지배구조를 위한 법, 규제 및 제도적인 틀을 개선하고 평가하는 것을 돕기 위해 1999년 처음으로 제정되었다. 그 뒤 개정작업을 거쳐 마련된 초안이 2015년 채택되었고, 그 뒤 개정안이 마련되어 2023년 7월 G20의 각 회원국들에 의해 승인되었다.[125]

2. 「원칙」의 내용

「원칙」은 기업지배구조에 관한 여러 가지 내용을 담고 있는데 상장회사의 경우 지배주주의 권한 남용 가능성을 중요한 문제로 지적하면서 이것을 견제할 핵심 장치는 이사의 '회사 및 모든 주주들에 대한' 충실의무라고 강조하고 있다.

가. 지배주주의 권한 남용 — 의미와 유형

「원칙」은 "지배주주가 그 자신이 주식 소유자로서 감당해야 하는 리스크에 비해 더 큰 권한을 행사하도록 법 시스템이 이를 허용하고 시장도 이를 받아들일 경우, 지배주주들은 자신의 권한과 소유를 분

---

123 대한민국 외교부 홈페이지(https://www.mofa.go.kr/www/wpge/m_3952/contents.do).
124 OECD의 인터넷 홈페이지(https://www.oecd.org/about/).
125 이러한 제정 연혁에 관하여는, 「원칙」, 제3면.

리함으로써 그 권한 남용 가능성을 구체화시킨다"[126]고 기술한다. 이러한 설명은 지배주주의 권한 남용의 의미에 관하여, 그것은 주주의 비례적 이익을 깨뜨리는 행위라는 점(권한과 리스크의 분리), 그러한 남용이 발생하는 조건에 관하여, 법 제도와 시장이 무관심할 때라는 점을 잘 지적하고 있다. 이는 우리에게는 상법 개정을 통한 제도 정비의 필요성을 일깨워주는 중요한 의미가 있다.

아울러 「원칙」은, 위와 같은 지배주주의 남용행위로 다음과 같은 유형들을 제시하고 있는데,[127] 첫째, 자신의 가족 구성원 등에게 높은 보수와 보너스 지불 같은 직접적인 사익 추구, 둘째, 특수관계인(related party)과의 부적절한 거래, 셋째, 경영판단에서의 체계적인 편견(systematic bias), 넷째, 지배주주에게 유리한 신주발행을 통한 자본구조 변경이 그것이다. 이는 결국 '주주에 대한' 충실의무의 기대효과 내지 실익을 의미하는 것으로서, 평소 필자가 '주주에 대한' 충실의무 도입 실익으로 강조해 오던 것과 일치한다.

나. 권한 남용 통제의 핵심은 회사 및 '주주에 대한' 충실의무

「원칙」은 "일반주주를 남용하는 행위는 그것을 통제하는 법체계가 약한 국가에서 가장 잘 일어난다"면서, "그러한 경우 일반주주들이 보호 장치가 마련되어야" 하며 "그러한 남용 가능성을 해결하기 위한 핵심 장치(key mechanism)는 명확히 정의된 이사의 회사 및 전체 주주

126 「원칙」, 제20면.
127 위 같은 곳.

에 대한 충실의무의 존재"[128]라고 단언하고 있다. 이러한 기술은 두 가지 의미를 갖는다.

(1) 회사 옆에 주주를 병기한 부분

우리나라 상법의 충실의무 조항은 그 의무의 대상으로 '회사'만 적고 있는 것과 달리, 위 「원칙」은 충실의무의 대상으로, 회사 옆에 '전체 주주(all shareholders)'를 함께 적고 있다는 점이 첫 번째 주목할 부분이다. 「원칙」은, "남용적 자기거래(abusive self-dealing)는 지배주주를 포함하여 회사와 밀접한 관계를 맺고 있는 사람들이 그러한 관계를 악용하여 회사와 투자자에게 피해를 줄 때 발생"한다고 하는데,[129] 이때 투자자의 피해를 회사의 피해와 별도로 명기한 부분을 음미할 만하다. 투자자의 피해는 회사의 피해를 경유하지 않고 직접 발생할 수도 있기 때문에(예: 주주의 지분율 손해) 이처럼 회사와는 별도로 투자자의 피해를 명기한 것은 타당하다.

이사의 주주에 대한 충실의무 도입을 반대하는 측에서는, "회사 외에 주주에게까지 충실의무를 부담하는 것은 입법론상 유례가 없는 발상"이라거나, "이사의 수임인이 회사인 점에 비추어 주주를 병기하는 것은 회사법 체계와 맞지 않다"는 등의 논리를 내세운다는 점은 앞서 보았다. 그러나 글로벌 스탠더드로서 여러 선진국들이 머리를 맞대고

---

128 위 같은 곳, "…a key mechanism for addressing such potential for abuse is the existence of a clearly articulated duty of loyalty by board members to the company and to all shareholders"(밑줄은 필자).

129 위 같은 곳.

만든 모범규준인 「원칙」에서도 회사와 주주를 충실의무의 대상으로 명확히 기재하고 있다는 것은, 위와 같은 반대론의 주장이 사실과 다르며 오히려 글로벌 스탠더드와 동떨어진 주장임을 보여 준다.

또한 위 「원칙」의 서술은, 주주에 대한 충실의무 도입을 반대하는 측에서 내세우는 대표적인 주장들, 가령 ① 회사에 대한 의무만으로도 주주에게 의무와 책임이 당연히 도출된다거나, ② 회사 옆에 주주를 쓰더라도 그것은 회사를 나타내는 일반적인 의미일 뿐 주주라는 말이 독자적인 의미를 갖는 것은 아니라거나, ③ 상법을 개정하더라도 선언적인 의미에 불과하다는 취지의 주장[130]들에 대해서도 적잖은 시사점을 가진다.

회사의 손해는 주주의 손해로 환원되지 않는 경우가 많으며 회사에 대한 이해상충과 '주주에 대한' 이해상충은 내용이 다른 경우가 많다. 가령 포괄적 주식교환 거래와 같은 자본거래를 생각해 보자. 자회사 주주들의 주식만 교체될 뿐, 그 자회사의 입장에서는 실체가 달라지는 것이 없다. 이러한 거래는 주주에 대한 충실의무 관념이 도입되면 지배주주의 이해상충에 대해 상당한 통제가 이루어질 것이므로 상법 개정은 선언적인 것이 아니라 상당히 실체적이고 구체적인 의미를 갖게 될 것이다. 또한 계열사 간의 매매거래를 생각해 보자. 회사를 중심으로 이해상충을 따지면 그 거래 상대방인 회사 말고는 떠올리기 어렵지만 그 배후의 전체주주 레벨까지 이해상충의 탐지 범위를 넓히면, 양쪽에 지분율을 차등적으로 가지면서 양사를 모두 지배

130 천경훈, 「이사는 누구를 위해 일하는가?」, 『법률신문』, 2024.7.20.

하는 총수가 이해상충의 진원지라는 점을 읽어낼 수 있다. 그렇게 되면 이해상충 해소의 범위와 절차가 '회사'만을 중심으로 이해상충을 따질 때와는 판이하게 달라진다. 이처럼 관찰 대상인 법인격이 달라지면, 의무와 권리의 상대방이 달라지고, 소송상의 원고, 피고가 달라지며, 이해상충의 범위 및 해소절차도 달라진다. 회사에 대한 의무 조항만 가지고 있는 경우, 주주 보호 목적을 소송으로나 사전 절차적으로나 구현할 수 없는 경우가 비일비재하게 발생하며, 그것이 실제 우리의 현실이자 상법 개정론이 대두되게 된 이유이다. 따라서 ① 회사와 별도로 주주를 쓰는 것이 실익이 없다거나, ② 쓰나 안 쓰나 동일하다거나, ③ 쓰더라도 선언적인 의미에 불과하다는 주장은 모두 사실과 다르다고 여겨진다. 특히 그 많은 판례들이 주주보호를 거부하는 결론을 내리면서 그 이유로서 이사에게 주주를 보호할 의무가 존재하지 않는다는 점을 들고 있는데도, 그 부분을 법으로 고쳐 봐야 선언적 의미에 불과할 뿐 실익이 없다는 논리는 납득하기 어려운 주장들이다.

요컨대 주주도 이사의 의무위반으로 인한 직접 피해자가 될 수 있고, 그에 따라 소송을 통해 주주에 대한 이해상충 해소를 요구하고 경우에 따라서는 직접 자신에게 피해 배상할 것을 청구할 수도 있게 하는 가장 간단한 방법은 충실의무의 상대방에 주주도 포함된다고 법에 쓰는 것이다. 「원칙」은 그렇게 하고 싶을 경우 어떻게 하면 되겠는지 그 기본적인 아이디어와 워딩을 잘 보여 주고 있다.

(2) 지배주주의 남용을 해결하는 핵심 장치는 이사의 충실의무라는 부분

「원칙」에서 눈여겨볼 또 한 가지 점은, "지배주주의 남용행위를 해결하는 핵심 장치는 이사의 회사 및 주주에 대한 충실의무"[131]라고 단언하고 있는 부분이다. 상법 개정 반대론자들이, 지배주주의 남용행위는 행위별로 특칙을 만들면 된다는 이유로 포괄적 원칙규정인 충실의무의 도입을 반대하는 것과 크게 대비된다.

「원칙」에서 지배주주의 남용행위로 예시를 들고 있는 것은 앞서 언급하였듯이, 첫째, 자신의 가족 구성원 등에게 높은 보수와 보너스 지불 같은 직접적인 사익 추구, 둘째, 특수관계인(related party)과의 부적절한 거래, 셋째, 경영판단에서의 체계적인 편견(systematic bias), 넷째, 지배주주에게 유리한 신주발행을 통한 자본구조 변경 등이다. 이러한 행위들을 '주주에 대한' 충실의무 도입 없이 개별 규정만으로 모두 규제하는 것은 사실상 불가능에 가깝다. 일반적으로 규칙 중심의 접근만으로는 문제 해결에 한계가 있을 수밖에 없고, 원칙 중심의 접근이 필요한 것과 같은 이치이다.

가령 "지배주주와 일가친척을 임원으로 고용하여 높은 보수를 지급"하는 것은 지배주주와 '전체로서의 주주' 사이에 이해가 충돌할 수 있는 분야이다. 이를 해결하려면 '주주에 대한' 충실의무 개념이 필요하다. 그것을 승인하기 위한 이사회 또는 주총의 구성, 표결 단계에서부터 지배주주와 나머지 일반주주들의 이해상충, 즉 주주의 비례적

131 「원칙」, 제20면.

이익을 고려하는 절차적인 조치(fair process)가 필수이기 때문이다. 이때 막연한 충실의무 개념만으로는 부족하고 '주주에 대한' 충실이라고 그 충실의 방향성을 분명히 하는 것이 중요하다. '회사에 대한' 충실로만 구성하면 이사회나 주총 단계에서 이해상충 당사자가 배제되었는지와 같은 절차적 공정성("fair process") 구비 여부는 묻지 않은 채 '회사라는 법인격에 대해' 이해상충 해소("cleansing")가 이루어졌다고 판단을 내리게 되기 때문이다. 보수조건에 대해서도 내용적 공정성("fair price")과 같은 완전한 공정성(entire fairness) 개념으로 검증하기 어렵다. 실제 한국의 대부분의 이사회나 주총 실무가 이렇게 진행되는 문제가 있다.

"특수관계인과의 거래에 대한 통제"도 마찬가지이다. 특수관계인이라는 개념은 다의적이지만 우리나라처럼 총수 중심으로 지분이 얽혀 있는 경우에는 주주들의 지분율 분포를 읽어내야만 판독이 되는 개념이기에 주주의 비례적 이익, '주주에 대한' 충실의무를 논외로 하면 거의 작동이 어렵다. 실제 우리나라의 공정거래법이나 자본시장법은 특수관계인이라는 개념을 사용하고 있는데 합산 지분율 내지 합산 지배력이 핵심 개념으로 그 근저에는 주주 간의 이해상충, 주주의 비례적 이익에 대한 고려가 깔려 있다. 주주들의 관계를 읽어내지 않고는 이해상충 판독이 불가능하기에 이는 타당한 입법태도이다.

"경영판단에서의 체계적 편견"도 마찬가지다. 배당이나 자본운용, 단체적인 주식교환 거래에서의 가치 평가가 대표적인 예다. 지배주주는 배당을 하지 않고 회사에 현금을 쌓아 놓은 채, 그것을 경영판단으로 합리화하려는 체계적인 편견을 갖기 쉽다. 제4부에서 상론하듯이,

배당은 겉으로는 모든 주주에게 효과가 동일하게 귀속되므로 마치 경영판단의 영역인 것처럼 보이지만 총수는 여러 가지 이유에서 전체 주주의 이익을 저버린 채 사익을 추구하기 위한 방편으로 배당을 적게 할 구조적인 이해상충을 가질 수 있다. 배당을 적게 하더라도 회사의 현금이 어디로 가는 것은 아니라는 이유로 '회사를 위한' 충실에 위배되지 않으며, 그것을 어디에 투자할지 여부는 경영판단이라는 논리를 내세우면서 말이다.

비효율적인 자본운용도 그러하다. 계열사 주식들을 잔뜩 움켜쥐고 있는 지주사를 떠올려보자. 총수에게는 그러한 주식들이 자신의 계열사들에 대한 지배권을 가져다주므로 귀하고 소중하겠지만, 일반주주들의 입장에서는 그러한 지배권은 총수만이 누릴 뿐 자신과 무관하다. 오히려 배당도 별로 안 주는 주식인데다 주가가 오르건 내리건 총수의 경영권을 위해 절대 팔지 않을 주식이기에 사실상 무수익 자산이나 마찬가지다. 워런 버핏의 버크셔 해서웨이는 2024년 포트폴리오의 42퍼센트나 차지하던 애플의 주식을 빅테크 거품 논란이 일기 직전 그 절반이나 팔아치웠지만,[132] 한국의 지주사에게는 이러한 행동을 기대하기 어렵다. 주주가치가 중요한 것이 아니라 총수의 지배권 유지가 중요하기 때문이다. '주주에 대한' 충실 관점에서 바라보면, 이처럼 주주들을 위해서가 아니라 총수의 경영권 확보를 위해 회사 자산 보유 여부를 결정하는 형태로 운용하는 것은 지배주주를 위해 전

132 김정아, 「"워렌버핏, 애플 지분 50% 정리"에 애플 개장전 급락」, 『한경 글로벌 마켓』, 2024.8.5.

체 주주의 비례적 이익을 깨뜨리는 '주주에 대한' 이해상충 행위이다. 하지만 '회사에 대한' 충실 관점으로만 이 문제를 바라보면, 해당 주식은 시가로 매입하여 보유하는 상장주식이므로 회사에 무슨 '손해'가 있다고 말하기 어렵다. 총수의 이해상충이 해소되지 않은 나머지, 그 주식이 오를지 말지도 경영판단이라는 논리로 합리화될 것이다. '회사의' 손해 요건을 충족시킬 수 없다면 '회사에 대한' 충실의무 영역으로 들어올 수 없다. 취득 단계에서의 이해상충 여부도 마찬가지다. 공개된 거래소 시장에서 다수의 투자자들로부터 매입한 거래이기에 '회사'와 경영진 사이에 어떠한 이해상충을 상정하기 어렵다. 계속 보유할지, 처분할지의 문제도 마찬가지다. 순수한 '회사' 자산운용의 문제이기에 선관의무의 경영판단 문제일 뿐 이해상충이 문제되는 충실의무의 문제로 보기 어렵게 된다. 총수에게 이익이 되는 부분은 있을지라도 그것은 반사적 효과로서 주주 간의 이해상충 문제, 주주들의 문제이므로 '회사에 대한' 충실 개념에서는 별 문제거리가 되지 않는다.

"지배주주에게 유리한 신주발행을 통한 자본구조 변경"의 경우도 마찬가지다. 여기서 "지배주주에게 유리한 신주발행"에는 제3자배정 유상증자뿐 아니라 합병, 분할, 주식교환, 주식병합, 자사주 매도, 지주사 전환 등 신주발행을 통해 지배주주와 일반주주의 주식 분포, 지분율 또는 지배력 구도에 변경을 초래하는 모든 행위가 포함된다고 보아야 할 것이다. 이러한 거래는 회사의 자본구조에 변경을 가져오는데, 그 과정에서 주주의 비례적 이익을 깨뜨리는 행위들을 '회사에 대한' 충실로는 견제할 수 없다.

위와 같은 지배주주의 권한 남용행위들을 견제할 목적으로 모든 행위 유형별로 별도의 특칙을 만드는 접근은 성공하기 어렵다. 무수히 많은 다양한 행위들에 대해 맞춤식으로 일일이 특칙을 만든다는 것 자체가 거의 불가능하다. '주주에 대한' 충실 원칙을 수용하지 않은 채 개별 규정을 만들겠다는 것은, 동서남북이 어딘지 모르면서 지도부터 그리겠다는 것만큼이나 부적절한 발상이다.

"'회사 및 모든 주주에 대한 충실의무'에 관한 법적 규제의 정비가 미흡한 나라들에서 일반주주의 권익침해가 가장 심각하게 나타난다"[133]고 진단하면서 '회사 및 전체 주주에 대한' 충실의무를 명확히 규정하는 것이 이 문제 해결에 핵심이라고 단언한 「원칙」의 서술에 공감하지 않을 수 없는 이유다.

(3) 모호한 충실의무 개념, 그룹에 대한 충실 개념이 문제를 야기한다는 부분

「원칙」은 "그룹체제가 지배적인 기업 형태인 국가에서 이사의 충실의무가 모호하고 심지어 그룹에 대한 것으로 해석될 수 있는 문제가 발생한다"고 지적[134]한다. 이 지적은, 그룹의 이익이라는 논리로 각 개별 회사의 일반주주 이익 침해가 당연시되거나 소홀히 다루어져서는 안 된다는 점, 그리고 그것을 바로잡는 핵심 개념은 바로 회사 및 '주주에 대한' 충실의무라는 점을 지적한 것으로서 그룹체제가 주류를 이루는 우리나라에 특히 시사하는 바가 매우 크다. 뿐만 아니라, '모

---

133 「원칙」, 제20면(Indeed, abuse of minority shareholders is most pronounced in those countries where the legal and regulatory framework is weak in this regard.)

134 위 같은 곳.

호한(ambiguous)' 충실의무 개념이 문제라는 지적도 매우 경청할 만하다. 특히 우리나라처럼 판례나 학설이 주주 보호에 소극적인 상황에서는 충실의무가 '주주에 대한 것'을 포함한다는 점을 법에 기재해야 할 필요성을 명확히 일깨워주는 의미가 있다.

(4) 콘체른, 로젠블룸식 해결의 한계를 시사한 부분

「원칙」은, "기업집단이 지배적인 나라의 경우 이사회의 충실의무 개념이 모호하고 심지어는 그룹에 대한 충실의무로까지 해석되고 있다"면서 "그로 인한 부정적인 효과를 콘트롤하기 위해 특정 계열사의 손해는 그로써 다른 계열사가 얻은 이익과 상쇄되어야 한다는 논리로 발전하고 있음"을 지적하고 있다.[135] 이러한 지적은 독일의 콘체른 법제 또는 프랑스의 로젠블룸 판결로 대표되는 그룹의 이익 논리[136]를 지칭한 것으로 보이는데, '주주에 대한' 충실의무가 확립되어 있지 않은 것의 가장 큰 부작용이 기업집단 체제에서의 이해 상충을 제대로 해소하지 못한 채 부의 이전을 야기하는 것이라는 점을 지적한 의미가 있다.

그룹의 이익이라는 개념하에 계열사 단위, 즉 지배 종속 회사 사이에서 손익을 상계한다는 발상은 얼핏 그럴싸해 보이지만, 사실은 많은 경우 매우 부적절하다. 법인격 단위로 손익을 바라보아 정산한다

---

135 위 같은 곳.

136 이에 관하여는 천경훈, 「기업집단법제에 관한 연구-기업집단 소속회사의 손익판단을 중심으로」, 『기업법연구』 제29권 제3호, 기업법학회, 2015, 39면; 황남석, 「기업집단 내 계열회사간 지원행위와 경영판단-대법원 2017.11.9. 선고 2015도12633 판결-」, 『법조』 제67권 제4호, 법조협회, 2018, 531면.

는 개념[137]이기 때문에 손익거래에서는 그나마 통할 여지가 있으나, 자본거래와 같이 회사 단위에서는 손익을 논하기 어렵고 주주 간 부의 이전이 문제되는 경우에는 적용하기 어렵다. 자본거래는 계열사 배후의 지배주주와 일반주주의 비례적 이익관계를 들여다보아야 하고 손익의 정산도 주주 레벨에서 이루어져야 할 수 있기 때문에 계열사 단위의 정산이 항상 가능한 것은 아니다. 손익거래인 경우에도 배후의 주주 간 이해상충을 들여다보아야 의사결정 과정에서 이해상충을 짚어낼 수 있기에 '그룹'이라는 단체 개념은 부적절하다. 소송의 원고와 피고도 회사가 게재됨이 없이 곧바로 일반주주-지배주주 구도가 형성되어야 타당한 거래 유형도 있을 수 있다.[138] 또한 회사 단위로 손익을 정산한다는 이념 속에는 "해당 의사결정을 내린 자연인의 이해상충이 핵심이고 그것을 여하히 해소하느냐가 관건"이라는 문제의식이 들어 있지 않다. 본질을 외면하고 있는 접근이기에 제대로 된 이해상충 해소와 충분한 정산이 이루어지기 어렵다.

요컨대 「원칙」은 회사뿐 아니라 그와 별도로 주주를 충실의무의 상대방으로 명시함으로써, 회사 일변도의 접근이 아닌 주주 중심의 해결 필요성을 가리키는 의미가 있으며, 이는 기업집단 체제가 주를 이루는 일부 대륙법계 국가에서 시도되고 있는 콘체른 또는 로젠블룸식

---

137 독일 콘체른 법제 및 로젠블룸 판결(집단을 구성하는 회사들 간의 공동이익)은 기본적으로 회사간 배상 내지는 회사를 통한 배상을 전제하고 있다. 이에 관해서는, 천경훈, 위의 논문, 55~59면 참조. 로젠블룸 판결에 관하여는, 정진세, 「집단소속회사 이사에 대한 회사재산남용죄(특별배임죄)의 제한 대상판결: 프랑스 파기원 형사부 1985.2.4. 판결(Rozenblum 사건)」, 『선진상사법률연구』 제69호, 법무부, 2015, 137면.

138 이상훈, 앞의 「'합병비율 불공정'과 구제수단-비판과 대안: 불공정의 재정의(再定義)와 신주의 추가발행-」, 35면.

해결의 한계를 지적하는 의미도 있다.

3. 시사점

이상에서 보았듯이 「원칙」은 회사 및 모든 주주들에 대한 충실의무를 제도적으로 확립하는 것이 일반주주 보호의 핵심이라고 진단하고 있다. 이사의 충실의무 부담의 상대방이 회사 및 주주라는 점을 명기하고 있다는 점에서, 뒤에 볼 미국 델라웨어 회사법 또는 모델회사법의 태도, 그리고 영국의 회사법 및 판례의 태도와 일치하며, 주주를 충실의무의 대상으로 포함시키려는 상법 개정의 방향을 지지해 주는 의미가 있다.

더구나 「원칙」은 세계 선진 각국이 승인한 원칙으로서 글로벌 스탠더드라고 할 수 있고, 우리 정부도 회원이라는 점까지 보태어 보면, 주주에 대한 충실의무 도입이 비교법적으로 유례가 없는 이례적인 방향이라고는 결코 말할 수 없으며, 회원국인 우리나라에서 본 그 도입은 오히려 자연스러운 것이라고 볼 수 있겠다.

III. 델라웨어주 회사법

1. 반대론의 주장

전술한 바와 같이 반대론은 이사가 회사에 대하여만 신인의무를 부담하는 것은 세계 각국의 회사법이 공통이며 따라서 주주에 대하여 신인의무를 부담하는 것은 비교법적 유례가 없다고 주장하지만 세계 회사법을 선도한다고 일컬어지는 미국 델라웨어주 회사법부터 그렇지 않다.

2. 분석 및 시사점

가. 델라웨어 회사법[139]의 관련 조문

제102조 정관의 내용[140] (중략) (b) (중략) (7) 이사로서의 신인의무(fiduciary duty)를 위반하여 발생한 금전적인 손해에 관하여 ***회사 또는 회사의 주주에 대한*** 이사의 책임 감면에 관한 규정을 둘 수 있으나 다음의 경우에는 그러하지 아니하다. (i) ***회사 또는*** 회사의 ***주주에 대한 이사의 충실의무(duty of loyalty)***의 위반의 경우

위 표에서 보듯이 델라웨어 회사법은 제102조 (b)항 (7)호의 본문에서, 회사와 별개로 이사의 주주에 대한 신인의무(fiduciary duty)와 책임(liability)을 명시한 뒤, (i)목에서는 그 의무 중 주주에 대한 충실의무

139 출처는 법제처 세계법제 정보(https://world.moleg.go.kr/web/tl/themaLgslReadPage.do?A=A&code=700203&searchType=all&searchPageRowCnt=10&CTS_SEQ=3012&AST_SEQ=313&ETC=; 2022.6.13.)

140 원문은 다음과 같다(출처는 전항 각주와 같다; 2022.6.13.).
(b) In addition to the matters required to be set forth in the certificate of incorporation by subsection (a) of this section, the certificate of incorporation may also contain any or all of the following matters: [(1)~(6) 생략]
(7) A provision eliminating or limiting the personal **liability of a director to** the **corporation or its stockholders** for monetary damages for breach of fiduciary duty as a director, provided that such provision shall not eliminate or limit the liability of a director: (i) For any breach of the **director's duty of loyalty to the corporation or its stockholders**; (밑줄은 필자)

(duty of loyalty)의 위반에 대해서는 정관으로도 그 책임의 면제가 불가능함을 규정하고 있다.

나. 분석 및 시사점

위와 같은 델라웨어 회사법 조문 제102조 (b)(7)(i)항은 다음과 같은 중요한 의미를 담고 있다.

첫째, 이사의 신인의무와 충실의무(duty of loyalty)를 회사에 대한 것 외에 주주에 대한 것도 병기하고 있다. '주주에 대한' 충실의무 규정을 반대하는 쪽에서는 미국도 회사에 대한 충실의무만 규정할 뿐 '주주에 대한' 충실의무는 규정하고 있지 않다고 주장하지만 이는 사실과 다름을 보여 준다.

둘째, 금전 손해에 대한 이사의 법적 책임(personal liability)을 회사뿐 아니라 주주에 대해서도 인정하고 있다. 이것은 의무를 2원적으로 파악한 것과 호응하는 것이라고 할 수 있다.

셋째, '주주에 대한 충실의무'라는 표현을 사용하면서 그것은 정관으로도 면책이 불가능하다고 강행 법규화한 점이다.[141] 이것은 델라웨어 회사법상 '주주에 대한' 이사의 충실의무가 당연히 인정됨은 물론, 정관으로도 면제가 불가능한 최고의 가치임을 선언한 것이라 할 수 있다. 상법 개정에 반대하는 쪽에서는 위 규정은 책임의 감면에 관한 것일 뿐 적극적으로 '주주에 대한' 충실의무를 규정한 것은 아니라는

---

141 O'Kelley/Thompson/Lund, 『Corporations And Other Business Associations』, Wolters Kluwer, 2022, 459면(델라웨어 회사법[제102(b)(1)]은 이사에게 면책의 권한을 부여함과 동시에 중요한 법정 한계를 설정하고 있음).

취지로 주장하지만, 정관으로도 그 의무 위반에 대한 책임의 감면이 불가하다고 규정한 것은 그 의무의 존재를 강행법적으로 인정한 것이라고 보아야 할 것이다. 나아가 이 조문을 모방하여 조문을 만든 일본과 한국은 회사만 남기고 주주 부분을 삭제하였다는 점도 주목을 요한다.[142]

특히 위 충실의무(duty of loyalty) 및 금전 손해, 그리고 신인의무 위반에 대한 책임(liability)을 규정하면서, 그 상대방 자리에 전치사 to를 사용하여 회사와 주주를 병기함으로써, 앞서 본 국내의 동일성설의 논리처럼 '주주의 이익을 위하여 *회사에* 대하여' 의무와 책임을 부담하는 구조가 아니라, '주주를 위하여 *주주에* 대하여' 부담하는 의무와 책임이라는 점을 분명히 하고 있음을 주목할 필요가 있다. 서로 다른 이익의 주체는 각자 별개의 권리 주체일 수밖에 없고, 권리의 주체가 둘이라면 결국 그 상대방이 부담하는 의무 역시 각각의 주체에 대하여 별개로 성립할 수밖에 없다. 이는 인격 독립의 원칙상 당연한 것이며, 우리 대법원이 회사와 주주는 서로 법인격이 다르기 때문에 그 손익 또한 다르다며 양자를 분리하여 파악하고 있는 것[143]과도 일치한

---

142 우리 상법 제400조 제3항도 충실의무를 구체화한 조문들, 가령 상법 제397조, 제397조의2, 제398조의 위반에 대해서는 책임 감면이 불가함을 규정하고 있다. 이는 일본도 비슷하다, 최문희, "이사의 책임감면", 株式會社法大系 II, 제3판, 2019, 949~950면 참조. 다만, 위 상법 조문들이나 일본 상법의 조문들은 모두 '회사'라고만 규정하고 있을 뿐, '회사와 주주'라고 되어 있지 않다. 이에 반해 앞서 살펴 본 델라웨어 회사법은 회사뿐 아니라 주주에 대해서도 충실의무가 존재함을 전제로 그 위반의 경우 책임감면이 금지됨을 명시하고 있다. 그 점에서 한국 및 일본과는 중대한 차이가 있다.

143 대법원 1983.12.13. 선고 83도2330 전원합의체 판결, 대법원 2000.5.26. 선고 99도2781 판결, 대법원 2004.5.13. 선고 2002도7340 판결, 대법원 2004.6.17. 선고 2003도7645 판결, 대법원 2006.6.16. 선고 2004도7585 판결, 대법원 2006.11.9. 선고 2004도7027 판결, 대법원 2009.5.29. 선고 2007도4949 전원합의체 판결, 대법원 2011.3.10. 선고 2008도6335 판결 등 다수.

다. 우리 대법원 판례는 회사와 주주, 양자의 권리 주체성의 분리를 인정한다는 점에서는 델라웨어 회사법과 같으나, 그 분리된 두 개의 이익 중 회사의 이익만 보호할 뿐, 주주의 것을 보호하지 않는다고 선을 긋는 점이 델라웨어 회사법의 태도와 다르다고 볼 수 있다. 그렇기에 주주보호를 위해 법 개정이 필요하다고 본다면 법을 개정해야 할 포인트는 바로 이곳이라는 점을 알려주는 의미가 있다. 회사에 대한 의무 조항만을 둔 채, "비록 회사의 이익과 주주의 이익이 다르지만 규범적으로 동일하게 다루어져야 하므로 회사 보호라는 문구 속에 주주에 대한 의무, 주주에 대한 책임도 포함된다"라는 해석이 불가능한 것은 아니겠으나, 일단 판례가 그에 확고하게 반대하고 있는 상황인 데다가 성문법/대륙법 체계를 채택하고 있는 우리 법체계상 법 문구에 쓰여 있지 않은 권리의무의 주체에 관한 사항을 해석론만 가지고 창설해 낸다는 것은 논란을 불러일으킬 수밖에 없으므로 명확히 규정하는 것이 필요하다. 델라웨어 회사법은 의무의 상대방으로 회사와 주주를 둘 다 명시함으로써 이 점에 의문이 없도록 하고 있는데, 이와 같은 델라웨어 회사법은 충실의무에 주주를 명시하려는 상법 개정안을 지지해 주는 의미가 있다.

IV. 미국 모델회사법

1. 반대론의 주장 — 8.30조

반대론이 비교법적으로 이사의 '주주에 대한' 의무를 인정한 예가 없다면서 그 예로 들고 있는 대표적인 예가 미국의 모델회사법이다.

구체적으로 다음 조문을 제시한다(밑줄은 필자).

> 8.30 이사의 행동 기준[144]
> (a) 이사회의 각 구성원은 이사의 직무를 수행할 때, (i) 성실하게, 그리고 (ii) 이사가 ***회사의 최선의 이익***이라고 합리적으로 믿는 방식으로 행동해야 한다.

반대론은, 위 조문의 밑줄 친 문구에 "회사의 최선의 이익을 위해"라고 되어 있는 점에서 보듯이, 이사의 충실의무의 대상은 주주가 아닌 회사라는 점이 명시되어 있다고 주장한다.

2. 분석 및 시사점

가. 몇 가지 논점

위 모델회사법 조문은 이사의 의무가 회사에 대하여만 성립할 뿐 주주에 대하여는 성립하지 않음을 보여 주는 증거라며 반대론에서 중요하게 제시하는 조문이다. 그러나 몇 가지 음미할 점이 있다.

첫째, 위 조문은 회사의 최선의 이익을 위하여 직무를 수행하여야 한다는 취지를 규정하고 있을 뿐, 주주의 이익은 보호할 의무가 없다는 점에까지 나아가지는 않고 있다. 회사의 이익을 위하여야 한다는 말이 주주의 이익은 제외한다는 말까지 당연히 포함하는 것은 아니다. 한국은 판례가 그렇게 해석하고 있지만 미국은 판례가 그러하지

---

144 원문은 다음과 같다(밑줄은 필자): 8.30 Standards of Conduct for Directors
(a) Each member of the board of directors, when discharging the duties of a director, shall act: (i) in good faith, and (ii) in a manner the director reasonably believes to be in the **best interests of the corporation**.

않다. 따라서 위 미국의 문구를 가지고 한국의 상법 개정 반대론의 논거로 삼는 것은 적절치 않다.

둘째, 회사라는 개념에 전체로서의 주주도 포함된다는 것은 모델회사법의 제정자 스스로도 인정하고 있는 바이다. 모델회사법의 공식해설서("Official Comment")는 "위 조문에서 말하는 회사라 함은, 기업(business enterprise)을 가리키는 대용물이자 전체로서의 주주(the shareholder body)를 포괄하는 지칭 틀(a frame of reference)"이라고 명시하고 있다.[145] 위 조문에서의 회사의 의미를 문자 그대로 받아들여 거기에 주주는 포함되지 않는다고 해석하는 것은 위 "Official Comment"와는 배치되는 해석이다.

셋째, 위 8.30에 바로 뒤이어 나오는 8.31조이다. 위 8.30에 이은 8.31조 (a)항과 (b)항에는, 이사가 주주에 대해 의무를 부담할 수 있고 주주에게 직접 손해를 끼친 경우에는 주주로부터 직접 소송을 당할 수 있다는 점이 명시되어 있다. 이는 매우 중요한 사항이기에 이에 관하여는 항을 바꾸어 자세히 본다.

나. 모델회사법 제8.31조

(1) 8.31.(a)항

8.31(a)항은 다음과 같다(밑줄은 필자).

---

145 Douglas K. Moll, 『Corporations and Other Business Associations; Statues, Rules, And Forms』 2021 edition, West Academic Publishing, 2021, 605면: The phrase "best interests of the corporation" is key to an understanding of a director's duties. <u>The term "corporation" is a surrogate for the business enterprise as well as a frame of reference encompassing the shareholder body.</u>(밑줄은 필자)

§ 8.31. 이사의 책임의 기준[146]
(a)(2)(v) 이사의 행동이 "이사가 회사 및 그 주주를 공정하게 대할 의무"를 위반한 것인 경우, 또는 그 위반의 결과인 경우에는, 이사는 관련 법에 따라 소송이 가능한 바에 따라 "회사 또는 주주"에게 책임을 진다.

위 8.31.조 (a)(2)(v)항은, "duties to deal fairly with the corporation and its shareholders"라고 명시함으로써 '주주에 대한' 이사의 의무를 회사에 대한 그것과 구분하여 병렬적으로 명시하고 있으며, 책임의 점에 관하여도 "liable to the corporation or its shareholders"라고 하여 '주주에 대한' 이사의 책임을 회사에 대한 것과 구분하여 병렬적으로 명시하고 있다.[147] 8.30조까지만을 근거로 "모델회사법상 주주에 대한 이사의 의무는 인정되지 않는다"고 해석하는 것은 8.31조를 검토 범위에서 누락하는 것이다.

이와 관련해서는 이곳에 충실의무나 신인의무와 같은 표현이 없으므로 이 조문이 충실의무를 논하는 근거가 될 수 없는 것 아닌가 의문을 가질 수 있다. 그러나 그러한 표현은 앞서 반대론이 주장하는 8.30조에서도 사용되지 않고 있다. 하지만 8.30조에서 말하는 행동기준이

146 원문은 다음과 같다(밑줄은 필자);
§ 8.31. Standards of Liability for Directors.
(a) A director shall not be liable to the corporation or its shareholders … unless … (2) the challenged conduct consisted or was the result of …(v) …any other breach of the director's duties to deal fairly with the corporation and its shareholders that is actionable under applicable law.

147 참고로, MBCA의 "Official Comment"의 해당 부분은 이 부분, 즉 주주에 대한 의무 및 주주에 대한 책임 관련 문구에 대하여 조문에 쓰여 있는 내용을 반복하는 정도 이상의 특별한 설명을 제시하고 있지 않다. Douglas K. Moll, 앞의 책, 610~614면 참조.

라는 것은 의도된 표현으로, 그것이 신인의무(fiduciary duties)를 다시 쓴 표현이라는 데는 이견이 없다.[148] 즉 8.30조에서 행동의 기준, 다시 말하면 신인의무라는 행동기준을 정하고, 이곳 8.31조에서는 그것을 위반했을 경우의 책임(liability)을 정함으로써 양자가 서로 호응하는 구조이다.[149] 즉 8.31조는 신인의무 위반에 대한 책임에 관한 조문이다.

모델회사법 조문 구조는 이사의 의무와 책임 양자를 회사뿐 아니라 주주에 대하여도 별도로 부담한다는 점을 명기하고 있다는 점에서 앞서 본 델라웨어 회사법과 다르지 않다.

(2) 8.31조 (b)항

8.31조의 (b)항은 다음과 같다(밑줄은 필자).

> § 8.31. 이사 책임의 기준[150]
> (b) 이사의 책임을 추궁하려는 당사자는:
> (1) 금전 배상을 위해서는, 다음 사항을 증명하여야 한다:
> (i) 회사 또는 그 주주가 입은 손해, 및
> (ii) 그 손해가 이사의 문제되는 행위와 상당한 인과관계가 있다는 점

148 O'Kelley/Thompson/Lund, 앞의 책, 251면.
149 Douglas K. Moll, 앞의 책, 604면.
150 원문은 다음과 같다(밑줄은 필자);
§ 8.31. Standards of Liability for Directors.
(b) The party seeking to hold the director liable:
(1) for money damages, shall also have the burden of establishing that:
(i) harm to the corporation or its shareholders has been suffered, and
(ii) the harm suffered was proximately caused by the director's challenged conduct

위 조문 (b)항은 앞선 (a)항에 이어 구체적인 소송물에 따라 원고가 주장 증명해야 할 사항을 제시하고 있다. 즉 앞서 (a)항에서 이사가 회사 또는 주주에게 책임을 질 수 있다고 하였는데, 그 책임을 묻는 방법으로서 이곳 (b)항에서는 소송물이 금전 손해배상인 경우에는 '회사 또는 주주'가 손해를 입었을 것을 증명하도록 요구하고 있다. 이에 대하여는 Official Comment에 별다른 언급이 없는데, 문언상 앞서 (a)항에서 의무의 상대방 및 책임의 상대방을 회사와 주주를 병기하고 있는 것에 호응(呼應)하는 것으로 보인다.

앞서 (a)항에서 보았듯이 회사와 주주에 대하여는 각각 별개로 의무위반의 성립과 그 의무위반 책임의 추궁이 가능하다는 전제하에, 이곳 (b)항에서는 구체적인 소송의 방법(청구원인 요건 사실)으로서 회사와 주주가 각각 손해를 입었다는 점과 그것과 이사의 행위 사이에 인과관계가 있음을 증명해야 함을 규정하고 있다. 이것은 중요한 의미가 있다. 첫째, '주주에 대한' 의무위반을 이유로 책임을 물을 때에는 주주의 손해를 입증해야 함을 분명히 한 부분이다. 이것은 회사의 손해와 구별되는 주주의 손해가 요건 사실이라는 점을 분명히 한 것이라는 점에서 회사의 손해와 주주의 손해의 별개성, 그것이 각각 별개의 소송 대상이라는 점을 보여 주는 의미가 있다. 둘째, 그 손해라는 것은 이사의 문제되는 행위와 인과관계가 있을 것을 요구한 부분이다. 손해라는 것은 일반적으로 그 손해를 야기하면 안 될 의무를 위반한 행위와 사이에 인과관계가 있어야 배상 청구가 가능하다. 가령 어떠한 규정에 위반하는 행위를 하였지만 그것이 제3자의 손해를 보호하기 위한 목적을 가진 규정이 아니라면, 그 규정을 위반하는 행위를 하는 바람에 그 제3자에게 손해가 발생했다고 해서 그 행위자가 손해배상 책임을 부담하지는 않는다. 주주의 손해가 이사의 '문제되는 행위와 인과관계'가 있어야 한다고 규정했다는 것은 이사에게 '주주의 손해를 야기하는 문제되는 행위'를 하지 말아야 할 의무, 다시 말하면 주주를 보호할 의무가 있음을 전제로 하고 있음을 보여 주는 것이다. 셋째, '주주에 대한' 손해배상 책임을 인정하기 위한 요건과 회사에 대한 손해배상 책임을 인정하는 요건 사이에 차이가 없다는 점이다. 위 모델회사법은 '주주에 대한' 책임 성립 요건을 직접, 그리고 회사에 대한 그것과 차별을 두지 않고 동일하게 규정하고 있다는 점이 우리와 다르다. 우리나라는 주주에 대한 책임은 현재 상법 제401조로만 추궁할 수 있는데, 거기에는 고의 중과실 요건이 있고 임무의 내용도 회사를 위한 것이기 때문에 책임 인정 요건이 매우 까다로우며 실제 책임이 인정된 사례도 극히 드물다. 현행 401조만 가지고는 미국 모델회사법과 같은 수준의 주주 보호가 달성될 수 없으며, 상법 개정을 통해 주주에 대해서 직접적인 책임 조항을 두어야 할 필요성을 보여 주는 대목이다.

다. 소결

상법 개정에 반대하는 입장에서는, 본 개정안이 비교법적으로 유례가 없는 것이라고 주장하면서 그 핵심적인 논거로 미국의 모델회사법을 거론하는데, 앞서 본 바와 같이 미국 모델회사법은 이사의 의무와 책임, 손해가, 회사와 주주에 대하여 각각 별도로 성립가능함을 규정하고 있다. 그 점에서 주주에 대한 충실의무 도입을 지지해주는 의미가 있다.

Ⅴ. 일본 회사법[151]

1. 반대론의 주장

> □ 일본 회사법 제355조[152]
> (충실의무)
> 제355조 이사는, 법령, 정관 및 주주총회 결의를 준수하고, 주식회사를 위하여 충실히 그 직무를 수행하여야 한다.

반대론은 위 일본 회사법의 충실의무 조항도 '회사'만을 그 의무의 상대방으로 규정하고 있다고 주장한다.[153]

2. 분석 및 시사점

가. 일본 회사법의 충실의무 조항

위 일본 회사법의 충실의무 조항인 제355조는 한국의 충실의무 조항인 상법 제382조의3에 상응하는 것으로 그 내용이 거의 같다. 참고로 일본 회사법의 선관주의 의무 조항인 제330조, 그곳에서 인용하고 있는 위임에 관한 일본 민법 제644조는, 각각 우리나라 상법의 선관주의 의무 조항인 제382조, 그곳에서 인용하고 있는 위임에 관한 우

151 이하 일본 회사법의 원문 및 번역은, 권종호, 「일본회사법 상」, 법무부, 2018을 참조하였다.

152 원문은 다음과 같다: (忠実義務)
第三百五十五条 取締役は、法令及び定款並びに株主総会の決議を遵守し、株式会社のため忠実にその職務を行わなければならない。

153 상장사협의회, 2022.5.6. 「이사의 주주 비례적 보호의무 인정 상법 일부개정법률 의원발의안(이용우 의원, 의안번호 2114916)에 대한 의견 제출」, 4면.

리나라 민법 제682조에 상응하며 내용이 거의 같다. 따라서 일본에서는 위 330조의 선관주의 조항과 위 355조의 충실의무 조항의 관계에 대하여 동질설과 이질설의 대립이 있고,[154] 한국도 이를 본받아 동질설과 이질설의 대립[155]이 있다. 또한 일본 회사법 제429조 제1항은 이사의 제3자에 대한 책임을 규정한 조문으로서 한국 상법 제401조와 거의 내용이 같다.

나. 일본의 해석론

위와 같이 일본 회사법의 조문은 우리나라와 상당히 유사하고 해석론의 전개도 유사하다. 일본의 해석론상으로도, 회사법 규정상 이사의 선관주의·충실의무는 주식회사에 대하여 부담하는 것이고 주주는 의무의 상대방이 되어 있지 않다고 본다.[156] 여기까지는 우리나라의 통설, 판례와 같다.

그러나 해석론으로는 회사의 이익과 주주의 이익은 동일하며 주식회사의 영리법인의 특성상 위와 같은 의무는 주주의 이익을 극대화할 의무로 연결된다고 본다.[157] 여기부터 법인격 독립원칙에 따라 법인의 독립된 이익을 보호해야 한다고 보는 우리나라의 통설 판례와 달라진다. 똑같은 조문을 놓고도 달리 해석하는 셈이다. 다만 우리나라의 통

---

154 江頭憲治郎, 『株式會社法』, 有斐閣, 2014, 426~427면; 田中 亘, 『會社法』, 東京大出版部, 2018, 260면.

155 우리나라의 이질설과 동질설의 내용에 관하여는, 김재범, 앞의 “이사 보수액의 적정성과 이사 충실의무의 위반-대상판결: 대법원 2016.1.28. 선고 2014다11888 판결-”, 207~213면.

156 田中 亘, 앞의 책, 621면.

157 위의 책, 261면.

설, 판례와는 다르지만, 동일성설과는 논리구조와 결론이 같다. 의무의 상대방은 회사이지만 주주의 이익을 위하는 것이 그 의무의 내용이라고 파악하는 점이 그러하다. 그런데 동일성설과 같은 부분은 여기까지이며, 여기서부터 다시 동일성설과 달라진다. 즉 이사가 공개매수, 현금 축출형 합병, 혹은 조직개편(합병, 분할, 주식교환 및 이전 등을 말한다) 등에 의한 매수 대가액을 둘러싸고 매수자와 교섭하는 상황에서는 이사의 직무집행은 '회사의 이익을 통하지 않고 직접적으로 주주의 이익에 영향을 준다'는 점을 인정하면서 이러한 경우 주식회사의 이사는 직접 '주주 공동의 이익을 도모할 의무'를 부담한다는 것이다.[158] 이는 중요한 의미를 갖는데, ① 위와 같은 거래들은 주로 자본거래인데, 이 경우 회사와 주주의 이익이 분기될 수 있다는 점, ② 그러한 경우에는 의무의 상대방을 회사로 한정 짓지 않고, 주주에게까지 확장되어야 한다고 본 점이 그러하다. 이는 국내에서 물적분할과 같은 자본거래의 경우 주주에 대해서까지 충실의무를 확장하여야 한다는 상법 개정론의 주장 취지와 정확히 일치한다. 다만 위 일본의 학설은 이러한 경우에 이사가 선량한 관리자의 주의를 다해 매수자와 협상이나 결정을 할 의무를 지며, 이사가 악의 또는 중과실로 인하여 이 의무를 위반하고, 그로 인하여 주식의 공정한 가치에 비해 저렴한 금액으로 매수가 성립된 경우에는 일본 회사법 제429조 1항(우리나라의 상법 제401조에 해당함)에 따라 이사는 주주에 대하여 손해배상책임을 진다고 한다.[159] 판례도[160] 비록 책임은 부정하였지만 그러한 의무를

158 위의 책, 263~264면, 621면.

인정하였다는 점에서 같은 취지라고 소개한다.[161]

이러한 일본의 해석론은 주주의 지분가치 침해라는 주주의 '직접' 손해를 충실의무 조항이 아니라, 우리나라 상법 제401조와 같은 제3자에 대한 책임 조항인 일본 회사법 제429조 제1항에 의해 해결하려 한다는 점에서 결국 결론은 다시 동일성설과 유사해진다.[162] 그럼에도 불구하고 다음과 같은 중요한 차이점이 있다.

첫째, 자본거래 등 주주의 비례적 지분가치에 영향을 줄 수 있는 M&A 유형들을 특정하여 달리 취급할 필요성을 명시적으로 제시한다는 점이다. 즉 이러한 거래 유형에서는 회사의 이익을 통하지 않고 직접 주주의 이익에 영향을 준다는 점을 명시적으로 인식하고 있다는 점에서 필자의 상법 개정론과 취지가 같으며, 주주이익이 회사의 이익과 동일하다는 전제하에 논리를 전개하는 동일성설과는 다르다.

둘째, 이사의 의무는 원칙적으로 회사에 대한 것임을 인정하면서도, 위와 같이 회사의 이익과 무관하게 주주의 이익에 직접 영향을 미치는 경우에는 회사에 대한 의무로는 문제 해결이 불가능하다는 점을 인식한 위에, 그와 별개인 '주주의 공동 이익을 도모할 의무'를 인정한다는 점이다. 이 점은, 주주의 이익을 회사의 이익으로 환원시킨 뒤, '회사에 대한' 의무로 해결하려는, 그리고 그것이 여의치 않은 경우에

---

159 위의 책, 621면.
160 東京高判平成 25.4.17.判時 2190号96頁.
161 田中 亘, 앞의 책, 621면.
162 이와 같이 제3자에 대한 책임 조문으로 해결하려 한다는 점에서 결국 주주에 대한 회사법상의 '충실의무' 적용은 인정하지 않는 셈이다. 충실의무를 적용할 경우에는 이해상충 해소의무가 도출되고, 제3자에 대한 책임 조문의 엄격한 요건인 고의 중과실 등의 제한이 없다는 중대한 차이가 있다.

만 제401조의 제3자에 대한 책임 조문으로 해결하려는 우리나라의 동일성설과 구별되는 태도라고 보인다. 즉 동일성설은 원칙적으로 회사를 피해 주체로 상정하는 상법 제399조에 의해 해결하고, 소멸합병처럼 회사가 소멸되는 경우에 제401조에 따라 주주가 원고로 나설 수 있다는 이원적인 주장[163]을 펼치는 데 반하여, 위 일본의 해석론은 그러한 구별 없이 주주의 이익을 도모할 의무에 기해 곧바로 주주를 피해 주체로 파악하여 소송의 원고가 될 수 있다고 본 점은 중요한 차이로 보인다.

요컨대, 일본의 위 해석론은, 주주의 주식이 거래되는 자본거래의 경우에는 회사의 이익과 주주의 이익이 분리될 수 있음을 인식하고 이를 받아들인다는 점, 주주 공동이익을 도모할 직접적인 의무를 인정한다는 점에서, 주주의 이익을 회사의 이익으로 환원시켜 회사에 대한 의무 이행의 간접적인 효과로서 주주이익 보호가 가능하다고 보는 앞서 본 우리나라의 동일성설과 중요한 차이가 있다.

3. 일본 경제산업성의 M&A 지침

일본은 주요 회사법적 지침을 정부 부처 특히 행정부의 지침 형태로 이끌어 왔다. 그렇기 때문에 일본의 회사법만 비교 대상으로 삼으면서 "일본 회사법상으로도 주주에 대한 직접 의무를 인정하지 않는다"며 이를 우리 상법 개정의 반대 전거로 삼는 것은 적절치 않다. 실제 일

163 이에 대한 자세한 소개 및 분석은, 이상훈, 앞의 「합병비율 불공정에 대한 상법 제399조, 제401조의 적용가능성-주주는 보호되는가-」, 54면 이하.

본의 제도를 온전히 반영하지 못한 것이기 때문이다. 예컨대, 일본은 2005년 5월에는 “기업가치·주주 공동의 이익 확보 또는 향상을 위한 매수방어책에 관한 지침”(경제산업성·법무성)을, 2007년 9월에는 “기업가치 향상 및 공정한 절차 확보를 위한 경영자에 의한 기업매수(MBO)에 관한 지침”(경제산업성)을, 2019년 6월에는 “공정한 M&A 방식에 관한 지침”(경제산업성)을, 2023년 8월 31일에는 “기업매수 시 행동지침(안): 기업가치 향상과 주주이익 확보를 위하여”(경제산업성)를 각각 발표하였다.[164] 위 지침들의 제목에서 보듯이 이미 주주이익 확보가 중요한 주제로 다루어지고 있어 우리나라와는 상황이 다름을 알 수 있다. 이 중 최근인 2019년과 2023년의 지침에 관하여 간단히 본다.

2019년 6월 28일 일본 경제산업성은 “공정한 M&A의 존재에 관한 지침-기업 가치 향상과 주주이익 확보를 향해”[165]를 발표하였는데, 여기에는 M&A에서 기업가치 향상과 더불어 ‘일반주주의 이익 확보’가 기본원칙으로 열거된다.[166] 이 지침은 구조적 이해상충이 존재하는 M&A에서 일반주주를 보호하기 위한 지침이다. 즉 동 지침에 따르면 “M&A는 공정한 절차를 통해 이루어짐으로써 일반주주가 누

---

164 권용수, “일본의 매수방어책 관련 논의 동향”, 법이론실무연구(2023), 22면

165 일본 經制産業省, 2019.6.28., “公正なM&Aの在り方に関する指針-企業価値の向上と株主利益の確保に向けて-”(https://www.meti.go.jp/shingikai/economy/fair_ma/pdf/20190628_shishin.pdf). 이에 관하여는, 권용수, 「구조적 이해상충이 내재된 M&A의 공정성 확보 방안」, 『상사판례연구』 제32권 제3호, 상사판례학회, 2019, 47면; 김지안, 「M&A 거래의 공정성 확보를 위한 이사의 행위기준 가이드라인 정립의 제언-델라웨어 MFW 판결(2014)과 일본 M&A 지침(2019)의 비교법적 고찰을 통해」, 『상사법연구』 제39권 제4호, 상사법학회, 2021, 195면.

166 위의 일본 經制産業省, 2019.6.28., 「公正なM&Aの在り方に関する指針-企業価値の向上と株主利益の確保に向けて-」, 14면.

려야 할 이익이 확실히 보장되어야" 하고, "이러한 원칙은 일반적인 M&A에도 해당되지만 지배주주에 의한 M&A에 중요"하다고 한다. '일반주주의 이익 확보'는 지배주주와 일반주주 간의 구조적 이해상충 관계, 정보비대칭 관계에서 일반주주를 보호하기 위한 것인데,[167] 동 지침은 일반주주 이익의 보호 필요성, 그것을 보호하기 위한 절차의 중요성을 언급하고 그러한 절차의 구체적 내용을 자세히 제시하고 있다.[168]

이러한 지침의 내용은 M&A의 경우 "회사의 이익"으로 포괄될 수 없는 지배주주와 일반주주의 이익의 대립 가능성을 명확히 인식하고 회사에 대한 의무만으로 보호될 수 없는 일반주주 보호를 직접 자세하게 지침으로 규정하고 있다는 점에서 중요한 의의가 있다. 이는 일본 정부의 지침에서 회사의 이익과 주주의 이익의 분리가능성, 그 경우 주주이익의 보호 필요성을 인식하고 있음을 보여 준 의미가 있다.

위 2019년의 지침이 구조적 이해상충 상황에서 일반주주의 이익 보호를 위한 것이라면 최근 2023년 8월 31일에 경제산업성이 내놓은 지침[169]은 주식매수 M&A 시 방어책 등의 행동지침을 다루고 있다. 이 역시 주주 보호가 주된 개념임은 물론이다. 이 지침에서는 구체적인 사항을 다루기에 앞서, 상장회사의 경영지배권을 취득하는 매수 시에 존중되어야 할 세 가지 원칙으로서 ① 기업가치·주주 공동의 이익원

167 위의 지침, 15면.
168 위의 지침, 15면 이하.
169 일본 經制産業省, 2023.8.31.,「企業買収における行動指針-企業価値の向上と株主利益の確保に向けて-」(https://www.meti.go.jp/press/2023/08/20230831003/20230831003-a.pdf)

칙(바람직한 매수인지는 기업가치 및 주주 공동의 이익을 확보하거나 향상시키는가를 기준으로 판단해야 한다는 원칙), ② 주주 의사의 원칙(회사의 경영지배권에 관계된 사항은 주주의 합리적 의사에 기초해야 한다는 원칙), ③ 투명성의 원칙(주주의 판단에 유익한 정보가 매수자와 대상 회사로부터 적절·적극적으로 제공되어야 한다는 원칙)을 제시하였다.[170]

이 지침에서 눈여겨 볼 대목은 이사회가 매수에 응하는 방침을 결정하는 때에는 기업가치 향상이라는 관점에서 매수 전반의 사항을 판단함과 함께, 주주가 누려야 할 이익이 확보되는 거래조건(매수 비율이나 매수가격 등)의 매수가 이루어지도록 합리적 노력을 다할 필요가 있다고 언급하는 부분이다.[171] 또한, 이사회는 거래조건 개선을 통해서 주주에게 가능한 한 유리한 거래조건의 매수가 이루어지도록 매수자와 진지한 교섭을 해나갈 필요가 있음을 지적하고 있다.[172] 나아가 동 지침에서는 이해상충이나 정보 비대칭성의 문제, 대상 회사의 상황이나 거래구조 등에 따라 특별위원회 활용 또는 전문가 조언 등 공정성 담보 조치를 강구할 필요가 있음도 지적하고 있다.[173] 이러한 조치들 모두 주주이익을 확보하기 위한 것임은 물론이다.

4. 소결

일본은 비록 회사법 충실의무 조항의 해석상 이사가 회사에 대해서

170 위의 지침 7면. 같은 취지로 권용수, 「일본의 매수방어책 관련 논의 동향-경제산업성의 「기업매수 시 행동지침(안)」을 소재로-」, 『법이론실무연구』 제11권 제3호, 법이론실무학회, 2023, 24면.
171 위의 지침, 18면.
172 위의 지침, 19~20면.
173 위의 지침, 21면.

만 의무를 부담한다고 해석하는 것이 전통적인 견해이지만, 회사의 이익과 분리된 주주의 이익이 문제되는 개별 거래 유형들(주로 M&A 등 조직개편)에서는 주주 공동의 이익을 도모할 의무라는 개념을 통해 주주의 이익을 보호하려는 해석론이 전개되고 있고 이에 입각한 판례도 있다.

또한 실제 실무에 중대한 영향을 끼치는 일본 정부부처인 경제산업성의 M&A 지침을 통해 일반주주 보호가 명문으로 강조되고 있다. 이처럼 행정부의 지침에 의해 일반주주 보호가 강력하게 지시되고 있는 등 상황이 우리나라와는 많이 다르기 때문에 일본의 회사법 조문이 우리와 유사하다는 점만 가지고 "일본도 주주에 대한 충실의무가 인정되지 않는다"며 우리나라 상법 개정을 반대할 논거로 삼는 것은 적절치 못하다.

VI. 영국 회사법

1. 반대론의 주장

반대론 중에는, 최근 영국의 고등법원 판례[174]도 "이사의 지위 자체만으로는 주주에게 충실의무를 부담하지 않는다는 것은 의심의 여지가 없다"고 판시하였다며, 이를 본 개정안이 타당하지 않음을 보여 주는 비교법적 예로 제시하는 견해[175]도 있다. 또한 영국 2014년 회사법

174 Vald Nielsen Holding A/S v. Baldorino[2019] EWHC 1926, 721. 4)항.
175 상장사협의회, 앞의 글, 2면.

제228조 제1항 제a호가 이사는 자신이 회사의 최선의 이익이라고 생각하는 바에 따라 선의로 행위할 것을 규정하고 있다며 이 점을 반대론의 논거로 제시하기도 한다.[176] 또한 이 점은 영국 판례도 원칙적으로 마찬가지이며, 다만 판례는 특별한 상황에 처하는 경우에는 이사가 주주에 대하여 신인의무를 부담할 수 있음을 밝히고 있는데, 그러한 특별한 상황에 속하는 대표적인 예는 회사 자체가 공개매수의 대상이 된 경우[177]라고 주장하기도 한다.[178]

2. 분석 및 시사점

가. 회사법(Companies Act)상 이사의 의무

영국 2006년[179] 회사법 제172조 제1항의 내용은 다음과 같다.[180]

> 회사의 성공을 촉진해야 할 의무(Duty to promote the success of the company)
> 회사의 이사는 전체로서의 주주의 이익을 위하여 회사의 성공을 가장 촉진할 것이라고 성실히 생각하는 방법으로 행위하여야 하며, 이때 (다른 것들보다) 다음 각 호의 사항을 고려하여야 한다.[181]

---

176 권재열, 「이른바 '쪼개기 상장'을 둘러싼 제도정비 방안 검토」, 『상사법학회 2022 하계 학술자료집』, 44면.

177 Gething v. Kilner, [1972] 1 WLR 337.

178 권재열, 앞의 「이른바 '쪼개기 상장'을 둘러싼 제도정비 방안 검토」, 44면.

179 영국의 회사법은 2006년에 최종 개정된 것으로 보이고, 반대론이 주장하는 2014년 회사법의 228조 제1항 a.호는 아일랜드(Ireland)의 회사법 제228조 제1항 a.호와 내용이 동일한 것으로 미루어 아일랜드의 회사법을 가리키는 것이 아닌가 보여진다.

180 심영 번역, 『영국회사법 상』, 법무부, 2016, 258면; 이 조항에 대한 자세한 소개는 심영, 「영국 회사법 개정의 주요 내용과 그 시사점」, 『중앙법학』 제9집 제2호, 중앙법학회, 2007, 637면 이하; 정연희, 「주주이익우선이론의 재검토-영국 회사법 이사의 의무 조항을 중심으로-」, 『홍익법학』 제15권 제4호, 홍익대학교 법학연구소, 2014, 762면 이하.

181 원문은 다음과 같다: A director of a company must act in the way he considers, in

(a) 의사결정에 의해 장기적으로 발생한다고 생각되는 결과
(b) 회사 근로자의 이해관계
(c) 공급업자, 고객 및 그 밖의 자들과 회사의 사업상 관계를 발전시킬 필요성
(d) 회사의 활동이 지역사회 및 환경에 미칠 영향
(e) 높은 수준의 영업행위 기준에 대한 평판을 유지하는 것이 바람직하다는 점
(f) 회사의 주주 간에 공정하게 행위 할 필요성

위 조항은 이사에게 "주주의 이익을 위하여—행동할 의무"를 부과하고 있다. 이 조항은 2006년 회사법 개정 시 명시된 것이지만, 원래 없던 내용을 창설한 것이 아니라 2006년 이전에는 보통법 및 형평법상의 의무였다가 2006년에 성문화된 것[182]으로서 해석 및 적용에 관하여는 보통법과 형평법 원칙과 같은 방법으로 해석하여야 한다.[183] 영국에서는 종래에는 보통법(common law) 및 제정법에서 이사는 주주의 이익을 위해서만 직무를 수행해야 하는 것으로 생각되어 왔으나 최근 들어 주주 이외의 이해관계자의 이익을 주장하는 세간의 풍조가 확산됨에 따라 이사가 주주 이외의 이해관계자의 이익도 고려해야 함을 규정하는 내용으로 2006년 회사법이 개정되었다.[184] 이 의무는 주주에 대한 의무가 아니라 회사에 대한 의무이지만, 보통법상 장기적으로 전체로서의 주주의 이익은 회사의 이익과 일치한다는 사고에 기초

good faith, would be most likely to promote the success of the company for the benefit of its members as a whole, and in doing so have regard (amongst other matters) to - (이하 생략)

182 David Kershaw, 『Principles of Takeover Regulation』, Oxford University Press, 2016, 298면.
183 영국 회사법 제170조 제3항, 제4항, 같은 취지로 위의 책, 같은 곳.
184 손영화, 「ESG 활성화에 따른 회사법의 쟁점과 과제」, 『상사판례연구』 제34권 제3호, 상사판례학회, 2021, 48면.

한다.[185] 이사에게 이러한 의무를 부과하는 이유는 주주의 이익을 우선적으로 보호하고 부가적으로 채권자를 보호하기 위함이다.[186] 필자가 보기에 이러한 사고방식은 법인격 독립에 기반한 우리나라의 통설 판례와는 다르며, 앞서 본 일본의 해석론과 유사하다. 또한 그 내용이 주주의 이익을 위하여 행동할 의무이지만 그 의무의 상대방은 주주가 아닌 회사라고 해석된다[187]는 점에서 앞서 본 동일성설과 유사한 입장이라고 할 수 있다.

한편 위 조문은 미국이나 일본의 회사법 해석이 이해관계자의 이익을 고려해도 좋다("may")에 머무르고 있는 것에 비해, 고려할 의무("must")를 규정하고 있다는 점에 특색이 있다[188]고 평가된다. 그러나 어디까지나 '주주 이익의 촉진을 위해' 이해관계자의 이익을 배려하여야 한다고 규정하고 있는 점에 유의해야 한다.[189] 주주이익을 '위하는' 과정에서 다른 사람의 이익도 '고려'하라는 것이므로 주주이익이 우선시되는 구조임이 조문 구조상 명백하다.

나. 이사의 의무에 관한 판례법

앞서 반대론이 제시한 판결[190]에는 반대론의 인용과 같이 "이사의 지위 자체만으로는 주주에게 충실의무를 부담하지 않는다는 것은 의

185 David Kershaw, 앞의 책, 299~300면.
186 심영, 앞의 논문, 638면.
187 따라서 회사만이 원고(주주 대표소송 포함)가 될 수 있다, David Kershaw, 앞의 책, 298면.
188 손영화, 앞의 글, 50면의 주122.
189 위 같은 곳.
190 Vald Nielsen Holding A/S v. Baldorino[2019] EWHC 1926, 721.4)

심의 여지가 없다"는 문장이 나오나, 바로 이어서 다음과 같은 문장이 나온다: "마찬가지로, 판례법은 주주에 대한 충실의무가 발생 가능한 상황을 확고하게 판시한다(Equally, the case-law establishes that there are circumstances in which such duties can be owed.)."

두 문장을 합쳐서 읽으면 다음과 같이 이해할 수 있다: "이사라는 직책 자체는 회사의 직책이므로 이사는 회사에 대한 의무를 부담하는 것이 원칙이지만, 일정한 상황에서는 주주에 대해서 직접 의무를 부담할 수 있다는 것이 확립된 판례법이다." 이러한 취지는 위 판결문의 인용부분의 뒷부분에서 계속하여 반복적으로 설시된다.

이 부분을 좀 더 자세히 소개하면 다음과 같다. 위 판결은 영국 판례법상 이 문제에 관한 법리는 Peskin 사건[191]에서 자세히 설시되었다면서 동 Peskin 판결문의 "fiduciary duty"에 관한 일반 법리 설명 부분을 인용하고 있다. 이에 따르면, 이사는 회사에 대하여 의무를 부담함이 원칙이지만, 이사가 주주의 주식을 양수도하는 경우와 같은 특별한 상황에서는 주주에 대한 의무가 발생하며, 주주의 비용으로 이사 자신의 이익을 추구하여서는 안 될 의무가 발생한다.[192] 위 판결은 이러한 선례에 대한 판례법 인용을 마친 뒤, 제725문단에서, 이사가 원칙적으로 회사에 대해 의무를 부담함에도 불구하고 주주에 대해 직접 의무(fiduciary duty)를 부담하는 특별한 상황에 다음 세 가지가 포함된다고 판시한다:

---

191 "the decision of the Court of Appeal in Peskin versus Anderson & Ors[2001] BCC 874"

192 Vald Nielsen Holding A/S v. Baldorino[2019] EWHC 1926, 721)의 인용문으로 제시되어 있는 [33]과 [34] 참조.

① 이사가 주주의 주식을 매수하거나 그 매수에 이해관계가 있는 경우,[193]
② 소규모회사/가족회사인 경우
③ 주주에겐 권한이 없고 이사에게 권한이 부여되어 있는 경우: 주식의 양수도가 개재된 거래는 이사에게 주주의 이익을 침해할 수 있는 재량권을 부여하기 때문에 주주들은 이사의 그러한 직책상의 권한 남용에 매우 취약한 상태(vulnerable)에 놓이게 된다. 이러한 일방적인 재량권의 행사, 또는 어떠한 권한 행사로 인하여 취약한 상태에 놓이게 되는 사람에게 잠재적인 피해를 입힐 수 있는 그러한 권한 행사 사안이야말로 신인관계가 성립하는 확실한 증표이다.[194]

위 판결은 위와 같은 일반론을 설시한 뒤, 해당 사안에서 주주에 대한 의무가 인정된다는 것으로 결론 내리고 있다. 즉 반대론에서 제시한 위 판결에 따르더라도 일정한 경우 회사가 공개매수의 대상이 되는 경우뿐 아니라 이사가 회사법상의 권한을 행사하여 주주의 이익을 침해할 수 있는 특정한 거래 상황에서 주주에 대한 직접 의무를 인정하고 있다.

193 원문 해당 부분은 다음과 같다: Transactions for the sale/purchase of shares: where there is a proposed transaction involving the disposal of the shareholders' shares, and he director is either a purchaser or interested in the purchase, the director will inevitably hold more information about the value of the shares than the shareholder. The fiduciary relationship arises from the particular circumstances of the proposed transaction;.

194 원문은 다음과 같다: c) Vulnerable shareholders: transactions involving the sale/purchase of shares will put the directors in a special position of power. They will have a special opportunity to exercise the power or discretion to the detriment of the shareholders, such that the shareholders are vulnerable to abuse by directors of their position. The scope for unilateral exercise of a discretion or power to the potential determinant of another who is peculiarly vulnerable to the exercise of the power is a hall-mark of a fiduciary relationship.

다. 회사법상 주주이익 침해 금지 조항

한편 영국의 2006년 회사법 제994조는 회사가 업무 과정에서 주주 전체 또는 일부 주주의 이익을 불공정하게 침해하는 경우, 주주에게 그 시정을 요구할 수 있는 권리[195]를 부여하고 있다.[196] 이에 따르면, 이사가 소수주주의 주식가치를 희석시키는 신주발행을 하는 것도 주주의 이익을 불공정하게 침해하는 것이 될 수 있으며, 합병을 통한 소수주주 축출도 마찬가지다.[197]

라. 소결

영국은 오래전부터 판례법상으로 주주의 이익을 위하여야 하는 이사의 의무가 — 비록 그 의무의 상대방은 회사일지라도 — 인정되어 왔다. 그리고 이는 2006년 회사법으로 조문화되었다.

---

195 원문은 다음과 같다.
Part 30 Protection of members against unfair prejudice
Section 994 Petition by company member
(1) A member of a company may apply to the court by petition for an order under this Part on the ground—
(a) that the company's affairs are being or have been conducted in a manner that is unfairly prejudicial to the interests of members generally or of some part of its members (including at least himself), or
(b) that an actual or proposed act or omission of the company (including an act or omission on its behalf) is or would be so prejudicial.
Section 996 Powers of the court under this Part
(1) If the court is satisfied that a petition under this Part is well founded, it may make such order as it thinks fit for giving relief in respect of the matters complained of

196 이에 관한 소개는 이중기, 「지배권 프리미엄과 충실의무 관점에서 본 지배주주와 소수주주의 관계 -다수결원칙에 따른 지배권의 정당화와 내재적 한계」, 『사법』, 사법발전재단, 2021, 156면; 안태준, 「영국 회사법상 주주를 위한 법적 구제수단으로서의 불공정한 침해(unfair prejudice) 법리에 관한 연구」, 『상사법연구』 제40권 제2호, 상사법연구, 2021, 209면.

197 안태준, 위의 글, 234면.

또한 위와 같이 이사는 '회사에 대하여'만 의무를 부담하는 것이 원칙이지만 일정한 경우, 가령 이사가 주주의 주식거래에 관여하거나 주주에게는 권한이 없고 이사에게 권한이 부여되어 있는 경우 등에는 이사가 직접 주주에 대하여 신인의무를 부담한다는 것 역시 판례로 정착되어 있다. 이러한 법 조문 및 판례의 태도는 우리나라의 법 및 판례의 태도와 현저히 대비된다.

또한 영국은 위에서 본 바와 같은 이사의 의무와는 별개로, 주주의 이익을 불공정하게 침해하는 행위에 대한 구제를 회사법에서 명문으로 인정하고 있다. 이 점 역시 우리와 크게 대비된다. 이 경우 우리나라 상법 제401조처럼 이사의 '회사에 대한' 임무 해태를 요구하거나 이사의 고의 중과실을 요구하지 않는다.

이상의 점에 비추어 보면, 영국의 회사법 및 판례의 태도는 이사에게 주주에 대한 직접 의무를 인정하지 않고 주주의 피해 구제를 위한 직접 청구권도 취약한 우리나라 상법 및 판례의 태도와는 크게 다르다. 이러한 영국의 회사법 및 판례의 태도는 주주 보호를 우리 상법에 명문화할 필요성을 지지해 주는 의미가 있다.

VII. 독일 회사법[198]

1. 회사법 조문과 학설

독일 주식법 제93조 제2항 1문은 "경영이사회의 구성원들은 자신

198 독일에 관한 자세한 소개는 정대익, 「주주에 대한 이사의 충실의무 부존재하의 독일법상 주주 보호수단」, 『상사법학회 특별학술대회 자료집』, 상사법학회, 2024, 3면 이하.

의 의무를 위반한 경우 그로 인한 손해에 대하여 연대하여 회사에게 책임을 진다"고 함으로써 이사의 의무를 규정하고 있을 뿐, 충실의무를 명시하는 규정도, 의무의 상대방이 누구인지에 대한 규정도 없으나, 이사는 회사에 대하여 충실의무를 규정한다고 보는 것이 통설이라고 한다.[199] 또한 이사는 회사에 대해서 충실의무를 부담하나 주주에 대해서는 충실의무를 부담하지 않는다고(이사는 회사를 위한 수탁자이지 주주를 위한 수탁자가 아니라고) 보는 것이 통설이라고 한다.[200]

주주에 대해서는 충실의무를 부담하지 않는다고 보는 이유는, 이사와 주주 사이에는 아무런 법률관계가 없고 또한 이사는 주주를 위한 수탁자가 아니기 때문이라고 한다.[201] 다만, 이사가 회사에 대해서만 충실의무를 부담하고 주주에 대해서는 직접적으로 충실의무를 부담하는 것은 아니지만 이사의 회사에 대한 충실의무를 통해서 혹은 주주의 이익도 포함된 다원적 이익인 기업의 이익을 위해 행위할 의무(역시 회사에 대한 이사의 의무)를 통해 이사는 주주의 이익을 간접적으로 보호하는 것으로 본다고 한다.[202]

이와 같이 이사가 주주에 대해서 직접적으로 충실의무를 부담하지 않은 것은(주주에 대해서 직접적 책임을 지지 않는 것은) 독일 회사법을 지배하는 회사의 대외적 책임과 이사의 대내적 책임원칙이 작용해서다.[203]

---

199 정대익, 위의 글, 6면; 정대익, 「이사의 회사에 대한 책임에 관한 독일의 최근 현황과 개정논의」, 『상사법연구』 제36권 제2호, 상사법학회, 2017, 114면; 고창현, "이사의 충실의무", 株式會社法大系 II 제3판, 2019, 639면의 주40.

200 정대익, 앞의 「주주에 대한 이사의 충실의무 부존재하의 독일법상 주주보호수단」, 8면.

201 위 같은 곳.

202 위 같은 곳.

203 위 같은 곳.

2. 추가적인 고려 사항

이러한 독일의 통설의 태도는 본건 법안의 태도와는 다르며 반대론의 입장과 일견 동일하다고 볼 수 있다. 그러나 단순 비교는 곤란하며 몇 가지 추가적으로 고려할 사항이 있다.

한국의 주류적인 견해 — 본건 개정안에 반대하며 판례를 지지하는 취지 — 들은, 이사가 주주로부터 위임받은 바 없으므로 주주 보호의무를 부담하지 않는다는 논리를 제시하고 있으나, 그렇게 할 경우 주주이익 침해 문제, 즉 앞서 본 일본 해석론이 우려하고 있는 조직개편 행위들, 또 영국의 판례법이 우려하고 있는 취약한 주주(vulnerable shareholders)의 지위에 대한 대응책을 제시하고 있지 못하다. 나아가 미국과 같이 지배주주와 그와 이해를 같이하는 이사 및 경영진과, 일반주주들 사이의 이해상충 문제, 그로 인한 부의 이전 문제를 어떻게 해결하겠다는 것인지에 대해서도 대책을 내놓고 있지 못한 상황이다.

이러한 문제에 대한 독일의 대처는, 나름의 소수주주 보호 방안이 다각도로, 한국보다 훨씬 포괄적인 것으로 보인다. 독일 학자들은 주주에 대한 신인의무와 같은 스탠더드를 인정하지 않는 대신, 소수주주의 보호는 다음 세 가지 방법으로 달성될 것이라고 지적한다.[204]

① 감독이사회는 회사와 경영이사회 간의 직접 거래에서 회사를 대표한다.

---

204 Holger Fleischer, “Related Party Transactions bei börsennotierten Gesellshaften: Deutsches Aktien(konzern)recht und Europäische Reformvorschläge”, Betriebs-Berater 2691(2014); Luca Enriques/Gerard Hertig/Hiddeki Kanda/Mariana Pargendler(천경훈 옮김), 「제6장 관계자 거래」, 『회사법의 해부』 제2판, 소화, 2020, 315면 주143에서 재인용.

② 기업집단 법(콘체른 법)이 지배주주와의 거래를 통제한다.

③ 숨은 이익배당, 주주 평등원칙, 주주의 충실의무에 관해 발전된 판례법이 주주와의 의심스러운 거래들의 문제점을 다룬다.

위와 같은 방법론이 전개되고 있다는 것은 한국과는 크게 다른 점이다. 독일은 선관/충실 의무의 내용으로서 직접적인 주주 보호의무를 인정하지는 않더라도 위와 같은 다양한 대안이 시행되고 있다. 따라서 한국에서 주주 보호의무가 인정되어서는 안 된다는 논리를 주장하면서 우리와 상황이 다른 독일을 예로 든다면 적절치 않을 것이다. 또한 독일은 기업의 소유구조가 우리나라와 같은 총수 체제가 주를 이루고 있는 나라가 아니라는 점도 중요하게 고려되어야 할 것이다. 나아가 독일은 이사가 주주에 대해 직접 책임을 지지 않고 회사에 대해서만 책임을 지는 것이 원칙임에도 불구하고 일정한 경우 주주에 대해 직접 책임을 지는 광범위한 예외가 존재한다. 가령 고의로 주주에게 불리한 행위를 지시한 경우, 합병, 분할, 자산양도로 주주에게 손해를 입힌 경우 등이다.[205] 우리나라와는 차원이 다른 주주 보호 법제를 가지고 있다고 볼 수 있다.

위와 같은 독일 특유의 — 한국보다 훨씬 진일보한 — 보호 방법에도 불구하고, 독일식 대처 방안에 대해서는, 주주에 대한 충실의무, 독립이사의 승인제도, 주주의 승인제도 등을 두지 않은 채 위와 같은 방식만으로는 소수주주 보호 문제가 발생하는 모든 상황에 대처할 수

---

205 자세한 내용은 정대익, 앞의 「주주에 대한 이사의 충실의무 부존재하의 독일법상 주주보호수단」, 12~13면.

없을 것이라는 비판[206]이 제기된다. 경영진에게 부여된 포괄적이고 강력한, 특히 주주의 주식가치에 직접 손상을 가할 수 있는 대표(대리)권한과, 일반주주에 대한 정보의 우위에서 비롯되는 정보 비대칭을 생각하면, 일반주주의 이익을 보호할 의무, 주주가치의 훼손을 방지할 직접적인 의무가 전제되지 않은 상황에서의 개별적인 규정이나 개별적인 법리에 의한 보호는 모든 사안을 망라할 수 없는 '범위의 한계', 그리고 규정 문구나 개별 원칙에 구애되지 않고 본질적인 주주 보호 문제를 탐색해 가기 어려운 '깊이의 한계'를 피하기 어렵다. 또한 충실의무가 인정되지 않는다면, 그 개별 규정이나 법리의 적용 과정에서도 이해상충 해소 장치(이른바 fair process)의 도움을 받을 수 없어 거의 모든 게 주의의무와 경영판단 사항으로 분류[207]될 위험이 있는데 이것은 치명적이다. 실질적인 공정성(fair process로 확보되는 fairness) 확보에 한계가 존재할 수밖에 없기 때문이다. 그러나 이러한 약점에도 불구하고 독일의 위 ① 내지 ③의 장치는 한국에는 없는 것들로서,[208] 독일은 미국과 같은 이사의 주주에 대한 충실의무, 독립이사 제도 등이 구비되어 있지 않은 약점을 위와 같은 나름대로의 방법으로 보완하고 있다고 평가할 수 있다.[209]

---

206 Luca Enriques/Gerard Hertig/Hiddeki Kanda/Mariana Pargendler(천경훈 옮김), 위의 책, 같은 곳.

207 독일에서도 충실의무는 주의의무와 달리 경영판단의 원칙의 적용을 받지 않아 엄격한 책임이 인정된다고 한다. 정대익, 앞의 「주주에 대한 이사의 충실의무 부존재하의 독일법상 주주보호수단」, 5면.

208 위 세 가지 중 ②는 우리나라의 공정거래법이 유사한 기능을 수행한다고 생각할 수도 있는데, 공정거래법은 주주의 이익을 보호해 주는 민사법이 아니므로 동일선상에서 비교하기 어려울 것이다.

209 독일은 강력한 이익집단들, 공증인들, 변호사들, 법학자들은 전통적인 콘체른법을 지배주주

3. 시사점

위와 같이 독일은 비록 주주에 대한 직접 의무를 인정하지 않는 점에서 주주 보호의 수준이 앞서 본 G20/OECD의 「원칙」이나 영미권 법제에는 못 미치더라도 독일의 실정에 맞는 나름의 보완책을 가지고 있다고 보인다. 따라서 위와 같은 보완 장치가 구비되어 있지 아니한 한국을 독일과 단순 비교하면서 "독일도 회사법상 주주에 대한 충실의무는 인정하지 않는다, 따라서 주주에 대한 충실의무를 도입하는 본건 법안은 비교법적으로 부당하다"고 주장하기는 어렵다고 본다.

Ⅷ. 소결

세계 선진 각국이 모여 원칙으로 합의하여 선언한 「G20/OECD 기업지배구조 원칙」은 '이사의 회사 및 주주에 대한 충실의무'를 명확히 규정하는 것이 지배주주의 남용행위를 규제하는 핵심이라고 단언하고 있는바, 이는 주주의 이익을 충실의무의 대상으로 추가하려는 상법 개정론과 기본적인 방향성이 일치한다. 또한 세계 회사법을 선도한다고 평가받는 미국 델라웨어주의 회사법, 모델회사법, 영국의 회사법 및 판례는 모두 '주주에 대한' 충실의무를 인정하고 있으므로 상

와의 거래를 다루는 가장 효과적인 제도로서 강력히 지지하고 있다고 한다. Luca Enriques/Gerard Hertig/Hiddeki Kanda/Mariana Pargendler(천경훈 옮김), 앞의 책, 321면. 반면, 이 법의 실효성에 대해서는 회의적인 시각이 우세하며 그 결과 이 법은 유럽 내 다른 나라의 회사법이나 EU의 회사법 입법에 별 영향을 미치지 못하였다는 설명으로, 김화진, 「독일 회사법의 최근 동향」, 『선진상사법률연구』 통권 제75호, 법무부, 2016, 143면.

법 개정론이 글로벌 스탠더드와 동떨어진 것이라거나 선진 각국의 입법례에 유례가 없다는 등의 주장은 사실과 다르다. 또한 우리와 가장 법이 비슷한 일본의 경우조차도 비록 법 조항은 우리와 거의 같지만, 해석론 및 지침을 통해 일반주주 보호가 강조되고 있어 우리나라의 판례 및 해석론 상황과는 크게 다르다. 독일 역시 해석상 충실의무는 회사에 대해서만 부담한다고 보지만, ① 감독이사회, ② 지배'주주'의 충실의무, ③ 콘체른법 등의 보완장치가 구비되어 있다. 따라서 일본이나 독일의 예를 들어 상법 개정에 반대하는 논거로 삼는 것 또한 적절치 않다고 판단된다.

요컨대 오히려 이사의 주주에 대한 충실의무를 도입하는 것이 글로벌 스탠더드에 부합하는 방향이라고 판단된다.

제4부
‘주주에 대한’ 충실의무 도입 기대효과

Ⅰ. 합병과 ‘주주에 대한’ 충실의무

Ⅱ. 물적분할과 ‘주주에 대한’ 충실의무

Ⅲ. 인적분할과 ‘주주에 대한’ 충실의무

Ⅳ. 자사주매입과 ‘주주에 대한’ 충실의무

Ⅴ. 자사주 처분과 ‘주주에 대한’ 충실의무

Ⅵ. 포괄적 주식교환(이전)과 ‘주주에 대한’ 충실의무

Ⅶ. 주식병합과 ‘주주에 대한’ 충실의무

Ⅷ. 배당(주주환원)과 ‘주주에 대한’ 충실의무

Ⅸ. 공개매수, 상장폐지와 ‘주주에 대한’ 충실의무

Ⅹ. 손익거래(특수관계인 간 거래)와 ‘주주에 대한’ 충실의무

제4부
'주주에 대한' 충실의무 도입 기대효과

Ⅰ. 합병과 '주주에 대한' 충실의무

1. 합병의 의미와 '주주에 대한' 충실의무 도입의 의의

우리나라의 합병은 대부분 계열사 간의 합병으로 이루어진다. 그러다 보니 그룹 총수의 지분율이 높은 쪽 회사에게 합병비율이 유리하게 책정될 것이라는 의심이 늘 생긴다. '주주에 대한' 충실의무가 가장 절실하게 요구되는 분야 중 하나라고 할 수 있다.

합병이란 두 회사를 하나의 회사로 합치는 것을 말한다. 회사가 하나로 합쳐지므로 각 회사가 발행했던 각각의 주식도 하나의 회사가 발행한 하나의 주식으로 통합된다. 이처럼 합병은 회사라는 법인격이 하나로 합쳐진다는 '회사'의 측면과, 주주들의 주식이 통합된다는 '주주'의 측면, 이렇게 두 측면이 존재한다. 따라서 합병에서 이사의 충실의무를 논하려면 양 측면을 모두 살펴야 하는데, 기존의 '회사에 대한' 충실의무 관점은 주주의 측면을 소홀히 다루어 왔다. '주주'의 측면은 자본시장법상 법정 합병비율이라는 일종의 행정규제(regulation)의 영역으로 인식되어 왔을 뿐, 그것이 이사의 충실의무로 다루어져야 하는, 주주 간 부의 이전에 직결되는 민사 문제라는 인식이 결여되어 왔다.

'주주에 대한' 충실의무가 도입되면 회사에 대한 측면뿐 아니라 주주에 대한 측면까지 중요하게 고려함으로써 합병이 주주에게 미치는 영향력에 대한 인식이 획기적으로 개선될 것이다. 또한 '주주에 대한' 충실의무 개념은, 회사의 측면과 주주의 측면은 서로 분리된 것이 아니라 연결되어 있기 때문에 그러한 연결 부분에 대한 다각적인 고려, 재무적인 고려도 필요하다는 점을 인식하도록 촉구하는 계기가 될 것이다. 그렇게 연결지어 사고해야 주주에 대한 권리구제도 제대로 이루어질 수 있는데, 그러한 권리구제까지 내다보는 환류 과정을 충실히 밟음으로써 '오직 회사에 대한' 충실의무 개념만으로는 권리구제가 제대로 될 수 없으며 '주주에 대한' 충실의무 개념도 필요하다는 점을 확인할 수 있게 될 것이다.

2. 합병과 주주가치 훼손 가능성

합병은 다양한 경로로 주주에게 손해를 끼칠 수 있다. 문제는 그 경우 회사에게는 손해를 유발하지 않기 때문에 '회사에 대한' 충실의무 개념만 가지고는 "주주에게 손해를 초래하면 안 된다"는 금지 규범을 도출해 내기 어렵고 만약 손해를 끼쳤더라도 그에 대해 주주의 피해를 직접 전보해 줄 수 있는 권리구제 방안을 마련하기 어렵다는 점이다. 합병에서 주주에게 손해를 유발하는 경우는 크게 다음 세 가지이다.

가. 부당한 합병 목적 — Business Purpose Test

우리나라에서 '합병' 하면 으레 제기되는 질문은, 두 회사의 업종이 너무 달라 업종 간의 시너지를 기대하기도 어려운데다 이미 계열사 관계여서 각사 체제로 존재해도 상호 협력 사업 추진에 문제가 없는

데 굳이 왜 합병을 하려고 하느냐는 점이다. 삼성물산 합병을 비롯하여 국내 계열사 간 합병은 거의 대부분이라고 해도 좋을 만큼 이 질문으로부터 자유롭지 않은 경우가 많다. 2024년 논란이 되었던 두산로보틱스와 두산밥캣의 합병 추진과 관련하여서도 동일한 질문이 제기된 바 있다.

주주들의 입장에서는 A회사에 투자하였다는 것은 그 사업을 보고 투자한 것인데, 이를 강제로 B회사와 합병하는 것은 원치 않는 B사의 사업에 투자를 강요하는 셈이 된다. B사의 사업이 맘에 들었으면 어련히 알아서들 B사의 주식을 샀을 텐데 말이다. 하지만 B회사에 대한 투자가 경영진의 탁월한 판단인 경우로서 주주들에게 유리할 수도 있다. 회사의 경영진이 선의를 가지고 제대로 된 경영판단을 하는 경우라면 미국 빅테크들의 성장 과정에서 보듯이 이 후자의 경우가 훨씬 많을 것이다. 아무튼 경영진에 의한 강제적인 투자의 혼합 내지 풀링(pooling) 행위는 투자자의 선택권을 앗아가는 측면이 있으므로 선택권의 상실만큼 주주가치가 손상되는 측면은 있다. 하지만 회사 측에서 늘 주장하듯이 경영진이 주주 대신 좋은 사업기회를 발굴하여 투자해 주는 것이고 합병 '시너지'도 발생하므로 손상이 아니라 오히려 플러스일 수도 있다. 일반주주와 경영진 사이의 이에 관한 견해 대립 가능성에 대한 타협책으로 회사법은 주식매수청구권 제도를 두고 있다. 다수파가 투자 분야를 혼합하고 확대하는 것이 마음에 안 든다면, 거기에 반대하는 주주는 거기에 무슨 위법한 사항이 없는 한 경영진의 판단에 양보하고 주식매수청구권을 행사하여 주식을 팔고 떠나도록 되어 있는 것이다.

이상의 논의는 정상적인 합병에 관한 일반론인데, 만약 합병의 목적이 실제 시너지 창출을 위한 비즈니스 목적이 아니라 경영권 승계 또는 총수의 지배력 강화 또는 부실한 계열사 살리기 등 총수의 이해상충으로 말미암은 부당한 목적에 기한 것이라면 그때는 어떻게 할 것인가?

부실한 회사 A를 살리기 위해 우량한 회사 B를 합병시키는 경우를 생각해 보자. 부실한 회사는 시장에서 증자 또는 차입, 구조조정 등으로 자력으로 살려야 한다. 그것이 불가하다면 그 회사에 투자한 주주와 채권자들의 손실로 귀결되는 것이 원칙이다. 그런데 그렇게 하면 총수의 경영권 상실, 기업집단이라는 총수의 '제국(帝國)' 영토 축소, 총수 지분의 경제적 가치 상실 위험 등이 있다. 이를 피하기 위해 현금이 풍부한, 특히 총수 자신의 지분율이 매우 낮은 다른 '멀쩡한' 회사 B와 합친다면 이는 B회사의 성장잠재력을 저해하고 B회사에 투자한 주주들을 위해 쓰여야 할 돈을 A사 주주들을 위해 쓰는 것이므로 B사 및 그 주주들의 손해라고 보아야 할 것이다. 이처럼 합병이 총수의 이해상충에 기반한 부당한 목적으로 진행되는 경우라면 회사의 대표권 남용의 법리 또는 자기거래 규제 법리에 기하여 합병이 불허되고 그로 인한 손해가 배상되어야 한다는 사고방식이 있을 수 있다. 외국에서는 이러한 유형, 즉 총수 체제에서 총수가 양측의 의사를 지배하여 진행하는 쌍방대리형 합병 사례가 흔하지 않지만 우리나라는 매우 빈번하게 일어난다.

그러나 위와 같은 경우에 합병목적 부당을 이유로 한 법률적인 문제제기는 한국에서는 여러 이유로 여의치 않다.

첫째, 목적이 부당하다는 점을 소송에서 법률적으로 주장하고 입증하기가 쉽지 않다. "합병으로 시너지가 발생한다"며 "합병은 회사와 주주를 위한 최선의 결정이다"고 주장할 사람들은 회사의 경영진으로서 회사 내부의 정보를 통제하는 사람들이다. 소송에서 이러한 경영진의 주장을 뒤집기는 거의 불가능에 가까울 정도로 어렵다. 증거의 편재와 전문성 및 정보의 비대칭, 그리고 이들은 회삿돈으로 소송비용을 대므로 복잡하고 전문가 선임이 필요한 장기적인 소송에서 소액주주들인 원고에 비해 훨씬 우위에 설 수밖에 없다. 게다가 회사의 M&A 거래가 일도양단식으로 오로지 총수에게만 유리하고 일반주주에게는 손해가 되는 이분법적인 거래라는 점은 그 자체로 입증하기가 매우 어렵다. 삼성물산 합병무효 1심 판결에서 법원이 합병의 목적이 오로지 총수를 위한 것이라고 볼 수 없다고 판시한 것이나,[210] 삼성물산 합병을 추진한 경영진이 업무상 배임이라는 취지로 공소를 제기하면서 검사가 주장한 '합병목적 부당' 주장에 대해서 법원이 같은 취지로 판단한 것[211]은 모두 이러한 맥락이다. 따라서 원고의 입장에서 이런 종류의 문제를 소송에서 제기하여 공방을 벌이고 법원이 그것을 판단하도록 하는 것은 소송경제상 매우 비효율적일 뿐 아니라 소송의 실익도 크지 않다. 델라웨어 대법원은 이러한 고려에서 경영진의 충실의무 위반을 주장함에 있어 거래 목적의 부당성을 심사하던 종전

---

210 삼성물산 합병 무효 1심(서울중앙지법 2017.10.19. 판결 2016가합510827, 항소취하로 확정) 10~12면: "나. 합병목적 부당성에 관한 판단…이 사건 합병이 경영권 승계목적으로 이루어진 것이라는 주장에 관하여 보건대…이 사건 합병이 삼성물산 및 그 주주에게는 손해만 주고 제일모직 및 그 주주에게만 이익을 주는 것이라고 보기 어렵다…"

211 서울중앙지법 형사공보관 2024.2.6. "2020고합718 등 자본시장법위반등 사건 보도자료"("삼성물산 합병 피고인 이재용의 경영권 강화 및 삼성그룹 승계만이 합병의 유일한 목적이라고 단정할 수 없고 물산의 사업적 목적 또한 합병의 목적이라고 봄이 상당함")

의 입장(이른바 "Business Purpose Test")을 폐기하고 거래 절차와 내용의 공정성(이른바 "Entire Fairness")만을 심사하는 것을 원칙으로 판례를 변경하였다(1983년 Weinberger vs. UOP 판결). 경영진은 무수히 많은 'Business Purpose'를 만들어 낼 수 있기에 델라웨어 대법원의 위와 같은 조치는 타당하다.[212]

둘째, 합병 목적이 부당하다는 점을 사실관계 입증을 통해 인정받았다고 한들, 그로써 법리상 무슨 의무위반이 있고 누구의 무슨 손해가 있다고 할 것이냐는 점이다. 그 점에서도 합병 목적의 부당성이라는 문제를 법적 문제제기를 위한 요건 사실로 삼는 것은 적절치 않다.

먼저 회사의 입장에서 생각해 보자. 결손회사와의 합병만 아니라면 두 회사를 합친다고 해서 그 자체가 손해라는 관념은 생각하기가 쉽지 않다. 또한 우량 회사의 현금을 그렇지 않은 회사 — 합병으로 지금은 회사의 한 사업부가 된 — 를 위해 사용할지 다른 곳에 사용할지 여부는 합병 자체의 문제와는 별개의 의사결정이다. 그것은 합병 자체의 문제가 아니라 합병 이후의 내부 자산 사용에 관한 의사결정 문제인 것이다. 물론 그렇게 현금을 쓰기 위해 합병을 한 경우 위와 같은 질문은 적절치 않지만, 그 경우에도 법리적으로 굳이 따지고 보면 합병 자체의 문제는 아니다. 실제로 한일합섬과 동양메이저 합병 LBO 사건에서 검사가 "합병 자체가 기업의 현금을 탈취하기 위한 것이어서 회사에 대한 배임"이라는 취지로 주장하였지만 법원은 위와 같은

212 이상훈, 「현대차그룹 지배구조 개편안에 대한 논평」, 『상사법연구』 제38권 제1호, 상사법학회, 2018, 201~205면.

이유로 배척한 바 있다.[213] 주주들의 입장에서도, 합병 목적이 부당하더라도 합병비율만 적정하면 이론상 주주에게 손해가 날 것은 없다. 합병비율이 불공정하여 우량회사에 대한 총수의 지분율이 급증하는 반면 우량한 회사 쪽의 일반주주들은 손해를 입는 경우에도, 그것은 합병 과정에서 경영진과 주주들이 의사결정을 통해 그것을 승인할 것이냐, 합병비율을 어떻게 정할 것이냐는 문제, 즉 합병 과정의 의사결정 문제이지 합병 목적의 문제는 아니다. 삼성물산 합병 사건에서도 주주들은 삼성물산 합병이 총수의 경영권 승계 목적을 위한 합병이어서 불법적인 합병이라고 주장하였지만 법원은 총수의 경영권 승계 목적이 있었더라도 합병이 불법이 되는 것은 아니라고 판시하였는데[214] 같은 맥락이다.[215]

이상의 점들에 비추어보면, 합병의 목적 자체를 위법성을 논증하기 위한 요건사실로 삼는 것은 적절치 않다고 보인다. 그보다는 그러한 합병의 목적이 충분히 이사의 의사결정 단계에서 고려되고 검토되었는지, 주주들에게 충분한 정보가 제공되고 총수의 이해상충이 해

---

213 대법원 2010.4.15. 선고 2009도6634 판결. 이에 관한 상론은, 이상훈, 「신한·온세통신·한일합섬 LBO 판결에 대한 분석 및 비판」, 『상사판례연구』 제30집 제1권, 상사판례학회, 2017, 195면 이하.

214 삼성물산 합병 무효 1심(서울중앙지법 2017.10.19. 판결 2016가합510827. 2심에서 항소취하로 확정) 10~12면: "나. 합병목적 부당성에 관한 판단…이 사건 합병이 경영권 승계목적으로 이루어진 것이라는 주장에 관하여 보건대…이 사건 합병에 지배권 강화 목적(원고들이 주장하는 경영권승계 목적)이 수반되었다고 하여 합병 목적이 부당하다고 할 수 없다. 따라서 원고들의 주장은 이유없다.")

215 반대 취지의 견해로, 최민용, 「계열사간 합병과 회사법적 규제」, 『상사판례연구』 제30집 제3권, 상사판례학회, 2017, 129면(법원의 판시 취지는, 신청인이 부당한 목적을 충분히 소명하지 못하였다는 뜻이고, 합병 목적의 불공정성이 합병의 무효사유가 되는지에 대한 것은 아니라고 봄).

소된 상황에서 주주총회가 진행되었는지와 같은 절차적인 문제(fair process), 주주들에게 불리한 합병비율이 설정되지 않도록 내용적으로 공정하게 진행되었는지(fair price)의 문제가 더 중요하다. 따라서 합병목적은 이러한 공정성(entire fairness)을 심사하고 판단하는 데 있어 주요사실, 즉 요건사실이 아니라, 총수의 이해상충이 존재하는지 여부를 판단하는 데 필요한 간접 사실로 위치 지우는 것이 타당하다고 본다.

나. 불공정한 합병비율

합병에서 주주가치가 훼손될 수 있는 가장 핵심적이면서도 일반적인 경우는 합병비율이 불공정한 경우이다. 모든 거래는 거래 가격이 핵심 조건이다. 합병에서 거래의 가격 역할을 하는 것이 합병대가인데, 합병대가의 적정/부적정으로 인한 손익은 '주주 계좌'로 귀속된다. 합병에서 합병대가를 나타내는 말이 바로 합병비율이다. 합병비율이란 주식교부형 합병의 경우에는 합병으로 소멸하는 소멸회사의 주주들에게, 소멸회사를 흡수하여 존속하게 될 존속회사의 주식을 몇 주를 교부할 것인지(현금 교부형 합병이라면 1주당 현금을 얼마를 지급할지)를 나타내는 비율이다. 우리나라에서는 거의 모든 합병이 주식교부형으로 이루어지므로 이하 주식교부형을 대상으로 검토한다.

2015년 있었던 삼성물산 합병의 경우를 예로 들면, 소멸회사였던 구 삼성물산의 주주에게 존속회사였던 제일모직의 주식을 몇 주씩 교부할 것인지를 나타내는 비율이 바로 '합병비율'이 된다. 실제 사례에서 이 비율은 0.35였는데, 그 의미는 구 삼성물산 주주에게 삼성물산 주식 1주당 제일모직 주식 0.35주씩 배분한다는 의미이다. 구 삼성물산 주식은 구 삼성물산이 소멸함에 따라 함께 소멸한다. 이로써 구 삼성물산의 주주들은 통합법인인 제일모직(상호는 삼성물산으로 변경)의 주주로 신분이 바뀌게 된다.

합병비율의 변화에 따른 합병 결과 차이(지분율과 순자산)[216]

A. 합병 비율	B. 모직 주식수	C. 물산 주식수	D. 신주 (=A × C)	E. 통합주식 수(=B+D)	F. 모직 주주의 지분율 (=B/E)	G. 물산 주주의 지분율 (=D/E)	H. 지배주주 지분율·순자산
0.35	135,000,000	156,217,764	54,676,217	189,676,217	0.712 13조	0.288 5.2조	**0.304** 5.53조
0.418 (주식매수 2심)			65,299,025	200,299,025	0.674 12.3조	0.326 5.9조	0.289 5.3조
0.46 (NPS)			71,860,171	206,860,171	0.653 11.9조	0.347 6.3조	0.280 5.1조
0.95 (ISS)			148,406,876	283,406,876	0.476 8.7조	0.524 9.5조	0.208 3.8조
2.585 (순자산)			403,822,920	538,822,920	0.251 4.6조	0.749 13.6조	**0.116** 2.1조

위 표의 왼쪽 A열에서 맨 첫 행은 합병비율이 0.35인 경우인데 이는 실제 진행된 합병비율이고, 그다음 행의 0.418은 주식매수 청구권 사건에서 법원이 인정한 합병비율,[217] 그다음 0.46은 국민연금이 주주로서 표결에 앞서 내부적으로 적정하다고 판단한 합병비율, 0.95는 해외 의결권 자문 서비스 기관인 ISS가 제시한 적정 합병비율, 그다음의 2.585는 순자산 비율대로 합병비율을 정했을 때의 합병비율을 각

216 이곳 표와 그림 및 관련 설명은, 이상훈, 앞의 「'합병비율 불공정'과 구제수단-비판과 대안: 불공정의 재정의(再定義)와 신주의 추가발행-」, 43면 부분을 요약 및 인용한 것이다.

217 2심에서 인정한 수치로 최종 대법원에서 확정되었다. 대법원 2022.4.14., 2016마5394, 5395(병합), 5396(병합) 결정.

각 나타낸다. 합병비율이 이렇게 높아질수록 D열에 보듯이 구 삼성물산 주주들에게 보다 많은 제일모직 주식이 배분되고, 이것은 G열에서 보듯이 통합법인에서 구 삼성물산 주주들이 차지할 지분율이 상대적으로 높아짐과 동시에, F열에서 보듯이 구 제일모직 주주들이 차지할 지분율은 상대적으로 낮아짐을 뜻한다. 즉 합병비율이 높아질수록 구 삼성물산 주주들에게는 유리하고(G열) 구 제일모직 주주들에게는 불리해진다(F열). 위 표에는 나타내지 않았으나 합병비율이 0.35보다 낮아진다면 그 반대가 된다. 이처럼 합병비율의 유불리는 주주들의 지분율로 직결되는바, 합병비율 불공정은 주주들의 지분율 감소 손해를 초래한다. 즉 합병비율은 양 사 주주들의 이해상충 문제이다. 이 합병비율의 변화에 따른 주주들의 지분율과 순자산 변화를 그림으로 나타내면 아래와 같다.

여기서 짚고 넘어가야 할 중요한 사항은, 이처럼 합병비율의 높고

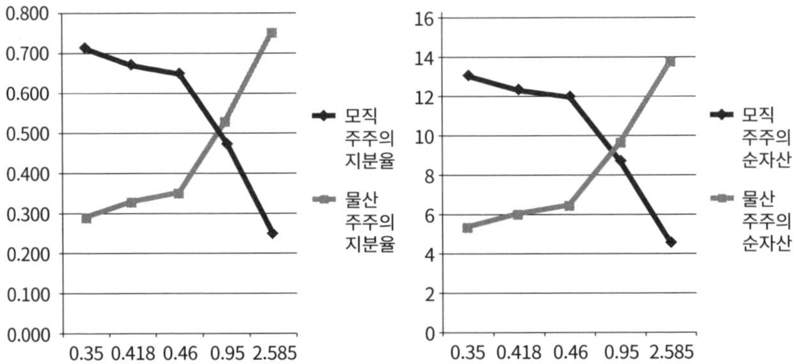

합병비율과 주주들의 이해상충 — 지분율 및 순자산 변화

낮음은 철저하게 주주들의 지분율 문제일 뿐, 회사라는 법인격에는 영향을 미치지 않는다는 점이다. 합병비율을 어떻게 정하는지에 따라 삼성물산이 짓는 래미안 아파트나 제일모직이 만드는 빈폴 의류의 품질이나 재고 수량, 보유 현금이나 부동산, 공장, 판매 영업력에는 아무런 차이가 없다.

이는 합병 대가의 적정성 문제가 '회사 계좌'에는 영향을 미치지 않으며 '주주 계좌'의 문제임을 말해 준다. 즉 합병비율 부적정으로 인한 '주주 계좌'의 손해 문제는 '회사에 대한' 충실의무 개념으로는 보호받을 수 없다는 것, 따라서 '주주 계좌'의 보호를 위해서는 '주주에 대한' 충실의무 개념이 별도로 필요함을 말해 준다. 주주를 합병비율 불공정으로부터 보호하기 위해서는 '주주에 대한' 충실의무 개념이 필요한 것이다.

최근 삼성물산 합병에서 합병비율이 불공정하다며 이를 '주주에 대한' 배임죄로 기소한 사안에서도 법원은 이사는 회사에게만 의무가 있을 뿐, 주주에 대해서는 의무를 부담하지 않는다는 이유로, 합병비율 불공정 주장은 더 나아가 살펴볼 필요 없이 '주주에 대한' 배임이 되지 않는다고 판시한 바 있다.[218]

다. 양 사 간 주식 집중도 차이에 따른 지배력(지분율)의 편취

합병으로 인해 주주가치가 훼손되는 또 한 가지 중요한 사유는 양 사 간 주식 소유 분포의 차이때문이다. 이것은 합병비율 불공정과는

---

218 서울중앙지법 2024.2.5. 선고 2020고합718, 920 판결, 871면, 서울중앙지법 형사공보관 2024.2.6. "2020고합718 등 자본시장법위반등 사건 보도자료", 12면.

독립된 별개의 원인이다. 주식의 분포를 무시한 채 합병비율을 구하면, 소유구조가 분산된 회사 주주들의 지배력이 상대방 회사의 지배주주에게 무상으로 흡수되어 부당한 지배력 편취가 발생한다. 따라서 '주주에 대한' 충실의무의 관점에서는, 합병비율을 산정하기 전에 미리 두 회사의 주식 분포부터 챙겨 보아야 한다. 즉 합병상대방을 고르는 문제에서부터 '주주에 대한' 충실의무가 적용되어야 한다.

합병비율은 두 회사의 1주당 가치를 각각 구한 뒤, 이 1주당 가치의 비율을 비교하는 과정으로 산정된다. 따라서 두 회사의 1주당 가치를 먼저 구하는 것이 필요한데, 그것은 전체 기업가치를 먼저 구한 뒤 그것을 전체 주식 수로 나누는 방법으로 구한다. 그러므로 이 과정에 주식의 분포가 끼어들 틈은 없다. 기업가치란 해당 기업이 벌어들일 미래의 가치를 지칭하는 개념이므로, 그 기업의 주식이 특정 지배주주에게 집중되어 있는지, 일반주주들에게 분산되어 있는지는 원칙적으로 고려될 요소가 아닌 것이다. 이렇게 구해진 기업가치를 주식 수로 나누는 과정도 마찬가지이다. 상장법인의 경우 우리나라는 기업가치를 먼저 구하는 과정을 생략하고 자본시장법에 따라 바로 그 주식의 시장주가를 사용하도록 되어 있기 때문에 이때도 주식 분포의 문제를 별도로 고려하지는 않는다.

예를 통해 이를 살펴보자. 두 회사 A와 B가 합병을 하려는데 두 회사는 각각 기업가치가 100, 주식 수가 100주이다. A사는 지배주주 X가 50주를 들고 있고, 나머지 50주는 일반주주 50명이 각 1주씩 들고 있는 반면, B사의 100주는 일반주주 100명이 1주씩 들고 있다고 가정한다. 두 회사의 각 기업가치 100을 100주로 나누면 양사의 1주당 가치는 모두 1이므로 합병비율은 1:1이다. A사는 소멸하고 B사가 존속하는 형태의 합병이라고 하면, B사는 신주 100주를 발행하여 A사의 주식 1주당 B사의 신주 1주씩 배정할 것이다. 그렇게 되면 합병 후 통합법인의 총 주식 수는 200주이고, 주식의 분포는 X가 50주, 일반주주들이 150주를 갖는 구조가 된다. 여기서 눈여겨볼 대목은 합병 전 B사는 지배주주가 존재하지 않는 완벽한 분산 소유구조였는데, 합병 후 B사는 이제 25%의 지분율을 점하는 X라는 지배주주가 탄생하였다는 점이다. 이것은 B사의 일반주주들에게는 엄청나게 불리한 결과이다. 분산 소유구조에서 25%의 지배주주가 탄생하려면 통상 그 지배주주가 되려는 자는 프리미엄을 주고 주식을 취득하는 것이 일반적인데,[219] 그러한 과정이 생략됨으로써 X는 프리미엄 상당의 공짜 이득을 얻었고 B사의 일반주주들은 그만큼의 기회 손실을 입었기 때문이다. 이러한 결과는 합병비율을 기업가치 나누기 주식 수로 구하기로 한 순간, A사를 합병 상대방으로 선택한 시점에 이미 예정된 피할 수 없는 결과이다. 이를 피하려면 공개매수를 먼저 하도록 하여 B사의 일반주주들에게 프리미엄을 충분히 지급한 뒤 합병을 해야 한다. 물론 이러한 사고방식은 '주주에 대한' 충실 개념이 전제되어야 가능하기에 우리나라에서 합병은 전혀 이런 식으로 이루어지지 않는다. 단순히 합병비율 산정 방식을 시가에서 DCF법으로 바꾼다고 해서 문제가 해결되지 않으며, 근원적인 해법은 주주에 대한 충

219 반드시 공개매수에 의하지 않더라도 상장법인의 주식을 시장에서 이 정도로 취득하려면 맨 처음 5% 공시 및 그 이후의 1% 지분 증가 때마다 공시해 가면서 취득해야 하므로, 주가 등귀를 불러와 막대한 프리미엄을 지급해야 물량 매집이 가능해질 것이다.

실의무의 도입이라고 필자가 주장해 오는 이유 중 하나이기도 하다.

삼성물산 합병도 마찬가지였다. 총수일가의 지분율이 제일모직에는 52%, 구 삼성물산에는 1.4%였는데, 합병 후 통합법인에서 총수일가의 지분율은 30%를 넘게 된다. 구 삼성물산 일반주주의 입장에서 보면, 총수의 지분율이 1.4%에 불과하였는데 하루아침에 30%짜리 지배주주가 탄생한 결과이니 프리미엄 상실의 손실을 입은 셈이다. SK C&C와 SK(주)의 합병도 이와 유사하다. 두 회사는 2015년 합병했는데, 합병 당시 최태원 회장의 SK C&C에 대한 지분율은 37.4%였고, SK(주)에 대한 지분율은 0.02%에 불과했다. 당시 합병비율은 SK C&C:SK(주)=1:0.74였고, 당시 국민연금은 "SK C&C 주주에 비해 SK(주) 주주들의 주주가치를 훼손하는 합병비율"이라며 합병에 반대 의견을 냈었다.[220] 최태원 회장의 SK(주)에 대한 지분율은 합병 전 0.02%에서 합병 후 23.4%로 급등한다.[221]

이상의 사례에서 중요한 시사점은, 합병에서 주주 계좌에 손실을 끼칠 수 있는 경로로 합병비율보다 더 중요한 것이 합병 상대방 선택, 즉 합병 상대방의 지분율 집중도 차이라는 점이다. 합병 상대방을 누구로 선택하느냐의 문제는 회사에는 손해를 끼치지 않고 주주들에게만 손해를 끼칠 수 있는 문제라는 점, 그리고 이 문제는 합병비율의 공정성과는 별개의 문제라는 점이 주목을 요한다. 위 삼성물산 합병 사례에서, 실제 진행된 합병비율은 0.35였는데, 당시 국민연금에서 내부적

220 국민연금이 SK 그룹의 합병에 대해서는 이처럼 반대 의견을 냈으면서 그 뒤에 벌어진 거의 유사한 사안인 삼성물산 합병에 대해서는 찬성 의견을 냈던 것이 이슈가 되기도 하였다.

221 김소연, "그래서 SK 그룹 지배구조는 어디로?", 매경이코노미 2024.6.12., 2263호, 8면.

으로 적정하다고 판단했다는 0.46이라는 수치는 0.35 대비 무려 30% 가량 큰 폭으로 증액된 비율이다. 그러나 앞서의 표에서 보듯이 설령 0.46으로 진행했더라도 지배주주의 지분율은 30.4%에서 28% 정도로 근소하게 낮아질 뿐이다. 지배주주의 지배권 취득이라는 관점에서는 합병비율이 30%가량이나 큰폭으로 조정되더라도 지배력 이전이라는 큰 흐름에는 거의 영향력을 발휘하지 못하는 것이다. 즉 지배주주의 지배권 취득이라는 관점에서는 합병비율보다도 합병 직전 양사에 대한 지배주주의 집중도 격차가 훨신 더 지배적이라는 점을 말해 준다.

요컨대, '주주 계좌'의 손해, 일반주주의 지분율에 미치는 영향은, 합병비율의 공정성 문제보다는 합병 상대방을 누구로 고르는지, 즉 상대방의 지분율 분포가 어떠한지, 상대방 회사에 지배주주가 존재하는지와 같은 문제들이 훨씬 결정적이다. 따라서 합병에서는 합병비율을 논하기에 앞서 합병 상대방을 누구로 고르는지의 문제부터 '주주 계좌'의 관점에서 중요한 문제로 고려되어야 한다. 또한 지배주주가 존재하는 회사를 상대방으로 고른 경우에는 그에 따른 지배권 이전 내지 매각 효과를 감안하여 주주들에게 충분한 보상이 이루어지도록 가령 공개매수를 먼저 하도록 하여 프리미엄이 충분히 지급되도록 거래구조를 설계해야 한다. 실제로 이러한 관점에서, 미국 델라웨어의 판례들은 합병에서 상대방을 누구로 고르는지의 문제, 즉 양 사의 지분율 분포 차이 문제로 인해 주주들이 입게 될 손해를 충분히 고려할 이사의 신인의무가 존재한다고 본다.[222] 그러나 '주주에 대한' 충실

222 이상훈, 「삼성물산 합병을 통해서 바라본 주주이익 보호의 문제점과 개선방향-에버랜드의 재

의무가 인정되지 않는 한국에서 이런 식의 판례를 기대하기는 어렵기에 이로 인한 주주의 손해를 방지하긴 어려운 상황이다. 합병에서 '회사에 대한' 충실의무와는 별도로 '주주에 대한' 충실의무가 필요하다고 보는 또 다른 이유이다.

3. '회사에 대한' 충실의무 체제에 의할 경우의 주주 보호의 흠결

현행 상법하에서 해석론 및 실무는 '회사에 대한' 충실의무 체제인데, 이에 의할 경우 위에서 본 바와 같은 주주가치 훼손 문제에 대해 적절한 사전 또는 사후의 피해구제가 이루어지기 어렵다. 이 부분은 '주주에 대한' 충실의무를 도입해야 하는 핵심 이유라고 할 수 있다.

그러나 '주주에 대한' 충실의무 도입을 반대하는 측에서는 이미 주주를 합병비율 불공정으로부터 보호하기 위한 상법의 여러 수단들이 존재하므로 '주주에 대한' 충실의무 도입은 불필요하고 부적절하다고 주장한다. 이러한 주장이 타당할까? 이하에서는 이러한 반대론이 내세우는 현행 권리보호 수단들은 주주보호에 흠결이 있어 충분치 않으며 여전히 '주주에 대한' 충실의무가 필요하다는 점을 살펴본다.

가. 합병 반대주주의 주식매수청구권의 한계[223]

'주주에 대한' 충실의무 도입을 통해 합병과 같은 자본거래에서 주

림(再臨), 그 극복을 위한 제언-」, 『상사법연구』제34권 제3호, 상사법학회, 2015, 1128면 주27 및 관련 본문.

223 이 부분 서술에 관한 상론은, 이상훈, 「합병의 본질과 선관의무에서의 손해-주주이익론으로의 패러다임 전환을 제안하며」, 『법조』 제644호, 법조협회, 2010, 210~212면; 앞의 「주식매수청구권-기존 논의의 한계와 대안」, 9면 이하; 「주식매수청구권 시장성예외 검토」, 145면 이하.

주를 보호해야 한다는 주장에 대해 반대하는 쪽에서는, "합병비율의 부적정으로 인한 주주들의 불만에 대비하여 상법에 마련된 제도가 주식매수청구권[224]이므로 그것으로 충분하며, 따라서 '주주에 대한' 충실의무와 같은 주주보호 방안은 필요가 없다"는 주장을 내세운다. 합병에 불만인 주주는 합병 (발표) 전의 가격으로 자신의 주식을 매각할 수 있으니 손해를 입지 않는다는 논리이다.

과연 그럴까? 이 논점은 주식매수청구권의 발상지인 미국에서는 40여 년 전인 1983년 델라웨어 대법원의 Weinberger vs UOP, Inc. 판결로 결론을 내린 주제이다. '주주에 대한' 신인의무 위반이 존재할 경우에는 주식매수청구권만으로는 충분치 않으며 그와 별도로 신인의무 위반에 의한 소를 인정하여야 한다는 것으로 말이다.[225]

그렇다면 주식매수청구권과 충실의무 위반 소송 사이에, 주주의 입장에서는 구체적으로 어떠한 차이가 있을까? 여러 차이점을 언급할 수 있으나 가장 크게는 다음 사항들을 들 수 있다.

첫째, 현행 자본시장법에 따른 주식매수청구권은 주주가 누려야 할 n분의 1 대비 적은 금액만을 찾아가도록 되어 있는 한계가 있다. 주식매수청구권은 그 가격을 자본시장법 규정에 따르게 되어 있는데, 이는 거래소 시장주가에 의하는 구조여서 기업가치 전체의 n분의 1을

---

224 상법 제522조의3.

225 합병비율에 관한 불만을 주식매수청구권으로만 다투게 할 뿐 그 외의 권리구제 수단을 인정하지 않는 것을 "appraisal exclusivity"라고 하는데, 델라웨어주는 의무 위반 등 위법이 존재하는 경우에는 appraisal exclusivity에 예외를 인정하여 소송을 허용한다(1983 Weinberger vs. UOP Inc.). 이는 주주에 대한 직접 의무를 인정하지 않음으로써 사실상 소송은 불가하고 주식매수청구권만이 가능한 우리나라와의 차이점이다. 이상훈, 앞의 「주식매수청구권-기존 논의의 한계와 대안」, 10면 참조.

환가해주는 구조가 아니다. 주식매수청구권은 유통시장에서 주주들의 손바꿈 거래가 아니라 회사에 대해 탈퇴하면서 그 탈퇴지분의 환가를 구하는 거래이므로, 프리미엄이 제거된, 일반주주 할인이 적용되는 거래소 시장가격으로 환가를 해주어서는 곤란하고, 프리미엄까지 고려된 회사 전체의 가치를 산정해서 그 n분의 1을 계산해 주어야 타당하다.

둘째, 주식매수청구권은 반드시 회사를 떠나야지만 행사할 수 있는 권리이다. 충실의무 위반소송이 회사에 잔류하면서 문제의 시정을 요구할 수도 있는 적극적인 권리인 것과 대비된다. 단순히 경영판단에 동의할 수 없는 수준이라면 소수파는 주식을 팔고 떠남으로써 회사의 앞길을 열어 주는 것이 합리적이라고 볼 수 있다. 하지만 순수한 경영판단이 아니라 위법한 판단이라면 무조건 팔고 떠나라고만 할 것이 아니라 남아서 문제를 시정하고 당초 기대했던 'upside' 투자 수익을 누릴 수 있는 길도 열어 두는 것이 타당하다.[226] 그런데 이 후자의 방법을 열어 두려면 '주주에게 위법'하다는 판단이 가능해야 하는데 '회사에 대한' 충실 체제하에서는 이것이 사실상 불가능한 게 현실이다.

셋째, 위 둘째와 연관된 것으로, 주식매수청구권은 보상의 기준 시점상의 한계로 인해 충분한 보상이 이루어지기 어렵다. 전술한 바와 같이 주식매수청구권은 합병에 동의하지 않고 회사를 떠나는 것을 전제로 주어지는 제한적인 권리이다. 회사를 떠나는 사람에게만 주어지

226 그렇지 않으면 위법한 행위를 저지르는 대주주는 항상 헐값에 반대파를 축출하고 그에 따른 잉여를 수취할 수 있게 되는 모순된 결론에 이르게 된다.

는 권리이다보니 주식 평가의 기준 시점 또한 합병을 전제로 하지 않은 시점, 즉 합병발표 시점 이전의 가치를 기준으로 한다. 따라서 주식 가치도 합병 이전의 기업가치로만 산정해야 하며 합병으로 인한 시너지 가치는 보상 범위에서 배제된다. 즉 시너지가 배제된, 합병을 전제로 하지 않은 당해 법인의 독자 가치(stand-alone value)로만 산정됨이 원칙이다. 그러나 이것은 부당하게 주주의 가치 향유를 배제하는 것이어서 타당하지 않다. 이 점은 충실의무 위반 소송을 허용할 경우 구체적으로 어떠한 차이가 생기는지 비교해 봄으로써 분명해진다. 충실의무 위반으로 인한 손해배상이라는 것은, 충실의무 위반이 없었더라면 있었을 상태와, 그 위반으로 인하여 형성된 현 상태와의 차이를 전보해 주는 것이다. 충실의무 위반 소송은 잘잘못을 따져 그 책임을 묻겠다는 개념이므로 그 권리를 행사하려는 자에게 주식 매각을 요구할 필요가 없다. 주식 매각이 전제될 필요가 없으므로 "합병 결정 시점에 매각이 되었음을 가정하면서 합병 이후의 증분 가치, 즉 시너지 가치를 배제"하는 주식매수청구권의 논리를 따를 이유가 없고 그렇게 해서도 안 된다. 손해의 원인은 합병 당시에 발생한 것이지만, 그로 인한 손해액은 그러한 원인이 없었더라면 있었을 현재 상태(해당 소송의 변론 종결 시점 기준), 회사에 잔류한 상태를 기준으로 판단되어야 한다. 따라서 합병 당시로부터 **현재 시점**까지의 회사의 재산 상태의 변화(물론 위법행위와 인과관계가 있는 부분에 국한되어야 할 것이다)가 고려되어야 한다. 가령 합병비율을 충실의무에 위반하여 부적정하게 산정한 것이라면, 그 의무위반으로 인한 손해는 주주들의 계좌에 지분율 손해로 귀속될 것이므로, 이러한 경우 주주의 손해는 지분율이 처음부터 제대로 책정되었더라면 가지게 되었을 지분율과, 그렇지 못함으로 인한 현재의 지분율의 차이를 구한 뒤, 이 지분율 차이를 **현재의 통합법인의 전체 가치**에 곱함으로써 구하는 것이 합리적이다.[227]

넷째, 주식매수청구권은 의무 위반과 같은 잘잘못을 따지지 않고 그저 매각을 받아줄 뿐인 제도이기 때문에 이해상충 등 의무위반으로 인한 주식가치 평가의 왜곡을 바로잡기 힘들다. 주식매수청구권은 잘잘못을 따지고 시정하는 제도가 아니기 때문에, 경영진의 의무 위반으로 인하여 주가가 영향을 받는 경우, 예컨대 주주들에게 정보 제공이 제대로 이루어지지 않고 은폐되는 경우,[228] 배당이나 매출을 조정함으로써 주가에 은밀하게 영향을 미치는 경우, 의사결정 과정에서 지배주주 측 이사가 회의를 주도하거나 독립 이사들에게 정보를 선별 제공함으로써 의사결정에 영향을 미치는 경우와 같이 **진행과정 중간**에 벌어지는 일들을 실질적으로 통제할 절차적인 권능이 부여되어 있지 않다. 또한 규범 체계상, 경영진의 개입으로 시장주가가 영향을 받더라도 그것을 사후적으로라도 배제하고 가치평가를 해야 한다는 당위를 도출해 내기도 어렵다. 경영진의 의도적인 개입으로 시장주가가 영향을 받더라도 '주주에 대한' 충실의무가 인정되지 않는 우리 법 체계상, 그러한 경영진의 행위가 별도로 자본시장법상의 공시위반이나

---

227 이에 관한 상론은, 이상훈, 앞의 「'합병비율 불공정'과 구제수단-비판과 대안: 불공정의 재정의(再定義)와 신주의 추가발행-」, 68면 이하.

228 주주에 대한 충실의무 관념이 인정되면, 이해상충형 합병은 합병 계획도 사전에 공시되어야 한다고 보게 될 것이다, 이상훈, 「삼성물산 합병의 교훈: 합병계획 공개의무-주주의 비례적 이익, Basic·Weinberger와의 비교를 통하여-」, 『증권법연구』 제19권 제1호, 증권법학회, 2018, 61면 이하.

주가조작 등에 해당하지 않는 한 여하한 법령 위반 등 의무위반을 구성한다고 보기 어렵다.[229] 그렇다면 그 영향에 따른 주가변동 역시도 위법한 것이 아니며 정상적인 시장 기능의 일부라는 결론이 되기 때문에 그 '오염된' 효과를 배제하기가 규범적으로 어렵다는 문제가 생긴다. 반면 의무위반 소송이라는 구제 방법을 택할 경우에는 진행 과정이 끝나고 난 뒤의 손해배상이나 무효소송은 물론이고 진행 과정 중에도 경영진의 의무위반[230]으로 인하여 주주가치 훼손 우려가 있는 경우 가처분(상법 제402조) 등으로 이를 다툴 수 있다는 중요한 차이가 있다. 또한 시장주가가 경영진의 의무위반으로 영향을 받은 경우에는 의무위반의 시정 차원에서 그 영향받은 주가 부분은 제거되어야 한다는 논리 구성도 가능해진다. 이 점 역시 주식매수청구권과의 차이점이다.

다섯째, 합병비율에 불만을 가진 주주의 입장에서는 굳이 주식매수청구권을 이용할 메리트가 그리 크지 않다는 점도 한계이다. 현행 자본시장법상 합병비율 산정 기간과 주식매수청구권 산정 기간 사이에 큰 차이가 나지 않기 때문에 주식매수청구권 가격과 합병주가는 차이가 크지 않은 경우가 많다. 그렇게 되면 합병비율이 불만이라고 주식매수청구권을 행사할 실익이 별로 없게 된다. 합병 결정 발표 이후 주가가 크게 떨어지는 경우에는 하락 전의 가격으로 매수청구권을 행사할 수 있다는 점에서 일정한 가격 보장의 기능을 수행하는데, 이것이 사실상 거의 유일한 존재의의라고 할 수 있다. 그나마도 주식매수청

229 시세조종이나 증권사기를 금지하는 자본시장법 규정이 있지만 그 규정들이 요구하는 임계점은 상당히 높기 때문에 자본시장법 위반으로 인정되기도 어렵다.

230 이때의 의무란 주주에 대한 의무여야 함은 물론이다.

구 물량이 많으면 거래가 성사되기 어렵기 때문에 이해상충이 해소되지 않은 경영진의 입장에서는 주가를 관리하려는 인센티브를 갖게 되고 주주에 대한 충실이 결여된 의무체계에서는 이러한 이해상충을 해소할 수 있는 방안이 마땅치 않다는 점도 한계이다.

이상의 점들에서 보듯이 주식매수청구권은 여러 가지 한계가 있고, 충실의무 위반 소송은 이러한 한계를 보완해 줄 수 있다. 따라서 주주에게 주식매수청구권이 인정된다고 해서 '주주에 대한' 충실의무 위반을 원인으로 한 구제수단을 부정하는 것은 타당하지 않다.

나. 상법에 의한 실체법적 청구원인 도출의 한계

(1) 제399조 내지 401조에 의한 구제의 한계

합병은 회사의 자산이나 부채 또는 영업조직을 외부로 유출시키는 행위가 아니기 때문에 '회사의' 손해 개념을 상정하기 어렵다. 그렇기 때문에 '회사에 대한' 충실의무로는 문제를 시정하기가 어렵다.

그러나 이에 대하여는 주주의 손해도 회사의 손해로 보아 구제가 가능하다고 주장하는 견해들이 있다. 이 견해들은 "존속회사에게 불리한 합병비율인 경우에는 에버랜드의 법리를 원용하여 회사로 유입된 재산이 부족하다고 보아 상법 제399조에 의해 회사로 부족분의 보충을 청구하는 소송이 가능하다"고 주장한다. 반대로 소멸회사에게 불리한 합병비율인 경우에는 "회사가 소멸하여 소송이 불가하므로 상법 제401조에 의해 주주들이 직접 소송에 나서 주주 앞으로의 배상청구가 가능하다"고 주장한다.

이러한 견해들의 문제는, 주주의 지분율 손해를 회사의 손해로 환원하여 이론을 구성하려 한다는 점이다. '회사에 대한' 의무 체제를 유지하면서 논리 구성을 하기 위함인데, 그러다보니 존속회사와 소멸회사를 기교적으로 구별하여 차별적인 논리를 구성하게 되는 문제가 있다.[231]

또 한 가지 문제는 '회사에 대한' 충실 체제로 구성하면 합병비율 '불공정' 개념 자체의 성립이 어렵다는 점을 간과한 부분이다. 주주 간 이해가 대립되는 합병은 대부분 어느 일방 또는 쌍방이 상장법인인 합병이라 할 수 있는데, 이에 관하여 자본시장법은 합병비율 산정 방법을 정해 두고 있다(이하 '법정 산식'이라 한다). 법정 산식이 회사법적으로는 구속력이 없다는 견해도 있으나, 현실적으로는 강행법규로 통용되고 있다. 그렇다면 법정 산식에 따라 진행된 합병에 대하여 "합병비율이 불공정하다"고 말하는 것은 그 자체로 모순된 말이 된다. 법정 산식에 따라 합병이 이루어진 이상, 합병비율은 '법적으로' 불공정할 수가 없으므로 그에 대하여 법적인 구제수단을 논한다는 것은 불필요하고 불가능해진다. 합병비율이 불공정하다고 말할 수 있으려면 '주주들을 위해' 최선의 합병비율을 도출할 의무가 먼저 전제되어야 한다. 만약 '주주를 위한' 의무가 존재한다면 법정 산식으로 진행되는 거래에 반대하고 다른 대안을 탐색하는 등 주주들을 위해 최선을 찾아야 할 의무의 도출이 가능해진다.[232] 반면 '회사에 대한' 충실만 인정되는 상황이라면 규정상 합병비율이 정해져 있고 그렇게 하더라도 회사에는 아무 손해가 없는 상황에서 이사는 주주들을 위하여 합병에 반

231 이상훈, 앞의 「합병비율 불공정에 대한 상법 제399조, 제401조의 적용 가능성」, 56면 이하 참조.
232 이상훈, 앞의 「삼성물산 합병을 통해 바라본 주주이익 보호의 문제점과 개선방향」, 124면 이하.

대하여야 할 의무 근거가 도출되지 않는다. 이러한 상황에서 이사들은 합병비율이 불공정할지라도 법적인 반대 명분이 없어 찬성을 하게 되는 것이 우리나라의 실무라고 할 수 있다.[233]

(2) 상법 제399조 및 403조의 한계 — 부의 합계 불일치[234]

합병비율이 불공정하더라도, 회사가 손해를 입은 것은 아니기 때문에 회사 계좌로 입금할 것을 청구하는 손해배상 소송, 즉 상법 제399조에 의한 소송 또는 그에 기한 제403조의 주주대표소송은 성립하기 어렵다. 상법상 합병비율 부족분을 회사에 채워 넣으라는 취지의 조문도 없다. 이 점은 부족분을 회사로 채워 넣으라는 조문을 두고 있는 제3자배정 신주발행의 경우와 차이점이고 그 점에서 에버랜드가 내세웠던 '회사의 손해' 논리가 적용되기도 어렵다. 만약 위 399조 또는 403조에 의해 '회사 계좌'로 손해배상을 청구하는 것을 인정해 준다 해도 다음과 같은 골치 아픈 문제가 생긴다.

의무를 위반한 이사로 하여금 **회사 계좌**로 손해 배상하게 하면 이사 개인 계좌로부터 합병 후 통합법인의 계좌로 금전이 유입될 것이다. 이 부분은 회사의 입장에서 보면, 당초 합병 전에 양 사가 가지고 있던 재산을 넘어서는 추가 재산이다. 이것은 회사가 당초 합병으로 얻을 수 있던 재산을 초과하는 재산이기 때문에 합병의 본질과 맞지 않는다. 합병이란 그저 두 회사를 합치는 것이지 재산을 추가로 더 집

233 김주영, 「이사 충실의무 도입되면 소송남발? 천만에!!」, 『거버넌스 TV』 2024.6.27. (https://www.youtube.com/watch?v=lLYhMsOSeMM&t=18s).

234 이에 관하여는 제2부 IV. 3항 참조.

어넣는 제도가 아니기 때문이다. 민사상 손해배상의 본질에도 반한다. 손해배상이란 원래 있어야 할 상태로 만들어 주기 위한 개념이지, 그것을 넘어서는 상태로 만들어 주기 위한 개념이 아니다. 또한 합병비율의 불공정이란, 어느 한쪽 주주들이 그 불공정으로 인하여 손해를 보았다는 것인데 손해배상을 그 손해 본 주주에게 직접 지급하지 않고 회사의 계좌로 입금시킬 경우, 피해를 입은 피해자와 배상을 받는 수령자가 불일치하는 문제를 낳는다. 부의 정산도 제대로 이루어지지 않는다. 돈이 회사로 입금되면 기존에 이득 본 주주들은 회사에 대하여 가지는 지분율만큼 다시 이득을 보고 기존에 손해 본 주주들은 손해액 전액이 아니라 회사에 입금된 돈에 자신의 지분율을 곱한 금액만큼만 배상받는 셈이 되어 과소배상이 이루어진다. 게다가 이미 회사 내 주주들의 지분율, 즉 지배력 구도가 바뀌어 지배주주의 지배력이 강화된 상황이기 때문에, 주주 계좌로 직접 배상을 해주지 않고 회사 계좌로 배상을 해줄 경우에는 그 돈에 대한 처분권한이 지배주주에게 귀속됨으로써 그 돈이 피해 주주를 위해 쓰이지 않고 지배주주의 사적 목적 기타 다른 용도로 사용될 위험, 다시 말하면 실질적인 배상이 이루어질지에 대한 불확실성이 증가하는 문제점도 발생한다. "주주의 손해와 회사의 손해가 동일하다"는 「동일성설」에 입각하여 "회사에 대한 충실로도 주주의 피해구제가 가능하다"고 주장하는 견해들은 필자의 위와 같은 오래전부터의 문제점 지적에 대해 이렇다 할 설명이나 반론을 제시하고 있지 못하다.

이상에서 본 것처럼 '회사의 손해'로 구성할 경우 여러 문제점이 생기는 이유는 기본적으로 합병비율 불공정이 '주주의 손해' 문제이지 '회사의 손해' 문제가 아니라는 점에서 비롯된다. '회사의 손해' 문제가 아니라는 사실은, '회사에 대한' 의무위반으로 구성해서는 문제를 해결할 수 없으며, '주주에 대한' 의무위반으로 구성해야 한다는 것을 말해 준다.

(3) 상법 제401조의 한계

합병비율 불공정에 대해 주주는 상법 제401조로 구제될 수 있다고 주장하는 견해는, 소멸회사에게 합병비율이 불리한 경우 그것은 '소멸회사의 손해'라고 보면서도 주주의 직접 손해로 보아 주주가 권리를 행사할 수 있다는 논리 구성을 취한다.

이 견해의 첫 번째 난점은 합병으로 신주를 배정받는 주체는 주주이지 소멸회사가 아니므로 소멸회사는 피해자가 될 수 없는 구조인데 이를 간과하였다는 점이다. 법인이 손해를 보았다가 이것이 주주에게 승계된다는 인위적인 이론 구성도 난점이다. 법률행위나 법률의 규정 없이 법인격이 다른 두 주체 간에 자동으로 손해배상청구권 등의 재산이 이전 내지 승계되는 법리는 존재하지 않는다. 합병비율 불공정은 법인 계좌와 무관한 주주의 지분율 손해이므로, 존속이건 소멸이건 차별 없이 곧바로 주주의 직접손해라 봄이 타당할 것이다.

둘째 난점은, 제401조는 이사의 임무해태를 요건으로 하는데, 여기서의 임무해태는 회사, 즉 법인에 대한 것이라는 점을 간과한 부분이다. 합병비율은 회사에게 손해를 야기할 수 없는 요소이므로 합병비율과 관련하여 '회사에게' 손해를 입히지 말아야 할 '임무'라는 개념은 상정하기 어렵다. 합병비율을 공정하게 할 의무라 함은, 자사 주주들이 적정 지분율을 확보할 수 있도록 노력할 의무이다. 그러나 이것은 앞서 가장납입에 관한 2004년 대법원 판결(2002도7430판결)에 따르면 주주의 재산보전에 관한 업무로서 주주들의 사무이지 법인의 사무라고 보긴 어렵다. 이 점은 최근 삼성물산 합병에 대한 민사소송 사건인 합병무효 소송에서는 물론,[235] 이를 '주주에 대한 배임'으로 기소한 형사사건에 대한 2024년의 법원 판단에서도 다시 한번 확인된 바 있다.[236]

위 401조로 주주의 손해가 전보될 수 있다고 주장하는 견해는, 합병비율을 정하는 것이 이사의 사무이므로 이사에게 합병비율을 공정하게 처리할 선관의무가 당연히 존재한다는 점을 주된 논거로 내세우지만, 이사가 주주에 대해서는 직접 의무를 부담하지 않는다면서 주주계좌를 위해 노력해야 한다는 당위의 법적 근거가 어디서 도출된 것인지 그것이 핵심 질문인데 질문에 질문으로 답할 뿐 설명을 제시하지 못한다는 문제가 있다. 그럴 바에는 충실의무를 정면으로 인정하여 주주에 대한 직접 손해배상 책임을 인정하는 것이 타당할 것이다.

이 견해의 세 번째 난점은, 이사에게 주주를 위할 의무가 존재한다면서 고의 중과실이 있는 경우에만 혜택을 볼 수 있는 상법 제401조에 의하도록 하는 것의 모순성이다.

네 번째 문제점은, 상법 제401조에 의할 경우에는 충실의무에 의하는 경우와는 달리 상법 제397조 내지 398조, 제391조 제3항, 제368조 제3항과 같은 이해상충 해소 절차의 적용을 받을 수 없는 점이다. 이것은 충실의무를 직접 인정할 경우와 핵심적인 차이다(그 밖에 제2부 IV. 3항).

---

235 서울중앙지방법원 2017.10.19. 선고 2016가합510827 판결, 항소취하로 확정.
236 서울중앙지법 2024.2.5. 선고 2020고합718, 920 판결, 871면.

(4) 상법 제401조의2의 한계

상법 제401조의2는 업무집행 지시자에게 이사와 동일한 책임을 묻고 있으므로 지배주주의 이해상충 합병 추진에 대해서는 위 401조의2로 견제가 가능하며, 따라서 이사의 '주주에 대한' 충실의무 도입은 필요 없다고 주장하는 견해도 있다. 그러나 위 401조의2는 어디까지나 '회사에 대한' 책임을 묻는 조문이므로 '주주에 대한' 책임을 논하는 문제의 해결책이 되지 않는다. 단지 이사의 책임을 지배주주에게 확장하는 조문일 뿐, 책임의 보호 대상을 회사로부터 주주에게까지 확장하는 조문은 아니다.

다. 절차적인 청구의 한계

(1) 사전구제 — 이해상충 해소 장치가 발동되지 않음

총수의 이해상충에 의해 진행되는 합병이라면 회사법에 마련된 이해상충 해소 장치에 따라 이해상충이 걸러지고 통제될 것이라고 생각하기 쉽다. 그러나 '회사에 대한' 충실 체제에서는 '주주에 대한' 이해상충 상황에서 그러한 통제 기제가 작동되지 않는다.[237]

회사법상의 이해상충 해소 장치라 함은 상법 제397조 내지 398조, 제391조 제3항과 제368조 제3항을 말한다. 이들 조문은 이해상충의 상대방이 모두 '회사'인 것으로 운용되고 있다. '회사에 대한' 충실 체제에서 '회사와의' 이해상충만을 해소토록 요구하는 것은 매우 당연한 것이며 이들 조문이 총수가 '전체 주주에 대한 관계에서' 이해상충

237 이상훈, 앞의 「합병의 본질과 선관의무에서의 손해」, 216면 이하.

이 있는 경우 작동되지 않는 것 역시도 당연한 이치다. 그 결과 이들 조문은 합병 의사결정 절차상의 총수와 주주 간의 이해상충 해소 용도로는 쓰이지 않는 것이 현재 실무이다.

(2) 합병절차 중지(가처분) 이용 불가

합병은 일단 회사끼리 합쳐 버리면 다시 분리해서 되돌리는 것은 사실상 불가능하고 독립 상태였다면 어떠했을까라는 회고적인 가치평가도 쉽지 않기 때문에, 합병이 완료되기 전의 구제수단, 가령 가처분에 의한 절차 중지와 같은 사전 구제수단이 절대적으로 중요하다. 그러나 현행 상법하에서는 '회사에 대한' 충실 체제 때문에 이러한 가처분은 현실적으로 불가하다.

가처분이라 함은 실무상 상법 제402조에 기한 이사의 위법행위 유지청구권 또는 합병비율 불공정으로 인한 합병 무효소송 청구권을 각 피보전권리로 하는 민사집행법상의 임시지위를 정하는 가처분에 기해 합병절차의 진행을 중지할 것을 신청하는 것을 가리킨다. 그런데 이러한 신청이 받아들여지려면 위 조문들의 요건상, 피보전권리의 소명이 이루어져야 하고, 그러기 위해서는 이사의 '위법행위' 또는 '회사의 손해' 또는 '합병비율 불공정'이 인정되어야 한다. 그러나 '회사에 대한' 충실 체제하에서 자본시장법상 합병비율 규정을 준수한 이상, 이사의 어떠한 위법이나 회사의 손해, 합병비율 불공정이 도출되지 않는다. 이사의 '주주에 대한' 충실 개념이 전제되어야 이해상충 해소절차 위반, 주주가치 보존 및 훼손금지 의무 등의 위법을 도출해 낼 수 있고 그래야 가처분에서의 피보전권리가 소명될 텐데 말이다. '회사에 대한' 충실 체제하에서는 법리상 피보전 권리가 성립할 수 없기에 신청은 기각된다. 삼성물산 합병을 둘러싼 여러 가처분 신청들과 합병무효 소송 1심 판결이 모두 기각된 것은 이 점을 잘 보여준다.

(3) 주총 취소무효, 합병무효 소송의 한계

현행 '회사에 대한' 충실 체제에서는 불공정한 합병을 결의한 주주총회의 효력을 다투거나, 합병비율이 불공정하다는 이유로 합병무효 소송을 제기할 수 있으므로 굳이 '주주에 대한' 충실의무 도입은 필요 없다고 주장하는 견해도 있다.

그러나 전술하였듯이, 상장법인의 경우 자본시장법에 따른 합병비율로 진행한 것이므로 불공정 개념 자체가 성립하기 어렵다. 이사에게 '회사에 대한' 무슨 의무위반이 성립하는 바가 없다면 합병비율이 '재무적으로' 불공정하다는 이유만으로 '법적 불공정'이 인정되는 것은 아니다. 법적 불공정이 인정될 수 없다면 주총 취소사유나 합병 무효사유가 되긴 어렵다.

또한 법적 불공정을 인정받는다고 해서 합병을 무효로 되돌려야 하는 것도 아니다. 재량기각 제도가 있기 때문인데, 합병을 무효로 되돌리는 판결은 현실적으로 기대하기 어렵다.

라. 소결

이상을 통해, '회사에 대한' 충실 체제인 현행 상법하에서는 합병을 통한 주주가치 훼손 행위가 발생하더라도 주주는 그에 대해 실효성 있는 권리 구제수단을 가질 수 없음을 알 수 있다. 주식매수청구권이 그나마 약간의 실익이 있으나 이 역시도 '회사에 대한' 충실 체제와 현행 자본시장법의 법정 산식 규제로 인하여 여러 제약이 있다.

4. '주주에 대한' 충실의무 도입 시 기대효과: Before and After

가. '주주에 대한' 충실의무 도입 전

'주주에 대한' 충실의무가 도입되기 전의 현황은 위 3.항에서 본 바와 같다.

다시 한번 언급하면, 현행 상법하에서 해석론은 '회사에 대한' 충실의무 체제로서 '주주에 대한' 충실 개념은 인정하지 않는바, '주주에 대한' 충실의무가 도입되기 전에는 합병 과정에서 주주가치 훼손 문제에 대해 적절한 사전 또는 사후의 피해구제가 이루어지기 어렵다.

우선 합병은 회사의 손해를 유발하는 거래는 아니므로 '회사에 대한' 충실 체제에서는 이사의 의무 위반이 성립하기 어렵고 법정 산식에 따르는 한 규정 위반도 없으므로 합병비율 불공정이라는 개념 자체가 성립하기 어렵다. 그 결과 합병비율 불공정을 이유로 하는 일체의 쟁송 절차를 사용할 수 없게 된다. 한마디로 총수의 입장에서 바라보면 현행법하에서는 사실상 자본시장법상의 법정 산식을 준수하면 특별한 장애요인은 없다. 최근 2024년 두산밥캣 사례에서 금융감독원은 정정공시 제도를 통해 합병비율의 변경을 사실상 이끌어 낸 바 있지만,[238] 그것은 공시제도의 남용이자 선별 개입에 의한 일종의 '관치

---

238 김수정, 「두산, '프리미엄' 얹은 증권신고서 운명 이달 분수령」, 『블로터』, 2024.11.1.

(官治)'여서 적절치 않다고 본다. 공시는 정보의 공개, 속이는 행위를 규제하는 것이지, 합병비율과 같은 실체적인 거래 조건에 개입하기 위한 제도는 아니기 때문이다. 또한, 법정 산식으로 정해 놓고서는 그에 따른 합병비율을 바꾸려는 것 자체가 모순이다. 상법 개정에는 반대하면서 관치로 문제를 해결하려고 하기보다는 정면으로 법을 개정하여 시스템적으로 대응하는 것이 올바른 길이다.

결과적으로 주주는 불공정 합병에 대해 문제제기를 할 수 있는 실효적인 수단이 없으며, 주식을 팔고 나갈 수 있는 권리, 즉 주식매수청구권만을 가질 뿐이다. 그런데 주식매수청구권은 제도 자체의 본질에서 비롯되는 한계, 총수의 이해상충으로 진행되는 합병의 경우에는 '주주에 대한' 충실 개념이 인정되지 않음에 따른 여러 한계, 자본시장법의 법정 산식 규제의 한계 등으로 인해 주주 보호에 크게 미흡하다.

나. '주주에 대한' 충실의무 도입 후

'주주에 대한' 충실의무가 도입되면 위 3.항에서 언급한 문제점들이 해결된다.

우선 법정 산식에 의해 기계적으로 적용되는 주식매수청구권의 한계를 극복할 수 있게 된다. 가령 '주주에 대한' 이해상충 해소 장치가 가동되므로, '주주에 대한' 이해상충으로 인하여 법정 산식의 기초가 되는 시장주가가 오염되는 것을 방지할 수 있게 된다. 또한 합병비율 불공정은 그 자체로 '주주에 대한' 충실의무 위반을 구성할 수 있으므로 그에 기한 권리구제가 가능해지는데, 이것은 주식매수청구권이 가진 제반 단점을 보완해 줄 수 있다.

또한 '주주에 대한' 의무 위반이 인정될 수 있으므로 가처분에 의한 합병절차 중지 소송 등도 가능해진다. 합병 과정에서 총수와 전체 주주 사이의 이해상충에 대하여 상법에 마련된 이해상충 해소 장치의 (유추)적용이 가능해짐으로써 절차적 공정성(fair process)과 내용적 공정성(fair price) 확보가 가능해진다.

한 가지 중요한 부분은, 주식교부형 합병인 경우에 합병비율 불공정으로 인하여 주주들이 입은 손해는 지분율 손해이고 이것은 손해를 산정하기도 어렵거니와 금전배상 방법으로는 원상회복적 구제가 어렵고, 그러한 식의 금전배상은 금전과 주식을 맞바꾸는 새로운 주식 공모(public offering) 성격이 있어 여러 면에서 적절한 구제 방법이 아니라는 점이다. 따라서 필자는, 주주에 대한 충실의무가 도입된다면, 불공정한 합병비율에 의한 이해상충형 합병은 상법 제398조 위반의 무효인 합병으로 보아, 무효에 따른 부당이득 반환 법리에 기해 지분율 자체를 정산(신주를 추가발행)해 주는 것이 합리적이라고 본다. 부분 무효 법리[239]에 기해, 합병 전체를 무효로 되돌릴 필요는 없으며 공정한 합병비율을 초과한 부분만 되돌려 이를 정산하면 족하다고 보는 것이다.[240] 합병비율 불공정 문제는 특정 개개인의 개인법적인 문제가

---

239 전체를 무효로 하지 않고 위반분만 무효로 보아 되돌리는 방식으로, 민법 제607조, 608조의 무효에 대하여 판례가 취하는 방식이다. 고율의 이자에 대하여 민법 제103조 위반의 무효라면서도 계약 전체를 무효로 돌리지 않고 적정 이자율을 넘는 이자 부분만 되돌리게 하던 종래의 판례 법리(지금은 이자제한법으로 법제화되었다)도 같다.

240 이에 관한 상론은, 이상훈, 앞의 「'합병비율 불공정'과 구제수단-비판과 대안: 불공정의 재정의(再定義)와 신주의 추가발행-」, 68면 이하.

아니라, 모든 주주들 및 회사에 집단적으로 영향을 미치는 사안이므로(회사도 자본계정, 발행주식 수의 정돈이 필요한 문제이다), 위반행위자 개인을 상대로 한 개인법적인 금전손해배상 방식이 아니라 필자가 제안하는 바와 같은 단체법적인 해결 방식이 가장 적확한 해결책이라고 본다. 독일에서도 합병비율 불공정의 경우 주주에게 정당한 지분적 지위(정당한 지배권)를 회복시켜 주기 위해 금전보상이 아니라 주식에 의한 보상을 내용으로 하는 입법제안이 수차례 제안된 상태이며, 학자와 실무자 사이에 입법제안에 대한 비판적 검토와 동시에 특히 주식보상을 실행하기 위한 구체적 방안에 대한 논의가 지속되고 있다고 한다.[241] 주식보상이야말로 불공정한 합병비율로 야기된 경제적 결과를 사후적으로, 경제적으로 수정하려는 입법목적을 진정으로 달성할 수 있다고 본다는 것이다.[242] 다만 독일에서는 주식보상의 근거를 금전보상의무에 대한 대물변제로 이론구성을 한다고 하는데[243] '금전' '보상' 대신 필자처럼 처음부터 '지분율' '복원'을 문제의 본질로 설정하고, 무효에 기한 부당이득(지분율) 반환, 그 정산 방법으로서의 신주발행으로 구성하는 것이 낫다고 생각된다.[244]

241 정대익, 「합병비율 불공정에 대한 독일의 사후적 구제수단-보상청구권과 개정 논의를 중심으로-」, 『금융법연구』 제15권 제3호, 금융법학회, 2018, 320면.
242 위의 글, 339면.
243 위 같은 곳.
244 이상훈, 앞의 「합병비율 불공정에 대한 상법 제399조, 제401조의 적용가능성-주주는 보호되는가-」, 78면.

II. 물적분할과 '주주에 대한' 충실의무

1. 물적분할의 의미

물적분할이란 회사의 특정 사업부를 분사하여 별도의 법인으로 설립[245]하되, 이를 기존 회사의 100% 자회사로 만드는 형태의 분할을 말한다.[246] 2020년 물적분할로 유명하였던 LG화학의 경우, LG화학의 사업부 중 배터리사업부를 별도 법인으로 분사("LG에너지솔루션")하고 LG화학이 이에 대하여 100%의 지분을 갖는 형태가 이에 해당한다.

경제적 실질을 분해해 보면, ① 회사가 먼저 자본금을 출연하여 페이퍼컴퍼니를 설립한 뒤, ② 회사 내 한 사업부를 통째로 떼어 내 이를 위 새로 설립한 페이퍼컴퍼니에 출연(현물출자)하고, ③ 위 페이퍼컴퍼니는 그 반대급부로 신주를 발행해서 자신을 설립한 모회사에게 교부해주는 유상증자 구조를 생각하면 이해하기 쉽다. 물적분할은 상기 ①~③으로 이어지는 일련의 거래들(회사설립+현물출자+유상증자)과 경제적 실질은 동일하다. 하지만 이들 거래는 복수 주체 간의 다단계로 구성된 개별 거래들의 합(회사설립, 현물출자, 유상증자)이므로 각 행위별로 각 행위주체들의 개별적인 법률행위와 법상의 기타 요건들을 각각 충족하는 절차가 필요하다. 반면 물적분할은 그 일련의 '거래들'을 회사법에 의거하여, 1개 회사 내부의, 단 1회의 조직재편 행위로, 그야말로 '원샷'으로 완결지을 수 있도록 법제화한 것이다. 가령 미국에는

245 상법 제530조의2 제1항.

246 상법 제530조의 12.

물적분할이라는 법제도가 없다. 그 결과를 만들고 싶으면 위에서 본 바와 같은 일련의 거래를 실행하면 된다. 즉 이 제도가 없더라도 다른 제도를 통해 물적분할과 동일한 실질을 만들어 낼 수 있다. 따라서 본 장에서 설명하는 내용은 반드시 물적분할이라는 거래 유형이 아니더라도 그와 동일한 효과를 낳는 다른 거래 유형 일반에 대해서도 적용 가능하다. 즉 거래유형 자체가 본질이 아니라, 그 거래에 담겨 있는 경제적 실질이 초래할 주주가치의 훼손 여부가 본질이다.

2. 물적분할과 주주가치 훼손 가능성

가. 총론

물적분할 제도를 도입한 시점은 1998년 IMF 경제위기 직후로서 본래 취지는 원활한 구조조정을 지원하기 위한 것이었다.[247] 이처럼 본래는 회사의 특정 사업부를 신속히 떼어내 구조조정을 원활히 하기 위한 제도였기에 그 자체로 주주가치를 훼손하는 제도라고 말하긴 어렵다. 주주가치 훼손 여부는 이 제도를 어떠한 상황에서, 어떠한 목적으로, 어떻게 활용하느냐에 달려 있다.

가령 부실회사를 신속히 떼어내 매각하기 위한 경우처럼 모든 주주들을 위해 선의로 활용하면 문제될 게 없는 제도인 반면, 지배주주 체제인 회사에서 지배주주가 일반주주를 배제하고 알짜 사업부에 대한 지배권을 독점하여 그 회사의 지분이나 자산 또는 영업을 이리저리

247 1998.12.28. 상법 개정 이유("최근의 경제위기에 대응함과 아울러 원활하고 합리적인 경제구조개편의 필요성이 제기됨에 따라, 회사합병절차의 간소화와 회사의 분할제도의 도입 등을 통하여 기업의 구조조정을 제도적으로 지원")

임의로 특수관계인에게 편하게 매각하거나 상장할 용도로 회사를 떼어내기 위한 용도라면 그것은 주주 간 이해상충과 부의 이전이 심각한 문제성 거래가 된다. 또한 소유구조가 1인 주주라면 물적분할을 하더라도 지배주주와 일반주주 간 이해상충 문제란 존재할 수가 없으므로 아무 문제가 되지 않는다(이 경우 채권자들의 책임재산이 분리되는 문제를 위해서는 별도의 보호장치가 상법에 마련되어 있다).

결국 물적분할 자체가 좋다 나쁘다 할 것은 아니고, 해당 회사의 소유구조가 어떠한지, 물적분할을 하려는 이유(용도)는 무엇이며 그 결과 일반주주들의 주주권 감축이 일어나는지, 경영진과 주주들 사이에 이해상충이 존재하는지, 그 의사결정 및 진행 절차를 어떻게 구성하는지가 중요하고 그에 따라 주주가치 훼손 여부가 좌우된다고 보아야 할 것이다.

물적분할이 문제되는 전형적인 국면은 경영진이 알짜 사업을 100% 자회사로 떼어내 일반주주들의 주주권을 배제하고 경영진이 단독으로 지배권을 행사하는 상황이다. 분할 후 상장은 그러한 물적분할의 위험성이 현실화된 하나의 예일 뿐이다. 상장을 하지 않고 주식을 자녀에게 팔거나 신주발행을 해주는 형태로도 얼마든지 주주가치를 훼손할 수 있다. 또 100% 자회사로 떼어내는 방법은 물적분할만 있는 것도 아니다. 그러므로 물적분할이라는 거래 형태에 집착할 것은 아니며 거래 형태가 무엇이건 전체적인 일련의 거래 과정을 통해 주주가치 훼손을 의도한 것인지, 그럴 위험성이 있는 것인지가 관건이다.

그런데 이러한 주주가치 훼손 위험성은 거의 대부분이 상장회사에서 발생한다. 상장회사에서는 주주 구성이 다양하고 경영진과 주주의 관계도 긴밀하지 않은 경우가 많아, 물적분할을 할 경우 지배주주 체제에서는 지배주주에게로, 전문경영인 체제에서는 전문경영인에게로, 각각 일반주주들의 지배권을 몰아주는 효과가 발생한다. 반면 그 경우 다수의 흩어진 일반주주들은 이를 견제할 능력이 부족한 경우가 보통이다. 따라서 상장회사인 경우에는 모든 주주를 위한 부실기업 신속 정리와 같이 누가 보더라도 주주권 상실을 상쇄할 만큼 주주가치 증진 요인이 명백한 경우를 제외하면 문제가 있거나 위험한 경우일 가능성에 주의할 필요가 많을 것이다.

비상장 폐쇄회사는 회사법보다는 사실상 주주들 간의 계약에 의지해 운영되는 경우가 많기 때문에 문제되는 경우가 상대적으로 드물지만, 비상장이라고 해서 항상 문제가 없는 것은 아니다. 가령 2024년에 논란을 빚었던 SK이노베이션과 SK E&S의 합병 건에서, SK E&S는 비상장회사로서 (주)SK가 그 지분의 90%를 점하고 있는 지배주주였다. 이 경우 SK E&S는 표면상으로는 비상장이지만 사실은 상장회사인 (주)SK의 일반주주가 경제적인 의미에서는 SK E&S의 일반주주라고 할 수 있다. 이 상태에서 SK이노베이션에게 몰아주기성 합병을 하면 (주)SK의 일반주주에게 그 손실이 귀속된다. 결국 상장이냐 비상장이냐, 지배주주가 90%이냐 100%이냐와 같은 형식적인 요소를 좇아다녀서는 곤란하고, 해당 회사의 소유구조와 의사결정 과정을 종합적으로 고려하여 주주가치를 훼손하는지 여부라는 잣대로 근본 나침반을 삼아야 한다.

따라서 이러한 문제에 대응하기 위한 방법으로, 건건이 규정을 만들어 개별 거래 유형별로 금지와 허용의 예외를 마련하는 것은 적절치 않다. 규정 중심의 접근(rule-based approach)이 으레 그렇듯 다종다양한 사안들을 문구 하나로 모두 포괄하는 데 한계가 있고, 또 문구 하나의 차이로 빠져나가기가 쉬운 데다가 실제 적용 및 집행 단계에서는 근본 취지를 망각한 채 규정 자체의 논리에 따라 배가 산으로 가는 일이 생길 수 있기 때문이다. 가령 물적분할 상장 그 자체를 타깃으로 삼아 규정을 만들면, 물적분할이 아닌 방식으로 자회사를 신설하는 경우는 모두 빠져나가게 된다. 또 상장에 의하지 않고 주식을 분매하거나 특수관계인에게 매도하는 경우, 정부와 거래소가 마련한 5년 내 시한이라는 것도 조금 기다리기만 하면 모두 빠져나가게 된다. 거래 유형은 다양한 형태로 복제될 수 있기 때문에 거래 유형을 좇아 일률적인 규정을 두는 것은 회사법 거래 특성상 실패할 수밖에 없다. 사안별로 이사의 '주주에 대한' 충실의무라는 근본 원칙을 잣대로 삼아 견제하는 것이 바람직할 뿐 아니라 불가피한 이유이다. 그것이 원칙 중심 접근(principle-based approach)이 갖는 일반적인 효용이기도 하다.

나. 소유구조와의 관련성

물적분할은 A사의 특정 사업부를 분리하여 별도 회사를 만들어 이를 A사의 100% 자회사인 B사로 만드는 구조이다. 물적분할 이후에는 A사가 B사의 모회사로서 100% 주주가 된다. 그러므로 A사의 대표이사가 B회사의 실질적인 1인주주로서의 전권을 행사하게 된다. 즉 해당 사업부에 대한 지배권의 귀속이 [A사의 주주들 → A사의 대표이사]로 변경이 일어난다. 기존에 A사의 모든 주주들의 지배권이 공동으로 미치는 구역에 놓여 있던 사업부를, A사의 대표이사 단독 관할로 옮겨 놓는 것이 거래의 핵심이다.

물론 A사의 대표이사는 A사의 주주들의 통제를 받지만, 종전에는 해당 사업부에 대해 A사 주주들의 직접 통제권이 미쳤는데, 이제는 그것이 배제되고 오로지 A사의 대표이사를 통해 해당 사업부를 간접 통제할 수 있을 뿐이다. 이것이 주주의 입장에서 물적분할의 가장 큰 함의이다. A사의 주주들이 해당 사업부에 대한 주주권을 상실하고 그 주주권을 A사의 대표이사 1인에게 이관한다는 점 말이다. 물적분할 후 상장도 그러한 주주권 배제로 인한 위험성이 발현된 하나의 사례일 뿐이다. 상장이라는 위험한 행위의 가능성은 물적분할이라는 그전 단계의 주주권 배제 조치에 이미 잠재, 내포되어 있는 것이다.

이것의 실질적인 의미는 A사의 소유구조에 따라 다르다.

(1) 지배집중 구조인 경우

만약 A사가, 지배주주가 존재하는 지배집중 소유구조라면, 물적분할은 A사의 지배주주와 일반주주들이 나누어 가지고 있던 해당 사업부에 대한 지배권이 A사의 지배주주에게 전부 귀속됨을 뜻한다. A사의 대표에 대한 임면권, 보수 및 직책 결정권과 같은 인사권은 사실상 지배주주에게 귀속되기 때문에, A사의 대표이사는 A사의 지배주주의 대리인이나 마찬가지다. 만약 그가 대리인처럼 행동하지 않는다면 A사의 지배주주는 그를 해임하고 자기 자신이 대표이사가 되거나 또 다른 대표이사를 선임할 수 있기 때문이다. 요컨대 물적분할은 해당 사업부에 대해 일반주주들이 행사하던 주주권(n분의 1씩 분유하고 있던 지배권)을 포기하고 그렇게 포기한 권한을 지배주주에게 몰아 주는 셈인데, 그 효과는 엄청날 수 있다.

지배주주 또는 그가 선임한 이사가 모든 주주들을 위하여 최선을 다해만 준다면 문제가 없겠지만, 우리나라에 그런 '주주에 대한' 충실의무는 존재하지 않는다. 지배주주는 B사의 주식을 외부에 발행함으로써 A사 주주들의 주주가치를 희석시킬 수도 있고, 지배주주 자신의 다른 계열사 및 특수관계인들에게 B사의 주식을 매도하거나 그들과 B사를 합병시킴으로써 B사의 부를 용이하게 빼돌릴 수도 있다. 이러한 행위들이 물적분할 전에 이루어졌다면 A사의 주주들은 주주로서 권한을 행사하여 신주인수권에 기한 신주발행 금지를 요구한다든지, 주총에 참석하여 해당 임원을 해임하거나 합병 안건에 반대표를 던지고 주식매수청구권을 행사한다든지, 주주대표소송을 제기하는 등과 같이 '주주로서' 다양한 대응 방법을 구사할 수 있다. 하지만 물적분할이 되고 나면 이제 A사의 주주들은 더 이상 해당 사업부에 대한 직접 주주가 아니기 때문에 위와 같은 '주주로서의' 권한 행사가 불가능해진다.[248]

(2) 분산소유구조인 경우

만약 A사가 주주가 고르게 분산된 상장회사여서 전문경영인이 대표이사를 맡고 있던 상황이라면 어떠한가? 이때도 기본적인 함의는 앞서 본 지배주주가 존재하는 경우와 같지만 다소 차이가 있다. 주주

248 주주대표소송의 경우는 다중대표소송 제도(상법 제406조의2)의 도입으로 모회사 주주도 자회사 이사에 대해 소송을 제기할 수 있으나, 해당 사업부가 자회사로 내려가는 순간 모회사 주주로서는 더 이상 주주가 아니기 때문에 정보접근권이나 소 제기 요건의 제약으로 인하여 물적분할 전에 비해서는 소 제기가 훨씬 어려워질 것이다.

들이 해당 사업부에 대한 주주권을 분유(分有)하고 있다가 이를 A사의 대표이사에게 위임하고 A사의 일반주주들은 더 이상 직접주주가 아닌 간접보유 관계로 물러난다는 점은 동일하다. 그러나 A사의 대표이사 — B사의 실질적인 1인 주주 — 가 지배주주의 통제를 받는 게 아니라 A사의 일반주주들의 통제를 받는다는 점에서 중대한 차이가 있으며, 그 점에서 지배집중구조에 비해 일반주주에게 상대적으로 덜 위험하다고 할 수 있다. 또한 전문경영인은 일반적으로 지배주주와 달리 지분에 대해 욕심을 가질 가능성은 상대적으로 낮다. 따라서 물적분할 이후 자신의 실질 지분율을 높이려는 쪽으로 권한을 행사하려는 인센티브 또한 상대적으로 낮으며, 그만큼 일반주주의 입장에서는 합병이나 신주발행 등 자본거래를 통해 지분율을 편취당할 위험이 상대적으로 낮다. 그러나 이러한 것들은 원론적인 얘기일 뿐 절대적인 것은 아니다. 물적분할은 주주들의 주주권을 배제하고 해당 사업부의 관리권한을 경영진의 수중에 독점적으로 귀속시키는 구조이므로 전문경영진도 충분히 물적분할을 통해 주주가치를 훼손시킬 위험이 존재한다. 예컨대 물적분할로 떼어낸 자회사의 주식을 자신의 특수관계인에게 양도하는 경우, 알짜 사업부를 비상장 자회사로 만들어 버림으로써 일반주주들의 견제와 감시를 약화시키려는 경우 등을 얼마든지 상정해 볼 수 있다.

다. '주주에 대한' 충실의무와의 관련성 — 물적분할의 용도

경영진에게 '주주에 대한' 충실의무가 부과되어 있고 경영진이 진행하는 의사결정에 관한 모든 정보를 일반주주들도 공유하고 있다면,

적어도 이론적으로는, 물적분할이 되더라도 지배주주 또는 전문경영인이 일반주주들의 이익을 해치는 방향으로 B사를 경영할 가능성은 없을 것이다. 이것은 거꾸로 말하면, 일반주주들의 이익을 해할 용도의 물적분할이라면 그러한 물적분할은 '주주에 대한' 충실의무 위반행위로서 실행 자체가 금지 — 이사회 단계에서 부결 — 될 것이다.

만약 물적분할을 하더라도 그것이 해당 사업부를 신속히 M&A하기 위한 목적의 조직재편이라면, 그리하여 그 이익을 주주에게 돌려주기 위한 용도라면 물적분할 자체가 나쁘다고 볼 순 없으며 오히려 주주에게 이롭다고 보아야 할 것이다. 증자 후 상장의 경우도 마찬가지다. 회사가 차입으로 자금조달이 어려워 증자로 자금조달이 불가피한 상황이라면 증자 자체가 주주이익에 반한다고 볼 수는 없다. 물론 증자를 하려면 주주들의 지분율이 의미있게 희석되는 일이 없도록 원칙적으로 해당 주주들에게 주식을 배정해야 할 것이고 그로써 조달된 자금은 모든 주주들을 위해 사용되어야 할 것이다. 그런데 그러한 목적을 달성하는 방법은 회사를 분할하지 말고 현 상태에서 증자를 하든지, 또는 물적분할 대신 인적분할[249]을 한 뒤에 증자하는 것이다. 그러므로 상장 차익을 온전히 주주에게 귀속시키려는 마음이 있다면 애당초 물적분할은 선택지가 아니다.

회사가 증자를 하는 경우를 생각해 보자. 일반적으로 주주들은 증

---

249 회사 내 사업부를, 물적분할처럼 100% 자회사로 떼어내는 방식이 아니라, 주주 구성이 현재와 동일하도록 떼어내는 방식을 말한다. 주주의 입장에서 말한다면, 주주들은 종전에는 A사의 주식 한 가지만 가지고 있었다면, 인적분할 후에는 기존의 A사 주식과, 새로 떼어내 설립한 B사의 주식 두 종류를 갖게 된다. 물적분할의 경우 기존 주주들은 분할 후에도 A사의 주식만 갖는 것과 비교해 보기 바란다.

자에 참여하려면 돈을 내야 하고 돈을 내지 않으면 다른 사람들만 증자에 참여하게 되므로 자신의 지분율 희석을 감수해야 한다. 일반주주는 지분율 희석이 그리 큰 문제가 아니지만 지배주주 입장에서는 심각한 문제다. 지분율 희석은 지배력 약화를 가져와 지배주주를 더 이상 지배주주가 아니게 만들 수 있기 때문이다. 그러므로 지배주주는 웬만하면 증자에 참여해야 할 텐데 그러려면 높은 지분율에 상응하는 막대한 자금을 마련해야 한다. 그런데 지배주주는 이 많은 돈을 내긴 싫고 그렇다고 지배력이 희석되는 것도 싫다. 지배력 희석이 싫으면 돈을 내야 하고 돈을 내기 싫으면 지배력 희석을 감수해야 하는데 둘 다 싫은 것이다. 이 딜레마를 해결할 묘책이 바로 물적분할이다. 물적분할을 한 뒤 그 자회사를 상장하면 100% 지배력을 확보한 상태에서 증자가 시작되기 때문에 웬만해서는 지배주주의 지배력 희석을 걱정할 필요가 없다. 가령 무려 50%를 공개매각하더라도 지배주주의 지배력은 여전히 50%가 남기 때문에 걱정할 것이 없다. 이러한 형태의 증자는 증자로 인한 지배주주 자신의 주주가치(지배권) 희석 문제를 해결하기 위해 회사법상의 물적분할 제도를 남용하고 그 부담을 일반주주들에게 전가하는 것이기에 주주가치를 훼손하는 '나쁜' 물적분할이다. 지배주주가 아닌 전문경영인 체제에서 물적분할을 하는 것도 마찬가지이다. 가령 철강회사이던 포스코가 철강사업부를 물적분할하여 비상장 자회사로 만든 뒤 자기 자신은 포스코홀딩스라는 지주회사가 되는 구조로 개편한 경우를 예로 들어 보자. 이 거래로 회사의 핵심인 철강사업부에 대한 주주권을 박탈하여 주주들을 간접보유 관계로 물러나게 하였는데, 이는 경영진의 권한을 강화시키는 조치라는 점 외에 '회사'의 실체에 어떠한 영향을 가져오는 것이 아니기에 좋은 물적분할이라고 말하긴 어렵다. 특히 '주주에 대한' 충실의무가 확보되지 않는 상태에서 회사의 90% 이상을 차지하는 압도적인 사업부를 떼어내 그로부터 주주들을 배제시켜 간접보유 관계로 물러나게 만든다는 것은 대단히 부적절하며 정당화되기 어렵다고 본다.

이상에서 보듯이 물적분할 자체가 좋고 나쁜 것이 아니라 그것을 어떠한 용도로 어떻게 활용하느냐, 다시 말하면 주주가치를 증진시키기 위한 것인지 아니면 경영진의 사익을 위한 것인지 여부가 본질이다. 마치 칼(刀) 자체는 좋고 나쁜 것이 없고 그것을 어떠한 용도로 사용하느냐가 중요함에 비유할 수 있다. 그럼에도 불구하고 다수의 주주가 존재하는 상장회사에서는 지배주주이건 전문경영인이건 흩어진 일반주주의 지배력을 자신에게 집중시켜 참호를 구축하려는 인센티브가 강하게 작용할 수 있고 실제 그런 목적 외에 다른 목적을 상정하기가 쉽지 않은 경우가 많기에, '일반적으로는' 부적절한 경우가 많다고 보아야 할 것이다. 따라서 그것이 필요한 이유, 주주권 감축이라는 손실을 만회하고도 남는다는 정당화 사유에 대하여는 경영진에게 강한 입증 책임이 부과된다고 보아야 할 것이다.

3. '주주에 대한' 충실의무 도입 시 기대효과: Before and After

가. '주주에 대한' 충실의무 도입 전 — 합법적, 아무 문제 안 됨

(1) '회사에 대한' 충실 체제에서는 문제 삼기 어려움

'주주에 대한' 충실의무 도입 전 단계, 즉 '회사에 대한' 충실만 문제 삼는 상황에서는 물적분할 상장은 달리 명문의 규정에 저촉되지 않는

한 아무 문제가 없다. 물적분할은 그 자체로는 회사의 영업력에 아무 영향이 없고 달리 회사의 자산이나 인력이 유출되는 것도 아니기 때문이다. 인적분할과 비교하더라도 회사에는 차이가 없다. 그에 이은 상장도 주주들의 가치 훼손만 초래할 뿐, 회사 차원에서는 이렇다 할 직접적인 손익 영향이 없다. 결국 물적분할 또는 그에 이은 상장은 현행 '회사에 대한' 충실의무 체제에서는 합법적이며 아무 문제가 되지 않는다(물론 오로지 주주들에게 해를 입힐 목적으로 이런 거래를 추진한 것이라면 민법 제750조의 불법행위나 제2조의 권리남용 등 다른 문제가 제기될 가능성도 전적으로 배제할 순 없겠으나 이는 회사법적인 해결은 아닌 바 논외로 한다). 실제로 우리나라 주식시장에서는 오래전부터 무수히 많은 물적분할 또는 그에 이은 상장이 이루어져 왔고 그로 인한 주주가치 훼손에 대한 언론의 문제제기도 꽤 많지만 정작 그에 대해 주주가 여하한 법적 쟁송을 시도한 사례는 보고된 바 없다. 법으로는 방법이 없다고 보았기 때문이리라 짐작된다. 이 문제를 해결하기 위해 상법 개정을 내용으로 하는 다수의 법안이 발의된 것도 같은 이유다. 한편 이에 대해 주주들이 권리행사를 하지 않는 것일 뿐, 상법에는 문제가 없다고 주장하는 견해[250]도 있으나 필자가 보기엔 타당하지 않다. 주주들은 현행 실무 해석상 승산이 없다고 보아 소 제기를 단념한 것이고, 반대로 회사 측에서는 어련히 대형로펌을 통해 법률적인 이슈 및 승소 가능성을 분석한 뒤 거래를 실행한 것이라고 봄이 합리적이다.

---

250 송옥렬, 앞의 유튜브, 50분 지점 이하.

(2) 정부의 물적분할 투자자 보호 "3종 세트"의 의의와 한계

금융위원회는 2022.9.5. 물적분할에 대한 대책으로 다음과 같은 내용의 이른바 "투자자 보호 3종 세트"를 내놓았다.[251]

> [1](공시 강화) 물적분할을 추진하려는 기업은 앞으로 '주요사항보고서'를 통해 물적분할의 구체적인 목적(예: 구조조정, 매각, 상장 등), 기대효과 및 주주보호방안을 충실히 공시하여야 합니다(이사회 의결 후 3일 내).
>
> ○ 특히 분할 자회사의 상장을 계획하고 있는 경우 예상 일정 등을 공시해야 하며, 추후 상장계획이 변경되는 경우에도 정정공시해야 합니다.
>
> [2](주식매수청구권 도입) 상장기업의 주주가 물적분할에 반대하는 경우, 기업에 주식을 매수해 줄 것을 청구하는 권리(주식매수청구권)을 부여합니다.
>
> ○ 물적분할을 의결하는 주주총회에서 반대한 주주들은 물적분할이 추진되기 이전의 주가*로 주식을 매각할 수 있습니다.
>
> * (法 §165-5③) 상장기업 주식매수청구권 행사 시 매수가격은 주주-기업 간 협의로 결정
>
> → 협의가 되지 않으면 자본법령상(令 §176-7③) 시장가격(이사회 결의일 전일부터 과거 2개월, 과거 1개월, 과거 1주일 간 각각 가중평균한 가격을 산술평균) 적용
>
> → 이에 대해서도 협의가 되지 않는 경우 법원에 매수가격 결정 청구 가능
>
> [3](상장심사 강화) 물적분할 이후 5년 내 자회사를 상장하려는 경우, 거래소가 모회사 일반주주에 대한 보호노력을 심사하고 미흡한 경우 상장이 제한됩니다.
>
> ○ 상장기준 개정 이전에 이미 물적분할을 완료한 기업도 분할 후 5년이 경과하지 않았다면 이번에 강화된 상장심사 제도가 적용됩니다.
>
> ○ 또한, 거래소의 상장 가이드북에 기업이 채택할 수 있는 주주보호방안과 주주보호 미흡 사례를 구체적으로 제시하여 기업의 예측 가능성을 높이고, 실효성 있는 주주 보호노력이 시행되도록 유도하겠습니다.

---

251 금융위원회 홈페이지(https://www.fsc.go.kr/no010101/78449?srchCtgry=&curPage=&srchKey=&srchText=&srchBeginDt=&srchEndDt=)

◆ 주주보호방안(예시)

- 모회사 주주에게 모회사가 보유한 자회사 주식을 현물배당하거나, 모회사 주식과 신설 자회사 주식을 교환하는 기회를 부여
- 배당확대 · 자사주 취득 등을 통해 자회사 성장의 이익을 모회사 일반주주에 환원

※ 이 외에도 주주와의 소통을 통해 다양한 주주보호방안을 검토할 수 있음

◆ 주주보호 미흡 사례(예시)

- 물적분할 또는 상장과 관련하여 기업지배구조보고서 등 공시를 통해 향후 계획, 추진 사유 및 주주보호정책 등을 제시하지 않은 경우
- 물적분할 또는 상장과 관련하여 기업지배구조보고서 등 공시를 통해 제시한 주주보호에 관한 정책을 이행하지 않은 경우
- 일반주주와 소통 과정에서 제기된 문제를 합리적인 이유 없이 검토하지 않은 경우

위 대책은 크게 세 가지로, ① 물적분할을 하려는 구체적인 목적과 일정을 공시토록 하고, ② 반대주주에게 주식매수청구권을 부여하며, ③ 물적분할 후 5년 내에 상장을 하는 경우 상장을 제한한다는 내용이다. 이 중 ①에서 물적분할의 구체적인 목적을 공시토록 한 것은 적지 않은 의미가 있다. 물적분할은 구체적으로 어떤 목적으로 추진하느냐가 중요하기 때문이다. 다만 시간이 흐르면 사정변경을 구실삼아 당초 공시된 목적과 다른 내용을 추진하는 것이 현실적으로 얼마든지 가능하고 그것을 법적으로 문제 삼긴 어려우므로 단순히 목적과 일정을 "공시"토록만 한 것은 한계가 있다. 특히 지배주주 측에서는 추진 여부와 일정, 관련 정보를 모두 독점하고 있기 때문에 미리미리 절차를 설계해 둘 수가 있고 그러한 내용들에 대해서는 일반주주와 사이에 정보 비대칭이 존재하기 마련이기 때문에 마음만 먹으면 이러한 제한을 빠져나가는 것은 현실적으로 그리 어렵지 않다. ②의 주식매수청구권도 앞서 합병의 관련 부분에서 언급한 것과 같이

많은 한계가 내재되어 있기 때문에 주주보호 수단으로는 턱없이 부족하다. 한편 ③의 상장 제한은 실질적으로 상당한 제약이 될 수 있으나 5년 이내 상장에 대해서만 적용되는 것이므로 5년을 내다보고 일찍부터 물적분할을 해 놓으면 아무 제약없이 쉽게 빠져나갈 수 있다는 문제도 있다. 일반주주에게 "5년 내에 팔고 나가면 될 것 아니냐"는 뜻인데 이는 매우 불합리한 관점이다. 총수의 문제 행위를 시정할 생각은 하지 않고 일반주주에게 그저 "5년 내에 팔고 나가라"고만 말하는 것이나 다름없기 때문이다. 이것은 당장 시간을 벌어 시장의 불만을 완화 내지 누그러뜨리겠다는 미봉책에 불과하다. 5년이 지나도 팔지 않고 남고 싶은 사람은 어떻게 해야 하는 것인지, 5년 뒤에 이를 알고 진입한 주주라고 해서 이러한 가치 훼손 행위를 감수해야 하는 것인지, 총수 앞 부의 부당한 이전을 바로 잡는 것은 포기한 채 정의(正義) 앞에 눈을 감겠다는 것인지, 여러 면에서 납득하기 어려운 발상이다.

위 대책의 가장 근본적인 문제는, 주주가치 훼손 금지라는 근본 원칙의 선언(= '주주에 대한' 충실의무 도입)을 회피한 채 위와 같이 정부가 판단하여 일일이 개별 규정을 만들어 놓음으로써 문제를 해결하겠다는 식의 규정 중심 접근을 취하고 있다는 점이다. 그 효과는 위에서 본 것처럼 매우 제한적일 수밖에 없다. 역설적이게도 '주주에 대한' 충실의무라는 근본 원칙을 도입할 필요성을 부각시켜 준 사례라고 할 수 있다.

나. '주주에 대한' 충실의무 도입 후

'주주에 대한' 충실의무가 도입된다면 알짜배기 사업의 물적분할은 특별한 사정이 없는 한 그에 대한 주주권을 축소시키고 그 축소된 주주권(지배력)을 경영진에게 사실상 이관하는 조치이므로 달리 이를 상회할 우월한 이익이 없는 한 전체 주주가치를 훼손하는 행위로서 전체 주주에 대한 충실의무 위반을 구성한다고 보게 될 것이다. 따라서 그것을 정당화할 내용적 절차적 정당성에 관한 입증은 경영진이 부담한다고 보게 될 것이다.

주주들의 n분의 1의 지배권을 긁어다가 경영진 앞으로 이관·집중시키는 것은 총수 또는 지배주주의 지배력 강화, 또는 전문경영인의 지배력 강화를 초래하는데, 총수 또는 지배주주, 전문경영진 등 경영진의 지배력 강화이익은 사적인 이익일 뿐, 회사법상의 '주주 전체'의 이익이 아니다. 따라서 이러한 사적 이익을 위해 전체 주주의 이익을 침해하는 것은 허용될 수 없다고 보게 될 것이다. 지배주주의 지배력 희석 방지를 위해 물적분할 상장을 추진함으로써 일반주주들의 상장차익을 얻을 기회를 봉쇄하는 행위 역시 마찬가지다. 인적분할을 하였더라면 그러한 문제를 피할 수 있었을 것이기에 주주를 위한 관점에서는 대안 탐색의무를 저버린 충실의무 위반행위라고 간주될 것이다.

이에 대해 회사 측에서는 으레 "다른 우월한 이익이 발생하므로 일반주주들에게도 좋다"는 취지의 주장을 내세울 것으로 예상된다. 그러나 그러한 주장은 정보와 권한을 독점한 이해상충 당사자가 내세우는 것이어서 객관성이 결여되어 신뢰성을 갖추지 못한 것이다. 따라서 이사회 단계에서 일반주주들의 의사를 대변하는 통로 확보, 주주총회 단계에서 이해관계 없는 주주들(특수관계인을 제외한 주주들)만의 주주총회 결의 등을 거쳐야 한다고 봄이 타당할 것이다.[252] '주주에 대한' 충실의무가 전제되어야 비로소 그러한 전체 주주와의 이해상충 및 그 해소의 당위성이 도출된다. '주주에 대한' 충실의무 도입이 관건인 이유이다.

III. 인적분할과 '주주에 대한' 충실의무

1. 인적분할의 의미

인적분할이란 회사의 특정 사업부를 분사하여 별도의 법인으로 설립하되, 이를 기존 회사와 수직의 관계가 되도록 분할하는 물적분할과는 달리, 해당 부분을 기존 회사와 수평으로 분할하고 그에 따라 기존 주주들이 분사 법인의 주주 지위도 갖도록 하는 형태의 분할이다.[253] 인적분할의 개념은 물적분할에서부터 시작하면 이해하기 쉽다. 물적분할은 기존의 회사 A가 특정 사업부를 분사하여 그 분사된 회

252 최근 셀트리온은 셀트리온 제약과의 합병 여부에 관하여 소액주주들의 의견을 물어 추진하지 않기로 결정한 바 있다. 『한국경제』 2024.8.16., 셀트리온·제약 합병 무산…주주 96% "합병에 찬성 안해"

253 인적분할은 물적분할처럼 법전에 등장하는 용어는 아니다. 일부 이견이 없지는 않으나 대체로 위와 같이 파악함이 통설이다, 김정호, 『회사법』 제5판, 법문사, 2019, 716~717면; 김홍기, 『상법강의』 제5판, 박영사, 2020, 777면; 오성근, 『회사법』, 박영사, 2019, 1003면; 정찬형, 『상법강의(상)』 제22판, 박영사, 2019, 530~531면; 홍복기/박세화, 『회사법강의』 제7판, 법문사, 2019, 105면.

사 B를 A의 100% 자회사로 만드는 형태의 분할이다. 회사의 관점에서 바라본다면, A회사의 자산구조 중 기존의 '특정 사업부' 해당 부분이 재무제표에서 사라지고, 그 자리를 '자회사인 B사의 주식'이 차지하도록 하는, 일종의 자산구조 변경이라고 할 수 있다. 주주의 관점에서 바라본다면, 기존의 주주권이 미치던 A사의 자산을 B사의 자산으로 내림으로써 그 부분에 대해서는 더 이상 직접 주주권을 갖지 않으며 A사를 통해 간접 지배하는 형태로 바꾸는 변경이다. 이처럼 물적분할을 하고 나면 A사는 B사의 주식을 취득하게 되는데, 이 B사의 주식을 A사가 취득하자마자 그 전부를 A사의 주주들에게 현물배당 형태로 나누어준다면 어떻게 될까? A사의 모든 주주에게 지분율에 비례하여 동등하게 나누어 준다면 A사의 주주들은 B사의 주식도 동등한 지분율로 갖게 될 것이고 결국 A사와 B사는 주주구성이 완벽히 일치할 것이다. 이처럼 A사를 A사와 B사로 분할하되 양사의 주주들이 동일하도록 만드는 분할을 인적분할이라 한다. 이것은 물적분할로 A 회사가 취득한 주식을 그 주주들에게 나눠주는 것[= 물적분할 + 주식의 현물배당]과 경제적 실질이 동일하므로, 물적분할과 주식배당이라는 두 단계를 하나로 합친 제도라고 이해할 수 있다. 물적분할을 선택한 경영진에게 그 자회사 주식을 주주에게 나누어 주라고 요구하는 것이 불합리한 이유가 여기에 있다. 그것은 인적분할을 하라고 말하는 것과 같기 때문이다. 그냥 왜 인적분할을 선택하지 않았느냐고 물으면 될 뿐, 물적분할을 한 다음 왜 주주에게 신주인수권을 주지 않았느냐고 물을 것은 아니다.

2. 인적분할과 주주가치 훼손 가능성

가. 인적분할의 일반적인 용도

인적분할은 일반적으로 회사 내 여러 사업부가 있을 경우 그중 하나를 떼어내 별도 회사로 만듦으로써 경영효율 및 투자가치를 제고하는 용도로 쓰인다. 주주의 입장에서 생각하면 A사업과 B사업 중 어떤 주주는 A사업에만 또 어떤 주주는 B사업에만 관심이 있음에도 이 둘이 하나의 회사에 담겨 있으면 주주는 울며 겨자 먹기로 그 주식 전체를 사거나 팔아야만 한다. 이 경우, 회사를 각각 별개로 쪼개면 주주는 자신의 투자목적에 맞는 주식만 골라서 사거나 파는 게 가능해져 선택권이 증가한다. 또한 사업부가 섞여 있으면 회사의 경영효율 또는 성과평가가 어려워져 투자의 용이성도 저하될 수 있다. 이것은 지주사가 여러 사업을 가지고 있을 때 나타나는 일반적인 문제점이기도 한데, 지주사는 그 대신 여러 사업을 영위함에 따른 이른바 포트폴리오 효과 덕에 사업의 안정성, 현금흐름의 안정성이 제고될 수도 있다. 삼성전자가 반도체뿐 아니라 가전, 무선사업도 영위하기 때문에 SK하이닉스에 비해 주식이 다소 무겁지만 안정감을 주는 것과 같은 이치다. 비유관 업종이라면 여러 업종을 영위하는 것이 시너지가 저하될 수 있는 반면, 유관 업종을 영위하는 경우에는 시너지가 증가할 수도 있어, 회사를 분할하는 것이 반드시 좋다거나 나쁘다고 단언할 것은 아니다. 그러나 일반론으로는 여러 사업의 융합에 따른 포트폴리오 효과는 주주들 레벨에서 여러 주식을 혼합하여 보유하면 되는 것이고 경영진이 단지 '주주들을 위한다'는 명분으로 반드시 그렇게 할 이유는 없다. 특히 우리나라의 경우 총수 체제에서 주주들의 돈으로 무분별하게 문어발 확장식으로 여러 사업이나 주식에 투자하여 경영권을 확장하는 경우가 많기 때문에 인적분할 공시가 나면 대체로 그것을 되돌린다는 의미의 긍정적인 호재로 작용하는 경우가 많다. 인적분할 공시가 나면 주가가 오르는 것은 주주들의 선택권이 증가하는 부분 자체를 가치(value)라고 여기는 것이라고 이해할 수 있다.

다만 이상의 내용은 인적분할이 긍정적으로 받아들여지는 경우이고, 한국에서는 그와 반대로 인적분할이 자사주마법과 지주사전환지배력 증가 용도로 자주 사용되는 바람에 인적분할 자체가 시장에서 악재로 받아들여지는 경우도 적지 않다. 또는 총수의 계열 분리라는 사적인 목적을 위해 회사라는 법인격을 임의로 분할하는 법인격 남용적인 인적분할도 존재한다. 이들에 대해서는 뒤에 자세히 본다.

나. 소유구조와의 관련성

인적분할은 앞서 본 바와 같이 기존의 주주 구성을 그대로 복제하는 구조이기 때문에, 회사의 소유 구조에는 영향이 없다. 사업부만을 별도 법인으로 분할할 뿐, 주주 구성은 그대로이다. 앞서 보았던, 물적분할에서와 같은 주주권 배제 속성이 없다. 따라서 물적분할의 경우 분할 자체에 내재되어 있는 속성인 [지배주주와 일반주주] 간 또는 [전문경영인과 일반주주] 간의 이해상충 문제도 없다.

그러나 인적분할의 경우에도 경영진의 입장에서는, 지배집중 구조와 분산소유 구조 사이에 약간의 차이가 있을 수 있다. 우선 지배집중 구조인 경우, 지배주주의 입장에서는 인적분할로 회사를 쪼개더라도 어차피 두 회사 모두 자신이 지배하게 될 것이므로 분할 여부가 지배권의 향방에 영향을 미치지 않는다. 따라서 다른 요소라면 몰라도 적어도 지배권 강화 목적으로 인적분할을 단행할 이유는 없다.[254] 반면 분산소유 구조인 경우, 전문경영인의 입장에서는 인적분할이냐 물적분할이냐가 적지 않은 의미를 가진다. 인적분할을 하게 되면 전문경영인, 가령 회사의 사장은 그 분할된 회사의 사장까지 자신이 겸직한다는 보장이 없는 한, 보통은 분할로 회사의 규모가 작아지면 자신의 관할 범위, 즉 실질적인 권한 크기가 줄어든다. 그렇게 되면 자신이 맡고 있는 회사가 차지하는 시가총액, 자산총액, 영업이익, 종업원 수 등 모든 면에서 자신의 사회적인 위신 내지 영향력이 종전 대비 줄어들고 그에 따라 자신의 보수도 줄어들게 된다. 또한 사업부가 섞여 있으면 특정 사업부가 비효율적이라도 다른 사업부에 의해 보완이 가능하여 회사 전체의 손익 변동성이 완화될 수 있고, 이것은 역으로 경영 성과의 엄밀한 측정을 어렵게 만들기 때문에 경영진의 입장에서는 경영성과에 대한 책임 추궁에 대하여 방어하기 용이하게 만들어 주는 이점도 있다. 이러한 점들 때문에 전문경영인의 입장에서는 통상 인적분할에는 적극적으로 반대할 유인이 강하다. 반면, 회사의 구조를 옥상옥 구조로 만들어 종전의 사장을 회장으로 만들어 줄 수 있는 물적분할에는 적극 찬동할 인센티브를 가지기 쉽다. 최근 사례 중에는 전문경영인 체제인 KT&G의 경우 행동주의 펀드 측의 인적분할 요구에

---

254 후술하듯이 지주사 전환을 위한 전(前) 단계로 인적분할이 활용됨으로써 인적분할이 지배권 강화 수단으로 이용되는 경우도 있으나 그것은 인적분할 자체의 문제는 아니며 그 이후의 별도 거래에 기인하는 것이고, 인적분할은 그 도구로 이용되는 경우이다.

대해서는 반대[255]했던 반면, 포스코의 경우에는 경영진이 스스로 물적분할을 단행하여 종전의 포스코 사장을 지주사 회장으로 영전시키는 구조를 택한 바 있다.[256] 이러한 선택이 실제 경영진의 사적인 인센티브가 작용한 때문이었는지는 알 수 없으나 인적분할 또는 물적분할에 대한 의사결정은 소유구조에 따른 경영진의 인센티브가 영향을 미칠 수 있다는 점을 인식하는 것은 중요하다.

이처럼 '다른 모든 조건이 동일하다면' 전문경영진은 인적분할과 물적분할에 대해 상이한 선호를 가질 수 있는데, 전문경영진의 사적인 인센티브 때문에 인적분할에 반대하는 것이라면 그것은 이해상충으로 말미암은 주주가치 훼손의 예라고 볼 수 있다.

다. 계열분리를 위한 인적분할

우리나라에서 인적분할이 종종 사용되는 특징적인 모습은 계열분리 목적의 인적분할이다. 가령 하나의 회사가 A사업부와 B사업부를 가지고 있을 때, 종전에는 총수일가가 집단적으로 이들을 지배하고 있었으나 이제 A사업부는 장남에게, B사업부는 차남에게 관장하도록 분리하여 '승계'를 시켜 주고 싶을 때, 회사를 A사업부를 담는 회사와 B사업부를 담는 회사로 분할하는 형태의 인적분할이 많이 활용된다.[257] 가령 기존의 회사를 A사와 B사로 분할한 뒤, A사에 대해 차남

---

255 배영경, 「안다운용의 'KT&G-인삼공사 분할건 주총 상정' 가처분 기각돼」, 『연합뉴스』, 2023.3.23.

256 한지웅, 「포스코 지주회사 전환 방식 물적분할 확정…투자자 설득이 관건」, 『인베스트조선』, 2021.12.10.

257 계열분리 목적의 인적분할은 LG그룹에서 분리한 GS, LX, LS 그룹 등이 전형적인 예다.

이 가지고 있는 지분을 B사에 대해 장남이 가지고 있던 지분과 교환하면 이제 A사는 장남이 지배하는 그룹으로, B사는 차남이 지배하는 그룹으로 이른바 계열분리가 가능해진다.

이러한 형제간 계열분리 목적의 인적분할은 회사법 관점에서는 어떻게 바라보아야 할까? 이에 대해서는 "특정 주주들의 개인적인 목적을 위해 회사라는 법인격을 분할하는 것이므로 주주의 비례적 이익에 위반되는 조치"라는 관점이 가능하다. 본래 두 개의 사업부를 하나의 법인격 안에 담았을 때는 '회사'를 통해 대변(代辯)되는 '모든 주주의 이익'을 위해 그렇게 한 것이었을 텐데, 총수 자녀들의 특정 사업부 단독 지배가 가능토록, 다시 말하면 "총수 자녀와 특정 사업부의 매칭"이라는 총수 개인적인 목적을 위해 이제 법인격을 분할하는 것이기 때문에 이는 특정 주주를 위해 회사라는 법인격을 남용하는 것이라고 볼 측면이 있다. 이것은 특정 주주들을 위해 '모든 주주를 위한 회사'를 이용한 것이므로 다른 주주들의 의사가 충분히 존중되지 않을 경우, "지배주주의 이해상충으로 말미암아 전체 주주의 비례적 이익이 무시된 의사결정"이라고 볼 수 있다.

지배주주(총수)와 일반주주의 손익은 어떻게 바라볼 것인가? 지배주주의 입장에서는 종래 총수일가가 연합하여 두 사업부를 지배하고 있었는데, 인적분할을 통해 총수일가 중 특정인과 특정 사업부가 매칭이 가능하도록, 회사라는 법인격, 회사의 이사회, 주총이라는 회사의 권능을 동원한 것이므로 사익을 위해 모든 주주에게 비례적으로 귀속되는 회사의 자원(resource)를 남용한 것이라고 볼 수 있다. 즉 일반주주로서는 그 분할이 '회사'를 위해 바람직한지 아닌지가 중요한데 그러한 고려는 무시된 채, 회사의 이사회와 주총을 장악한 총수일가에 의하여 일방적으로 총수의 이익을 위해, 모든 주주에게 비례적으로 귀속되어야 할 회사의 권능인 이사회나 주총, 관련 임직원의 노동 등 회사의 비용으로 회사 쪼개기를 진행하는 것은 문제가 있다고 보아야 할 것이다.

따라서 주주 간에 이해상충이 존재하는 상황이라고 할 수 있는데, 이러한 이해상충을 완벽히 해소하는 바람직한 방법은, 총수일가가 일반주주의 주식을 모두 매입하여 회사를 100% 지배로 만든 뒤 일을 추진하거나 아니면 쪼개는 과정에서 독립이사 또는 주총 일반주주의 다수결처럼 일반주주의 이익이 충분히 대변되는 의사결정 구조를 확보하는 것이다. 총수일가는 회사의 권능을 동원하고 회사에게 비용을 발생시키는 것에 대하여 일반주주에게 프리미엄 지불 등 반대급부를 제공해야만 공평할 수 있는데, 그러한 과정이 생략된 채 진행되는 계열분리 목적의 인적분할은 총수들이 개인적으로 부담해야 할 사적인 비용을 회사라는 법인격을 동원하고 지배력을 이용하여 강행한 것이라 볼 수 있다. 이 부분이 지배주주가 얻은 이익이다. 반대로 일반주주의 입장에서는, 회사를 둘로 쪼개는 것이 자신들에게 유리한지 불리한지 충분히 알지 못한 상태에서 이사회와 주총이라는 법인격을 지배주주로 하여금 '공짜로' 이용하게 해주고 그 결과 자신에게 불리할지도 모르는 결과를 '합법적으로' 강요당한 부분을 손해라고 볼 수 있다. 법인격이 특정 주주의 이익을 위해 이용되고, 그럼으로써 자신의 의사결정 이익이 침해되고 분할에 따른 비용분담 및 경제적 손해 가능성까지 감수하게 된 부분이 일반주주가 입게 된 손해, 즉 주주가치 훼손이라고 할 수 있는 것이다. 사후적인 관점에서 분할이 바람직한지 여부를 논하기에 앞서, 사전적인 관점에서 회사라는 모든 주주의 자원이 특정 주주들을 위해 동원되는 부분 그 자체, 그 과정에서 회사 및 일반주주 이익의 침해 여부 및 정도에 대해 알 수 없는 불확실성이 드리워짐에도 일방적으로 총수일가가 지배력으로 밀어붙여 진행하는 것 자체가 주주가치 훼손이라고 보아야 할 것이다.

이러한 주주가치 훼손이 벌어지지 않도록 막는 방법은, 이사회나 주총 의사결정 과정에서 지배주주의 이해상충에 대한 문제제기가 이루어지고 그 단계에서 회사 및 일반주주 보호를 위한 논의 및 협상이 이루어지도록 하는 일일 것이다. 그러나 '주주에 대한' 충실의무가 인정되지 않는 상황에서는, 지배주주와 일반주주의 위와 같은 이해상충은 '충실의무'에 저촉되는 이해상충 상황으로 인식하는 것 자체가 어렵다. 그러므로 위와 같은 이해상충 행위를 진행하더라도 그로부터 여하한 위법 요소를 도출해 내기 어렵다는 문제가 있다. 그것이 현재 실무임은 주지하는 바와 같다.

라. 총수의 지배력 집중을 위한 합병의 전(前) 단계로서의 인적분할

우리나라에서 인적분할이 자주 활용되는 또 하나의 예는 중요한 자회사의 주식만 따로 떼어내 다른 계열사로 넘기기 위한 목적의 인적분할이다. 총수의 지배력 집중을 위해 회사를 이리저리 붙였다 떼었다 하는 전형적인 예 중의 하나다.

2024년의 두산밥캣 사례를 예로 들어 보자. 두산에너빌리티는 그 자회사로 두산밥캣의 주식을 소유하고 있는데, 총수의 입장에서 여러 이유로 캐쉬카우인 두산밥캣의 주식을 두산로보틱스에게 넘기고 싶을 수 있다. 이때 넘기는 방법으로는 두산에너빌리티가 두산밥캣의 주식을 두산로보틱스에게 양도하는 자산양수도 방식이 있다. 이 방법의 문제점은 회사의 재산이 움직인다는 점이다. 회사 계좌의 거래이기 때문에 '회사에 대한' 충실이 발동될 수 있고, 양수도 가액 산정의 적정성에 따라 계열사 부당지원 또는 업무상 배임 이슈가 생길 수 있다. 주식양수도에 따른 양도차익 과세로 현금이 사외 유출될 수 있고 양수도 가액 산정도 어렵다는 점도 문제다. 그리고 이왕 옮기는 김에 그 주식에 대한 총수의 순지분율도 늘리고 싶다면 양수도 거래는 그러한 목적에는 적합하지 않다. '회사 계좌'의 손익거래이므로 그 효과가 모든 주주에게 비례적으로 귀속되기 때문에 총수의 지분율만 높여줄 수가 없는 것이다. 또한 주식이 한 종류면 양수도 방식은 그나마 간단하지만 그룹 내 중간 지주사 역할을 하고 있던 회사라 보유 중이던 지배권 주식이 여러 종목이라면 이들을 모두 개별 양수도 방식으로 옮기는 것은 너무나 번거롭다. 이런 불편함을 일거에 해결하는 방법은 없을까?

우리나라에서는 이런 용도로 인적분할이 자주 활용된다. 가령 위 예로 돌아간다면, 두산에너빌리티를 우선 인적분할로 쪼개는 것이다. 즉 일반 사업부문 A와 그룹의 지배권 주식을 보유하고 있는 부문 B로 쪼개는 형태의 인적분할을 하는 것이다. 그런 다음 이 지배권 주식을 보유하고 있는 B사를 지주사로 만들고 싶은 회사 C와 합병시키면(이 두 절차를 하나의 절차로 합치는 "분할합병"을 이용할 수 있다) B사가 보유하고 있는 모든 지배권 주식들이 C의 자산으로 통째로 이전된다. 합병이므로 세금이 발생하지 않아(이연) 회사의 현금이 절약되고, 합병은 자본거래이므로 거래의 실질이 회사의 거래가 아닌 주주들 간의 거래라는 이유로 공정거래법상 부당지원 규제도 면제된다. 주식양수도 가액 평가라는 골치 아픈 문제도 자본시장법의 법정 합병비율에 의지하면 '클리어(clear)'된다. 주식양수도 방식이었다면 가액의 유불리에 따른 손익이 '회사 계좌'로 귀속되지만, 합병 방식을 택함으로써 '회사 계좌'의 문제가 아닌 '주주 계좌'의 문제, 즉 합병비율의 문제로 성격이 바뀐 것이다. 가액의 적정성 문제가 '주주 계좌'의 문제로 바뀌면 '회사에 대한' 충실의무하에서는 충실의무 위반으로 인한 민사 및 형사상 책임 문제가 발생하지 않으므로 법적 리스크도 일거에 해소된다. 게다가 주식양수도로 구성하면 주식양수도 가액을 조정하기가 쉽지 않고 평가의 적정성 여부가 눈에 훨씬 잘 띄어 외부의 공격을 받기 쉽지만, 자본시장법상 법정 합병비율에 의하면 자본시장법이 강력한 방패막이 역할을 해 준다.[258] 뿐만 아니라 평가의 적정성에 따른 손익이 '회사 계좌'로 귀속되는 것이 아니라 '주주 계좌'로 귀속되기 때문에 주주의 지분율 분포에 영향을 줄 수 있다는 점도 큰 차이다. 주식양수도 방식에 의하면 회사의 손익거래이기 때문에 총수의 지분율에 영향을 줄 수 없는 반면 분할합병은 자본거래이기 때문에 분할합병 비율을 어떻게 구성하느냐, 분할합병의 상대방으로 누구를 고르냐에 따라 총수의 지분율을 바꾸어 줄 수도 있는 것이다.

---

258 여태까지는 늘 이래 왔는데 2024년의 두산밥캣 건에서는 금감원이 정정공시를 요구하면서 합병비율 조정을 사실상 강요하였다. 이는 법정 합병비율 제도를 채택하고 있는 자본시장법 체제와는 조화되지 않으며 관치(官治)의 위험이 있다.

마. 인적분할 — 자사주마법 — 지주사전환[259]

자사주마법은 학문적인 용어는 아니며, 인적분할로 기존 회사로부터 신설회사가 분할될 때, 기존 회사가 가지고 있던 자사주에 대해 분할된 신설회사의 신주가 배정됨으로써 기존 회사가 분할된 신설회사에 대한 지배력을 확보하는 현상을 가리킨다. 이 현상은 여러 개의 일련의 거래로 완성되는데, 이러한 일련의 과정이 아래 그림의 ① 내지 ④에 잘 나타나 있다.

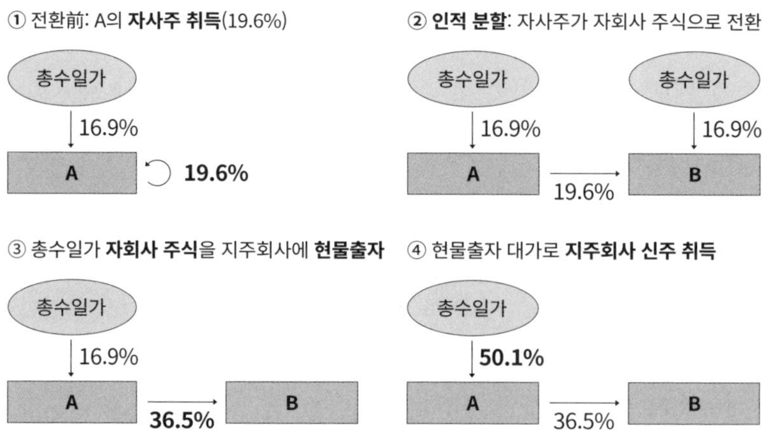

인적분할 — 자사주마법 — 지주사전환의 거래구조(예)

출처: 공정거래위원회 2018.11.13. "2018년 공정거래법상 지주회사 현황 분석 결과 발표", 8면.

먼저 A회사가 자사주를 19.6% 취득한다(그림 ①). 그런 다음 인적분

259 이곳 인적분할과 자사주마법에 대한 부분은, 이상훈, 「인적분할과 자사주마법」, 『상사법연구』 제39권 제2호, 상사법학회, 2020, 367면 이하를 요약 및 수정한 것이다.

할을 하면 신설되는 회사 B는 A사의 주주들에게 그 지분율에 상응하도록 B사의 신주를 발행하여 배정한다. 이때 A사의 자기주식 19.6%에 대해서도, 마치 A를 B사의 주주인 것처럼 간주하여 A사에게 B사의 신주를 배정한다. 그렇게 되면 A사는 B사에 대해 19.6%의 지분을 갖게 된다(그림 ②). 이 현상에 대해 마법이라는 별명을 붙이게 된 이유는, 자사주는 원래 의결권을 갖지도 못하고 신주배정권을 갖지도 못하는 '투명인간' 같던 주식인데, 단지 인적분할을 하였다는 이유만으로 갑자기 B사에 대한 신주배정권이 살아나고 그 결과 의결권도 부활하는 '마법 같은' 효과가 생기기 때문이다.

그 19.6%의 부활한 의결권은 실질적으로는 총수가 행사하게 될 것이기 때문에, 자사주마법은 인적분할과 결합함으로써 지배주주의 지배력 강화 역할을 수행한다. 하지만 실질적인 기능은 그 수준에 그치지 않으며 그것을 넘어선다. '그 수준을 넘어서는' 효과는 지주사전환의 중간 단계에서 주로 발휘된다. 지주사전환이란, 자사주마법(그림 ②)에 더하여 총수일가가 인적분할을 통해 취득한 B사에 대한 주식을 A사에 현물출자함으로써 A사의 B사에 대한 지배력이 증가하고(그림 ③) 그 현물출자에 대한 반대급부로 A사는 총수일가에게 A사의 지분을 신주 배정함(그림 ④)으로써, 총수일가의 A사에 대한 지분이 급증한다.

결국 총수 입장에서 보면 회사에 대한 지분율이 얼마 없던 상황에서, 회사를 둘로 쪼개 A사와 B사 간에 수직관계가 형성되도록 함과 동시에 자신의 B사에 대한 지분을 A사에 대한 지분과 교환함으로써(주식교환 실질) A사에 대한 지분율로 한데 모아 이를 집중시킴으로써 둘로 쪼갠 회사들 전체에 대한 지배력을 급증시킨다. 거래의 목적은 적은 자본으로 총수의 회사에 대한 지배력을 공고히 하는 데 있다. 우리나라에서 이루어지고 있는 지주사전환이란 이러한 일련의 거래 과정을 가리키는데, 총수의 지배력 강화를 위해 회사라는 법인격이 남용되고 이를 통해 일반주주들에게 n분의 1씩 분산되어 있던 지배력을 지배주주에게 대가 없이 이전, 집중시키는 문제가 있다. 자사주마법은 이러한 지주사전환 과정의 중간 단계로 활용되는 소도구로써 지배주주의 지배력 강화를 증폭시키는 역할을 한다. 이를 좀더 보면 다음과 같다. 총수의 지분율이 낮으면 인적분할, 주식교환(현물출자, 신주배정) 등을 통한 지주사전환을 추진할 힘이 약할 수 있다. 특히 분할비율과 교환비율은 지배주주의 최종 지배력 강화에 중요한 역할을 하기에 이러한 일련의 거래가 안정적으로 추진, 통과되고 소송으로 뒤집히지 않도록 이사회와 주총 특별결의를 통과하려면 더 높은 지분율이 필요할 수 있다. 요컨대 자사주마법은 총수일가의 지분율이 낮은 경우 그에 힘을 보탬으로써 위와 같은 일련의 거래가 안정적으로 가능하도록 도와주는 역할을 한다.

이상의 거래관계(자사주매입-인적분할-지주사전환)를 요약하면, ① 일단 인적분할을 통해 의결권이 부활될 것을 전제로 자사주를 충분히 매입해 둠으로써 전체적인 절차 실행을 위한 잠재 의결권을 확보해 둔 다음(1단계: 자사주매입) ② 회사를 둘로 쪼개고(2단계: 인적분할), ③ 자사주와 기존 지배주주의 지배력을 결합함으로써 두 회사 사이에 지배관계를 구축하며(3단계: 지배주주의 자회사 주식을 모회사 앞 현물출자), ④ 지배주주는 둘로 나뉘어 있던 자신의 지분율을 한곳으로 모음으로써 최상단의 회사에 지배력을 집중(4단계: 모회사의 지배주주 앞 신주발행)시키는, 4개의 단계로 구성된다. 회사를 둘로 쪼개 상호관계를 피라미드 구조로 변경시킴으로써 지배주주는 적은 돈으로 지배력의 집중을 극대화, 지배의 효율성을 도모하는 구조조정이 본질이고 자사주는 그 과정을 가능하게 하거나 보조하는 소도구 내지는 촉매 역할을 한다.

이 과정에서 일반주주의 이익이 침해되는 부분은, ① 모든 주주를 위한 회삿돈으로 구입한 자사주를 지배주주의 지배력 증가에 사용하는 부분, ② 회사를 쪼개고 현물출자와 신주발행 등의 회사법적 행위를 지배주주 개인의 이익을 위해 사용하는 부분(회사라는 법인격, 이사회와 주총이라는 회사의 권능, 회사 임직원의 노동과 비용, 전문가 선임비용 등 인적·물적 리소스를 지배주주의 사적 이익을 위해 사용), ③ 그럼으로써 일반주주의 지배력을 약화시키고 그 침해된 지배력을 지배주주 앞으로 전환시켜 지배주주의 지배력을 강화시키는 부분이다. 이러한 부분들이 주주의 비례적 이익을 침해하여 주주가치를 훼손시키는 핵심 요소라고 할 수 있다.

3. '주주에 대한' 충실의무 도입 시 기대효과: Before and After

가. '주주에 대한' 충실의무 도입 전 — 합법적, 아무 문제 안 됨

이상에서 본 일련의 행위들은 '회사에 대한' 충실 체제에서는 이를 법적으로 문제 삼기 어렵고 달리 법적인 하자가 없기 때문에 이사회에서 그것을 금지하거나 반대할 법적 명분이 없고, 일반주주들 또한 쟁송으로 이를 다투기 어렵다. 위 일련의 거래에서 회사의 자산이나 영업력에 손상을 초래하는 것은 없다. 자사주마법도 주주들 간의 지분율 희석 문제일 뿐, 특별히 회사의 자산이나 인력, 영업력의 문제는 아니다. 실제 우리나라에서 현재까지 최소 백여 개가 넘는 많은 지주

사전환이 아무 문제의식 없이 이루어져 왔고 심지어는 정부가 조세특례제한법 일몰기간을 연장해 주어 가면서까지 총수일가에 대한 세제지원까지 제공하고 있는 상황이 이를 뒷받침한다.

이에 대해 상법학계에서는 위와 같은 일련의 지주사 전환 과정의 한 단계인 '자사주마법' 부분에 대해서 자사주에 대한 신주배정 금지 입법을 주장하는 견해가 있는데, 이는 역설적으로 '주주에 대한' 충실의무의 도입 필요성을 상기시켜 준다. 현행 법해석상으로는 달리 대책이 없다는 점, '주주에 대한' 충실의무는 현재 인정되지 않는다는 점을 전제로 한 주장이기 때문이다.

그나마도 '자사주마법'만을 문제 삼을 뿐, '자사주마법'을 소품으로 활용한 지주사 전환 과정 전체에 대해서는 이렇다 할 비판이나 문제제기를 찾기 어려운데 '주주에 대한 충실' 관점을 도외시한 채 '회사에 대한 충실'의 관점으로 사물을 바라보는 데 따른 당연한 결과라고 할 수 있다. 이와 관련한 재판례도 보고된 바 없음은 물론이다.

나. '주주에 대한' 충실의무 도입 후 — 자사주마법과 지주사전환 모두 충실의무 위반

'주주에 대한' 충실의무가 도입된다면, 주주의 비례적 이익 보장이 경영진의 의무로 정착될 것이다. 그렇게 되면 지배주주의 이익을 위해 회사라는 법인격을 동원하는 행위, 가령 형제간의 재산분할, 계열분리라는 사적 목적을 위해 멀쩡한 회사를 둘로 쪼갠다든지, 2024년 두산밥캣 사례의 두산에너빌리티처럼 총수를 위한 지배권 주식 재배치를 위한 합병의 전 단계로 멀쩡한 회사를 쪼개는 행위, 지배주주의 인적분할, 지주사전환을 통한 지배력 강화를 위해 자기주식에 대해 신주를 배정한다든지, 지배주주로부터 현물출자를 받고 지배주주에게 신주를 배정한다든지 하는 일련의 행위가 모두 특별한 사정이 없는 한 금지될 것이다. 그것이 허용되기 위해서는 그러한 사전의 일련의 계획 전체를 공시하고 충분히 내용과 의도를 밝혀 회사와 전체 주주를 위해 그것이 어떻게 이롭다는 것인지 소명하고 일반주주를 대변하는 이사의 동의 및 주주총회에서 일반주주의 다수결을 거치는 등 이해상충 해소 행위가 선행되어야 할 것이다.

IV. 자사주매입과 '주주에 대한' 충실의무[260]

— 배당과의 비교; 저PBR, 총수체제, 두산밥캣, 고려아연, Unocal —

1. 서설

2021년경부터 한국 주식시장에 두드러지게 나타난 행동주의 펀드,[261] 그리고 2024년 발표된 정부의 이른바 '밸류업 프로그램'[262]은 모두 한국 주식시장의 저평가(이른바 "코리아디스카운트"[263]) 해소를 내세운

260 이하의 내용은 이상훈, 「자사주 매입과 '주주에 대한' 충실의무: 주주환원인가, 주주편취인가?」, 『상사법연구』 제43권 제3호, 상사법학회, 2024를 수정 보완한 것이다..

261 하지은/차준호/박종관, 「새 투자처 못찾은 PEF, 행동주의 돌변…"韓기업 공격 7배 폭증"」, 『한국경제』, 2024.10.19.(우리나라에서 행동주의 펀드의 공격을 받은 기업의 수는 2019년 8곳, 2020년 10곳이었으나 2021년 27곳, 2023년 77곳에 달한다고 함)

262 2024.7.3. 기획재정부 발표, 관계부처 합동 「역동경제로드맵」, p.19: "(자본시장) 저평가 지속되며, 자본시장 통한 기업 성장과 중산층 자산증식 미흡 ㅇ (주주환원) 상장기업의 배당성향이 낮고, 자사주 통한 주주환원도 미미"

263 김준석·강소현, 「코리아 디스카운트 원인 분석」, 『이슈리포트 23-05』, 자본시장연구원, 2023

다.[264] 최근 들어 코리아디스카운트의 해결이 화두로 등장하면서 그에 대한 처방으로 가장 강조되는 것 중 하나가 주주환원, 그중에서도 자사주매입이다.[265] 자사주매입은 배당과 더불어 회사 내에 불필요한 유휴자금을 감소시켜 회사의 자산 및 자본 운용의 효율성, 즉 PBR(주가순자산 비율; Price Bookvalue Ratio)과 ROE(자본수익률; Return on Equity)를 높인다는 것이다. 자사주매입은 대표적인 주주환원책으로 배당보다 권장되기도 하는데, 그 이유로는 "배당과 달리 자사주매입은 주식 수를 줄이기 때문에 잔존 주식의 1주당 가치를 증가시켜 전체적인 주가 상승요인이 된다"는 논리가 제시된다.[266]

필자도 한국 주식시장 저평가 문제 해소를 위해 자사주매입 등 주주환원을 강조하는 최근의 흐름 자체는 긍정적이라고 본다. 그러나 자사주매입은 적어도 이론적으로는 배당에 비해 주가 상승에 특별히 더 나은 것이 없다. 그렇기에 '주식 수가 줄어든다'는 이유를 내세워 자사주매입이 배당보다 주주가치에 유리하며 보다 진일보한 주주환원책인 양 주장하는 것은 본질을 호도하는 면이 있어 적절치 않다고

에 따르면, '코리아 디스카운트(Korea discount)'는 한국 상장기업의 주식 가치평가 수준이 외국 상장기업에 비해 낮게 형성되는 현상을 지칭하는 표현으로 주당 이익 혹은 주당 순자산 가치가 동일하더라도 한국 상장기업의 주가가 외국 상장기업의 주가에 비해 낮다는 것을 가리킨다. 이 표현은 2000년대 초반에 등장하였는데 20여 년이 지난 지금까지도 한국 주식시장의 취약성을 상징하는 표현으로 빈번하게 언급되고 있으며, 한국 주식시장이 한 단계 도약하기 위해서는 반드시 해결해야 할 문제로 인식되고 있다고 한다.

264 강수련, 「'밸류업 지수' 논란에도 속속 동참…밸류업 공시·자사주 소각 잇따라」, 뉴스1, 2024.10.15.

265 전항 주 및 염동찬, 「[애널리스트의 마켓뷰] 자사주 매입, 한국 증시 부양에 '보약'」, 동아일보, 2024.1.20. 외 다수.

266 이는 자사주매입을 권장하는 취지의 언론보도에 거의 빠지지 않고 등장하다시피 하는 내용이다. 가령 염윤경, 「'밸류업' 자사주 소각 나선 증권사… 선두 달리는 미래에셋증권」, MoneyS, 2024.8.24.

본다. 총수(지배주주) 체제 소유구조가 주를 이루면서 이른바 저PBR 주가 다수인 주식시장, 거기에 이사의 주주에 대한 충실의무가 인정되지 않는 제도적 현실[267]이 더해지는 한국의 상황에서 자사주매입은 오히려 배당보다 문제가 많기에 신중하게 바라볼 필요가 있다.

이러한 배경하에 이하에서는 상기와 같은 점들, 즉 ① 자사주매입이 과연 주식 수를 줄여 줌으로써 기업가치와 주당가치에 긍정적인 영향을 줄 수 있는 것인지에 대한 이론적인 논증을 살펴보고, 그것이 아니라면 주주환원 방법으로서 자사주매입과 배당의 장점은 무엇인지를 살펴본 뒤(2.항), 주주에 대한 충실의무가 인정되지 않는 한국의 상황에서 자사주매입의 위험성, 보다 구체적으로는 ② PBR이 1 미만인 초저PBR주가 많은 상황에서 자사주매입의 문제점(3.항), ③ 총수(지배주주) 체제가 주를 이루는 우리나라에서 경영권 유지 또는 방어수단으로 자사주매입이 사용되는 것의 문제점(4.항)을 살펴본 뒤, ④ 이러한 문제들의 공통점은 이사의 '주주에 대한' 충실의무 개념이 인정되지 않다 보니 주주의 비례적 이익이 지배주주(경영진)에게 편취되는 것인바, 이사의 '주주에 대한' 충실의무가 도입되기 전과 후에 이러한 문제들이 어떻게 달라질지 제시함으로써 주주에 대한 충실의무 도입 필요성을 주장하는 것으로 단락을 맺는다(5.항).

---

267 우리나라는, 이사는 '오직' 회사에 대하여만 의무를 부담할 뿐 주주에 대하여는 부담하지 않는다면서 판례의 입장도 그와 같고 그것이 통설이라는 설명이 주를 이룬다. 주23 참조.

2. 주주환원 수단으로서의 자사주매입과 배당 간의 우열

가. 『배당 — 자사주매입 무차별 원칙』

(1) 자사주매입 vs. 배당: 자사주매입이 배당보다 유리한가?

자사주매입(매입 후 소각을 전제로 한다, 이하 같다)은 흔히 "배당보다 바람직한, 주주에게 유리한 주주환원 수단"인 것처럼 강조된다. 자사주매입이 유통주식 수를 줄이기 때문에 주당순이익(Earnings Per Share; EPS)을 증가시킨다는 것이다. 유통주식 수가 줄어들면 다른 조건이 동일하다면(회사의 영업력에 변화가 없다면) 그다음 연도부터는 1주당 순이익이 증가할 것이므로, 주식 수가 줄어들지 않는 배당을 하였을 경우에 비해, 주주에게 유리하며 주가 상승에 도움이 된다는 논리다. 과연 이러한 주장이 타당한 것일까?

기업의 실체에 변화가 없다면, 주식 수가 증가 또는 감소한다는 이유만으로 기업가치 또는 주식가치가 증가 또는 감소할 리는 없다. 그런데 위와 같은 주식의 수와 주식의 가치에 관한 일반론은 자사주매입에는 그대로 적용될 수 없다. 자사주매입은 단순히 주식의 수를 줄이기만 하는 것이 아니라 기업의 현금이 사외 유출되어 주식과 교환됨으로써 기업의 실체와 주식의 가치에 영향을 줄 수 있기 때문이다. 이로 인하여 다음과 같은 질문들이 대두된다: ① 주주환원 수단으로서 배당을 선택하였을 경우에 비하여 기업 가치 또는 전체 주식의 가치, 나아가 자사주매입에 응하여 주식을 팔고 떠난 주주와 팔지 않고 잔류한 주주 사이에 어떠한 가치의 차이를 유발할 것인가? ② 과연 자사주를 매입하면 주식 수가 줄어들므로 배당보다 유리한 것일까?

이러한 질문들에 대하여 준비된 답변은, 완전한 시장과 세금이 없다고 가정하면, 기업이 일정 금액의 자금을 배당금으로 분배하든 주식 재매입을 통해 자금을 분배하든 기업의 가치, 그리고 주식의 가치 사이에는 차이가 없다[268]는 것이다. 이하 이 점을 자세히 살펴본다.

(2) 『배당 – 자사주매입 무차별 원칙』

(가) 검토의 필요성

앞에서, 자사주매입이 과연 '주식 수를 감소시키기 때문에' 배당보다 주주가치 제고에 유리한지의 질문에 대한 답은 "이론적으로는 그렇지 않다"고 하였다. 이에 관한 논증은 노벨 경제학상 수상이론인 MM 정리[269]에 의해 파이낸스 영역에서는 정립이 되어 있는 사항[270]인데, 이러한 내용은 파이낸스의 영역일 뿐 법학과 무관한 것이라고 생각하기 쉬우나 그렇지 않다. 배당과 자사주매입 중 양자 사이에 우열이 있는지는 회사법학의 측면에서도 중요하다. 회사와 주주를 위한 이사의 선관/충실 의무 수행의 일환으로서 배당과 자사주매입 중 어느 하나를 선택한다면 어떠한 상황에서 무엇을 선택하는 것이 적절한지의 논의와 직결되기 때문이다. 양자 사이에 우열이 없다면 왜 그러한지, 그리고 그처럼 우열이 없다는 결론이 도출되는데 사용된 가정이 무엇이며, 그 가정이 현실과 다르면 어떠한 형태로 그 결론도 달라

268 William Bratton, 『Corporate Finance, Cases and Materials (University Casebook Series)』 8th edition, Foundation Press, 2016, 949면.

269 M. H. Miller and F. Modigliani, 「Dividend Policy, Growth and the Valuation of Shares」, 『Journal of Business』 34, October 1961, 411~433면.

270 Brealey, Myers, Marcus(권경민 외 옮김), 『기본재무관리(Fundamentals of Corporate Finance)』 제10판, 교문사, 2021, 539~540면.

질 수 있는지와 같은 점들을 정확히 이해해야 구체적인 현실에서 적정한 경영판단을 할 수 있을 것이다. 나아가 이 점을 둘러싼 구체적인 소송이 과연 벌어질 수 있겠는지, 만약 벌어질 수 없다면 그 이유는 무엇이며, 벌어진다면, 공방의 포인트와 분쟁의 예상 경로는 어떻게 전개되겠는지를 가늠하는 데도 도움이 될 수 있다. 그리하여 외국에서는 이러한 논의를 법서에서 자세히 소개도 하는데,[271] 우리나라에서는 법학 분야에서 이러한 논의를 찾아보기 어렵다. 이하에서는 이에 관한 외국의 논의를 소개한다.[272]

(나) 배당기업과 자사주매입 기업의 주주가치 비교 논증

배당금 지급이 모든 주주들을 비례적으로 동등하게 대우하는 것과는 달리, 자사주매입은 기업의 주주 그룹을 둘로 분할하는 효과를 초래한다. 즉 자사주매입은 주주를 ① 회사에게 주식을 매도하고 탈퇴하는 주주들의 그룹(이하 "탈퇴그룹")과, ② 매도하지 않고 잔류하는 주주들의 그룹(이하 "잔류그룹")으로 분할한다. 그러나 이론적으로(세금이 없는 완벽한 자본시장이라는 가정을 전제로) 두 그룹 간에는 경제적 차이가 발생하지 않는다. 나아가 자사주매입을 하는 경우와 배당을 하는 경우 사이에 기업가치와 주주의 부 사이에도 차이가 생기지 않는다. 어떻게 해서 그러한 결론이 도출된다는 것인지에 대해 살펴본다.

배당과 자사주매입 사이에 우열이 없다는 점을 확인하기 위해, 기업

271 예컨대 William Bratton, 앞의 책, 같은 곳.

272 이하의 (나)항의 설명은 위의 책 같은 곳에 제시된 설명을 토대로 현재가치법에 익숙지 않은 독자들을 위하여 필자가 중간에 설명을 보충하는 방법으로 작성하였다.

D(배당을 선택한 기업)와 기업 R(자사주매입을 선택한 기업)이라는 두 개의 가상기업을 상정하여 비교해 보기로 한다. 비교 대상 시점(t=0)에서 기업 D와 기업 R은 모든 측면에서 동일하다. 두 기업은 인접한 동일한 시장에서 동일한 사업을 운영하며 서로 경쟁하지 않는다. 두 기업 모두 1백만 주의 보통주가 유통 중이며 부채는 없다. 두 기업의 모든 주주는 선호도가 동일하며 완전히 정보를 알고 있다고 가정한다. 또한 두 기업은 모두 성장하지 않으며 매년 영구히 1백억 원의 순 현금흐름을 창출하고, 시장은 두 기업의 보통주에 대해 10%의 수익률을 요구한다(10배의 PER[273])고 가정한다.[274] 대리인 문제 같은 비효율 요인이 없는 완벽한 자본시장이라면 기업의 가치는 주식의 가치에 100% 실시간으로 반영될 것이므로 이하의 "주주가치"라는 용어는 달리 언급이 없는 한 "기업가치"를 나타내는 용어이기도 하다.

1) 기업 D(배당기업)의 주주가치

기업 D는 매년 말에 순 현금 흐름 전액을 배당금으로 지급한다고 가정한다. 1백억 원을 1백만 주에게 비례적으로 배분할 것이므로 주당 배당금(DPS; Dividend Per Share)은 1만 원이 될 것이다. 즉 검토 대상 연도(Year1)의 연초 시작시점(t = 0)에서 기업 D의 보통주 주당가치는 연말(t = 1)에 배당받을 금액을 연초 시점(t = 0)의 현재가치로 평가

273 Price Earning Ratio의 줄임말로, 주가가 1만 원인데 순이익이 연 1천 원이라면 PER은 10이 된다. 이것은 연간 순이익이 동일할 경우 투자금을 회수하는 데 10년이 소요된다는 의미이자, 투자금 대비 연 수익률이 10%라는 의미가 되기도 한다.

274 성장을 가정하더라도 결론에 영향을 미치지 않는다.

해야 하는데, 이는 다음과 같이 계산된다.

- 1주당 가치(PV; Present Value) = d / (r - g)[275] = 1만 원 / (0.10 - 0) = 10만 원
- 기업 D의 시가총액 = 1주당 가치 × 발행주식 수 = 10만 원 × 1백만 주 = 1천억 원

2) 기업 R(자사주매입 기업)의 주주가치

t = 0에서 기업 R은 기업 D와 달리 Year 1의 연말(t = 1)에 배당금을 지급하지 않는 대신 연간 순 현금 흐름인 1백억 원을 주식시장에서 자사주매입에 사용할 것이라고 발표한다. 그 이후 Year 2부터는 순이익을 배당금 형태로 지급할 것이다. 이 경우 이론적인 주주가치를 어떻게 계산할 것인지 살펴보자.

t = 0에서 기업 R의 주주가치는 Year 1 말에 자사주매입으로 인하여 분할될 두 그룹, 즉 주식을 팔고 나갈 탈퇴그룹의 주주가치와, 팔지 않고 남아 있을 잔류그룹의 주주가치를 각각 t = 0 시점으로 당겨서 구한 현재가치들의 합이 될 것이다. 따라서 각 그룹의 주주가치의 현재가치를 먼저 구한 뒤 이를 합산하는 방법으로 총 주주가치를 구할 수 있다.

---

275 파이낸스 교과서에 거의 빠짐없이 소개되는 Gordon의 배당할인 모형으로, 이론적인 주당 가치를 구하는 공식이다. 자세한 설명은, Brealey, Myers, Marcus(권경민 외 옮김), 앞의 책, 227~228면. 이 식에서 d는 배당액, r은 수익률, g는 성장률이다. 일정한 금액이 영구적으로 매년 지급되는 연금의 현재가치는 무한 등비수열 공식을 통해 P(연금)/r(할인율)로 계산되는데, 이것을 영구 동액 배당의 경우에 그대로 적용한 것이다. 성장하는 기업이라면 할인율에서 성장률을 차감해야 하는데, 이 글에서는 편의상 성장하지 않는 기업, 즉 성장률(g)이 0인 기업을 가정함은 전술하였다.

① 탈퇴그룹의 주주가치: 약 90.9억 원

- 예상이익 및 기대수익률(할인율): 1년 뒤 배당받을 1백억 원, 연 10%
- 연말 예상 현금흐름의 연초(t = 0) 시점 현재가치: 1백억 원 ÷ (1 + 0.1) = 약 90.9억 원(9,090,909,090원)

② 잔류그룹의 주주가치: 약 909.1억 원

- 예상이익 및 기대수익률(할인율): 1년차에는 배당금 없음. 2년차 연말 즉 Year 2(t = 2) 시점부터 영구적으로 매년 배당금 1백억 원, 연 10%
- 예상 현금흐름의 Year 2의 연초(t = 1) 시점의 현재가치=d / (r - g) = 1백억 원 / (0.10 - 0) = 1천억 원
- 2년차 연초(t = 1) 시점 현재가치의 1년차 연초(t = 0) 시점의 현재가치 = 1천억 원 ÷ (1 + 0.1) =약 909.1억 원(= 90,909,090,909원)

③ 탈퇴그룹과 잔류그룹의 합계가치 = 90.9억 원 + 909.1억 원 = 1천억 원

3) 기업 D와 기업 R의 비교

위 1)과 2)의 결괏값에서 보듯이, 배당을 할 경우와 자사주매입을 할 경우 기업의 가치와 주주가치에 차이는 없다.

(다) 자사주매입 과정에서 매입가격을 고려할 경우의 결과

위 (나)에서는 자사주매입 과정에서 구체적으로 어떠한 가격으로 매입하는지와 같은 실제적인 문제는 고려하지 않은 채, 탈퇴그룹과 잔류그룹의 '전체' 주주가치가 동등하다고 분석하였다. 하지만 실제 매입 과정에서 주식을 얼마에 매입하는지에 따라 두 그룹의 주주가치는 달라질 수 있다. 이것은 매입가격의 적정성에 좌우될 문제라고도 할 수 있는데, 매입총액이 정해져 있는 상황에서 매입가격의 문제

는 매입 주식의 수가 얼마냐의 문제라고 할 수 있다. 다만 앞에서 기업 R(자사주매입)의 모든 주주가 투자에 대해 연간 10%의 요구 수익률을 포함하여 동일한 선호도와 기대를 가지고 있다고 가정하였다. 그렇다면 모든 주주들은 동일한 가격에 매매할 것인바, 그 경우 총 매입 주식의 수를 파악할 수 있고, 이를 통해 두 그룹 간에 가치가 동등하게 배분되는지 확인할 수 있다. 이 점을 살펴보기로 하자.

1) 탈퇴주주의 매도가격(= 자사주 매입가격)과 매입할 주식 수

탈퇴주주들이 Year 1의 연초(t = 0) 시점에 1주당 10만 원인 주식에 투자한다면, 연말(t = 1) 시점에는 10%의 수익을 요구할 것이다. 따라서 주주들이 연말(t = 1)에 자사주매입에 응하여 매도할 때 적정하다고 생각하는 매도 주가는 주당 11만 원이다.

그렇다면 기업 R이 자기주식으로 매입할 주식 수는 다음과 같이 구해진다.

- 1백억 원 ÷ 11만 원 = 90,910주(단수주 1주 올림)

2) 잔류주주의 주식 수와 주당가치

이제 시중에 유통되는 주식, 즉 잔류주주들의 주식 수는 발행총수 1백만 주에서 위 주식을 차감한 909,090주가 된다.

- 100만 주 – 90,910주 = 909,090주

2년차부터 기업이 벌어들일 100억 원을 나누게 될 주식 수가 종전에는 1백만 주였지만 이제 자사주매입의 결과 위와 같이 감소하기 때문에 잔류주식의 1주당 가치는 Year 1 말에 자사주매입이 완료되면 상승한다(단 이러한 가치 상승은 단 한 번만 이루어진다).

- 1백억 원 ÷ 909,090주 = 잔류주식의 Year 2(t = 2)부터의 연간 배당금 1.1만 원
- [영구 1.1만 원 배당의 현금흐름]의 1년 말(t = 1) 시점 현재가치 = 1.1만 원 ÷ 0.1 = 11만 원
- 위 11만 원의 Year 1 연초(t = 0) 시점 현재가치 = 11만 원 ÷ 1.1 = 10만 원

결국 잔류주식의 1년 초 시점 주당가치는 10만 원인바, 이는 위 (2).(나).1)에서 살펴본 기업 D(배당기업)의 주당가치와 동일함을 알 수 있다.

(3) 소결: 배당과 자사주매입은 주주가치에 무차별

요약하자면, 앞서 언급한 가정을 전제로, 기업 D와 기업 R의 모든 주주는 회사가 배당금을 지급하건, 그 돈으로 자사주를 매입하건, 또 그에 응하여 주주가 매도를 하건 그에 응하지 않고 잔류를 선택하건, 모두 정확하게 동일한 현재 가치 상황에 있게 된다. 이러한 결론의 함의를 필자 나름대로 요약하면 다음과 같다: "자사주매입을 하면 주식의 수가 감소하기 때문에 잔존 주주들의 1주당 가치가 증가하는 것은 맞으나 그에 상응하는 만큼 자사주매입 과정에서 현금이 미리 유출되므로 전체 주식가치는 배당을 하는 경우와 차이가 없다."

위의 서술에서 중요한 부분은 "현금 유출액이 잔존 주식의 가치 증분에 「상응하는 만큼」이어야 한다"는 점이다. 이 부분이 깨지면 배당과 자사주매입 사이에 차이가 생길 수 있다.[276] 아래 나.항에서 이 부분을 살펴본다.

---

276 Brealey, Myers, Marcus(권경민 외 옮김), 앞의 책, 237면("각 주주들의 모든 주식의 1%를 되

나. 『배당 ― 자사주매입 무차별 원칙』의 한계

배당과 자사주매입은 주주가치 제고에 차이가 없다고 하였는데, 이러한 결론은 매우 제약적인, 어쩌면 극단적인 가정에 입각한 것이라는 점을 주의할 필요가 있다. 이 가정을 완화하면 배당과 자사주매입 사이에는 가치 차이가 생기고, 자사주매입 시 잔류주주와 매도주주 사이에도 부의 이전이 발생한다. 따라서 이러한 가정을 완화할 경우 현실에서는 어떠한 식으로 양자 간에 차이가 발생하는지 살펴볼 필요가 있다.

(1) 정보의 차이

자사주매입 시 매도주주에게 비공개협상으로 프리미엄을 지불하고 주식을 매입한다면 매도하지 않은 주주들로부터 매도한 주주에게 부의 이전이 발생한다.[277] 반대로 경영진이 "upside"에 대한 내부 정보를 가지고 있고 이 정보가 공개되기 전에 자사주를 매입한다면 반대의 결과가 발생한다.[278] 또한 배당 정책의 신호 효과를 고려할 때, 자사주매입 발표는 그만큼 당해 연도 배당금을 삭감한다는 의미이기 때문에 만약 시장이 이 정보에 부정적으로 반응한다면 기업 D(배당)의 시총은 기업 R(자사주매입)의 시총보다 (적어도 일시적으로) 더 높아지게 된다.[279]

사준다면, 그러한 조치는 주가의 1%에 해당하는 배당금을 지급하는 것과 매우 유사… 자사주매입은 배당할인 모형을 무효화하지 않는다… 그러나 자사주매입은 발행된 주식의 수가 변함에 따라 주당 기준으로 배당을 예측하기 어려울 수 있어 이 모형의 실행을 복잡하게 만든다").

277 William Bratton, 앞의 책, 951면.

278 위 같은 곳. 자본시장법상 자사주매매는 내부정보가 공개되기 전에는 금지되지만, 규정에 저촉될 정도의 미공개정보 이용은 임계점이 높고 현실적으로 적발될 확률이 100%는 아닐 수 있다.

279 William Bratton, 앞의 책, 같은 곳.

(2) 세금의 차이

가정을 완화할 때 세금 차이도 크게 부각된다. 앞에서는 배당과 자사주매입 사이에 다른 모든 조건, 가령 세금도 동일할 것을 가정하였으나 현실에서는 그렇지 않다. 배당과 자사주매입은 세후 수익률에 차이를 가져올 수 있기 때문에 주주가치에 차별적인 영향을 미칠 수 있다.[280]

(3) 주주에 대한 충실의무의 인정 여부

미국은 주주에 대한 신인의무가 확고하여[281] 그것이 당연한 것으로 치부되기 때문에 그에 주목하지 않고 문헌에서도 상론하지 않는 경향이 많다. 그러나 전술하였듯이 우리나라는 학설 및 실무상 주주에 대한 충실의무가 인정되지 않는데, 이 점은 한국이 미국에 비해 배당-자사주 무차별원칙이 잘 통하지 않을 가능성을 높여 주는 요인라고 판단된다.[282]

---

280 위 같은 곳.

281 이철송, 앞의 『회사법강의』 제32판, 786면; 임재연, 『미국회사법』 수정판, 박영사, 2004, 330면; 손창완, 「미국 회사법상 이사의 의무와 그 시사점」, 앞의 『상사법학회 특별학술대회 자료집』, 59면; 정대익, 앞의 「주주에 대한 이사의 충실의무 부존재하의 독일법상 주주보호수단」, 14면 주69 및 본문 외 다수.

282 주주에 대한 충실의무 자체가 인정되지 않는다면 경영진의 대리인 문제가 심각하여 완벽한 자본시장이라는 가정이 크게 훼손될 것이고 재무이론의 전반적인 현실성 내지 유용성도 크게 저하될 것으로 생각된다. 경영학의 재무관리 교과서를 펴면(가령 Brealey, Myers, Marcus(권경민 외 옮김), 앞의 책, 28면) 거의 예외없이 서두에 "기업의 목표는 다양한 주주들이 맡긴 투자액의 현재 시장가치를 극대화하는 것"이라고 전제하고 이하의 논의를 전개한다. 그러나 한국처럼 주주에 대한 충실의무를 부정하는 법제는 이러한 경영학(재무이론)의 사고방식과 잘 맞지 않는다. 이처럼 파이낸스와 회사법의 충돌하는 모습이 미국과 두드러지게 차이나는 한국의 특징이자 코리아디스카운트의 핵심 원인이라고 본다. 같은 취지로, 이상훈, 앞의 「LBO와배임죄(下)」, 200~203면.

다. 자사주매입과 배당의 우열 관계

이상에서 세금이 없는, 완벽한 자본시장을 가정할 경우 단지 주당순이익이 증가한다는 이유만으로 자사주매입이 배당보다 뛰어난 방안인 것처럼 강조되는 것은 적절치 않다는 점을 살펴보았다.

그렇다면 자사주매입은 배당보다 나은 점이 없는 것일까? 이하에서는 일반적으로 논의되는 배당과 자사주매입 각각의 장단점(한쪽의 장점이 다른 쪽의 단점)을 간단히 소개한다.

(1) 배당의 장점

배당은 자사주매입과 비교할 때, 모든 주주에게 그 지분율에 비례하여 동등한 효과를 가져오므로 주주의 비례적 이익을 깨뜨리지 않는다는 점이 가장 큰 장점이다. 이에 반해 자사주매입은 주주의 비례적 이익을 깨뜨릴 위험이 있는데 한국에서는 주주에 대한 충실의무가 부정되기 때문에 이 부분이 특히 심각한 문제를 야기한다. 이에 관하여는 3.~5.항에서 상론한다.

한편, 자사주매입은 유통주식 수를 줄임으로써 주주에게 그 주주환원 효과가 간접적으로 귀속되는 방식임에 반하여, 배당은 주주의 계좌에 직접 현금을 지급하므로 그 효과가 직접적인 것도 장점이다. 또한 배당은 자사주매입과 달리 매년 일정한 시기에 규칙적으로 이루어진다는 점도 장점이라 할 수 있다.

(2) 자사주매입의 장점

자사주매입이 배당보다 나은 점도 있는데 다음과 같은 점들이다.

(가) 자금운용의 융통성

경영진의 입장에서 주주환원을 배당에만 의지할 경우 가장 고민스러운 점은 배당 수준을 일정하게 유지하기 어렵다는 점이다. 가령 금년에 이익이 많이 났다고 해서 배당을 대폭 늘릴 경우 당장 금년에는 좋겠지만 내년에는 그만큼의 이익을 낼 수 없다면 그땐 배당금을 대폭 감소시켜야 할 것이다. 경영진으로서는 주주에 대한 관계에서 가급적 일정한 배당 수준을 유지하거나 배당금을 증가시키는 것을 선호하는 반면, 배당금을 감소시키는 것에는 큰 부담을 느낄 수 있다.[283] 특히 배당정책의 신호효과(signaling effect)를 고려할 때 배당금을 작년보다 줄이는 것은 시장에 부정적인 암시를 주어 추가적인 주가하락을 유발할 수도 있다.[284] 배당금이 지나치게 불규칙하고 변동성이 크다면 주식의 현금화 과정이 그만큼 불규칙적이고 변동성이 크다는 뜻이므로 다른 조건이 같다면 주식이라는 자산의 가치평가에 적용될 할인율을 증가시켜 주식의 가치를 떨어뜨릴 것이다. 특히 최근 들어 국내에서도 안정적인 투자현금흐름으로서의 배당에 대한 관심이 고조되고 있는 점[285]을 감안하면, 배당금이 갑자기 감소 또는 동결되거나, 지나치게 변동성이 큰 것은 바람직하지 않게 여겨질 수 있다.

이처럼 "배당금은 규칙적인 것이 좋으며 적어도 감소하여서는 아

---

283 미국에서 2004년 기업 고위 임원들을 상대로 설문조사한 결과 배당금 인하를 피한다는 응답률은 93.8%에 달하였다고 한다. Brealey, Myers, Marcus(권경민 외 옮김), 앞의 책, 537면.

284 위의 책, 537~538면; William Bratton, 앞의 책, 951면.

285 가령 문일호, 「지금 사면 年 6% 그냥 먹는다 주가 조정후 매력 커진 배당주」, 『매일경제』, 2024.9.13.; 최만수, 「매달 통장에 '따박따박'…"건물주 된 기분" 요즘 뜨는 재테크」, 『한국경제』, 2024.5.9.

니 된다"는 요구에 대응하는 효과적인 수단이 바로 자사주매입이다. 만약 일시적인 이익의 급증이나 일시적인 현금 여유분이 발생하였을 때, 그것을 이른바 '폭탄 배당' 재원으로 활용하기보다는, 배당은 평소와 유사하게 일정한 수준을 유지하면서 남는 여유재원을 자사주매입으로 사용한다면 배당의 규칙성을 확보하면서도 전체적인 주주환원율을 용이하게 관리할 수 있다. 한마디로 자사주매입은 주주환원과 사내 유보의 선택 문제에 있어 경영진에게 운신의 폭을 넓혀 주고 주주의 입장에서도 투자의 안정성 내지는 예측가능성을 확보해 주는 이점이 있다.

(나) 세금혜택 — 주주의 세후수익률 증가

주주의 입장에서 자사주매입이 배당보다 나은 점은 뭐니 뭐니 해도 세금 효과이다.[286] 현재 배당소득은 과세되는 반면 상장 주식 매매에 따른 양도차익은 일정 금액 이상의 대주주에게만 과세되고 그 미만의 소액투자자들은 비과세된다.[287] 따라서 주주환원의 방법으로 배당을 선택할 경우 주주들은 배당소득세를 내야 하는 반면, 자사주매입에 따라 주가가 상승하고 그에 따라 주식을 양도하여 얻는 양도소득은 세금을 내지 않는다. 세후 수익률 면에서 자사주매입이 배당보다 훨씬 유리한 것이다.[288] 이러한 이점은 자사주매입 고유의 이점이라기

---

286 미국에서도 이와 같은 세금혜택 차이가 자사주매입이 크게 증가한 한 가지 이유라고 해도 과언이 아니라고 한다. Brealey, Myers, Marcus(권경민 외 옮김), 앞의 책, 547면.

287 이예지, 「금융투자소득세 쟁점과 개선과제-주식의 자본이득 및 배당소득에 대한 과세 논의를 중심으로-」, 『국회입법조사처』, 2024.7.24., 1면.

288 이러한 세율 차이는 미국도 JGTRRA라는 세법개혁을 통해 그 차이를 완화하기 전까지는 마찬

보다는 '세법 의존적'인 이점이라고 할 수 있다.

(다) 스톡옵션 또는 RSU 등 주식보상 제도와의 정합성

스톡옵션을 받은 경영진의 입장에서는 주주환원 방법으로는 배당보다 자사주매입이 더 낫다. 주가는 배당금을 뺀 만큼만 오를 텐데, 스톡옵션 보유자는 배당을 받을 수 없으니 배당보다는 자사주매입이 스톡옵션 행사에 유리한 것이다. 미국에서 자사주매입 활성화는 경영진의 스톡옵션 사용 증가와 동시에 나타났으며 양의 상관관계가 있다고 한다.[289]

이러한 현상은 성과보상을 주식보상의 방법에 의할 경우 공통적으로 생길 수 있는데 이처럼 경영진의 인센티브 관점에서 주식 보상 방법과 정합성이 높다는 점도 자사주매입의 장점이라고 할 수 있다. 다만 자사주매입의 이러한 장점은 한국에서는 매우 제한적일 것으로 본다. 스톡옵션은 주주에 대한 충실의무가 부정되는 한국에서는 활성화되기 힘든 제도라고 보기 때문이다. 스톡옵션 등 주식보상 제도는 임원에 대한 성과보상을 거래소 주가에 연동시키겠다는 발상인데 그것은 경영진이 일반주주와 같은 배를 타도록, 주주의 비례적 이익에 충실하도록 권장하는 기능을 수행한다.[290] 이는 주주에 대한 충실의무가 확고한 미국이라면 매우 바람직하고 체계정합적인 제도가 될 수 있지만 그러한 의무가 부정되는 한국과는 잘 맞지 않으며 선관/충실 의무

가지였다고 하며, 그럼에도 불구하고 미국에서 꾸준한 배당금 흐름에 대한 주주들의 지속적인 수요는 배당금 "수수께끼"의 주요 구성 요소라고 한다, William Bratton, 앞의 책, 952면.

289 위의 책, 956면.

290 이상훈, 앞의 「LBO와배임죄(下)」, 225~226면.

이행 과정에서 규범적인 혼선 — 총수의 지침이 일선 경영진에게 잘 먹혀들지 않을 가능성—을 초래할 수 있다. 그렇기 때문에 '회사에 대한' 충실만 인정되는 한국의 총수 체제에서는 주가보다는 총수의 지배권능의 크기를 나타내는 매출액이나 영업이익 같은 '회사의' 사이즈를 나타내는 수치가 성과보상 지표로 더 선호될 것이고 그게 체계 정합적이다. 이는 총수 체제에서는 상속세 부담 때문에 경영진이 거래소 주가가 오르는 것을 달가워하지 않는다고 알려져 있는 것[291]과 같은 맥락이라고 할 수 있다. 그 점에서 RSU(양도제한조건부 주식)와 같은 주식보상을 총수에게 부여하는 것[292] 역시 적절치 않다. 총수일가는 주식의 매매보다는 지분율 확대에 주로 관심이 있기 때문에 주식보상을 받더라도 주가 상승에는 무심할 것이고 오히려 염가에 많은 주식수를 할당 받기 위해 주가를 누르고 싶은 인센티브만 더욱 강해질 수 있기 때문이다. 이러한 결과는 명백히 주주의 비례적 이익에 반하게 될 것이다. 주식 성과보상을 도입하려면 주주에 대한 충실의무부터 도입할 필요가 있다.

(라) 거래 유동성 제공

현실적으로 주식시장에 유동성이 풍부하지 않은 경우 자사주매입은 배당에 비해 거래 유동성을 제공함으로써 가격발견 기능을 제고할

---

291 박원희/민경락, 「상속세율 최고 50→30%, 과표 3배로…밸류업 기업엔 평가할인」, 『연합뉴스』, 2024.6.24.

292 안태호, 「승계 활용 우려 'RSU'…한화·두산 등 7개 재벌집단 총수일가 지급」, 『한겨레』, 2024.9.5.

수 있다.

3. 저PBR(특히 "PBR < 1") 상황에서 자사주매입의 문제점

가. PBR의 의미

시장에서 형성되는 주가(시가총액) 또는 1주의 가격(P)과, 회계장부상의 순자산가액(= 자기자본 총액) 또는 1주당 순자산가액(BPS; Book-value Per Share)의 관계를 비율로 나타낸 지표를 PBR(Price Book-value Ratio)이라고 한다.

PBR = 시가총액 / 순자산(회계장부상 자기자본총액) = 주가 / 1주당 순자산

회계 장부상의 순자산가치, 즉 자기자본 가치는 그 기업의 청산가치를 의미하기도 한다. 청산절차에 들어간 기업은 그 기업의 자산을 시장에 내다 파는 형태로 환가가 이루어질 것이고 그 환가금에서 채무가액을 공제한 잔액이 기업의 청산을 통해 회수가능한 총금액이 된다. 이 금액이 바로 "청산가치"인데 이는 결국 회계장부상의 회사 소유 자산 가액에서, 부채를 차감한 가액, 즉 순자산 가액을 가리킨다.[293]

총자산 - 총부채 = 순자산 = 자기자본 총액 = 청산가치

이 순자산 가액은 청산을 한다면 주주에게 귀속될 몫이므로 이 금액이 바로 회계상 자기자본 총액이자 청산가치에 해당한다.[294]

---

293 현실에서는 회계기준상의 평가 방법의 차이, 또는 청산을 위한 매매 과정에서 소요되는 거래비용, 청산업무를 수행하는 조직 내부의 행정비용, 관련한 법률비용 등으로 인하여 차이가 있을 수 있으나 이러한 부분은 무시하고 논의한다.

294 실제 환가 과정에서 이론적인 가격 또는 적정가격 대비 할인이 일어날 수 있는 등 거래비용이 발생할 수 있어 현실적으로는 달라질 수 있을 것이다.

"PBR = 1"이라면 시장주가가 회계상 순자산가치, 즉 청산가치와 동일하다는 뜻이다. 만약 "PBR < 1"이라면 시장주가가 청산가치보다 작다는 뜻이다.

나. "PBR < 1" 상황에서 자사주매입의 의의와 문제점

(1) 일반적인 저평가 상황에서의 자사주매입의 문제점

자사주매입은 매입가격이 적정가치 대비 높은지 또는 낮은지에 따라 팔고 떠나는 탈퇴주주와 팔지 않고 남아 있는 잔류주주 사이에 부의 이전이 발생할 수 있음은 앞서 보았다(위 2.나.(1) "정보의 차이"). 가령 호재성 정보가 시장에 공개되지 않은 상태에서 이를 알지 못하는 주주로부터 시장주가로 자사주를 매입한다면 팔고 떠나는 주주로부터 그가 마땅히 받아야 할 몫보다 저렴한 가격으로 주식을 구입하는 것이기 때문에 회사로서는 그 주주를 저렴한 가격으로 내보내는 "염가축출" 효과를 얻는다. 염가축출로 발생한 잉여가치는 잔류주주에게 귀속되므로 매도주주와 잔류주주 간에 부의 이전이 발생한다. 이 점은 모든 주주에게 비례적으로 고르게 이익을 배분하는 배당보다 자사주매입이 못한 점이다. 이러한 염가축출은 주주의 비례적 이익을 깨뜨리므로 바람직하지 못하다.

(2) "PBR < 1"의 의미

"PBR < 1"인 상황에서의 자사주매입은 위와 같은 일반적인 "염가축출"과는 또 다른 의미가 있다. 주주들에게 청산가치만도 못한 값으로 출자금을 돌려준다는 뜻이기 때문이다.

PBR이 1보다 낮다는 말은 그 회사를 당장 청산해서 주주들에게 환가금을 나누어 주는 것만도 못한 금액으로 주가가 형성된다는 뜻이다. 회사를 존속시켜 영업을 지속할 때의 기업가치, 즉 계속기업가치가 그 회사를 당장 청산하는 경우의 가치, 즉 청산가치만도 못하다고 시장에서 평가한다는 뜻이다. 회사가 부도가 나서 회생절차에 돌입하면 회사가 계속 사업을 영위할 때의 가치, 즉 계속기업가치가 청산가치보다 큰지 작은지에 따라 회사를 살릴 것인지 파산절차에 넣어 청산을 할 것인지를 결정[295]한다. 법적으로도 회사의 계속기업가치가 청산가치를 상회하는지는 회사의 생존 여부를 결정짓는 기준이 되는 것이다. PBR이 1보다도 작은 회사는 부도난 회사나 마찬가지로 시장의 평가를 받는 상황이라고 할 수 있다. 이런 상태가 일시적이라면 몰라도 장기간 가령 5년 또는 10년 또는 수십 년씩 계속되는 회사라면 그런 회사는 사실은 주식시장에 상장한 의미가 없으며 존치시켜 둘 의미가 없다고 말할 수 있다. 일본에서 PBR이 1 미만인 기업은 그 사유를 증권거래소에 제출하도록 요구[296]한 것이 이른바 "밸류업" 정책의 핵심으로 꼽히기도 하였는데, PBR의 개념을 이해한다면 왜 일본의 거래소가 기업들에게 이러한 요구를 하였는지, 왜 이러한 요구가 최소한의 요구로서 정당화될 수 있는 것인지를 이해할 수 있다.

---

295 채무자회생 및 파산에 관한 법률, 제6조, 제286조 제2항 등 참조.

296 일본은 거래소에서 PBR 1 이하인 기업의 개선방안을 요구하며 조건 미달 땐 상장폐지를 명시하였고, PBR<1인 기업의 수는 2023년 3분기 기준으로 2022년 4분기 대비 180개가 줄었다고 한다, 중앙SUNDAY, 2024.5.11., 12면, "밸류업 '벌칙' 강수에 중·일 증시 펄펄…자율 맡긴 한국은 싸늘."

(3) “PBR < 1” 상황에서 자사주매입과 주주에 대한 충실의무

필자는 PBR이 1보다 낮은 상황에서 자사주를 매입하는 것은 원칙적으로 적절치 않다고 본다. 미국은 워낙 상장기업들의 PBR이 높은 데다가 주주에 대한 충실의무가 확고하다 보니 이러한 논의가 회사법 교과서에 등장하는 예를 찾기 어렵고, 그 영향을 많이 받는 한국의 문헌에서도 이러한 논의는 발견되지 않는다. 그러나 한국은 KOSPI의 평균 PBR이 1보다 낮은 경우가 오히려 다수이다. 거래소에 따르면[297] 2024년 10월 25일 종가 기준 KOSPI 상장기업 810개 중 PBR이 1을 넘는 기업은 272개(33.6%)에 불과하다. 다시 말하면 PBR이 1에 못미치는 기업이 전체의 64.6%의 압도적 다수를 차지하는 기형적인 상황이다. 여기에 법규범상으로도 주주에 대한 충실의무를 부정하는 상황이다. 이처럼 미국과는 차이가 크기 때문에 미국을 답습해서는 곤란하며 우리 나름의 독자적인 문제 인식이 필요하다.

PBR이 1보다 낮은 상황이라면, 해당 기업의 1주당 시장주가가 1주당 청산가치보다도 낮다는 뜻이다. 가령 PBR이 0.4라면, 청산가치는 1주당 10만 원임에도 불구하고 주가는 4만 원에 불과하다는 뜻이다. 이 상황에서 자사주매입 프로그램을 가동하면, 주식을 팔고 떠나는 주주들은 회사를 당장 청산하였더라면 얻을 수 있을 회사 자산에 대한 자신의 몫(= 비례적 이익)은 10만 원임에도 불구하고 4만 원만 받고 축출당하는 셈이 된다. 그렇게 되면 1주당 6만 원의 잉여(= 10만 원 - 4만

297 한국거래소 홈페이지(https://kind.krx.co.kr/valueup/invstindicsectors.do?method=valueupInvstIndicRankIndMain#; 2024.10.25. 최종 방문).

원)가 잔존 주주들에게 귀속된다. 한국에서 이러한 거래는 주로 지배주주 또는 총수에 의해 주도되기에 불합리하고 부당한 부의 이전 통로로 작용할 위험이 있다. 가령 지배주주가 존재하는 기업의 경우 의도적으로 배당을 매우 적게 함으로써 주가를 PBR 1 미만으로 매우 낮게 유지하다가 그렇게 저가로 형성된 염가에 자사주매입을 하여 상장폐지 등으로 일반주주들을 축출한 뒤에는 그렇게 취득한 잉여가치를 지배주주가 이른바 폭탄배당으로 독식하는 사례는 전형적인 예에 해당한다.[298] 한국에서는 주주에 대한 충실의무가 인정되지 않기 때문에 이처럼 염가로 주주들을 내보낸 뒤 그 잉여가치를 잔존주주(주로 지배주주)가 '독식'하는 거래를 추진하더라도 그에 대해 문제의식이나 견제 수단을 떠올리기 어렵다.[299] 이러한 '염가축출'형 자사주매입은 주주환원 수단으로서 배당을 선택하였더라면 생기지 않았을 현상이고 자사주매입을 선택하였더라도 주주에 대한 충실의무 관념이 확고하다면 주주 간 부의 이전을 방지하는 형태로 거래가 추진되었을 것이다. 따라서 진정한 문제의 본질은 '주주에 대한 충실의무 부재'에 있으며 자사주매입은 그러한 문제의 본질을 겉으로 드러내고 심화시키는 역할을 한다고 말할 수 있다.

298 MTN뉴스, 2019.1.18., "초우량化→자진상폐→대주주 폭탄배당 흑역사, 언제까지"(https://news.mtn.co.kr/news-detail/2019012413410458084)는 코원에너지서비스, 경남에너지, 태림페이퍼, 부산도시가스, 아트라스BX, 다함이텍 등을 예로 들고 있다.

299 "주식을 염가에 매도하면 회사에 손해"라는 에버랜드 판결(대법원 2009.5.29. 선고 2007도4949 전원합의체 판결)의 논리에 따를 경우, 그 반대 상황, 즉 "주식을 염가로 취득하는 것"은 회사에 이익이라고 보아야 하므로 '회사에 대한 충실' 개념으로는 거기에 어떤 문제가 있다고 보기 어렵다.

다. 행동주의 펀드의 자사주매입 요구에 대한 함의

한국은 많은 기업이 "PBR < 1"인 구간에 놓여 있고, 행동주의 펀드들은 이러한 기업들에 대해 자사주매입 프로그램을 가동하라고 요구하는 경우가 적지 않다.[300] 그러나 이러한 행동주의 펀드들의 요구는 바람직하지 않을 수 있다. 마치 경영진에게 "기존 주주들을 염가에 내쫓고 그 잉여를 남은 주주들끼리 나누어 갖자"고 재촉하는 듯한 요구가 될 수 있기 때문이다. 자사주매입이 배당보다 신속히 자기자본을 축소하여 밸류에이션 지표를 빨리 높이고 시장에 유동성도 제공하여 주가를 띄우고 행동주의 펀드가 "exit"하기 좋은 환경을 제공하리라는 점은 이해가 간다. 그러나 행동주의 펀드가 단기 차익을 넘어 주주의 비례적 이익, 거버넌스 문제까지 멀리 내다보며 좀 더 존경받을 수 있으려면, 가급적 "PBR < 1"인 기업들에 대해서는 "자사주매입 대신 배당을 먼저 해서 PBR < 1 미만 상황부터 우선 해소하라"고 요구하는 것이 바람직하리라고 본다. 즉 PBR이 1보다도 낮은 극단적인 저평가 해소를 위한 주주환원 수단으로서는 가급적 주주의 비례적 이익에 영향을 주지 않는 배당을 우선시하고, 부득이 자사주매입이 불가피한 경우에는 이를 장기 계획으로 공표하고 진정성을 보여 시장의 신뢰를 얻음으로써 저평가가 해소될 수 있는 충분한 시간과 모멘텀을 시장에 제공한 뒤 실행에 옮기도록 하는 것이 바람직하다고 본다.

---

300 가령 삼성물산(2024), KISCO홀딩스(2023), 금호석유(2024), SK스퀘어(2024) 등 다수이며 자사주매입은 행동주의 펀드가 요구하는 단골메뉴이다.

라. 예상되는 반론과 그에 대한 재반론

이상과 같은 필자의 입장에 대해서는 다음과 같은 쟁점을 생각해 볼 수 있다.

(1) PBR < 1 상황: valuation 이슈인가 거버넌스 이슈인가?

첫 번째 쟁점은, "자사주매입 시 가격의 적정성 여부에 따라 주주 간에 부의 이전이 발생하는 것은 자사주매입에 내재하는 일반적인 가치평가(valuation)의 문제일 뿐, PBR < 1이라고 해서 특별히 달리 볼 이유가 없지 않은가?" 하는 점이다. 그러나 "PBR < 1"인 경우는 일반적인 저평가, 저PBR 상황과는 다른 측면이 있으며 단순한 "valuation" 이슈가 아니라 "거버넌스" 이슈라고 봄이 타당하다. 전자라면 이는 파이낸스 이슈에 그치지만, 후자라면 회사법 이슈가 된다.

"PBR < 1"이라 함은 회사가 청산가치만도 못한 상태로, 즉 경영진이 주주들의 자산을 매우 비효율적인 상태로 운용하고 있음을 뜻한다. 회사의 자산 운용 수익률이 그 자산을 그냥 내다 파는 것만도 못할 정도로 낮음에도 불구하고 경영진의 무능함 또는 이해상충으로 말미암아 회사가 불필요한 자산을 과도하게 움켜쥔 채 비효율 경영을 한다는 의미이다. 자산을 주주에게 환원하지 않고 회사에 쌓아 둠으로써 주가를 떨어뜨려 저PBR 상태를 만든 다음, 그렇게 쌓인 돈을 비효율적인 계열사 지원 등에 사용하거나, 돈은 회사에 그대로 둔 채 그로써 낮아진 주가를 이용해 계열사 간 불공정 합병, 지주사 설립 등의 주식교환 용도로 사용하면 총수의 지배력을 매우 손쉽게 확장할 수 있다. 이렇게 회사에 쌓인 돈이 이해상충적인 용도로 사용되는 것

이 일상화되면 낮은 주주환원으로 인해 저PBR 상태이던 주가는 장래의 불안과 불신이 더해지며 더욱 낮은 '초저PBR' 상태로 진입하게 된다(필자는 이것이 코리아디스카운트의 본질이라고 본다). 이런 상황이라면 주주로서는 차라리 회사를 청산하는 것이 이득임에도 청산 버튼을 누르지도 경영진을 교체하지도 못한 채 그저 주식을 팔고 나갈 수밖에 없으니 주식은 싼값에 거래되는 것이 고착화된다. 이러한 상황이 장기간 지속된다면 그것은 구조적인 문제로서 회사의 대리인 문제 통제에 하자가 있다는 뜻이다. 이러한 상황은 충실의무 규범의 부존재 및 '의사결정 메커니즘의 하자' 문제인바, 이로 인한 낮은 PBR은 '저평가'가 아니라 오히려 시장이 거버넌스의 하자를 '제대로' 평가한 것이기에 'valuation' 이슈가 아닌 '거버넌스' 이슈로 파악이 타당하다.

(2) 2024년 두산밥캣 사례

2024년에 크게 문제가 되어 여론의 주목을 받았던 두산밥캣 사례[301]도 그러한 관점에서 바라볼 수 있다. 두산밥캣은 매우 우량한 회사지만 위 거래 의사결정 직전 최근 주주환원율이 급격하게 낮아지면서 회사에 유휴자산이 쌓이고 유보율[302]이 급증하여 왔다.[303] 그렇게 되

301 안정준, 「두산그룹, '클린에너지·스마트머신·첨단소재' 3대 축 사업구조 재편」, 『머니투데이』, 2024.7.11.

302 유보율이란 잉여금(자본잉여금과 이익잉여금의 합계)을 자본금으로 나눈 비율이다, 기획재정부 『시사경제용어사전』(https://www.moef.go.kr/sisa/dictionary/detail?idx=1986).

303 다음 표는 두산에너빌리티의 자회사였던 두산밥캣을 두산로보틱스로 이관한다는 취지의 분할합병 방안이 발표되었을 당시인 2024.7.22.경의 재무수치(출처: Naver 증권, 2024년 수치는 추정치)를 필자가 표로 정리한 것이다. 최근 몇 년간 주주환원율(배당 성향)이 확연히 낮아지면서 유보율이 높아지고 PBR이 점차 낮아지고 있음을 확인할 수 있다.

면 회사는 우량해지는데 오히려 상대적인 주가는 더 낮아져 PBR도 낮아지게 된다. 그렇게 한 다음 이 회사를 총수가 원하는 계열사 밑에 낮은 값으로 이관시키면 기존 주주들의 부를 회사 내에 차곡차곡 쌓아 두었다가 이를 총수에게 한 번에 '염가에 털어 넣는' 효과가 발생한다.[304] 이처럼 회사가 우량한데도 주주환원율이 계속 낮아지면서 PBR이 점점 더 낮아지는 상황은 "시장이 불합리하게 기업가치를 저평가"한 것이라기보다는, "문제성 이해상충 거래가 곧 임박할 가능성 내지 불확실성"에 대한 시장의 우려가 '정확히 반영되어 가는 과정'이라 봄이 합리적일 것이다. 그렇다면 이는 'valuation' 이슈가 아닌 '거버넌스' 이슈가 된다.

(3) 자사주 취득 가격은 주주들의 선택이므로 '염가'가 아닌 '공정가치'인가?

필자의 논리에 대한 또 다른 예상 반론은, "자사주매입에 응하여 주주들이 주식을 매도한 것은 해당 주주들의 자발적인 선택이므로 이는 공정가치(fair market value) 거래이며, 따라서 이를 부당한 거래 또는

	2021.12.	2022.12.	2023.12.	2024.12.
EPS	3,849	6,425	9,192	8,597
DPS	1,200	1,350	1,600	1,611
배당성향	31.2	21.0	17.4	18.7
유보율	9,238	10,254	11,608	-
BPS(주당 순자산)	43,105	50,136	59,457	95,100
PBR	0.95	0.69	0.85	0.57

304 두산그룹의 총수일가는 그룹 지배구조의 최정점에 있는 (주)두산에 대하여 지분율을 가지는 구조인데, 본건 거래 후 두산밥캣에 대한 (주)두산의 순지분율은 14%에서 42%로 상승하는 구조였다, 정필중, 「S&P, 두산밥캣 '부정적 관찰대상' 지정…경영개입 여지 커져」, 『연합인포맥스』, 2024.7.17.

염가축출 거래라고 볼 수 없다"는 논리이다.

자사주매입은 시장 가격에 따라 매도주주의 자발적인 의사로 이루어지므로, 시장주가가 시세조종 등으로 왜곡되었다고 볼 만한 특별한 사정이 없는 한, "PBR < 1의 가격"으로 매입했다는 이유만으로 회사가 매도주주를 '염가로 축출'한 것이라고 말하기 어려운 면은 있다. 시장주가로 진행되는 합병비율이나 주식매수청구권 가격에 대하여 법원도 같은 이유로 그 가격은 공정하다고 판단해 왔다.[305]

그러나 해당 주주들이 PBR < 1인 상황에서 주식을 던졌다는 것은, 현재 주가가 청산가치 미만인데도 회사가 비효율 내지는 이해상충적으로 경영되는 상황이어서 현 경영진이 그 상황을 개선 내지 시정할 능력이나 의사가 없고 그것을 촉구할 법적인 장치도 마련되어 있지 않으며 일반주주들이 표로 결집하여 대응하기엔 효용 대비 비용이 너무 크기에, 청산을 하지도, 경영을 개선하지도 못한 채 포기한 모습이라고 보는 것이 실상에 부합할 것이다. 금융지주 회사들의 초저PBR 상황[306]도, 이른바 정부의 '관치(官治)' 때문에 주주환원이 여의치 않고 자산운용의 자율성이 크게 제약되리라는 의구심 때문에 초래된 것이라면 이 상황에서의 주식 매도 역시 "비자발적인" 거래라고 보아야 할 것이다. 밸류업 프로그램으로 주주가치가 개선되리라고 여겨지더라도 그 개선 속도가 시장수익률보다 못하거나 불확실성이 크다면 역

---

305 대법원 2011.10.13. 결정 2008마264; 대법원 2022.4.14. 결정 2016마5394, 5395, 5396.

306 금융지주회사들은 그동안 줄곧 PBR이 0.3~0.4에서 형성되는 초저PBR 상태로 있다가, 최근 들어 이른바 밸류업 흐름으로 주가가 급등하면서 2024년 말 현재는 PBR 0.4~0.6 수준으로 상승한 것으로 보인다.(Naver 증권 참조)

시 주식을 던지는 것이 합리적일 수 있다.

이처럼 거버넌스의 결함으로 말미암아 주식을 던지고 나가는 것밖에 달리 합리적인 선택지가 남아 있지 않은 상황이라면 "회사가 시장주가로 주주들의 자발적인 의사에 따라 거래한 것이므로 아무런 문제가 없으며 그 가격은 공정가치다"라고 말하는 것은 적절치 않을 것이다. 주주들의 매도는 형식적으로는 '자발적인 거래'지만, 사실은 '비자발적인 체념 내지 강요된 포기의 거래'라고 보는 것이 실상에 부합할 것이다. 그렇다면 이는 '공정가치의 근본 전제'인 사적 자치가 훼손된 거래라고 봄이 타당하다. 특히 회사의 순자산에도 못미치는 낮은 가격(= PBR이 1 미만)으로 자사주를 매입하는 것은, 주식매수청구권 가격은 "회사의 재산상태 그밖의 사정을 참작하여 공정한 가액으로 이를 산정하여야 한다"고 규정한 상법 제374조의2 제5항의 취지에도 반한다고 보아야 할 것이다.[307] 미국에서도 주주가 주식매수청구권을 행사하는 경우 시장주가로 평가하여서는 곤란하다고 보는 이유로서 거래 자체가 비자발적이라는 점을 들고 있는 점[308]을 참고할 필요가 있다.

4. 회사의 소유구조와 자사주매입의 관계 — 지배주주의 프리미엄 문제

자사주매입이 가져오는 효과는 회사의 소유구조에 따라 다를 수 있는데, 우리나라는 총수 체제가 주된 소유 구조이면서도 총수의 순지분율이 낮은 것이 보통이기 때문에 자사주매입은 거버넌스를 악화시

---

307 이상훈, 앞의 「주식매수청구권, 기존 논의의 한계와 대안」, 17면.
308 위의 글, 27면.

킬 일반적인 위험이 있다.

가. 지배집중 소유 구조인 경우

회사에 지배주주가 존재하는 상황에서 자사주매입은 지배주주의 지분율 정도에 따라 다르게 나타날 수 있다.

(1) 지배주주의 지분율에 따른 자사주매입의 효과

지배주주의 지분율이 20%인 상태에서 자사주를 30% 매입한다고 가정해 보자. 매입 전에는 지배주주의 실질 지분율이 20%(= 20 / 100)였지만, 자사주매입 후에는 20/(100 – 30) = 20/70 = 28.6%가 되어 종전 대비 급증한다. 지분이 분산되어 있는 상장법인인 경우 지배주주의 의결권 지분율이 20%인 것과 28.6%인 것은 회사를 실효적으로 지배할 수 있는 정도에 엄청난 차이를 낳을 수 있다.[309]

(2) 주주에 대한 충실의무 부재의 함의

이상의 예에서 보듯이 총수 체제에서 자사주매입은 총수의 지배력을 증가시켜 총수의 지배권가치 즉 프리미엄을 증가시키는 효과를 가질 수 있다. 그러한 총수의 지배력 증가 과정에서 일반주주들에게 적정한 프리미엄 대가가 지불되지 않을 경우, 일반주주로부터 적지 않은 부(value)가 총수에게 이전된다.

---

309 다만 이러한 영향력의 정도는 상황에 따라 다를 수 있다. 가령 자사주매입 물량이 소량인 경우, 또는 대량이라도 지배주주의 지분율이 이미 높은 경우에는 자사주매입이 지배주주의 추가적인 지배력 강화에 미치는 영향이 미미할 수 있다.

(가) 일반적인 소량 매입의 경우

자사주매입은 소량 매입이라도 장기간에 걸쳐 누적되면 지배권의 향배에 영향을 줄 수 있기 때문에 주의를 요한다. 따라서 주주에 대한 충실의무 관점에서 이 문제를 바라본다면, 첫째, 총수의 지분율에 민감한 영향을 줄 수 있는 상황에서는 자사주매입보다 배당이 우선시되어야 할 것이다. 최근 행동주의 펀드인 얼라인파트너스는 두산밥캣의 주주가치 제고를 위하여 배당만을 요구하고 자사주매입은 요구하지 않았는바,[310] 그 점에서 이는 타당한 방향이다.[311] 둘째, 배당 대신 자사주매입이 부득이하다면 총수의 지배력 증가를 초래하지 않는 중립적인 형태로 추진하거나(가령 지배주주도 회사의 자사주매입 프로그램에 주식을 비율적으로 매도함으로써 의결권을 일정 수준으로 유지하는 방안) 내부 의사결정 과정에서 일반주주들의 의사를 대변할 수 있는 철저한 이해상충 해소 절차를 구축, 가동하여 진행해야 할 것이다. 그래야 "회삿돈을 이해상충적으로 활용하여 주주의 비례적 이익을 깨뜨렸다"는 비판으로부터 자유로울 수 있을 것이다.

(나) 지분경쟁 상황에서의 매입 ― 2024 고려아연의 사례

지분경쟁 상황에서의 자사주매입은 지배주주의 실질지분율을 높여주는 효과만 있는 것이 아니다. 적대적 M&A 상황에서의 자사주매입

---

310 김익환, 「'토종 행동주의' 얼라인, 두산밥캣 공격…"배당 늘려라"」, 『한국경제』, 2024.10.18.

311 두산밥캣은 PBR이 1 미만이고, 총수의 내부지분율이 46%이기 때문에 이 상황에서 자사주매입은 전술한 염가축출 및 총수의 지배력 강화 두 가지 측면 모두 주주의 비례적 이익을 훼손할 위험이 있다.

은 적대적 인수 시도를 봉쇄하는 직접적인 효과를 갖기 때문에 그 문제점이 더욱 두드러지게 부각된다. 최근의 고려아연의 경영권 분쟁 사례[312]에서처럼 1대주주 연합과 2대주주 연합 사이에 지분경쟁이 벌어진 상황에서 방어하는 측이 회삿돈으로 자사주를 시중 물량 중 소량만을 공개매수하면, 인수를 시도하는 측은 그에 응하여 주식을 매도할 수는 없는 처지이므로 결국 인수자를 제외한 주주들만을 대상으로 자사주를 편파 매입하는 효과가 생긴다.[313] 이 과정에서 고율의 차입금[314]으로 재원을 조달하여 시장가 대비 높은 프리미엄을 주고 자사주를 매입하면 부채비율 급증[315]을 초래하는 '자해(自害)' 전략이 된다. 하지만 그 비용은 인수 시도자에게도 지분율만큼 전가[316]되기 때문에 방어 비용을 상대방에게 떠넘기는 매우 효과적인 — 그러나 다른 주주들에게는 매우 침해적인 — 방어 전략이 된다. 그래 놓고 그 차입금을 갚겠다는 명목으로 싼값에 유상증자까지 하겠다고 나서면[317] 잔존 주주들은 지배주주의 경영권 방어 비용을 떠안게 되는 큰 피해를 입게 된다. 또한 그와 같이 자사주로 매입한 물량을 백기사에게 매도하여 의결권

---

312 서울중앙지법 2024.10.21. 결정 2024카합21491(2차 가처분 결정임).

313 후술하는 Unocal 판결 사안에서도 이러한 편파 매입이 쟁점이 되었고 법원은 문제가 없다는 취지로 판단하였으나 동 사안은 고려아연과는 여러 가지로 차이가 있어 동일시하긴 어렵다고 생각된다.

314 강희경, 「고려아연, 공개 매수에 쓸 돈 중 빚 1조 원 늘었다…승자의 저주 가능성 더 커졌다」, 『한국일보』, 2024.10.7.

315 김학성, 「가처분 기각 뼈아픈 MBK…고려아연 부채비율 급증 못 막아」, 『연합인포맥스』, 2024.10.22.(고려아연의 공개매수를 위한 차입금조달로 고려아연의 부채비율은 36%에서 90%로 증가 예상).

316 이상훈, 「고려아연의 공개매수 문제점」, 『서울경제신문』, 2024.10.10.

317 김경민, 「이번엔 유상증자…고려아연 '경영권 방어'에 짓밟힌 주주가치」, 『경향신문』, 2024.10.31.

을 부활시키면 결국 회삿돈으로 현 경영진의 의결권을 매입하는 것이나 다름없어 인수 시도 측에 결정적인 타격을 입힐 수도 있다. 우리나라 기업들은 평소에 자사주를 매입한 뒤 이를 소각시키지 않고 들고 있는 경우가 많은데 이는 잠재적인 적대적 M&A 시도를 봉쇄하는 포이즌 필 유사의 강력한 효과를 갖게 된다. 이처럼 자사주매입은 지배주주의 지배력, 주주들 간의 세력 판도에 중대한 영향을 미칠 수 있다.

주주에 대한 충실의무가 인정된다면 위와 같은 행위들이 견제되고 공정한 게임의 룰이 정립되겠지만 현재는 그렇지 못한 것이 현실이다.

(다) "회사의 이익", "경영 판단" 논리의 문제점: Unocal vs. 2024 고려아연

적대적 M&A 방어를 위한 자사주매입 또는 신주발행에 대해 총수 등 경영진은 경영권 방어 수단으로 자사주매입 실행을 용인한 미국 델라웨어의 Unocal 판결[318] 사안을 원용하며, 자신들의 행위도 회사의 이익을 위한 것이라는 명분을 내세우고는 한다.[319] 그러나 주주에 대한 충실의무가 인정되지 않는 우리나라에서 이러한 논리는 곤란하며 주주에 대한 충실의무를 논의의 출발점으로 삼고 있는 Unocal 판결은 애당초 원용이 불가하다고 본다.[320]

318 Unocal Corp. v. Mesa Petroleum Co., 493 A. 2d 946 (Del. 1985)

319 앞서 고려아연의 가처분 사안에서도, 경영진은 자사주매입의 명분으로 회사와 주주의 이익 보호를 명분으로 내세우고 있는데 이는 Unocal 판결의 논리와 유사하다. 수원지법 여주지원 2003.12.12., 2003카합369 결정(현대엘리베이터 사건)도 Unocal 판결의 강한 영향 아래에 있다는 평가로, 김정호, 「적대적 M&A에 있어 방어행위의 적법요건-Unocal Corp. v. Mesa Petroleum Co. 사건을 중심으로-」, 『경영법률』 제19권 제4호, 경영법률학회, 2009, 24면.

320 Unocal 판결은 동 판결의 출발점이 주주에 대한 충실의무라는 점을 명시하고 있다(동 판결문 p.955, IV의 A항 1문단(밑줄은 필자):"In the board's exercise of corporate power to forestall a takeover bid our analysis begins with the basic principle that corporate

주주에 대한 충실의무가 인정되지 않는 상황에서 Unocal의 경영권 방어 논리를 인정하면 안 되는 이유는, 첫째, 주주에 대해 책임은 지지 않으면서 주주를 보호할 권한을 주장하는 것은 위험할 뿐 아니라 앞뒤가 안 맞다. 둘째, 경영진의 주주에 대한 이해상충 해소의무가 인정되지 않아 경영진이 회사의 정보와 절차를 통제한 채 의사결정을 내리게 되는데, 그러면서 내세우는 "회사의 이익 또는 주주의 이익을 위한다"는 '경영판단' 주장은 신뢰하기 어렵고 사후적인 재판으로는 이를 검증하기도 어렵다.[321] 일례로 최근 고려아연의 공개매수에 대한 영풍/MBK연합 측의 2차 가처분신청에 대한 재판[322]에서, 법원은 경영진의 이해상충 해소 여부를 문제 삼지 않은 채 "회사의 손해"는 고도의 소명을 요한다며 오히려 신청인 측에게 패소 결정을 내렸다. 주주에 대한 충실의무 부재 상황에서는 경영진에게 주주에 대한 이해상충 해소를 요구할 법적 근거가 없으니 경영판단에 대한 기준과 유사한 형태로 접근한 위 논리 자체를 탓하긴 어렵다. 그러나 그 결론의 적절성은 수긍하기 어려운바, 이는 경영진의 이해상충 해소를 강도 높게 요구할 수 있도록 주주에 대한 충실의무가 조속히 도입될 필요가 있음[323]을 보여 준 사례라고 할 수 있다.

---

directors have a fiduciary duty to act in the best interests of the corporation's stockholders. Guth v. Loft, Inc., Del.Supr., 5 A.2d 503, 510 (1939)."). 따라서 주주에 대한 충실의무가 인정되지 않는 한국에서는 애당초 원용 자체가 부적절한 판결이라고 본다.

321 Unocal 판결 사안에서 경영진은 적대적 M&A를 방어한다는 명분으로 회삿돈으로 자사주를 매입하였지만, 회사는 소유 구조 자체가 총수 체제가 아니었고 이사회의 구성도 사내이사가 6명인 반면 독립이사가 8명으로서 이사회의 신뢰성이 인정되는 전제에서 판결이 내려진 점을 유의할 필요가 있다.

322 서울중앙지법 2024.10.21. 결정 2024카합21491.

323 같은 취지로 이상훈, 앞의 「LBO와 배임죄(하)」, 220면.

참고로, 미국에서는 Unocal 판결에 대해 경영진의 경영권 방어에 대하여 적용되는 신인의무의 기준이 경영판단 원칙과 충실의무의 완전한 공정성 기준의 중간이라고 설명[324]되고, 우리나라의 경영권 방어 기준 논의도 이를 원용하는 경우가 일반적인 것으로 보인다. 그러나 Unocal뿐 아니라 미국에서 논의되는 사안들은 모두 전문경영인 체제의 방어활동이기 때문에 이를 우리나라 총수 체제에 원용하는 것은 적절치 않다. 총수가 회사의 권능을 동원하여 자신의 지분을 방어하거나 지배력을 늘리는 것을 일반주주들이 견제하긴 어렵고, 그러한 이해상충적 방어행위가 성공하고 나면 일반주주들의 주주가치에 돌이키기 어려운 불가역적인 손상이 발생하는 것이 보통이기 때문에, 이해상충의 수준이 전문경영인 체제에 비해 훨씬 높다. 따라서 중간 수준이 아니라 통상적인 이해상충 사안에 준하여 강도 높은 충실의무 기준을 적용 — 그전에 '주주에 대한' 의무 인정부터 선행되어야 할 것이다 — 하는 것이 타당하다고 본다.

나. 분산소유 구조인 경우

분산소유 구조라 함은 회사의 소유 구조상 지배주주가 존재하지 않는 경우를 가리킨다. 분산소유 구조인 경우, 앞서 본 지배집중 구조와 달리, 자사주를 매입하더라도 그 효과는 일반적으로는 모든 주주에게

---

324 Ronald J. Gilson, 「Unocal Fifteen Year Later (and What We Can Do About It)」, 『26 DEL. J. CORP. L. 491』, 2001, 496면; Stephen M. Bainbridge, 「Unocal at 20: Director Primacy in Corporate Takeovers」, 『Delaware Journal of Corporate Law』 Vol. 31, No. 3, 2006, 796면 등.

비슷하게 미치며 특정한 주주의 지배력을 강화시켜 주는 효과는 생기지 않는다. 즉 지배집중 구조에서 본 것과 같은 자사주매입의 지배력 강화 문제, 경영진의 이해상충 문제는 발생하지 않음이 원칙이다.

물론 이것도 일반론이라 가령 경영진이 지배주주 수준은 아닐지라도 적지 않은 지분을 가지고 있는 경우라든가 다수의 주요주주를 장기 우호주주로 포섭하고 있는 경우 또는 자사주매입 뒤 주식교환이나 기부를 통해 우호주주를 확보하려는 경우처럼, 경영진도 자사주매입에 이해관계를 가질 수 있다. 그러나 대체로는 경영진이 지배지분을 갖고 있지 않기 때문에 지배집중 구조에 비해 이익관계가 영구적이거나 불가역적이지는 않아 문제의 심각성이 훨씬 덜하다.

5. '주주에 대한' 충실의무 도입 시 기대효과: Before and After

이상에서 보았듯이, 우리나라는 자사주매입의 위험성에 대한 고려가 소홀하다. 그 근본 원인은 주주에 대한 충실의무가 인정되지 않고 실무상으로도 정착되어 있지 않다 보니 자사주매입과 같은 경영활동이 주주가치에 미치는 영향을 고려하지 않는 데에 기인하는 것으로 보인다. 이하에서는 주주에 대한 충실의무 도입 여부가 자사주매입 활동에 어떠한 영향을 미칠지를 도입 전후로 나누어 비교해 본다.

가. 주주에 대한 충실의무 도입 전

이상에서 본 바와 같이 우리나라에서는 배당 대신 자사주매입이 더 나은 수단인 것처럼 강조되고 권장되는 경우가 많은데, 이는 다소 오해 소지가 있는 설명이다. 주주에 대한 충실의무가 인정되지 않다 보니 배당과 자사주매입이 주주가치에 미치는 영향에 대하여 무관심하고, 총수 체제의 저PBR 상황, 총수 체제 소유 구조하에서의 자사주매입의 위험성이 소홀히 다루어진 데서 비롯된 것으로 보인다. 즉 우리나라는, ① PBR이 낮은 주식들이 많고, ② 지배주주 체제인 기업이 많은데 이들의 지분율이 높지 않아 회삿돈으로 자사주를 매입함으로써 자신의 실질지분율을 끌어올려 경영권을 유지·강화하고 1주당 금전적 지분가치도 끌어올리려는 이해상충적 동인을 갖기 쉽다. 그런데 ③ 이사의 주주에 대한 충실의무가 도입되어 있지 않기 때문에 경영진의 주주에 대한 이해상충이 해소되어야 한다는 개념도 희박하며, 따라서 실무상 그러한 이해상충 해소를 위한 절차가 구비되어 있지도 않다.

이러한 상황에서는, ① 경영진이 내부 정보를 이용하여 유리한 가격으로 자사주매입 결정을 내림으로써 이를 알지 못한 매도주주로부터 잔류주주에게로 부를 이전시킬 위험성, ② 설령 내부정보를 이용하지 않더라도, 낮은 주주환원율과 이해상충적 거래를 통한 이른바 '주가 누르기'를 동원하여 청산가치만도 못한 값으로 일반주주들을 염가에 축출함으로써 그 잉여가치를 잔존주주 또는 경영진(지배주주) 앞으로 돌려놓는 효과가 발생할 위험성, ③ 청산가치 이상의 가격으로 매매하는 경우일지라도 통상 거래소 시장의 주가에는 지배권 프리미엄이 포함되지 않기 때문에 결과적으로 일반주주들의 주식에 n분의 1로 분유되어 있는 지배권 가치를 프리미엄이 포함되지 않은 낮은 시장주가로 회삿돈으로 매집함으로써 이를 지배주주에게 귀속시킬 위험성 등이 상존한다. 또한 ④ 지분경쟁 등 이른바 경영권 분쟁 상황에서는 자사주매입을 통해 인수 시도를 효과적으로 봉쇄할 수 있는바, 이는 모든 주주에게 비례적으로 귀속되어야 할 회삿돈을 총수 등 경영진 자신의 사익을 위해 사용하는 것이라는 문제가 있다.

나. 주주에 대한 충실의무 도입 후

만약 경영진의 주주에 대한 충실의무가 도입된다면, 경영진에게는 위와 같은 주주가치 훼손 위험성을 방치하거나 그것을 의도해서는 안 된다는 점이 당연한 법적 의무로 받아들여질 것이다.

우선 의사결정 과정에서 위와 같은 문제 가능성을 의제로 설정하여 그 회피 방안 등 다른 대안들을 신중하게 검토한 뒤에 의사결정 내용을 내려야 한다는 부담을 갖게 될 것이다. 가령 배당 대신 자사주매입을 선택할 경우 초래될 일반주주의 염가축출 문제, 자사주매입 과정에서 내부 정보의 충분한 공시 필요성, 자사주매입은 그 계획을 장기적으로 수립하여 미리 공시함으로써 염가축출 문제를 최소화할 필요성, 자사주 대량 매입이 초래한 지배주주와 일반주주 간의 세력 판도 변화 및 그에 따른 지배주주의 지배력 강화 및 경영권 경쟁 봉쇄 효과, 그에 따른 지배주주의 프리미엄 증가 및 일반주주의 가치 할인(minority discount) 심화 문제, 자사주매입이 배당에 비해 주주들에게 유리한 세금효과, 회사 재원의 탄력적인 운용 이점 등을 종합적으로 고려한 뒤 의사결정을 내려야 한다는 점이 당연한 의무로 받아들여질 것이다.

아울러 절차적으로도, 의사결정 과정에 총수나 지배주주 등 경영진의 이해상충이 투영되지 않도록 의사결정 절차 구축에도 신경을 쓰게 될 것이다. 가령 일반주주들의 이익을 대변하는 이른바 독립 이사들이 존재하지 않는 상태에서 지배주주가 선임한 이사들만의 결정은 자기거래에 준하는 이해상충이 해소되지 않은 결정이라는 인식, 그러한 경우에는 회사와 주주들을 위해 그것이 최선이며 달리 대안이 없었다는 점, 거래의 조건이 공정하다는 점 등에 대한 입증책임이 총수나 지배주주 등 경영진에게 지워지는 쪽으로 해석론이 전개되어야 한다는 문제의식이 증가하고, 법리 또한 그러한 방향으로 전개될 것이다.

의사결정의 내용 및 절차에서의 위와 같은 요구는, 현재와 같은 주주에 대한 충실이 배제된 「회사에 대한 충실 'only'」 관점으로는 불가능하기에 주주에 대한 충실 개념이 조속히 도입될 필요가 있다.[325]

Ⅴ. 자사주 처분과 '주주에 대한' 충실의무

1. 자사주 처분의 의미

가. 자사주와 금고주

자사주 처분이란 일반적으로는 회사가 보유하고 있는 자사주를, 매도하거나 소각(消却; 없애 버리는 것을 말한다. 시장에서는 한자 그대로 "태워 버린다"는 표현을 쓰기도 한다)하는 것을 말한다. 다만 이 글에서는 그보다 넓은 의미로, 매도, 소각 이외에 맞교환이나 임직원에게 성과보상으로 지급하는 것, 교환사채의 기초자산으로 활용하는 것, 기금이나 단체에 기부하는 것 등 회사의 장부에서 자사주를 '떨어내는' 행위를 모

325 이에 관한 상론은, 이상훈, 앞의 「이사의 주주에 대한 충실의무-충실의무에 주주의 비례적 이익을 명시하는 법안에 대한 검토-」, 399면.

두 지칭하는 의미로 사용한다.

우리나라는 자사주를 매입하면 이를 소각하지 않은 채 들고 있는 경우가 대부분이다. 이처럼 자사주를 매입하되 소각하지 않고 보유하고 있는 자사주를, 마치 금고에 넣어 둔 주식과 유사하다는 의미로 금고주(金庫株; treasury shares)라고 하는데, 최근 들어서는 이 자사주, 즉 금고주의 소각을 의무화하라는 요구가 자주 등장한다. 매입하는 즉시 소각하여야지, 이를 들고 있지 말라는 것이다. 소각하지 않고 들고 있는 것은 무언가 나중에 다시 매도하거나 기타 용도로 활용할 가능성을 열어 두겠다는 것이고, 실제로 그렇게 활용되는 경우가 많아 부적절하다는 것이다.

나. 자사주의 활용 예

왜 자사주를 소각하지 않은 채 보유하는 것이 부당하다며 즉시 소각하라는 것일까? 자사주는 일단 매입하면, 소각을 하건 하지 않은 채 금고주로 보유하건 경제적 효과는 동일하다. 자사주에 대해서는 배당, 의결권 부여, 신주 배정이 모두 금지되어 마치 자사주는 '투명인간'처럼 취급되기 때문이다. 그럼 자사주를 소각하지 않은 채 금고주 상태로 들고 있는 것은 어떠한 효용이 있을까? 우리나라에서 자사주는 여러 가지 용도로 사용되는데, 대체로 다음과 같은 경우를 들 수 있다.

(1) 임직원들에 대한 성과보상 수단

자사주는 간혹 임직원들에 대한 인센티브 부여 수단으로 사용된다. 미국에서는 매우 중요한 사용처인데, 우리나라에서는 벤처 스타트업 수준의 초기 단계가 아니면 대형 상장회사에서는 그다지 쓰이지 않는다.

임직원들에게 성과보상으로 현금 대신 주식을 지급하는 것은 여러 가지 장점이 있다고 알려져 있다. 국가별 세제에 차이가 있지만 현금으로 받는 것에 비해 tax상 혜택이 있을 수 있어 받는 사람이 더 선호할 수 있고, 회사의 입장에서도 주가가 크게 상승하였을 경우 그것을 현금으로 지급하는 것에 비해 주가가 오르기 전에 주식으로 지급하는 것이 부담이 적다고 생각할 수 있다. 무엇보다도 회사법 관점에서는 받는 사람의 경제적 인센티브를 주주들과 일치시킨다는 점이 가장 중요하다. 경영진으로 하여금 주주와 같은 마음을 가지고 회사 직무에 전념하도록 유도하여 대리인 문제를 줄인다는 것이다. '주주에 대한' 충실의무를 바탕에 깔고 있는 제도임을 알 수 있다. 이 제도가 '주주에 대한' 신인의무가 확고하게 자리 잡고 있는 미국에서 발명된 제도라는 것은 결코 우연이 아니다. 이에 비하여 "회사에 손해만 없으면 일반주주의 가치 훼손을 초래하는 합병이나 물적분할을 단행해도 좋다"는 사고방식이 통용되는 한국 같은 나라에서는 그 효용이 제대로 발휘될 수 없다. 총수의 입장에서는 그러한 거래를 실행하려고 할 때 부하 직원들이 주가하락을 우려하여 총수의 지시 이행을 주저할 수 있어 오히려 걸림돌로 작용할 수 있는 불편한 제도이기 때문이다. 실제로 우리나라 총수 체제 기업에서는 주식 보상제도가 활용되는 경우가 드문데 이는 주식 보상이 '회사 중심'의 충실 체제와는 잘 맞지 않기 때문이다.

주식 보상의 방법으로는 주식을 직접 수여(양도를 제한하는 조건으로 부여되는 경우 RSU, 즉 Restricted Stock Unit)하는 방법과 스톡옵션 형태의 옵션으로 부여하는 방법 등이 있다. 주식을 직접 지급하면 주주와 이해관계가 완전히 일치하는 반면, 스톡옵션 형태로 부여하면 스톡옵션은 하방위험이 없기 때문에, 주주에 비하여 경영진은 보다 과감하게 업사이드를 위해 위험 감수(risk taking)를 할 수 있다는 차이가 있다. 본래는 이러한 점이 주식회사의 경영진에게는 보다 어울린다고 하여 스톡옵션이 주식의 직접 지급보다 우수하다고도 평가되지만, 하방위험이 없어 소위 '먹튀'의 모럴해저드를 나을 위험이 있다는 점도 지적된다.[326]

(2) 교환사채의 기초자산

우리나라에서 자사주가 활용되는 또 다른 용도는 회사채를 발행할 때 기초자산으로 제공되는 경우이다. 이처럼 자사주를 기초자산으로 하여 발행하는 회사채를 교환사채(EB; Exchangeable Bond)라 한다. 기초자산이 반드시 자사주여야만 하는 것은 아니고 다른 회사가 발행한 주식이라도 무방하다. 발행회사는 일반적인 회사채와 마찬가지로 일정한 이자를 지급하지만, 주식으로 교환할 수 있는 권리가 추가로 채권자에게 부여되기 때문에 그만큼 일반적인 회사채보다 높은 가격, 즉 발행회사 입장에서는 낮은 이자율로 발행할 수 있는 이점이 있다. 자사주가 활용된 경우 채권자의 입장에서는 교환사채 발행 기업의 주가가 교환 가격보다 높아야만 이익을 얻을 수 있으므로 주가가 높아야 교환을 선택하고 그렇지 않으면 만기까지 원리금 상환을 받기로

---

326 특히 2008년 금융위기 이후의 미국에서 주로 제기된 지적인데, 보상기간을 장기화하는 등의 방법으로 대응할 일이지 주주와의 이해관계 일치라는 기본 효용이 부정되어서는 안 될 것이다.

선택할 것이다. 따라서 주가가 올라가면 채권자들이 주식으로 교환을 청구하게 되어 제3자 배정 유상증자와 유사한 주식가치 희석효과가 생기고 주가가 올라가지 않으면 만기상환으로 끝나게 되어 주주가치 희석효과는 생기지 않는다. 회사 주식의 본질 가치에 자신이 있고 주주가치 희석을 우려하는, '주주에 대한 충실' 관념이 투철한 경영진이라면 활용에 신중할 것이다.

(3) 자사주마법 — 합병이나 분할 등 주식교환 거래에서 지배력 증식 수단

우리나라에서 자사주가 활용되는 경우 중 가장 논란이 많은 게 자사주마법이다. 일반적으로 자사주마법은 인적분할의 경우에 대해서만 논의되지만, 사실은 합병이나 포괄적 주식교환 등 주식교환의 속성이 개재되어 있는 단체법 거래에는 모두 동일한 문제가 있다. 합병이나 분할, 포괄적 주식 교환 등의 경우에 자사주마법이란, 회사가 보유하고 있는 자사주 또는 상대방 회사의 주식[합병의 경우에는 이를 포합(抱合)주식이라고 한다]에 대하여, 교환해 주어야 할 주식을 배정하는 것을 가리킨다.[327] 이렇게 하면 거래 종료 후 회사의 자사주 수량이 늘어나거나 자사주였던 것의 의결권 부활 효과가 생겨, 총수 또는 전문경영진의 지배력을 강화해 주는 효과가 생긴다. 주주의 비례적 이익을 침해하여 그 침해된 이익을 경영진의 수중으로 옮기는 행위이므로 전

327 이에 관한 상론은, 이상훈, 「자사주, '마법(魔法)'과 '해법(解法)'-합병의 일방이 보유한 자기주식 또는 상대방 주식의 처리-」, 『상사법연구』, 상사법학회, 2020, 265면.

형적인 '주주에 대한' 충실의무 위반 행위라고 할 수 있다. 회사에 무슨 손해가 있는 것은 아니기 때문에 '회사에 대한' 충실로는 이를 견제하기 어렵고, 실제 우리나라에서 별다른 견제 없이 이루어지고 있는 것이 현실이다.

(4) 경영권 방어 목적 — 백기사에게 매도 또는 맞교환

자사주마법과 더불어 논란의 소지가 되는 또 한 가지 경우는 경영권 방어 용도로 자기주식을 지배주주/경영진에 우호적인 제3자에게 매도하는 경우이다. 자기주식은 회사가 품고 있을 때는 의결권이 부여되지 않지만, 제3자에게 이전되는 순간 그 제3자가 주주가 되고 자기주식은 정상적인 주식처럼 의결권이 부활한다. 따라서 경영진의 입장에서는 우호세력에게 자사주를 매도하면 자신의 실질 지배력이 급증하는 효과를 얻을 수 있다. 이러한 가능성은 늘 열려 있기 때문에 자기주식은 존재 자체만으로 제3자의 경영권 경쟁 시도를 봉쇄하는 효과를 갖는다. 이처럼 여차하면 시장에 풀려나와 제3자의 경영권 경쟁 시도를 좌절시키는 역할을 한다는 점에서 자기주식은 포이즌 필이 도입되어 있지 않은 한국에서 포이즌 필과 유사한 기능을 수행한다. 자기주식 소각 의무화 주장이 나오면 으레 경영진 측에서 포이즌 필 도입 등 경영권 강화수단을 요구하는 이유가 여기에 있다. 2015년 삼성물산 합병 당시, 삼성물산은 보유하고 있던 자사주를 KCC에게 매도하여 주총에서 가까스로 합병안을 가결시킨 것이 대표적인 활용 사례이다.

자사주를 제3자에게 매도하는 경우뿐 아니라 그 제3자가 보유하고 있는 자사주와 맞교환하는 것도 동일한 효과가 있다. A사와 B사가 각

각 보유하고 있던 자사주를 서로 맞교환하면 종래는 자사주여서 의결권이 없었지만 이제 A사가 B사 주식을, B사가 A사 주식을 갖게 됨으로써 그 주식들은 더 이상 자사주가 아니게 되어 의결권이 부활한다. 이렇게 부활한 의결권은 서로 상대방 경영진을 위해 행사하면 각 사 경영진의 실질 지배력은 급증하는 효과를 얻게 된다. 네이버가 미래에셋, CJ대한통운, 신세계그룹 등과 자사주를 맞교환한 것은 그 대표적인 예다.[328] 그 외에도 KT와 현대차, 금호석유와 OCI도 자사주 맞교환으로 논란이 된 적이 있다. 자사주를 회사가 운영하는 단체나 기금에 기부하는 경우도 이와 동일한 효과를 거둘 수 있다. 최근 KT&G가 이러한 행위를 한다는 이유로 행동주의 펀드로부터 공격을 받은 적이 있다.[329] 위에 설명한 자사주 처분의 유형은 예시일 뿐, 그에 국한되지 않으며 앞으로도 다양한 형태가 나타날 수 있다.

2. 자사주 처분과 주주가치 훼손 가능성

앞서 자사주 처분이 문제되는 사례는 크게 두 가지 유형으로 구분할 수 있다.

하나는 자사주를 총수의 지배력 강화하는 용도로 사용하는 경우이다. 자사주마법과 우호주주앞 처분 및 맞교환, 그리고 경우에 따라 총수일가 앞 RSU 지급이 이에 해당한다. 자사주를 기초자산으로 하는 총수 앞 BW나 CB 발행도 넓게는 이 계열에 속한다.

---

328 하지은, 「자사주 활용 쏠쏠했던 네이버, 1위 기업과 혈맹에도 수익률은 마이너스」, 『인베스트조선』, 2022.11.10.

329 김윤구, 「KT&G 이사회, 행동주의펀드 요구한 '1조원 소송' 않기로」, 『연합뉴스』, 2024.2.27.

다른 하나는 총수의 지배력이 확보된 상황에서 회사의 현금을 아끼고자 주식을 활용하는 경우로서 교환사채 발행이 이에 해당한다. 이 두 유형에 관하여 위 1.항에서 설명한 것과 중복되지 않는 범위에서 간단히 살펴본다.

가. 총수/경영진의 지배력 강화 유형

(1) 문제의 본질 — 주주의 비례적 이익 침해, 총수의 지배력 강화

자사주 처분이 문제되는 주된 이유는, 총수/경영진과 일반주주 사이의 이해상충을 야기하고 주주가치를 훼손한다는 점이다.

발행주식 총수 대비 지배주주의 지분이 10%, 자사주가 25%, 일반주주가 나머지 65%라고 가정해 보자. 이 경우 실질 지배력은 지배주주는 10/(10 + 65) = 13.3%, 일반주주는 86.7%이다. 이때 자사주를 제3의 우호세력에게 매도하거나 그가 들고 있는 자사주와 맞교환함으로써 의결권을 부활시키면 이제 지배주주의 실질 지배력은 (10 + 25)/100 = 35%로 급증하고 일반주주는 65%로 급감한다. 앞에서 자사주매입을 통한 실질지분율 확대를 보았는데 그보다 훨씬 직접적이고 강력하다. 자사주를 우호단체에 기부하거나 임직원에게 수여하는 경우도 마찬가지다. 자사주의 수량을 늘려주거나 기존 자사주의 의결권을 부활시킴으로써 총수의 실효 지배율을 높여 주는 자사주마법도 마찬가지이다. 이처럼 자사주는 지분율이 취약한 지배주주 또는 경영진이 일반주주의 지분율을 줄이고 자신의 지분율을 늘리는 용도로 활용될 수 있다. 그 형식은 회사와 외부 제3자 간의 거래인 것처럼 보일지라도, 그 실질적인 속내는 주주 간의 이해상충 또는 경영진과 주주 간의 이해상충 거래인 것이다.

이러한 행위가 문제인 이유는, 자사주는 회사의 자원(resource)이므로 주주 전체를 위해 사용되어야 하는데, 주주 전체가 아닌 총수 등 지배주주나 경영진의 사적인 이익을 추구하는 용도로 사용된다는 점이다. 즉 자사주는 회사의 자원이므로 자사주 25%에 대해서 지배주주와 일반주주는 자신의 지분 비율대로, 다시 말하면 10 : 65의 비율로 권리를 가진다고 할 수 있다. 그런데 그렇게 활용하지 않고 지배주주 100 : 일반주주 0의 비율로 활용한 셈이므로 주주의 비례적 이익을 깨뜨리고 총수가 사익을 편취한 것이라고 할 수 있다. 지분이 전혀 없는 전문경영진이라도 자신의 지배력이 0이었는데 25%만큼 자신의 지배력을 급증시키고 일반주주의 지배력을 약화시킨다면 마찬가지다. 이러한 효과를 극단적으로 추구하는 것이 바로 BW나 CB를 총수일가에게 부여하는 경우다. 최근 논란이 되고 있는 총수 자녀 앞 RSU 부여[330]도 이러한 맥락의 연장선상에 있다. 경영진은 흔히 회사를 위한 것이고 지배력 강화 효과는 부수적인 것이라고 주장하지만 이해상충이 존재하는 상황이기 때문에 이해상충을 해소한 뒤 그러한 주장을 하였어야 하는데 주주에 대한 충실의무가 존재하지 않다 보니 그러한 경우에 이해상충을 요구할 수 있는 규범적 근거가 없고, 그러다 보니 이해상충 사안임에도 언제나 경영판단으로 인정하여 면책을 해주고 있는 것이 우리 현실이다.

---

330 (주)한화에서 총수일가에게 RSU를 부여하여 논란이 된 적이 있다, 박재홍, 「[기고] 한화의 수상한 RSU 부여…'스톡옵션 규제' 우회 의도인가」, 『한겨레』, 2024.2.22.

(2) 종래의 「자산설 vs. 미발행신주설」 논쟁은 초점을 벗어난 논의

위와 같은 자사주 처분에 내포된 총수/경영진의 지배력 편취 문제에 대응하기 위한 학설상의 시도가 없는 것은 아니다. 주류적인 견해는, 자사주 처분에 대하여 신주발행에 관한 상법 제418조를 유추적용하자는 것이다. 이 견해의 논리는 자사주의 성질론에서부터 시작한다. 자사주는 그 성질이 미발행신주이고 따라서 그것을 매도하는 것은 곧 신주발행과 경제적 실질이 동일하므로 신주발행 시 주주의 지분율에 따른 신주인수권을 보장하고 있는 위 418조를 유추적용해야 한다는 것이다(미발행신주설 또는 418조 유추적용설). 418조를 적용하면 자사주를 특정인에게 매도하는 것은 불가하며, 모든 주주의 지분에 비례하여 주주들에게 매도해야 한다는 결론이 된다. 이에 반대하는 논리 역시 자사주의 성질론에서 시작한다. 자사주는 그 성질이 미발행신주가 아니라 회사의 자산이고 따라서 신주발행에 적용되는 위 418조를 자산의 처분인 자사주 매도에 적용할 수는 없다는 것이다(자산설 또는 418조 유추적용 부정설). 따라서 자사주를 모든 주주에게 지분 비례로 매도할 필요는 없으며 회사가 마치 자산을 자유로이 양도하듯이 특정인에게 매도하는 것도 얼마든지 가능하다고 보게 된다. 현재 판례는 후자라고 보인다.[331]

---

331 대법원 2010.10.28. 선고 2010다51413 판결: "자기 주식이 제3자에게 처분되어 기존주주들의 회사에 대한 비례적 이익(의결권 등)이 감소되어 주식의 가치가 희석되는 것은 회사가 자기주식을 취득하여 기존주주들의 회사에 대한 비례적 이익이 증가하는 것과 마찬가지로 사실적·경제적 이익에 불과할 뿐…."

한편 삼성물산 합병 무효소송 1심 판결(서울중앙지법 2017.10.19. 선고 2016가합510827 판결)에서도 원고는 자기주식이 신주발행과 유사하므로 신주발행의 법리가 적용되어야 한다고 다투었으나 재판부는 다음과 같이 위 대판 2010다51413과 동일한, 그러나 훨씬 상세한 이유

그러나 필자가 보기에 이러한 논의는 초점을 벗어난 것이다. 주주 전체의 비례적 이익이 깨지고 그것이 총수/경영진 앞으로 사적으로 전용되는 것이 문제의 본질인데 거기서 시작하지 않고 자사주의 성질론에서 출발하고 있기 때문이다. 문제의 본질은 자사주의 성질이 무엇이냐가 아니고, 그 성질이 무엇이건 주주의 비례적 이익이 깨지므로 주주이익을 보호할 것이냐는 점이다. 그런데 '주주에 대한' 충실의무를 부정하다 보니, 일반적인 원칙에 따른 구제는 불가하게 되었고, 그러다 보니 이 사안에서만 주주이익 보호를 달성할 수 있는 맞춤식 특수 논리 개발이 필요하게 되었고, 결국 그 방편으로서 자사주의 성질론까지 거슬러 올라가는 복잡한 논쟁이 벌어지게 되었다.

(3) 미발행신주설의 문제점

미발행신주설 또는 상법 제418조 유추적용설은 다음과 같은 문제들이 있다.

첫째, 논리 체계상의 문제이다. 만약 '경영진의 주주에 대한 충실의

를 제시하며, 원고의 주장을 배척하였다: "또한 비록 자기주식의 처분이 의결권을 행사할 수 있는 주식의 수를 증가시켜 사실상의 지분비율에 영향을 미침으로써 다른 주주들의 의결권 행사에 관한 이익을 제한하는 측면이 있기는 하나, 상법 및 자본시장법에서는 회사가 자기주식을 보유하고 있는 기간 동안 다른 주주들이 일시적으로 실제 보유하는 주식에 비하여 증대된 의결권을 행사할 수 있는 이익을 보호하기 위한 별다른 규정을 두고 있지 않은바, 다른 주주들의 위와 같은 이익은 자기주식에 대한 의결권을 제한하는 상법 제369조 제2항의 규정에 따른 반사적 이익에 불과하다고 보이고, 이러한 반사적 이익을 보호한다는 이유에서 명문의 근거도 없이 본질적으로 차이가 있는 신주발행에 관한 규정과 법리를 회사의 자기주식 처분에 유추적용하는 것은 회사의 자산에 관한 소유권 행사에 대한 부당한 제약이 될 수 있다. 그러므로 입법론적으로 자기주식 처분의 방식과 절차, 내용 등에 관하여 지금보다 더 엄격한 규제를 가하거나, 기존 주주에게 신주인수권과 유사하게 자기주식 우선매수권을 인정하는 등의 방법을 도입하는 것은 별론으로 하고, 현재의 상법과 자본시장법하에서 신주발행에 관한 규정과 법리가 자기주식 처분에 그대로 유추적용된다고 볼 수는 없다."

무'를 인정한다면 자사주의 성질론에 이은 418조 유추적용 등과 같은 복잡한 논리 동원이 필요없다. "그런 행위는 '주주에 대한' 충실의무 위반이므로 금지된다"고 보면 간단하다. 위 418조와 같은 규정을 두고 있지 않은 미국의 회사법이 바로 그러한 방식이라고 할 수 있다. '주주에 대한' 충실의무를 부정하는 입장에 서 있다 보니 신주발행 유추설을 주장하게 되었는데, '주주에 대한' 충실의무, 즉 일반적인 주주 보호의 필요성은 부정하면서 이 사안에서만 주주를 보호해야 한다고 나서는 이유가 무엇인지 설명을 제시하지 못하는 문제가 있다.

둘째, 418조의 유추적용은 효과적이고 근원적인 구제수단(remedy)이 되지 못한다는 점이다. 위 418조를 적용하는 경우에도 동 제2항의 핵심 문구인 '회사 경영상 필요' 요건이 자주 문제를 일으키기 때문이다. 주주의 비례적 이익을 침해하는 발행임에도 418조의 핵심 문구인 '회사 경영상 필요'가 인정되면 발행이 허용되는 현상, 즉 '회사'에게 이익이 되어 필요한 상황이면 원칙적으로 주주들의 문제는 고려 대상이 되지 않는 문제가 있다.

셋째, 자사주는 경제적 실질만 놓고 보면 신주발행과 동일하지만, 법적인 규제 형식에서는 현행법상 자사주 매도와 신주발행 사이에 여러 차이가 있기 때문에 자사주 매도에 신주발행의 규제가 적용되어야 한다는 점이 당연히 도출되지는 않는다. 위 418조의 유추적용을 부정하는 판례의 논리는 이 점을 정확히 짚은 것이며, 이 점은 미발행신주설의 약점이자 과제라 할 수 있다.

넷째, 신주발행 유추설에 의하면 탄력적인 가감적용이 불가하며 "도 아니면 모" 식의 일도양단의 결정만 가능하게 되어 구체적인 타당성이 떨어지는 문제가 생긴다. 에버랜드 사건은 대표적인 예다. 에버랜드 사건은 위 418조를 준수하기 위해 형식은 주주발행 형태로 시작하였지만 주주가 실권하였음을 내세워 사실상 제3자 배정의 실질로 중간에 '변신'함으로써 위 418조를 손쉽게 따돌렸다. 또 다른 예로, 임직원에게 자기주식을 성과보상으로 지급하는 경우도 위 418조 유추적용 관점으로 접근하면, 동 제1항에 의해 일단 주주 아닌 자에게 자사주 배정이 금지되지만 동 제2항에 의해 '회사 경영상 필요'가 인정되면 가능하다고 결론지어진다. 문제는, 그처럼 일단 가능하다고 보고 나면 에버랜드에서 그랬듯이 그다음부터는 동조의 문제를 완전히 벗어나 버리기 때문에 '주주에 대한' 충실 관점에서 추가적·후속적인 통제가 더 이상 불가능해진다. 또한 위 418조로만 접근하면 이해상충 해소라는 관점의 도입이 불가능하다는 점(동조에는 그러한 관념이나 프로세스가 장착되어 있지 않다)도 심각한 결점이다. 반면 충실의무의 문제로 접근하면 주주의 비례적 이익이 침해되는지 여부라는 관점을 끝까지 놓치지 않고, 이사회 및 주총의 의사결정 단계에서 이해상충 해소라는 관점도 요구함으로써 이 문제에 대한 근원적인 통제가 가능해진다. 이러한 점들도 418조 유추적용설이 갖지 못하는, '주주에 대한' 충실의무 도입의 장점이다.

나. 지배력 확보 후 일반주주의 가치 희석 유형

총수일가가 이미 지배력을 확보한 상태라면, 자사주 처분을 통해 지배력을 강화하려는 유인은 갖지 않을 수 있다. 이러한 경우에는 회사의 현금으로 이자가 지출되는 것을 아끼는 명목으로 일반주주의 지분가치를 손쉽게 희석시키는 선택을 할 수 있다. 차입보다는 자사주 매도를 통해 자금을 조달하는 행위, 자사주를 이용하여 회사채를 발행하는 행위 등이 이에 해당한다. 가령 지배력이 충분히 확보된 총수의 입장에서는 이자를 절감하는 것이 중요하고 유통주식 수를 늘려 주주가치를 희석시키는 것에 별로 개의치 않을 수 있다. 아니, 오히려 그처럼 주주가치를 희석시키는 것이 자신의 지배력에 레버리지 효과를 가져다주므로 이익이 될 수 있다. 정상적인 차입 또는 유상증자를 통해 자금을 조달하려면 금융시장의 검증, 주주들의 검증을 받아야 하지만, 이처럼 기존에 보유하고 있던 자사주를 자산처럼 생각하여 매도하는 것은 순수한 이사회 결의 사항이므로 주주나 금융시장의 견제를 받지 않고 손쉽게 행할 수 있다. 또한 자금을 차입하면 그 원리금 상환 부담이 총수 자신에게도 1/n만큼 비례적으로 귀속되지만, 주식으로 조달하면 그 이후의 주주 환원율을 낮춤으로써 그 부담을 일반주주에게 불비례적으로 전가할 수 있다. 이러한 경우도 경영진과 주주 사이에 이해상충이 존재한다고 할 수 있다.

3. '주주에 대한' 충실의무 도입 시 기대효과: Before and After

가. '주주에 대한' 충실의무 도입 전

'주주에 대한' 충실의무가 인정되지 않는 상황이라면, 자사주의 처분, 즉 매도, 맞교환, 성과보상 지급, 기부 등은 그것이 주주의 비례적 이익을 침해하더라도 그 관련 규정만 준수하면 아무 문제가 되지 않는다.

'회사에 대한' 충실의무 관점에서 보면, 자사주를 매도하면 회사엔 오히려 현금이 유입된다. 자사주를 맞교환하면 자산 항목에 자산이 새로이 유입되므로 '회사에 이익'이며 따라서 '회사'에 대한 충실의무 위반이 없다. 교환사채도 이자가 절감되면 회사의 현금유출이 절감되므로 '회사의' 이익이며, 그로써 일반주주들의 주주가치가 희석되는 것은 '주주들'의 문제이므로 '회사에 대한' 충실의무 관점에서는 특별한 관심사가 되기 어렵다. 결국 위와 같은 자사주를 활용한 주주가치 희석행위들은 법적으로 아무런 문제가 안 된다는 결론에 이르며, 실제 한국의 현실이기도 하다. 자사주를 소각하지 않고 이리저리 활용하는 부분에 대해 시장에서 다양한 문제제기가 이루어지고 있지만 일방적인 주장으로 끝날 뿐, 법적인 견제가 이루어지고 있지 못한 것은 이에 기인한다.

나. '주주에 대한' 충실의무 도입 후

'주주에 대한' 충실의무가 도입되고 나면, 경영자의 지배력 강화를 위한 자사주 매도, 맞교환 등은 경영진의 '주주에 대한' 충실의무 위반이라는 결론 도출이 가능해진다. 주주들의 검증과 금융시장의 검증을 피하기 위한 경우, 이미 지배력을 충분히 확보한 상황에서 주주가치를 희석시켜 총수의 지배력 레버리지를 높이려는 경우도 마찬가지다. 모두 경영진의 사적 이익을, 전체 주주이익에 앞세운 것이기 때문이다.

주주에 대한 충실의무가 도입된다면, 전체 주주의 지분에 대한 이익, 즉 비례적 이익은 이제 앞서 판례들이 판단한 것처럼 더 이상 '사실상의 이익'이 아니며 법으로 보호되는 '법률상의 이익'으로 격상될 것이다. 따라서 지배력 강화를 위한 자사주 처분행위는 경영진의 의무위반에 해당하므로 주주들은 직접 상법 제402조에 의한 유지청구권 행사가 가능해질 것이며, 자사주의 성질이 무엇인지로까지 거슬러 올라간 뒤 그것이 신주발행에 관한 법리의 유추적용 대상인지를 논하는 추상적이고 복잡한 논쟁을 벌이며 판례가 바뀌기만을 기다릴 필요가 없게 될 것이다. 교환사채 발행에 대해서도 그것이 최선이었는지, 주주가치 희석 부분과 그로써 절감되는 이자 절감분을 총수나 경영진의 관점이 아니라 전체 주주의 관점에서 신중히 검토해야 한다는 요구가 가능해질 것이다. 또한 회사와 모든 주주를 위해 그것이 필요하고 불가피하다는 경영진의 항변에 대해서도, 이해상충 해소 절차를 거쳤는지 여부를 따져 물을 수 있게 될 것이다.

VI. 포괄적 주식교환(이전)과 '주주에 대한' 충실의무

1. 포괄적 주식교환(이전)의 의미

포괄적 주식교환이란, 별도 법인인 두 회사가 단체로 주식을 교환함으로써, 그 두 회사를 100% 모자회사 관계("완전모자회사")로 바꾸는 거래를 말한다(상법 360조의2). 가령 A와 B 두 회사가 있는데, A회사를 완전모회사, B회사를 완전자회사로 만들고 싶을 때, B회사 주주가 갖고 있던 B회사 주식을 A회사의 계좌로 입고시키고, 그 대가로 A회사는 B회사 주주들에게 A회사 주식을 교부하는 것이다. 그러면 A사는 B사의 100% 주주가 되고, B사의 주주들은 A사의 주주로 신분이 바뀐다. 금융지주회사의 설립을 위한 100% 모자회사 관계 형성을 위하여 2000년 금융지주회사법에 도입하였고, 그 직후인 2001년 상법에 도입되었다.[332] 금융지주회사 설립을 위한 경우뿐만 아니라 일반 기업들 사이에서도 두 회사를 지배-피지배 관계로 만들어 지주회사 체제로 만들기 위한 수단으로 종종 활용되는 거래 방식이다. 최근에는 두산밥캣과 두산로보틱스가 이러한 포괄적 주식교환을 하겠다고 발표하여 시장의 주목을 받은 바 있다.[333] 위에서는 A사와 B사가 모두 이미 설립된 기존 회사일 것을 전제로 하였는데, B사 혼자 존재하는 상태에서, A사를 새로 설립하면서 그와 동시에 위와 같은 완전모자회사 관계를 설정하는 것도 가능하다. 그 경우에는 A사가 새로 설립되면서 신주발행 형태로 B사 주주들에게 신주를 배정하고 그 대가로 B사의 주주들은 자신들이 가지고 있던 B사의 주식을 A사에게 교부할 것이다. 이러한 경우를 포괄적 이전(상법 제360조의15)이라고 하여 포괄적 교환과 구별한다.

포괄적 교환이건 이전이건, 경제적 실질은 B사의 주주들이 자신의 주식을 A사에 현물출자하고 A사의 주식을 교부받는다는 점이 핵심이다. 다만 주주들 간의 개인법적 교환거래로 이루어지는 것이 아니라, 주총 특별결의를 거쳐, 주주들의 개별적인 찬반 의사에 관계없이 강제로 교환이 이루어지는 단체법적 거래라는 점이 특징이다(그래야만 이탈자가 생기지 않아 100% 모자회사 관계가 확실히 형성될 수 있다). 이하에서는 포괄적 교환을 중심으로 설명한다.

---

332 김건식·노혁준·천경훈, 앞의 『회사법』 제5판, 835면.
333 두산밥캣의 2024.7.15.자 거래소 공시(주식교환·이전 결정) 참조.

2. 포괄적 교환(이전)과 주주가치 훼손 가능성

가. 포괄적 교환(이전)의 효용과 부작용

현실에서 포괄적 주식교환은 대개는 A사가 B사를 지배할 정도 — 주총 특별결의를 가결시킬 수 있을 정도 — 의 지분을 가지고 있는 상태에서 진행된다. 금융지주사를 설립하기 위한 경우에는 일부 개별 주주들의 반대에도 불구하고 여러 회사들을 하나의 지주 체제로 간단히 묶어 주고 각 사의 일반주주들은 최상단의 지주사 주주로 위치시킨 뒤 이 지주사만 상장시킴으로써 지배구조를 단출하게 만들 수 있는 대단히 효율적인 제도이다. 다만 그처럼 효율적인 대신, 지배주주인 A사는 자신의 B사에 대한 지분율이 100%에 이를 정도로까지는 높지 않은 상태에서 주총 특별결의 요건만 가지고 B사의 나머지 주주들, 주로 일반주주들을 몰아내는 용도로 활용될 수 있기 때문에 B사의 주주 보호 관점에서 적지 않은 논란이 종종 연출된다. 특히 반드시 주식을 교부하는 것이 아니라 현금교부도 가능하기 때문에,[334] 일반적인 스퀴즈아웃 요건인 95%를 크게 하회하는 주총 특별결의 요건만 가지고도 일반주주를 몰아내는 것이 가능하다.

이해의 편의를 위해 이상의 내용을 예를 들어 설명해 본다. 만약 A사의 자회사인 B사에 알짜 자산이나, 현금이 많이 있는 경우, A사의 지배주주 또는 그룹 총수의 입장에서는 B사 일반주주들을 배제하고 그 현금이나 알짜 자산에 대한 관리처분권을 A사가 독점적으로 행사하려는 유인이 있을 수 있다. B사에 일반주주들이 존재할 경우 이들

334 상법 제316조의16 제1항 제4호.

은 B사의 재산이나 사업에 대한 경영활동에 대해 주주로서 견제권을 행사할 수 있고, 또 일반주주들의 지분율이 높으면 이들 앞으로 배당이 많이 지급될 터이므로 지배주주 또는 그룹 총수의 입장에서는 그것이 탐탁지 않을 수 있다. 가령 포괄적 교환을 하지 아니한 상태에서 B사가 배당을 한다면 그 배당 여부와 규모는 형식상 B사의 주주총회에서 결정되므로 B사의 일반주주들이 관여하게 되고, 배당금 또한 B사의 일반주주들에게도 배분되므로 A사의 독식이 불가능해진다. 지배주주 또는 그룹 총수의 입장에서는 포괄적 교환을 하고 난 이후 상태, 즉 일반주주들이 완전히 배제된 100% 자회사 상태라면, B사의 배당 여부 및 배당 규모, 배당금 전액에 대한 완벽한 독점적인 의사결정과 처분이 가능해지므로 이것을 선호할 유인이 충분히 있을 수 있다. 특히 B사에 현금이 많거나 B사가 돈을 매우 잘 버는 이른바 '캐시카우'라면 이 문제는 매우 중요하다. 가령 A사가 현금흐름이 안 좋거나 기타 계열사 지원용도 등 이런 저런 사유로 현금을 쓸 곳이 많은 지주회사라고 가정해 보라. B사의 현금을 B사 일반주주들과 나누지 않고 A사가 '독식'하는 것은 총수의 입장에서는 말할 수 없이 중요해진다.

현금뿐 아니라 사업이나 재산의 처분에 대한 법적 견제의 측면에서도 커다란 차이가 있다. B사를 100% 자회사로 만들어 버리면, A사가 단독주주인 '1인 회사', 즉 '1인 주주' 체제인 비상장회사가 되어 버리므로 일반주주들이 존재하던 상장회사 시절과는 달리, 웬만한 자산 처분행위, 가령 합병이나 분할, 신주발행, 상장 등에 별다른 법적 견제를 받지 않고 지배주주 또는 그룹 총수의 의중에 따라 단독으로 진행할 수가 있다. 부실한 계열사 지원 용도로 합병을 시킬 수도 있고 알짜 사업이므로 그 주식의 일부 또는 전부를 총수일가에게 매각할 수도 있다. 이처럼 알짜 사업부에서 일반주주들을 배제하고 100% 자회사로 만든다는 점에서 포괄적 교환은 알짜 사업부를 100% 자회사로 떼어내는 물적분할과 동일한 기능을 수행한다. 알짜 사업에 대해 직접 주주권을 가지고 있던 일반주주들을 따돌리고 그것을 총수의 100% 직할 체제로 바꾼다는 점에서 공통되는 것이다.

나. 주주가치 훼손 가능성 ① — 주주권 박탈(squeeze out)의 문제

포괄적 주식교환은 주로 A사가 B사에 대해 주총 특별결의 통과가 가능할 정도의 지배지분을 보유한 상태에서 진행되며 B사의 나머지 일반주주들을 축출하는 효과를 초래한다. 그렇기 때문에 일반주주들의 강제 축출(squeeze out), 즉 주주권 박탈이라는 이슈를 제기한다. 일반적인 스퀴즈 아웃은 소액주주에게 현금을 교부하여 해당 투자관계에서 탈퇴시키는 대신 총수의 지분율이 95%가 되어야 실행 가능[335]한 반면, 포괄적 교환은 주총 특별결의 수준의 지분율(출석 2/3, 재적 1/3)만 가지고도 자회사로부터 축출할 수 있다. 모회사의 주주로 잔류시킬 수도 있지만 현금을 교부하여 완전히 탈퇴시킬 수도 있어 스퀴즈 아웃과 동일한 효과도 거둘 수 있다. 이 점은 합병도 마찬가지지만 합병은 현실적으로 현금교부형 합병, 즉 스퀴즈아웃 합병이 잘 행해지지 않는 데 비하여, 포괄적 주식교환은 현금교부형 교환이 실무상 종종 행해지고 있다.[336]

---

335 상법 제364조의24.
336 가령 한앤컴퍼니-루트로닉, 한앤컴퍼니-쌍용C&E, SK E&S-부산도시가스 등.

이와 관련하여서는, 지배주주가 상법에 따라 소수주주들을 몰아내려면 95%의 지분이 필요한데, 포괄적 주식교환은 95%에 이르지 않더라도 주총 특별결의 요건만 갖추면 주주권을 박탈할 수 있어, 포괄적 교환은 헌법상 재산권 침해 금지원칙에 위배되는 제도라는 불만이 있을 수 있다. 실제 이러한 의문은 소송으로 이어지기도 하였다. 하나금융지주가 론스타로부터 외환은행의 지분 57%를 인수하여 외환은행의 지배주주가 된 뒤, 외환은행에 대하여 단행한 포괄적 주식교환 과정에서 외환은행의 소액주주들이 제기한 위헌소송이 그것이다. 당시 소액주주들은 주식교환 제도에 관한 상법조항 및 교환비율에 관한 자본시장법 조항이 위헌이라고 헌법소원을 제기하였으나 헌법재판소는 둘다 합헌이라고 판단하였다.[337]

다. 주주가치 훼손 가능성 ② – 주식교환 비율의 부적정 문제

포괄적 주식교환의 또 다른, 가장 핵심적인 문제라고 할 수 있는 부분은, 주식 교환비율의 적정성 문제이다. 이것은 계열사 간 합병에서 합병비율의 적정성이 핵심 문제인 것과 똑같은 이유와 똑같은 정도로 거래의 적정성, 주주가치 훼손 가능성에 심각한 문제를 야기한다. 주식의 교환이란 속성이 게재된 단체 거래는, 합병비율에서 벌어지는 것과 동일한 논란이 벌어지게 마련이다. 주식교환이 아닌 현금교부형 교환인 경우에도 주식의 가치평가가 제대로 이루어지지 않을 경우 주주가치 훼손 가능성을 초래한다. 현금교부형 교환인 경우에는 한쪽은

---

337 헌법재판소 2015.5.28. 선고 2013헌바82, 2014헌바347,356(병합) 전원재판부.

현금이기 때문에 그에 대해선 별도의 가치평가가 필요없고 따라서 교환 대상물에 대해서만 가치평가를 하면 되는 반면(성격상 한쪽은 현금인 매매계약), 주식교부형 교환인 경우에는 둘다 현금이 아니기 때문에 가치평가의 대상이 두 개가 되고(성격상 두 쪽 다 비현금인 교환계약) 그 점 때문에 교환비율 산정이 더욱 어렵고 문제가 된다.

상장법인 간의 포괄적 교환은 자본시장법에 정해진 합병비율 산정 규정이 준용된다(자본시장법 시행령 제176조의6 제2항). 따라서 이사회 결의일을 기준으로, 두 회사의 그전 1달간, 1주일간, 직전일의 주가를 산술평균한 각 주가로 상호 교환비율을 정한다. 지배주주 또는 그룹 총수의 입장에서는 B사 주주들에게 지급할 A사의 주식 숫자가 많을지 적을지에 따라 자신의 유불리가 달라진다. 가령 자신의 지분율이 A사보다 B사가 더 높다면 B사에 유리한 교환비율이 자신에게 유리할 것이다. 이것은 합병에서 지배주주 또는 그룹 총수가 A사와 B사 중 자신의 지분율이 어느 쪽이 높은지에 따라 교환비율의 유불리가 달라지는 것과 동일하다. 만약 지배주주 또는 그룹 총수의 지분율이 B사보다 A사 쪽이 더 높다면, 경영진으로서는 A사의 주가는 가급적 높게, B사의 주가는 가급적 낮게 산정되도록 함으로써 B사의 일반주주들에게 가급적 적은 수의 A사 주식을 교부하려는 유인이 존재할 것이다. 이처럼 포괄적 교환은 거래 성격상 지배주주(총수)와 나머지 주주들 간에 이해상충이 존재하는 거래인데, 이해상충 당사자인 지배주주가 정보와 권한을 독점한 상태에서 거래가 진행되기 때문에 자기계약 실질이며 B사 일반주주의 입장에서는 부를 이전당할 위험이 매우 크다. 한편, A사와 B사 모두 분산소유구조인 회사일지라도 이해상충 문제는 여전히 존재한다. A사가 B사의 지배주주인 상황에서는 A사의 임직원들이 교환거래의 정보와 권한을 독점한 상태에서 양측의 교환거래를 진행할 것인바, 그렇다면 임직원들이 직접적인 지분적 이해관계를 가지는 자기거래 구조는 아니지만, 한 당사자가 실질적으로 양쪽의 대립되는 이해관계를 조율하는 구조여서 쌍방대리 실질이 성립하기 때문이다.[338]

라. 주주가치 훼손 가능성 ③ — 양 사 간 주식 집중도 차이에 따른 지배력 편취

포괄적 주식교환은 기본적으로 두 회사의 주식을 교환한다는 점에서 합병과 동일하다. 따라서 앞서 합병에서 언급하였던, 두 회사의 주식 분산도 차이에 따른 지배력 편취, 부의 이전 문제가 동일하게 재연될 수 있다(상세는 제4부의 Ⅰ.2.다.항 참조).

3. '주주에 대한' 충실의무 도입 시 기대효과: Before and After

가. '주주에 대한' 충실의무 도입 전

'주주에 대한' 충실의무가 도입되기 전이라면, '회사'에만 손해가 없으면 현실적으로는 별다른 의무 위반 문제를 야기하지 않는다. 그 과

---

338 하나금융지주와 외환은행 사이의 포괄적 교환 사건에서 외환은행의 소액주주들은 교환비율이 불합리하다는 취지에서 교환무효 소송을 제기하였으나 패소 후 항소포기로 확정되었으며, 외환은행의 2대주주이던 한국은행은 교환비율 산정의 기초가 되었던 시장주가 장부가에도 못 미치는 가격이고 시장주가를 토대로 산정된 주식매수청구권 가액이 부당하여 장부가 대비 1033억 원의 손해를 입었다고 법원에 주식매수가격 결정을 청구하였으나 역시 기각당하였다고 한다. 해당 분쟁의 내용과 소송 경과에 대하여는 윤소연, 「지주회사 설립·전환시 포괄적 주식교환·이전의 실무상 쟁점」, 『상사법연구』 제41권 제2호, 상사법학회, 2022, 531~535면.

정에서 주주들이 손해를 입더라도 그것은 주주들의 문제일 뿐, 충실의무 위반의 문제는 아니라고 보는 것이다. 단지 개별 규정이 있을 경우 규정을 위반하였다면 해당 규정위반이 될 수 있을 뿐이다.

포괄적 주식교환은 두 회사의 주주를 바꾸는 거래일 뿐, 두 회사의 실체를 건드리는 거래가 아니다. B사의 주주들이 자신들의 주식을 A사에게 이전하면서 그 반대급부로 A사의 주식을 교부받는 것인데, 이때 A사가 이전 받을 주식의 양은 100%로 물량이 이미 정해져 있으므로 A사가 손익을 논할 상황은 아니다. A사로서는 단지 B사의 주주들에게 자신의 주식을 몇 주 발행하느냐는 문제만 남는다. 주식을 많이 발행하는 것이 회사의 손해라고 주장하는 견해도 있으나 반대급부로 받을 물량이 고정되어 있는 상태에서 주식을 필요 이상으로 많이 발행하는 것은 앞서 가장납입 사건(2002도7430 판결)[339]의 예에서 보았듯이 주주들의 지분율을 건드리는 문제로서 주주들의 문제일 뿐, 회사의 자산, 부채, 영업조직 등 영업력에 영향을 미치지는 않는다.[340] 다만 현금교부형으로 구성할 경우에는 교부될 가액의 많고 적음에 따라 '회사의' 현금유출액이 달라지므로 '회사에 대한' 충실의무 문제를 일으킬 수 있다. 이때 지급할 현금을 줄이면 줄일수록 회삿돈이 적게 유출되는 저가매입이므로 '회사의 이익'이고(저가매도가 배임이라는 에버랜드 판결 논리의 역) 따라서 헐값에 소액주주를 축출하는 것이 오히려 '회사

339 제2부의 III항 참조.

340 "주주가 바뀌면 경영방침이 달라져 회사의 실체가 달라진다"고 주장할 여지도 없진 않겠으나 그것은 간접적·2차적인, 전혀 다른 차원의 이야기다. 포괄적 교환의 특성상 총수/지배주주가 바뀌는 것도 아니므로 그렇게 볼 여지도 별로 없을 것이다.

에 대한' 충실 관점에서 이익이라고 보게 되는 아이러니가 발생한다. 자회사인 B사의 이사들은 이처럼 염가로 주주들이 축출되지 않도록 보호해야 한다고 볼 수 있으나, 이는 '주주 계좌'에 관한 사항이므로 합병과 분할에서 그러했듯이 원칙적으로 '회사에 대한' 충실의무의 커버 범위 밖이며 그렇게 주장할 법적 근거가 무엇이냐는 논란을 일으킨다. 그런 논란의 여지가 없도록 법적 근거를 만들어 주자는 것이 이 책이 주장하는 상법 개정론의 요지임은 물론이다.

요컨대 포괄적 주식교환과 관련한 주주의 손해는 기본적으로 주식교부형의 경우 '회사의 계좌'를 중심으로 손익을 판단하는 현행 실무하에서는 '회사에 대한' 충실의무 사안이라고 보긴 어려우며, 따라서 개별적인 절차 규정만 잘 준수하면 문제가 없다. 주주가 피해를 입더라도 그것은 개별 규정의 문제일 뿐, 충실의무의 문제는 아니다. 그 결과 마땅한 구제책이 없게 되며 이는 앞서 하나금융지주와 외환은행 사이의 포괄적 교환의 소송사건이 잘 보여 준 바 있다. 현금교부형인 경우에는 '회사의 계좌'에 영향을 주므로 가급적 염가에 자회사 주주들을 축출할수록 '회사에 대한' 충실에 부합한다고 보게 되는 아이러니가 발생한다. 이 경우 염가로 축출되는 주주를 보호하는 문제는 '주주에 대한' 충실 문제이므로 이사의 의무가 발동되지 않는다.

나. '주주에 대한' 충실의무 도입 후

'주주에 대한' 충실의무가 도입된다면, 포괄적 주식교환은 세 가지 점에서 중대한 이슈를 제기할 것이다. 첫째는 자회사 주주의 주주권을 박탈하는 스퀴즈아웃 부분, 둘째는 주식교환 과정에서의 교환비율의 적정성, 셋째는 집중도가 낮은 회사에서 높은 회사의 주식으로 지분이 바뀔 경우 일반주주들이 겪게 될 지분가치 하락 부분이다. 이러한 부분은 '주주에 대한' 충실의무의 관점에서는 대단히 중대한 문제이다.

비록 상법에 포괄적 주식교환의 근거 규정이 있지만, 그러한 근거 규정이 있다고 해서 이사의 충실의무가 배제되거나 면제되는 것은 아니다. 지배주주가 일반주주들을 헐값에 몰아내고 그 잉여 가치를 착취하는 형태의 포괄적 주식교환이라면 '주주에 대한' 충실의무 관점에서 이슈화가 가능하다. 현금교부형 교환의 경우에도 그것을 '회사의 이익'이라는 관점이 아니라, 잔존주주(지배주주)와 축출되는 소수주주의 관계로 주주 간 비례적 이익의 문제로 바라보게 될 것이다. 자회사의 이사는 자신의 주주들이 헐값에 주식을 교환당하거나 현금을 받고 축출되는 일이 없도록 주주를 보호할 의무를 부담한다고 보게 될 것이다. 그리고 이를 위해 지배주주(경영진)와의 이해상충이 해소된 상태에서 거래가 설계, 진행될 것, 그리고 주주에게 지급되는 반대급부가 전체 기업가치에 대한 주주의 비례적 이익을 충분히 보장하는 가액일 것을 요구하게 될 것이다.

Ⅶ. 주식병합과 '주주에 대한' 충실의무

1. 주식병합의 의미

주식병합이란 회사의 주식 여러 개를 합쳐서 한 개로 만드는 것으로, 상법 제440조 이하에 규정된 절차를 가리킨다. 가령 회사의 주식이 총 100만 주인데, 이를 100:1로 주식병합을 하면, 주식 100주를 묶어서 1주로 만든다는 뜻이다. 그렇게 되면 100만 주는 1만 주로 줄어들게 된다. 주식분할 또는 액면분할은 주식을 쪼개서 오히려 그 수를 늘리는 것인데, 그것의 반대라고 생각하면 이해하기 쉽다. 주식분할이나 액면분할은 자본금 총계를 그대로 둘 수 있지만 주식병합은, 통상적인 액면 주식일 경우 100주를 1주로 만들면 100주의 액면금 합계를 1주의 액면금 수준으로 줄여야 할 터이므로 보통은 자본금 총계를 감소시키는 감자 조치를 수반한다.

주식병합을 하면 기존 주주들 중 자신이 보유하고 있는 주식 수가 100주 미만인 소액주주들은 주식을 1주도 가질 수 없게 되므로 결국 회사로부터 축출되는 효과가 생긴다. 가령 기존에 99주를 보유하고 있던 주주는 그 주식 99주를 잃고 그 대가를 현금으로 교부받고 회사를 떠나야 한다. 이처럼 병합을 할 수 있는 최소 기본 단위에 미치지 못하는 주식을 단주라고 하는데 주식병합에서는 이러한 단주의 처리에 관한 규정이 주된 부분을 차지한다.

2. 주식병합과 주주가치 훼손 가능성

주식병합은 주식의 숫자가 지나치게 많아 회사의 입장에서 주주관리에 번거로움이 있다든지 주주들의 입장에서도 주가가 잘 오르지 않아 주식 수를 줄일 필요가 있을 때 사용된다. 단순히 자본금 규모가 커서 감자가 필요한 경우라면 주식 수를 건드리지 않고 감자만 단행해도 되겠으나 자본금을 감소시킬 경우 1주당 액면이 작아지는 것이 싫다면 주식병합을 하면서 감자를 실행할 수 있다. 이러한 부분들은 부의 이전 측면이나 주주의 비례적 이익 관점에서 특별히 문제 되는 사항들은 아니다.

주주의 비례적 이익 관점에서 주로 문제되는 사항은 앞서 포괄적 주식교환에서와 쟁점이 유사하다. 즉 회사의 실체에는 영향이 없지만, 주주의 관점에서는, 단주처리 과정에서 첫째, 주총 특별결의 요건만으로 회사로부터 강제로 축출당할 수 있다는 점, 둘째, 단주처리 가격이 부적정할 경우 정당한 보상(주식 대가)을 제대로 받지 못할 수 있다는 점이다.

3. '주주에 대한' 충실의무 도입 시 기대효과: Before and After

가. '주주에 대한' 충실의무 도입 전

'주주에 대한' 충실의무가 도입되지 않은 현재의 상태에서는, '회사'에 대한 관점, 즉 '회사'의 이익이라는 관점에서만 검토하게 된다. 이것이 현재 '회사에 대한' 충실 관점에 따라 이루어지고 있는 실무라고 할 수 있다.

주식의 숫자를 줄이는 일이니 원칙적으로 회사엔 영향이 있을 리가 없다. 주주들이 축출되고 주식가치를 얼마로 평가하느냐는 것은 주주들의 문제일 뿐이다. 축출되는 주주들과 잔류하는 주주들 사이에 부가 이전되는 문제가 있고 지배주주가 그 절차를 주재함으로써 지배주주의 이해상충이 강하게 개입될 수 있음에도 그러한 것들은 원칙적으로 이슈가 되지 못한다. 기본적으로 단주에 관하여는 자사주매입이 이루어지기 때문에 앞서 자사주매입에 관하여 언급했던 두 가지 쟁점, 즉 염가축출의 문제와 지배력 강화의 문제가 그대로 반복된다. 그

곳에서와 마찬가지로, 이곳에서도 역시 개별적인 규정들만 잘 지키면 문제가 되지 않는 것이 현실이다.

주식병합에서 가장 큰 문제는 소액주주들이 염가로 축출될 위험이다. 하지만 '회사'의 관점에서는 염가로 축출하면 적정가로 축출하는 것에 비해 회사는 오히려 유출되는 현금이 줄어들기 때문에, '회사'의 이익에는 부합한다고 볼 여지마저 있다. 이는 앞서 자사주매입, 주식의 포괄적 교환에서 언급한 부분인데, 주주와 회사라는 법인격을 분리하는 이원론적 사고방식이 보여 주는 모순과 아이러니다. 또한 '회사'의 이익을 강조하는 입장에서는, 주주의 수가 줄어들면 회사의 관리비용이 줄어든다는 점을 이유로 주주축출을 정당화할 명분도 있다. 그러한 이익도 사실은 축출로 인하여 잔존주주에게 이전되는 부(富)임에도 말이다.

이처럼 '회사' 중심의 관점에서는, 축출되는 주주에게 가능한 한 싼 값을 지불하는 것이 '회사'에는 이익이므로, 주식가치를 평가할 때에도 프리미엄 같은 것은 고려하지 않으며 개별 낱개 주식의 시장가격으로 값을 쳐주면 된다고 보게 될 위험이 있다. 이것이 현재의 실무라고 할 수 있다. 지배주주가 주도하는 주식병합은, 소액주주의 의사에 반하더라도 지배주주의 힘으로 표결을 강행하여 소액주주들을 프리미엄 지불 없이 몰아내고 경영권을 지배주주에게 집중시킴으로써 지배주주의 주식가치를 증가시켜 주는 효과를 가져다줄 수 있다. 따라서 그러한 거래에서는 지배주주의 주식에 할증 가산될 프리미엄의 가치만큼 소액주주에게도 프리미엄 대가를 가산하여 지급해 주는 것이 공평하다. 하지만 '회사에 대한' 충실 관점에서는, 그러한 셈법은 주주들 간의 문제일 뿐, 회사라는 법인격과는 무관한 일이라고 보게 된다. 오히려 그러한 주주 간의 문제를 고려하여 시장단가 이상의 프리미엄을 회삿돈으로 지급하는 것은 회사의 현금을 시장주가 대비 과다 유출시키는 행위라는 이유로 '배임'의 우려마저 생길 수 있다. 요컨대, 소액주주들은 규정에 위배되지 않는 범위 내에서는 최대한 헐값으로 내보내는 것이 '회사'의 이익이고, '회사'에 대한 배임 소지를 최소화하는 최선의 길이라는 논리가 성립하기 쉽다.

주식병합과 관련한 대법원 판시[341]는 이러한 사고방식, 즉 주주의 이익을 특별히 보호해야 한다는 관점 없이 그저 개별 규정을 준수하면 문제가 없다는 사고방식을 잘 보여 준다. 두 가지 점인데, ① 주식 수가 적은 주주들만 몰아내는 것이 주주평등의 원칙 위반이라는 주장에 대하여, 모든 주주에게 같은 조건이므로 주주평등의 원칙 위반이 아니라고 판시함으로써 소액주주 축출의 방편으로 주식병합제도가 사용되는 것을 공인한 점, ② 상법상 지배주주가 일반주주를 몰아내려면(squeeze out) 95%의 지분을 보유해야 하는데(제364조의24), 주식병합은 지배주주가 95%에 미달한 채 단지 특별결의 요건 지분율만으로도 그와 동일한 효과를 거두고 있어 스퀴즈 아웃 제도의 우회 탈법이라는 취지의 주장에 대하여도, 양 제도는 서로 요건과 효과가 다르므로 문제가 없다는 취지로 판시한 점이 그것이다. 이러한 대법원 판시

---

341 대법원 2020.11.26. 선고 2018다283315 판결(1만 대 1의 주식병합 및 자본금 감소가 주주총회의 특별결의 등 상법에서 정한 절차를 거쳤음에도 주주평등의 원칙, 신의성실의 원칙 및 권리남용금지의 원칙에 위배된다고 본 원심판단에 법리오해 등의 위법이 있다고 함). 이 판례에 대한 평석으로는 김재범, 「주식병합에 의한 소수주주의 축출」, 『상사판례연구』 제34권 제4호, 상사판례학회, 2021, 75면.

는, 개별 규정이 없는 한 주주의 비례적 이익, 특히 지배주주로부터 축출당할 위험에 처한 일반주주들의 이익을 특별히 보호할 필요는 없다는 사고방식, 그와 관련한 경영진의 이해상충 해소 절차를 작동시키지 않아도 아무 문제가 없다는 사고방식, 다시 말하면 '주주의 비례적 이익'을 보호할 '주주에 대한' 충실이 경영진의 '일반적인' 의무는 아니라는 사고방식을 잘 보여 주고 있다.

나. '주주에 대한' 충실의무 도입 후

'주주에 대한' 충실의무가 도입된다면, 위에서 본 현재의 실무는 모두 재검토를 요하게 될 것이며 결론도 달라질 것이다. 즉 주식병합은 '회사의 이익'으로는 설명되지 않는, 축출되는 주주와 잔존 주주 간의 이해상충과 부의 이전 문제가 본질이며, 따라서 주주의 비례적 이익, '주주에 대한' 충실의무의 관점으로 접근해야 한다고 보게 될 것이다. 따라서 '회사의 이익'이라는 관점이 지배하던 기존의 의사결정 과정 대신, 지배주주의 이해상충이 해소되었는지(fair process), 축출 대가 산정의 적정성(fair price)이 확보되었는지와 같은 '주주의 이익' 관점이 핵심 어젠다로 부상하게 될 것이다.

특히 축출대가 산정 단계에서, 소극적으로 '개별 규정만 지키면 될 뿐 특별히 주주보호라는 관념을 내세울 필요가 없고, 오히려 회사의 이익을 극대화해야 한다'는 식의 기존 태도 대신, '축출되는 주주에게 손해가 없도록, 잔존 지배주주와 축출되는 주주 사이의 부의 분배가 공평하게 이루어져야 한다'는 주주의 비례적 이익 관점이 강조될 것이다. 주주 축출에서의 이러한 관점은 '주주에 대한' 충실의무 관점이 정착되어 있는 미국의 지배적인 판례의 태도이기도 하다. 미국에서는 축출되는 주주가 주식매수청구권을 행사할 경우, 축출되는 주주에게 해당 주식이 낱개로 자발적으로 거래될 때 형성되는 주식시장의 가격을 적용하여서는 안 되고, 기업의 전체 가치를 산정한 뒤 그 n분의 1의 가치를 적용해야 한다고 본다. 주주들이 주식시장에서 자발적으로 거래하는 가격, 즉 minority discount가 내재된 가격을 적용하여서는 곤란하다고 보는 것이다. 이러한 취지를 보여 주는 미국의 판례를 소개하면 다음과 같다.[342]

> *시장가격 기준하에서는…[,] 법원은, 그 개념 자체로, 특정한 물량의 주식을 자발적으로 사고 파는 사람들 간에 적용되는 가격을 결정하는 것이다. 그러나 주식매수청구권을 행사하는 반대주주는 그와 같은 공개시장에서의 자발적인 매도인과 동일한 포지션에 있지 않으며 그는 바게닝 파워가 전무하거나 거의 없는 비자발적 매도인의 입장에 놓여 있*

---

342 Pueblo Bancorporation v. Lindoe, Inc., P.3d353(Colorado Supreme Court 2003)(Jeffery J. Haas, 앞의 「Corporate Finance in a nutshell」, 175면에서 재인용. 밑줄은 필자): Under a fair market value standard...[,] the court is, by definition, determining the price at which a specific allotment of shares would change hands between a willing buyer and a willing seller. However, in a dissenters' rights action, the dissenting shareholder is not in the same position as a wiling seer on the open market-he is an unwilling seller with little or no bargaining power. We are convinced that "fair value" does not mean "fair market value."

The clear majority trend is to interpret fair value as the **shareholder's proportionate ownership of a going-concern** and not to apply discounts at the shareholder level. The interpretation urged by [the surviving company to the merger] would position Colorado among a shrinking minority of jurisdictions in the country. We decline to do so.

다. [따라서] 당 법원은 "공정한 가액"이라는 문구가 "시장가격"을 의미하는 것이라고 해석하지 않는다.…

공정한 가액은 전체 기업(going-concern)에 대한 주주의 비례적인 지분(proportionate ownership)을 의미하는 것으로서, 주주 레벨의 디스카운트는 적용하지 않는 것이 명확하고 지배적인 추세(clear majority trend)이다. [회사가 주장하는] 해석론은 이 법원을 미국에서 세가 약해지고 있는 소수 주(洲)의 입장에 설 것을 요구하는 주장이다. 우리는 그 주장을 받아들이지 않는다(Pueblo Bancorporation v. Lindoe, Inc. 콜로라도 대법원 2003)(번역과 밑줄 및 [ ] 부분은 필자).

위 판례 원문에서 보듯이 미국은 판결의 결론을 도출하는 데 있어, '주주의 비례적 이익' 관점이 핵심 사상으로 자리 잡고 있음을 알 수 있다. 이는 주주의 비례적 이익 관점이 결여된 채 회사의 이익만을 강조하는 한국에서는 떠올리기 어려운 사고방식이다. 이러한 사고방식은 주식매수청구권 가격 산정에만 적용되는 것이 아니다. 주주를 축출할 경우 그 주주가 가지는 기업의 전체 가치에 대한 n분의 1의 비례적 이익을 보호해야 한다는 사고방식은 주식병합뿐만 아니라, 주식의 포괄적 교환, 합병, 지배주주의 소수주주에 대한 주식매도청구권(상법 제360조의24), 또는 반대로 소수주주의 지배주주에 대한 주식매수청구권(상법 제360조의25) 등 여러 다양한 형태의 자사주매입 국면에서 소환될 수 있다.

Ⅷ. 배당(주주환원)과 '주주에 대한' 충실의무

1. 배당(주주환원)의 의미

배당은 회사가 벌어들인 돈을 주주에게 나눠주는 활동이다. 주식회사는 주주들이 돈을 벌기 위해 설립하고 투자한 조직이란 점을 생각하면 배당은 주식회사의 가장 기본적인 임무이자 본질적인 활동이다. '성장을 위한 투자'를 명분삼아 배당을 하지 않거나 매우 적게 하는 회사도 있지만, 성장의 궁극적인 목적은 결국에는 주주환원이라고 보아야 할 것이다. 성장을 하며 번 돈이 주주를 위해서 가령 더 큰 주주환원을 위한 투자를 위해서 쓰인다면 몰라도, 그렇지 않은 다른 용도로 쓰일 예정이라면 그런 회사의 주식에 투자할 투자자는 없을 것이고 그런 회사의 주가는 오르지 않을 것이다. 워런 버핏이 운영하는 버크셔 해서웨이는 배당을 하지 않으며 평소 수백조 원의 현금을 보유하고 있는 것으로 유명하지만 한국의 지주사에서와 같은 디스카운트 현상은 나타나지 않는다.[343] 그 이유는 그 돈이 주주들을 위해 쓰일 것이라는 믿음, 가령 더 수익률이 높은 곳에 재투자 및/또는 자사주매입 방식의 주주환원에 쓰일 것이라는 믿음이 있기 때문일 것이다. 결국 배당이나 주주환원 또는 재투자는 기본적으로는 경영진의 투자판단 능력이지만, 그것은 기본이므로 제쳐두고 법적인 측면만 바라본다면, 결국 주주를 위한 마음, 바꾸어 말하면 '주주에 대한' 충실의무, 결국 대리인 문제의 통제가 본질임을 알 수 있다.

---

343 2024.11.2. 현재, 버크셔 해서웨이 Class A 주식의 PER은 14, PBR은 1.6이다(네이버 증권).

회사가 벌어들인 돈을 주주에게 나누어 주는 방법은 배당이 가장 기본이지만, 자사주매입의 형태로도 이루어질 수 있다. 그렇기에 통상 배당과 자사주매입을 주주환원이라고 부르며, 회사가 벌어들인 돈(순이익) 중에서 배당과 자사주매입의 합계액이 차지하는 비율을 주주환원율이라고 한다. 최근 10년간 미국 상장기업의 평균 주주환원율은 92%인 반면, 같은 기간 한국은 약 29%임은 **제2부**에서 전술하였다. 미국은 상장기업들이 벌어들인 돈의 90% 이상을 주주에게 돌려주는 반면, 한국은 30%도 채 안 된다는 뜻이다. 10년 평균이 30%도 채 안 된다는 것은 투자 회수 기간의 장단기의 문제가 아니라 벌어들인 돈의 70% 가량이 영영 주주에게 돌아오지 않고 어디론가 새고 있음을 의심하지 않을 수 없게 만드는 수치이다.

그렇다면 한국의 주주환원율이 특히 낮은 이유는 무엇일까? 여러 원인이 있을 수 있겠지만 필자가 보기엔 앞서 언급하였듯이 경영진의 이해상충과 대리인 문제, 즉 '주주에 대한' 충실의무 관점이 결여되어 있는 것이 주된 원인이라고 본다. 이하 이러한 문제들에 대하여 살펴본다.

2. 배당(주주환원) 수준 결정의 논리

배당과 '주주에 대한' 충실의무를 이해하려면 그에 앞서 우선 배당에 관한 재무 및 법리적인 기본 이론을 이해할 필요가 있다. 이에 관하여 간단히 설명한다.

가. 배당 수준 결정의 회사법적 함의

기업가치 또는 주주가치 극대화를 위한 최적의 배당 수준이라는 것이 존재할까? 그렇다고 한다면 최적의 배당(주주환원) 수준, 즉 벌어들인 돈 중 얼마를 투자재원으로 사내 유보시키고 얼마를 배당 또는 자사주매입에 사용할 것인지 그 수준을 정하는 문제는 이사의 선관/충실 의무 관점에서 대단히 중요한 문제가 될 것이다. 반면 배당(주주환원) 수준을 정하는 문제가 기업가치 또는 주주가치에는 영향이 없고 '투자안을 먼저 정한 뒤의 나머지'라는 잉여 개념으로 저절로 결정되는 문제라면 단순히 남는 돈을 어떻게 처리할 것인지라는 '사소한' 문제에 불과하게 될 것이다.[344] 그렇게 되면 이 문제는 이사의 선관/충실 의무와는 직접 관련이 없는 문제로 치부될 것이다. 바꾸어 말하면, 둘 중 어느 쪽인지, 즉 배당(주주환원)이 기업가치를 증가시키는 변수인지 아닌지 여부는 이사의 선관/충실 의무를 온전히 이행하기 위한 선결 문제 중의 하나이다. 이러한 이유로 외국에서는 로스쿨 수준의 법서에서도 이러한 문제를 자세히 소개하는데[345] 한국의 법률 문헌은 이러한 논의를 찾기 어렵다. 이하에서는 외국의 논의[346]를 소개한다.

나. 외부 자금조달이 없다고 가정할 경우의 최적 배당: IRR = r?

이 문제에 관한 가장 기본적인 출발점이 되는 상황은, 우선 외부로부터 자금을 조달하지 않는다는 가정하에, 현재 가지고 있는 이익잉

344 William W. Bratton, 앞의『Corporate Finance-Cases and Materials』, 901면.
345 위 같은 곳.
346 위 같은 곳.

여금을 배당할 것인지 아니면 회사에 유보할 것인지의 문제만을 결정하는 일이다.

이 경우 배당률 또는 유보율의 결정에 관한 전통적인 설명 방법은, 회사의 투자 프로젝트에서 얻을 수 있는 내부 수익률, 즉 IRR(Internal Rate of Return)과 회사의 배당금이 시장의 투자자들에 의해 자본화되는 비율, 즉 r(자본비용, 즉 투자자들의 요구수익률) 사이의 관계에서 찾는 것이다. 간단히 말하면 다음과 같다. 회사 내부에서 고려되는 투자안이, 회사가 자금을 조달하기 위해서 치러야 할 자본비용을 초과하는 수익률을 제공하는 경우, 즉 IRR(내부 수익률)이 r(자본비용)을 초과하는 경우라면, 배당을 하지 말고 그 돈으로 투자를 하는 것이 타당하다. 이러한 상황에서는 자금이 현재 주식의 시장 수익률보다 더 나은 수익률로 재투자될 수 있기 때문에 잉여금의 100%를 투자재원으로 사용하고 대신 배당금은 0으로 줄이는 것이 주식의 가치를 극대화하는 방법이 된다. 이러한 회사들의 주식은 이러한 성장에 대한 기대를 반영하여 매우 높은 PER 배수로 거래된다. 여기서 한 가지 주의할 것은 위 r은 '주주들의' 자본비용, 즉 COE(Cost Of Equity), 즉 '주주들의' 요구수익률이며, 회사 전체의 투하자본 비용, 즉 WACC(Weighted Average Cost of Capital)가 아니라는 점이다. '주주에 대한' 충실의무 관점에서 이는 당연한 것이다.

이와 대조적으로 IRR < r인 경우에는, 회사 내부의 돈으로 현재 고려 중인 투자안에 투자하여봤자 그로부터 얻을 수 있는 수익률이, 현재 시장에서 거래되는 주식의 수익률(투자자들이 기대하는 자본비용)보다 못하다는 뜻이므로, 잉여금은 투자에 사용하지 말고 전액 배당으

로 분배되었을 때 주식의 가치는 극대화된다. 이러한 조건에서 배당을 하지 않고 투자를 구실로 자금을 사내 유보시키는 것은 회사 주식의 가치를 감소시킬 것이다. 현재 회사 주식의 수익률보다 더 나은 투자 대안이 존재하지 않는다는 뜻이므로 최고의 투자대안은 자기 회사의 주식에 투자하는 것이고 따라서 회사의 주식을 매입하거나(자사주 매입), 회사 주식의 수익률이 유지될 수 있도록 배당을 지급하는 것이 최선의 투자 방안이 되는 것이다. 만약 IRR = r인 경우라면 배당을 하건 투자를 하건 주식의 가치에는 무차별할 것이다.

결론적으로 주주(주식) 가치를 극대화하는 관점에서의 표준적인 처방은, "모든 투자 기회가 회사의 자본 비용을 초과하는 수익률을 약속하는 경우여야 한다"는 기준을 투자판단의 기준(= 주주환원의 기준)으로 받아들이는 것, 즉 IRR과 r의 비교에 있다. 이러한 재무적인 기본이론은 주주에 대한 충실의무가 전제되어야 가능한 이론이기에 우리나라에서는 크게 주목을 받지 못하며 경영학 교과서에서나 등장하는, 법학과는 유리된 이론으로 자리매김하고 있는 실정이다. 하지만 최근 밸류업이 강조되면서 이와 같은 교과서적인 이론을 그대로 실제 실무에서 적용하여 재무정책을 운용할 것을 시장에 공표하여 크게 화제가 된 기업이 있다. 이 기업에 관한 다음 기사를 읽고 위 본문에서 설명한 이론적인 내용이 실제 이 기업의 재무 정책에 어떻게 적용되고 있는지, 특히 필자가 밑줄 친 부분에 유의하며 음미해 보기 바란다.

> **메리츠금융, 파격 주주환원 연결순이익 50% 이상 쏜다**
> 금융지주 첫 밸류업계획 공시 자사주소각·배당 통해 배분
> 2026년 이후엔 규모 재결정
>
> 메리츠금융지주가 국내 상장 금융지주 최초로 기업가치 제고 실행계획을 공개했다. 2025회계연도까지 연결 당기순이익의 50% 이상을 주주환원한다는 것이 골자다. 그간 금융지주의 밸류업 예고 공시는 있었으나, 주주환원 방안을 구체화한 공시는 이번이 처음이다. 정부가 최근 적극 추진 중인 밸류업 프로그램에 메리츠금융지주가 가장 빠르게 화답한 것이다.
> 메리츠금융지주는 4일 이사회를 열고 이 같은 내용이 담긴 '기업가치 제고 계획'을 승인하고 이를 공시했다. 회사는 공개된 기업가치 제고 계획 이후인 2026회계연도부터는 내부투자와 주주환원 수익률을 비교한 뒤 주주가치 제고를 위한 최적의 자본배치를 재추진할 방침이다.
> 메리츠금융은 기업가치 제고 계획의 핵심지표인 총주주수익률(TSR)을 기준으로 2023~2025회계연도 3개년간 연결 당기순이익 중 50%를 주주환원하기로 결정했다. 핵심지표 최대화를 위해 회사가 참고하는 지표는 내부투자수익률과 자사주 매입 수익률, 현금배당 수익률 세 가지다. 이를 비교해 주주가치 제고에 최적인 자본배치 방법을 결정하겠다는 것이다. 이를 바탕으로 내부투자수익률과 주주환원(자사주 매입+배당) 수익률을 비교해 당기순이익 중 50% 주주환원 결정을 내렸다.
> 회사는 2026회계연도부터는 다시 이 같은 세 가지 지표 수익률 간 순위에 따라 자본배치와 주주환원 규모, 세부 내용을 결정할 계획이다. 지표 수익률이 현재와 유사하면 50% 이상의 주주환원율은 유지된다. 내부투자수익률이 자사주 매입 수익률이나 요구수익률보다 높다면 주주환원 규모는 줄어들지만 더 효과적인 주주가치 제고가 가능하다고 회사는 설명했다. 앞서 메리츠금융지주는 2022년 3개 상장사를 하나로 합치는 포괄적 주식교환 등을 통해 주주환원 정책을 펼쳐 왔다. 이후 2023년 기준 3개년 누적 TSR은 85%를 기록했다고 회사 측은 밝혔다.
>
> -『매일경제』 2024. 7. 4.

다. 외부자금 조달을 가정할 경우의 최적 배당: 세 가지 접근

위에서는 내부 잉여금만을 가지고 투자한다고 가정하였는데, 이번

에는 외부 조달, 즉 주식 또는 채권 등 증권의 발행을 통해서도 자금조달이 가능한 상황이라고 가정해 보자. 이 경우 위 투자판단 기준을 적용하면 어떻게 될까? 이 경우 두 가지 방안, 즉 ① 내부자금은 기존처럼 배당으로 지급하고 필요한 자금은 새로운 증권을 발행하여 투자비를 조달하는 방안과, ② 내부자금으로 기존처럼 배당하기보다는, 배당을 줄이고 그 절약된 돈을 투자에 활용하는 방안 사이의 선택이 문제된다. 달리 표현하면, 투자라는 명분으로 기존의 배당을 줄일지 아니면 기존의 배당을 유지한 채 빚을 내서 투자할지의 선택과 같은 배당정책 결정이, 과연 기업가치 또는 주주(주식)가치에 영향을 줄 수 있느냐는 물음이라고 할 수 있다. 이에 관하여는 세 가지 접근이 있다.[347]

(1) 첫째는, 배당정책은 주주(주식)가치에 영향을 줄 수 없다는 이론이다.

모딜리아니(Modigliani)와 밀러(Miller)의 이론으로, 기업의 가치는 자산의 수익력에만 의존할 뿐, 기업이 활동에 필요한 자금의 마련을 어떻게 하느냐, 즉 자금조달을 이익을 유보(즉, 배당금 지급 보류)하여 마련하든지 또는 새로운 증권을 판매(즉, 배당금을 지급하지만 주식 또는 채권을 발행하여 투자에 필요한 자금을 조달)하여 마련하든지의 문제로부터는 영향을 받지 않는다는 것이다. 이 이론은 논리상으로는 문제가 없지만 지나치게 엄격한 가정에 입각하고 있어 비현실적이라는 평가를 받는다. 엄격한 가정이란, 완벽한 자본시장, 완벽한 정보, 거래단위의 완벽한 분할성, 세금이 없을 것 등을 가리킨다.

---

347 이하의 내용은 William Bratton, 앞의 책, 같은 곳.

(2) 둘째는, 배당정책은 기업가치에 영향을 줄 수 있으며 배당을 많이 할수록 좋다는 관점이다.

이 관점은 외부 조달을 많이 할수록 주주(주식)가치에 긍정적이라는 입장이다. 이는 주로 세금과 대리인 비용의 관점, 그리고 신호이론의 관점에서 제기된다.

먼저 세금 관점에서 보면, 세법은 이자 지급과 배당금을 구분한다. 이자는 세금을 산정할 때 기업이 지불한 비용항목으로 분류되기 때문에 소득에서 공제되는 대상이지만 — 따라서 세금을 낮추는 요인이지만 — 배당금은 그렇지 않다. 이는 채권을 발행하여 투자에 필요한 자금을 조달하는 기업은, 그렇지 않고 내부자금을 활용하여 투자하는 기업에 비해, 세금을 덜 내고 법인세 차감 후 소득이 더 많아진다는 것을 의미한다. 법인세 차감 후 소득이 더 많기 때문에 차입(이자 지불) 기업은 무차입(배당금 지불) 기업보다 가치가 더 높다.

그러나 현실적으로는 반드시 그렇지 않을 수가 있다. 차입을 하여 배당금을 지급하면 회사 레벨에서는 차입 이자를 손금(비용)으로 인정받으므로 그만큼 이익이 되지만, 배당금을 지급받는 주주가 배당소득세를 내기 때문에 주주의 입장에서는 더 손해가 될 수도 있다. 가령 주주에게 부과되는 배당소득세율이, 회사의 소득에 대해 부과되는 법인세율보다 높다면, 회사가 배당금을 지급하고 차입을 하여 투자하는 것보다, 배당금을 지급하지 않고 그 돈으로 투자를 함으로써 주가를 올리고 주주는 그 주식을 양도함으로써 양도소득을 얻는 것이 '주주에게는' 나을 수도 있다(양도소득에 대해서는 세금이 부과되지 않거나 부과되더라도 세율이 배당소득세보다 낮다는 전제). 이처럼 주주를 위하는 배당정책을 펴려면 물론 '주주에 대한' 충실이 전제되어야 한다. 아무튼 이 경우는 배당소득세와 양도소득세의 크기에 따라 주주의 최종 유불리가 결정될 것인데, 이상에서 보았듯이 세금 문제가 주주(주식)가치에 끼치는 영향은 꽤 복잡하다.

다음 대리인 관점에서 보면, 경영진은 배당보다는 자신의 제국 건설에 치중을 하게 될 유인이 있다. 즉 회사의 잉여자금을 배당으로 주주에게 나누어 주기보다는, 투자사업을 늘리는 데 활용함으로써 회사의 덩치를 키우고 계열사도 많이 만듦으로써 자신의 권한과 명성을 높이고, 회사 규모가 커지는 데 따른 임원 보수/편익 증가, 향후 이직 기회 확대 등의 혜택을 늘리는 것이 유리할 수 있다. 주주와 경영진 사이에 배당 수준의 결정을 둘러싸고 이해상충이 존재할 수 있는 것이다. 이러한 경영진의 이해상충을 통제하기 위한 방안으로 여러 아이디어가 제시되어 왔는데, 투자재원 조달에 있어 내부자금으로는 배당을 우선토록 하고, 만약 배당으로 인해 투자를 위한 자금이 부족하다면 그 부분은 차입토록 하자는 것이다. 그 과정에서 투자 금융기관의 검증도 받게 되는 등 경영/회계 투명성이 확보되고 정기적인 이자지급을 위해 허리띠를 졸라매게 되어 방만한 경영이 통제되는 등 경영진의 대리인 문제가 제어되어 주주(주식)가치가 제고된다는 관점이다. 금융의 규율기능(financial discipline)이 경영진의 대리인 문제를 해결하는 데 도움이 된다고 보는 것이다.

한편, 배당의 신호 기능을 강조하는 관점은, 배당을 많이 한다는 것은 경영진이 향후 회사 사업의 성공에 대한 자신감을 내비치는 신호이므로, 주주와 내부 경영진 사이의 정보 비대칭을 해소하여 주식가치를 제고한다는 관점이다.

(3) **셋째는 배당정책은 주주(주식)가치에 영향을 줄 수 있으며, 배당을 적게 할수록, 다시 말하면 사내 유보를 많이 할수록 주주(주식)가치에 긍정적이라는 관점이다.**

배당을 적게 하여 사내 유보한 자금을 활용하는 것은 외부조달에 비해 거래비용이 절감되고, 주주에게 부과되는 배당소득세율보다 양도소득세율이 낮을 경우 오히려 주주(주식)가치를 제고할 수 있다는 점, 배당을 많이 하다가 갑자기 배당을 종전보다 줄일 경우 주주들에게 주는 부정적인 신호 기능이 작동될 수 있어 부적절하므로 그러한 배당 컷(cut)이 생기지 않도록 평소에 적은 수준을 유지하는 것이 좋다는 점 등이 제시된다.

3. '주주에 대한' 충실의무 도입 시 기대효과: Before and After

가. '주주에 대한' 충실의무 도입 전: 과소배당은 전혀 문제 안 됨 — LBO 판결의 함의

'주주에 대한' 충실의무 도입 전에는, 가령 현재와 같은 '회사에 대한' 충실 체제하의 실무에서는 과소 배당은 법적으로는 전혀 문제되지 않는다. 특별한 이유도 없이 배당을 하지 않은 채 사내에 현금을 잔뜩 보유하고 있다는 것은 회사가 자본을 쌓아 놓은 채 자본을 비효율적으로 사용한다는 뜻이다. 이러한 행위는 투자자의 투자수익률을 저하시키고 내부 현금을 부당하게 사용할 위험성을 증가시킨다. 주주의 관점에서는 회사 경영진의 자산운용에 이해상충 소지가 있는 문제성 거래지만 그것은 '주주'의 관점일 뿐이다.

위와 같은 경우에 주주들은 속이 탈지 몰라도 오히려 '회사'의 관점에서는 회사의 자본을 충실히 하는 것이므로 '회사'의 이익에 도움이 된다고 볼 여지마저 있다. 오히려 배당이야말로 '회사'의 현금을 아무 대가 없이 사외 유출하는 것이므로 '회사'에 대한 충실의무 관점에서 '회사'의 이익에 반한다고 볼 여지마저 없지 않다. 실제 상장기업 경영진은 종종 배당요구가 회사의 투자 재원 등을 갉아 먹어 '회사'의 장기 이익을 해치는 요구라는 취지의 주장을 펴기도 하는데, 이는 이러한 관점의 연장이라고 할 수 있다.

이처럼 현금을 사외유출시키지 않고 회사 내에 많이 가지고 있을수록 좋은 것이라면, 배당은 회삿돈을 사외유출할 뿐 그 반대급부로 회사에 유입되는 것은 없으므로, '회사'에 손해라고 보아야 논리적이다.[348] 회사와 주주를 엄격히 구별한 뒤, '회사'의 이익만을 보호한다는 논리체계에 따르면, 현금 지급의 상대방이 주주일지라도, 제3자에게 무상증여하는 것과 경제적 실질이 다른 것은 아니다.

그렇다면 배당은 회사의 현금을 유출시키는 행위이므로 '회사'에 대한 충실의무 위반인가? 아무리 배당을 많이 하더라도 법상의 한도를 지키는 한 충실의무 위반은 아니다. 그러나 충실의무 위반이 되지 않는 이유가 중요하다. '회사'에 대한 충실의무 위반이 되지 않는 이유는, "그 사외 유출이 '회사의 손해' 요건은 충족하지만, 회사법상 정상적인 제도인 '배당제도'에 따른 것이기 때문"이다. 즉 회사법에 따른

348 이상훈, 앞의 「LBO와 배임죄(상)」, 129~130면 및 「LBO와 배임죄(하)」, 216면.

적법행위 내지는 정당행위이기에 '임무위배' 요건을 충족하지 않아 충실의무 위반이 성립하지 않을 뿐이라고 보아야 할 것이다. 이러한 논리를 밀고 가면, 배당과 똑같은 경제적 실질을 만들어 내더라도 그 방식이 배당이 아닌 다른 방식이라면, 가령 LBO처럼 [채무부담(담보제공)+자사주매입]의 방식이라면 '회사'에 대한 충실의무 위반이 성립한다고 보는 것이 논리적이게 된다. 판례도 LBO(회사의 담보 제공으로 빚을 내어 회사의 자기주식을 매입하는 형태의 M&A)는 회사에게 대가 없이 담보 제공의 부담을 안기는 실질이어서 배임이고, 이는 1인주주의 주식을 매입해 주기 위한 경우일지라도 회사와 주주는 별개의 법인격이므로 마찬가지로 배임이라고 판시하였는데,[349] 이는 같은 출자환급 실질일지라도 배당만 허용될 뿐, 배당이 아닌 다른 방식(담보제공 등 채무부담 방식)에 의하는 것은 '회사'에 대한 충실의무 위반을 구성한다는 논지라 할 수 있다.[350]

이러한 판지(判旨) 속에는 회사와 주주를 준별하는 이원론적 사고 체계에서 주주환원도 기본적으로 그 실질 자체는 '회사'에 대한 손해라는 취지가 담겨 있다. 즉 주주환원은 적으면 적을수록 '회사'에 이익, 많으면 '회사'에 손해라는 사고방식이 담겨 있다. '회사에 손해'가 아

---

349 대법원 2006.11.9. 선고 2004도7027 판결("또한, 주식회사 상호간 및 주식회사와 주주는 별개의 법인격을 가진 존재로서 동일인이라 할 수 없으므로 1인주주나 대주주라 하여도 그 본인인 주식회사에 손해를 주는 임무위배 행위가 있는 경우에는 배임죄가 성립하고, 회사의 임원이 그 임무에 위배되는 행위로 재산상 이익을 취득하거나 제3자로 하여금 이를 취득하게 하여 회사에 손해를 가한 때에는 이로써 배임죄가 성립하며 위와 같은 임무위배 행위에 대하여 사실상 주주의 양해를 얻었다고 하여 본인인 회사에게 손해가 없었다거나 또는 배임의 범의가 없었다고 볼 수 없다.")

350 이상훈, 「LBO 분석틀의 정립 및 적용」, 『기업법연구』 제31권 제1호, 기업법학회, 2017, 21면(대법원 판례의 태도는 법정 방법 이외의 출자환급 실질에 대하여 부정적으로 보는 것으로 이해됨).

니라면 그 회사 자산 유출이 배당이라는 방식을 취했건 그 이외의 다른 방식을 취했건, 애당초 '회사'에 대한 선관/충실 의무의 문제가 아니었을 테니 말이다. '회사에 대한' 충실의무 논리 체계에서는 당연한 것이라고 볼 수 있다.

이상의 내용, 즉 '회사'에 대한 충실의무 관점에서 배당을 바라보는 관점은 다음과 같이 요약할 수 있다.

첫째, 배당은 회삿돈을 유출시키는 것이므로 원칙적으로 '회사'에 좋을 것은 없다. 기껏해야 중립적으로 볼 수 있을 뿐, 배당(주주환원)을 충실의무와 연관지어 장려할 사항이라고까지는 보기 어렵다. '회사의' 자본충실을 해하기 때문이다.

둘째, 위 첫째와 연관된 것으로서 배당을 전혀 하지 않거나, 불합리하게 과소배당을 하고 있더라도, '회사'에 대한 충실의무 관점에서는 문제될 것이 없다. '회사'에 손해가 나는 것도 아니고 오히려 회사의 자본을 충실하게 만들기 때문이다. 배당을 하지 않거나 적게 하는 것이 설령 총수의 이해상충에 기인한 것이고 일반주주의 주식가치를 훼손하는 일일지라도 그것은 '주주'들의 문제일 뿐, '회사'에 손해를 야기하는 것은 아니므로 원칙적으로 문제될 것은 없다. 현금을 쌓아 놓고 효율적인 곳에 투자하지 않음으로써 회사의 기회이익을 떨어뜨리는 것이 '회사에 대한' 충실 관점에서도 문제 소지가 있을 수 있으나 그것은 기본적으로 전체 주주와의 이해상충이 아닌 '회사를 위한' 경영판단의 영역이기에 문제 삼는 것 자체가 어려울 뿐 아니라 '회사를 위한' 투자 효율의 문제일 뿐 '주주를 위한' 과소 배당의 문제는 아니다.

셋째, 배당은 회삿돈을 유출시키는 행위이므로, 배당이라는 회사법이 정해 놓은 방식에 의할 때만 적법행위로서 '회사에 대한' 충실의무 위반의 '위법성이 조각'된다. 따라서 회사법이 허용하는 정형화된 거래가 아닌 거래, 가령 합병형이 아닌 담보제공형 LBO와 같은 형태의 출자환급은 그것이 설령 1인주주를 위한 것일지라도 '회사'에 대한 충실의무 위반을 구성한다. 배당이 위법이 아닌 이유는 회사의 손해라는 구성요건을 충족하지 못하였기 때문이 아니라, 법이 정한 방식에 따른 것이어서 위법성이 조각되기 때문이다.

나. '주주에 대한' 충실의무 도입 후: 과소 배당은 부적절 — 합리적 기준에 따라야

'주주에 대한' 충실의무가 도입된다면, 회사의 잉여금으로 배당을 할지 투자를 할지, 아니면 아무것도 하지 않은 채 회사 내부에 그저 자본 충실을 위해 현금을 쌓아 놓고 있을지는 앞서 모두(冒頭)에 설명한 대원칙, 즉 IRR과 r의 비교에 의하여야 한다는 점이 매우 당연하게 받아들여질 것이다. 앞서 신문기사에 보도된 메리츠금융의 주주환원 정책 공표 내용처럼 말이다. 사실 위와 같은 기준은 재무적으로 합리적인 것이기에 달리 그것을 거스를 명분은 찾기 어렵고 그것을 거스른다면 경영진의 이해상충 내지는 불성실한 자의적 판단에 기한 경우가 많을 것이다. 요컨대 '주주에 대한' 충실의무가 도입된다면 합리적인 정당화 사유가 존재하지 않음에도 위 기준을 따르지 않고 임의로 결정하는 것은 일단 '주주에 대한' 충실 관점에서 '법적인 문제 소지'가 있으며 무언가 설명이 필요하다는 식의 의사결정 패턴이 자리를 잡아 나아갈 것이다.

LBO와 같이 법에 정해 놓은 방식이 아닌 방법으로 주주에게 출자를 환급해 주는 거래는 어떻게 보아야 할까? '주주에 대한' 충실의무가 도입되면 이 부분에 대해서도 새로운 논의의 지평이 열릴 것이다. 적어도 '주주에 대한' 충실의무 위반은 없다고 보아야 할 것이다. 다만 '주주에 대한' 충실의무에 저촉되지 않는다고 보는 경우에도, ① 회사가 정해 놓은 법정 배당 방식에 의하지 않는 출자환급은 배당법제에 위반되므로 금지되어야 한다는 견해, ② 비록 '주주에 대한' 충실의무 위반은 아니지만 '회사에 대한' 충실의무 위반으로 금지되어야 한다는 견해는 있을 수 있다고 본다. 필자는 '주주에 대한' 충실의무에 따라 주주의 비례적 이익이 보호되고 상법이 정해 놓은 자본 충실 규제를 준수(유추적용)하는 한 금지할 이유는 없다는 견해를 취해 왔다.[351]

4. 배당 관련 소송 — '주주에 대한' 충실의무하의 미국 사례

'주주에 대한' 충실의무가 자리 잡은 상황에서 배당에 관한 의사결정이 어떠해야 하는지를 잘 보여 주는 미국의 판례 두 개를 소개한다.

가. Berwald v. Mission Development Company 사건

첫째 사례는 델라웨어 대법원의 1962년 사건인 Berwald v. Mission Development Company 사안이다.[352] 원고는 피고인 미션개발주식회사(이하 "회사")의 소수주주인데, 회사의 지배주주가 자신의

351 이상훈, 앞의 「LBO분석틀의 정립 및 적용」, 30~31면.
352 Berwald v. Mission Development Company, 185 A.2d 480 (Del. 1962).

이해상충으로 말미암아 회사로 하여금 부당하게 배당을 안 하게 한다는 이유로, 회사로 하여금 배당을 하게 해달라고 법원에 청구한 사안이다. 지배주주의 이해상충이라 함은, 지배주주가 자신의 높은 배당소득세율 때문에 배당에는 관심이 없고 오히려 자신의 지분 확대를 위한 주식매입에만 관심이 있었고 따라서 지배주주는 회사로 하여금 장기간 배당을 하지 않도록 함으로써 주가를 낮은 상태로 유지되도록 하려는 인센티브가 있었다는 것이다. 즉 지배주주 자신의 사적인 이익 때문에, 회사의 주가를 낮게 유지하려는 인센티브가 있었고 이를 위해 회사로 하여금 5년간 배당을 금지토록 지시함으로써 회사의 주가가 낮은 가격대로 유지되도록 하였는데 이것은 전체 주주의 이익에 반하는 것이므로 부당하다는 것이 청구원인의 요지이다.

그러나 법원은 원고의 청구를 배척하였다. 배척한 이유가 흥미롭고 또 중요한데, 우선 법원은 높은 배당소득세율 때문에 지배주주가 일반적으로 배당을 원치 않는 인센티브가 존재할 수 있음을 인정하였다. 그러나 법원은 본 사안에서 지배주주가 배당을 하지 않은 것은 지배주주가 배당을 금지시켰기 때문이 아니라 회사의 이익을 위해 시설현대화 등 자본개선에 현금을 사용하여 실제 현금이 부족했기 때문이라고 사실인정을 하였다. 또한 배당금지로 인하여 주가가 하락하였다는 주장을 인정할 증거가 없다고 판단하였다. 이에 대해 원고는, 같은 기간 중 다른 종목에 비해 덜 올랐으니 사실상 하락한 것이라고 주장하였으나 이 주장은 받아들이지 않았다.

이 판례는 '주주에 대한' 충실의무가 인정되는 경우, 지배주주의 사익 때문에 배당을 하지 않음으로써 일반주주들의 이익을 침해할 경우 어떠한 소송이 제기될 수 있고 어떠한 쟁점이 부각되고 어떠한 경로로 심리와 판단이 진행될지와 관련하여 많은 시사점을 준다. 우선 지배주주가 배당소득세 때문에 과소배당을 결정할 개인적인 인센티브가 일반적으로 존재함을 인정한 뒤 실제 그러한지를 판단하기 위해 본 사안의 사실관계 확인 절차를 밟았다는 점에 주목할 필요가 있다. 이것은 지배주주의 개인적인 세금 문제 때문에 배당 의사결정을 하는 것은 기본적으로 '주주에 대한' 충실의무 위반으로서 잘못된 것이며 소송의 대상이 될 수 있음을 보여 준 의미가 있다.[353] 그럼에도 불구하고 실제 배당금지 지시를 내린 사실관계를 인정할 증거가 없다는 점, 그리고 회사의 투자를 위해 현금이 부족하였다는 점을 들어 배당을 하지 않은 것이 지배주주의 이해상충 때문이라고 볼 증거가 없다고 본 점도 시사하는 바가 크다. 여기에는 회사가 현금으로 배당을 하지 않고 투자를 하는지의 문제는 기본적으로 불법적인 목적이 개재되지 않는 한 재량의 영역이라는 점,[354] 그러한 재량권 행사가 잘못된 것, 즉 불법적인 목적이 개재된 것으로 의심된다는 점은 원고가 입증해야 한다는 판단이 깔려 있다.

또 한 가지 흥미로운 점은, 배당을 하지 않았다는 이유로 강제로 배당을 하도록 해달라는 형태의 청구취지인데, 여태까지 우리나라에서 이런 유형의 소송이 시도된 예가 없어 '주주에 대한' 충실의무가 도입

353 아마 한국의 '회사에 대한' 충실 관점으로 바라보았더라면 회사에 무슨 손해가 생긴 것은 아니고 주주에게 직접 의무를 부담하는 것도 아니므로 원고의 청구는 본안 심리를 할 필요도 없는 이른바 '주장 자체로 이유가 없는' 경우에 해당하였을 가능성이 높다고 생각된다.

354 William Bratton, 앞의 책, 921면. 이 점은 후술할 Dodge v. Ford Motor Co., 204 Mich. 459, 170 N.W. 668 (1919) 사건에서 잘 보여진다.

되면 과연 이러한 유형의 청구가 우리나라에서도 인정될 수 있을지는 흥미로운 대목이다. 경영진의 '주주에 대한' 충실의무 개념이 인정되고 법제화된다면, 그러한 충실의무 위반에 대한 구제수단(remedy)으로서 충분히 인정될 수 있는 내용의 청구가 아닐까 생각된다. 달리 마땅한 구제수단, 경영진의 문제 행위를 시정할 수단이 존재하지 않기 때문이다. 위와 같은 형태의 충실의무 위반인 경우, 그에 대한 구체책으로 이사나 지배주주 개인의 손해배상은 문제가 처한 이익상황에 비추어 적절한 해결책은 아니라고 보이고, 회사로 하여금 적정한 수준의 배당을 하도록 강제하는 것이 의무위반을 치유하는 가장 적합한 문제 해결책이라고 보인다. 비록 지배주주가 이사에게 시켰고 이에 따라 이사가 회사로 하여금 배당을 하지 못하게 하는 등 행위주체는 자연인인 경영진일지라도, 그러한 자연인인 회사법상 기관(機關)들의 의사결정은 회사의 행위로 구현되는 것이다. 따라서 비록 주주들에 대한 의무위반일지라도 회사를 피고로 청구취지를 구성하는 것이 체계적으로 문제될 것은 없지 않은가 생각된다.

나. Dodge v. Ford Motor Co. 사건

둘째 사례는 미시간 대법원의 1919년 사건으로 거의 모든 미국 로스쿨 회사법 교과서에 고전으로 실려 소개될 정도로 국내에서도 유명한 Dodge v. Ford Motor Co. 사건이다.[355] 이 사건은, 미국의 포드 자동차가 배당을 중지하자 그 2대주주인 크라이슬러 자동차가 배당

---

355 Dodge v. Ford Motor Co., 204 Mich. 459, 170 N.W. 668 (1919)

청구 소송을 제기한 사안이다. 당시 급격히 사세를 확장 중이던 크라이슬러 자동차는 포드 자동차의 2대주주이자 포드 자동차의 경쟁자였다. 포드 자동차의 58% 대주주이던 헨리 포드는 크라이슬러 자동차의 견제를 위해 크라이슬러에 자금이 유입되는 것을 차단하고자 배당을 중지하였다. 포드 측에서 표면상 내세운 이유는 사회환원(근로자 및 소비자)이었다. 이에 대해 법원은 포드 자동차의 패소 판결을 내리며 다음과 같은 유명한 판시를 남겼다.

> A business corporation is organized and carried on primarily for the profit of the stockholders. The powers of the directors are to be employed for that end. The discretion of directors is to be exercised in the choice of means to attain that end and does not extend to a change in the end itself, to the reduction of profits or to the nondistribution of profits among stockholders in order to devote them to other purposes.

이 판결 역시 배당에 대한 판단은 기본적으로 재량이지만 주주이익을 증진하기 위한 것이 아닌 다른 목적으로 그러한 재량권이 행사되어서는 안 된다는 점을 선언하고 있는데, 우리나라도 '주주에 대한' 충실의무가 도입될 경우 이러한 법리도 함께 도입될 것으로 기대된다. 현재와 같은 '회사에 대한' 충실의무 관점에서는, 설령 주주들을 해할 목적으로 회사 내에 현금을 쌓아 둔 채 배당을 하지 않을지라도, 그것을 '회사'의 손해라고 보긴 어렵기 때문에 어떤 법적 의무 위반을 상정하기 어렵고, 설령 '회사에 대한' 의무 위반이라고 간주하더라도, 그것이 '주주에 대한' 직접 의무를 인정하는 것은 아니므로 결국 위와 같이 주주가 직접 원고로 나서는 소송 자체를 생각하기 힘든 면이 있다.

IX. 공개매수, 상장폐지와 '주주에 대한' 충실의무

1. 공개매수, 상장폐지의 의미

가. 공개매수와 의무공개매수

(1) 공개매수

공개매수는 자본시장법 제133조에 규정되어 있는 제도로, 기업지배권 획득 등을 목적으로 증권시장 밖에서 불특정 다수로부터 주식 등을 취득하여 보유비율이 5% 이상이 되려는 경우, 그 주식 등을 공개적인 방법을 통해 매수하도록 의무화하는 제도이다.[356] 모든 주주에게 동등한 매도 기회를 부여하여 주주평등을 도모하고, 지배권 경쟁의 공정성을 확보할 수 있는 장점이 있다[357]고 설명된다. 동등한 매도기회를 부여하려는 이유는, 경영권 변동시, 일반투자자는 향후 불리한 지위에 처할 가능성을 우려하여 저가에 보유지분을 매도하게 되는 압박을 부담하게 되므로, 공개매수를 통해 이러한 부담을 해소토록 한다는 것이다.[358]

5% 이상의 물량일지라도 그것을 장내 시장에서 매수하면 공개매수 규제를 받지 않는다. 다시 말하면 공개매수는 의무사항은 아니며 매수자가 공개매수 제도를 이용하지 않고 장내에서 임의로 오랜 시간에

---

356 금융위원회 홈페이지, 2023.3.27.자 보도자료(공개매수자금 보유증명서 인정범위 확대).
357 위 같은 곳.
358 위 같은 곳.

걸쳐 5% 이상의 물량을 매집하고 싶으면 그렇게 해도 된다. 단지 이하에서 설명할 공개매수 제도의 이점 때문에 자발적으로 공개매수 제도의 이용을 선택할 뿐이다.

장내에서 매수하는 것 대비 공개매수의 장점은 무엇일까? 장내에서 매수하면 시간이 오래 걸리고 또 원하는 목표물량을 매수한다는 보장이 없다. 매집 과정에서 5% 공시와 1% 변동 공시가 이루어져야 하므로 원치 않는 주가 폭등을 불러와 당초 원했던 물량 매입이 실패하거나 원했던 가격 수준을 초과해 버릴 수도 있다. 반면 공개매수 제도를 이용하면 얼마의 물량이 모이면 얼마의 가격에 사겠다는 조건부 매수가 가능하므로 매수하는 입장에서 위와 같은 리스크가 제거된다. 또한 장내 장외 매수를 가리지 않으므로 물량 확보에 유리하고 시간도 훨씬 적게 걸린다. 매도하는 입장에서도 매수하는 자가 어떠한 계획을 가지고 매수한다는 것인지 충분히 공시된 상황에서 응할지 여부에 충분한 시간이 주어지기 때문에, 그렇지 않을 경우 헐값인지도 모르는 가격에 서둘러 팔아야 된다는 압박에서 벗어날 수 있다.

공개매수 제도는 위와 같은 효용을 갖고 있어 다양한 용도로 사용된다. 예컨대, 적대적 M&A를 하기 위해 지분을 모으는 경우, 또는 적대적 M&A를 방어하기 위하여 회사가 대항 공개매수를 하는 경우, 총수일가나 지배주주 또는 전문경영진이 자신의 지배력을 높이기 위해 지분을 대량 매입하는 경우, 상장폐지를 하기 위해 상장폐지 요건인 주식분산 요건(소액주주의 지분율)을 맞추기 위해 소액주주들의 지분을 매입하는 경우, 미국에서 주로 이용되는 것으로서 합병을 하기 위한 전(前) 단계로 회사의 지배권을 90% 이상 취득하기 위해 일반주주들의 지분을 대규모로 매입하는 경우(이른바 공개매수-합병으로 이어지는 투스텝 합병) 등이 그 예다. 우리나라에서 특히 문제되는 공개매수 유형은 상장폐지를 위해 회사 또는 총수일가 등의 지배주주가 기존 주주들을 염가에 축출하기 위한 목적으로 행하는 공개매수이다. 최근에는 고려아연의 경영진이 적대적 인수 시도를 방어하기 위해 회삿돈으로 빚을 내가면서까지 공개매수를 하여 주목을 받은 바 있다.

(2) 의무공개매수

공개매수와 구별할 것으로 의무공개매수라는 것이 있다. 2022년에는 금융위원회에서 의무공개매수제도를 도입하겠다고 발표하였는데,[359] 위에서 설명하였듯이 현재의 공개매수 제도는 그 이용 여부가 매수자 본인의 선택 사항인 데 반하여, 의무공개매수란 특정한 상황에서 주식을 대량으로 매수할 때에는 반드시 일정한 조건의 공개매수 방식에 의하도록 이를 의무화하는 것을 말한다. 가령 일정 물량(이는 정하기 나름인데 금융위 안은 25%이다)의 경영권 지분 매집 목적이면, 무조건 일정 물량에 대해(이 역시 정하기 나름인데, 금융위 안은 50%+1주 이상으로 정하고 있다) 공개매수 형태로만 주식을 매수하도록 강제하는 제도를 말한다.

우리나라에서는 지배주주가 자신의 지배권 지분을 장외에서 특정 매수자에게 매도하는 경우가 많은데, 그렇게 하면 지배주주만 지배권 프리미엄을 독식하므로, 다른 모든 주주에게도 프리미엄이 균분될 수

359 금융위원회, 2022.12.21. 보도자료, "「주식양수도 방식의 경영권 변경 시 일반투자자 보호방안 세미나」 개최 및 방안 발표.

있도록, 매수자로 하여금 지배주주만을 상대로 1:1로 장외 매수를 하지 말고 모든 주주에게 매도 기회를 부여하는 형태의 공개매수를 실행하도록 강제한다는 것이 의무공개매수 제도의 도입 취지이다. 일반주주도 프리미엄을 균분할 수 있도록 함으로써 일반주주를 보호하자는 것이다. 그러나 이러한 발상은 적절치 않다. '주주에 대한' 충실의무 도입이 본질적인 대응책이고 '주주에 대한' 충실의무가 인정되지 않는 우리나라 상황에서 금융위원회가 주장하는 형태의 의무공개매수 도입은 부작용이 많고 오히려 주주 보호가 아니라 총수의 경영권 방어용으로 전락할 위험이 있는 등 여러모로 적절치 않다고 보기 때문이다.[360] 가령 '주주에 대한' 충실의무를 도입하지 않은 상태에서 100% 물량의 의무공개매수를 강제한들 경영진의 이해상충으로 주가가 눌려 있는 상황이라면 헐값 공개매수로 주주들이 염가에 축출된다는 문제는 해결되지도 않으면서 오히려 총수의 경영권 방어 효과만 가져다준다.

나. 상장폐지

상장폐지는 여러 이유에서 행해지는데, 일반적으로 제시되는 이유는 상장 유지를 위한 여러 비용(공시 비용, 이해상충 해소 비용 등 주주관리 부

---

360 이에 관한 자세한 설명은, 필자의 다음 세 글을 참고하기 바란다, 「지배권 프리미엄과 의무공개매수-주주의 비례적 이익 관점에서-」, 『증권법연구』 제23권 제2호, 증권법학회, 2022, 1면; 「지배권주식 양도 시 의무공개매수 도입 논거에 대한 비판적 검토」, 『상사법연구』 제42권 제3호, 상사법학회, 2023, 131면; 「지배권 주식 양도 시 금융위의 의무공개매수 도입안에 대한 비판적 검토-총수 보호인가, 일반주주 보호인가?-」, 『증권법연구』 제24권 제2호, 증권법학회, 2023, 159면.

담)을 줄여서 회사의 이익을 극대화시킨다는 논리이다. 주로 사모펀드들이 상장회사의 지배권 주식을 매입한 뒤 상장폐지를 통해 비상장 상태로 회사의 체질을 개선한 뒤 다시 IPO 시장에 회사를 내놓아 상장 차익을 얻거나, 기존 주주들을 염가로 몰아 낸 뒤 그 잉여분을 잔존 지배주주 혼자 이른바 '폭탄배당'으로 '독식'하는 경우가 언론에 종종 보도되는 거래 유형들이다.

상장폐지를 위해서는 일반주주들의 주식을 대부분 사들여 상장폐지 요건을 맞추어야 하므로 공개매수는 거의 필수적이다. 필자가 이곳에서 공개매수와 상장폐지를 함께 묶어서 설명하는 이유이다. 공개매수 과정에서 주주들에게 제값을 지불하고 정당하게 매수하면 문제가 없는데, 가급적 싼값에 사들여야 상장폐지 후 잔존 지배주주에게 이익이 많이 남으므로 헐값 공개매수를 실행하는 것이 주로 문제된다. 공개매수에 응하지 않고 버티기를 실행하였다가 다른 주주들은 모두 응하는 바람에 상장이 폐지되기라도 하면 상장기업에게 적용되는 각종 정보 제공 등 자본시장법 적용에 따른 일반주주 보호의 혜택을 받지 못하고 환금성도 현저히 감소한다. 일반주주들로서는 지배주주의 상장폐지 선언이 이루어지면 압박감을 느끼지 않을 수 없게 되는데 한편으로는 그와 동시에 상장폐지 과정에서 공개매수로 가격이 오르리라는 기대를 갖게 되기도 한다.

그런데 공개매수 주도 세력은 지배주주 또는 경영진이기 때문에, 회사의 공시나 배당정책 등을 통해 장기간에 걸쳐 회사의 주가가 낮게 형성되도록 할 권한을 갖고 있다는 점에서 이해상충 당사자이다. 이처럼 장기간에 걸쳐 낮은 배당 등으로 이른바 '주가 누르기'를 실행한 뒤, 이러한 낮은 주가를 토대로, 그것이 시가라는 명분으로 그 싼값에 공개매수를 실행하기 때문에 '정보와 권한을 이용한 이해상충 당사자의 일반주주 착취'라는 논점이 불거지게 된다. 이 역시 '주주에 대한' 충실의무 논점, 주주 보호가 논점인 것이다.

2. 공개매수, 상장폐지와 주주가치 훼손

공개매수, 상장폐지 과정에서 주주가치 훼손 위험성은 앞서 자사주 취득 부분에서 설명하였듯이 헐값에 주주들을 축출하는 점에 있다. 주주들은 비례적 이익 다시 말하면 회사의 전체 기업가치에 대해 n분의 1의 비례적 이익을 가진다. 그러므로 지배주주의 입장에서는 일반주주들을 그들의 몫인 n분의 1 미만의 가격으로 축출하면 그 차액만큼이 잔존주주 앞으로 귀속되는 이익이 발생한다.

지배주주가 그러한 거래를 오로지 개인 자격과 개인의 능력으로, 개인의 계좌에서, 즉 회사의 권한이나 정보 등 공적인 리소스를 활용하지 않고 개인적으로만 실행한다면 그것은 개인법적 거래이며 증권법제상의 공개매수 제도에만 맡겨 두어도 문제는 없다. 그러나 지배주주나 경영진은 통상 회사의 자원(resource)을 동원하여 이러한 거래를 실행하기 때문에 회사법적인 문제가 추가로 제기된다. 가령 공개매수 주체로 회사를 내세운다든지, 자신이 개인 자격으로 실행 주체로 나서는 경우에도 공개매수를 하기 전(前) 단계에서 주가를 짓누르는 다양한 정책을 실행한다든지, 회사로 하여금 주가 상승에 영향을 주는 행위를 하지 못하도록 명시적 묵시적인 경영활동을 펼치는 경우가 그에 해당한다. 주가가 너무 싼값이라 그 상태에서 공개매수를 하면 주주들을 헐값에 축출하는 것이라는 점을 자신은 잘 알면서도 일반주주들은 이러한 사정을 잘 모른다는 점, 설령 이를 알고 있더라도 경영진이 장기간 주가를 올리지 않는 방향으로 경영을 하면 별 수 없이 그 위험 — 장기간의 낮은 수익률 — 을 회피하기 위해 주식을 매도하게 될 것이라는 점을 이용하여 헐값에 공개매수를 실행하는 것 등이 그 예다. 이러한 목적으로 회사를 공개매수 주체로 내세우는 것은 모든 주주에게 비례적으로 귀속되어야 할 회삿돈과 회사의 법적인 거래 실행 능력을 사적으로 이용하는 것이므로 주주의 비례적 이익을 깨뜨리는 것이라 할 수 있다. 또한 공개매수 전(前) 단계에서의 주가 누르기 역시도 모든 주주에게 비례적으로 귀속되어야 할 회사의 정책 능력을 동원할 수 있는 권한과 정보를 자신의 사적인 이익 추구에 활용하는 것이므로 주주의 비례적 이익을 깨뜨리는 이해상충 행위이다. 이 모든 문제들의 공통된 주소는 '주주에 대한 충실의무'이다.

3. '주주에 대한' 충실의무 도입 시 기대효과: Before and After

가. '주주에 대한' 충실의무 도입 전

'주주에 대한' 충실의무 도입 전이라 함은, '회사'에 대한 충실의무만 인정되는 현행 상법하에서의 실무 상황을 가리킨다. '회사'에 대한 충실의무 관점에서는 회사라는 '계좌(計座, account)'의 이익 극대화가 최우선 과제가 된다. 그렇다면 자사주매입, 상장폐지 과정에서 기존주주 염가축출은 문제가 되지 않는다. 염가로 자사주를 매입한다는 것은 '회사'의 계좌에서 지출될 돈을 줄여 주는 효과를 가져다주므로 오히려 '회사'의 이익에 부합한다고 볼 수 있다. 충실의무에서 말하는

'회사의 이익'이란 결국 소구(訴求) 가능한 이익이어야 하므로 법인격이 누구인지, 다시 말하면 누구의 계좌(account)로 들어갈 돈인지 또는 누구의 계좌(account)에서 빠져나갈 돈인지의 문제가 중요하다. 이처럼 계좌 중심의 관점, 즉 법인격 중심의 관점으로 바라보면, 회사의 이익을 위한다는 명분으로 기존주주들을 염가에 축출하는 행위에 문제의식을 갖기 어렵다. 오히려 주주를 보호해야 한다는 논리를 내세우면 "그런 논리에 따르면 '회사 계좌'에 손해가 나므로 '회사에 대한 충실'과 부딪힌다"는 논리에 묻히기 쉽다.

회사가 아니라, 총수일가나 외부의 제3자가 공개매수를 하는 경우에도 그로 인하여 일반주주가 압박을 받고 헐값에 주식을 팔고 나가도록 매도압력을 받는 문제는 기본적으로 주주들의 문제, 주주 계좌(account)의 문제이지 회사 계좌의 문제가 아니다. 따라서 이러한 경우에 주주들을 보호하기 위하여 회사가 나선다는 관념 자체를 인정하기가 어렵다. 주주보호 의무가 없는 이사에게 이러한 경우 주주보호 권한을 맡긴다는 것도 체계적으로 부적절하다. 권한만 있고 책임은 지지 않는다는 결과가 되기 때문이다.

PBR 1 미만 상태에서 공개매수는, 일반주주들에게 정당하게 할당되어야 할 최소한의 청산가치도 보장해 주지 않은 상태에서 주주들을 축출하는 행위인데, 이러한 행위도 현행 '회사에 대한' 충실 체제에서는 규범 논리상 문제가 되기 어려움은 앞서 보았다.

이상에서 본 바와 같은 이유로, 현행 '회사에 대한' 충실 체제에서는 기존주주 염가축출 형태의 자사주매입, 공개매수, 상장폐지가 벌어지게 되고 일반주주의 부(지배력)가 잔존주주, 특히 지배주주에게 이전,

집중되는 효과가 법적인 견제를 받지 않고 행해지고 있는 상황이다.

나. '주주에 대한' 충실의무 도입 후

'전체 주주에 대한' 충실의무가 도입되면 기존주주를 착취하는 형태의 매수, 즉 기존주주의 염가축출이 금지된다. '주주에 대한' 충실의무의 핵심은, 회사의 정보와 권한을 이용하여 주주들의 n분의 1의 몫을 빼앗지 말라는 것이기 때문이다. 외부의 세력으로부터 주주의 n분의 1의 가치가 침탈당하는 경우에도, 주주 보호의무에 근거하여 그것을 보호하기 위한 이사회의 회사법상의 권능 발동이 정당화됨은 물론 구체적인 행위 기준 정립과 견제도 가능해진다.

회사에 의한 자사주 공개매수를 '회사 계좌'의 이익 문제로만 보는 것이 아니라, 지배주주 또는 경영진과 일반주주 사이의 이해상충의 문제, 또는 전체 주주 계좌의 보호 문제, 즉 주주 계좌의 관점으로도 접근한다. '주주에 대한' 충실의무 관점이 '회사의 계좌'를 보호해야 한다는 '회사에 대한 충실의무'를 배제하는 입장은 아니지만, 이러한 거래 유형에서 거래의 본질은 '회사 계좌'의 문제가 아니라 매도주주와 잔존주주 간, 또는 매수주주와 잔존주주 간, 또는 외부의 인수자와 전체 주주 간의 이해상충과 부의 이전 문제, 즉 '주주 계좌'의 문제가 본질이라고 바라보게 될 것이다.

따라서 PBR 1 미만 자사주의 공개매수는 그것이 회사의 계좌에서 행해지건 회사의 정보와 권한을 독점한 총수일가 또는 전문경영진 개인 계좌에서 행해지건, 모두 원칙적으로 청산가치 미만으로 일반주주를 축출하는 것이어서 부적절하다고 본다. 그러므로 모든 주주로부터 비례적으로 매수함으로써 주주들의 부가 부당하게 이전되지 않도록 하거나, 또는 가급적 배당을 먼저 하거나 자사주매입에 관한 신뢰성 있는 장기계획을 공표하는 등 내부 정보를 충분히 제공함으로써 PBR을 충분히 끌어올린 뒤에 하거나, 비효율적인 자산운용, 이해상충적인 자산운용을 중단하고 자산운용의 효율성 제고, 효율적인 자본배치를 통해 PBR을 충분히 끌어올린 뒤에 하는 것이 경영진의 의무라고 인식하게 될 것이다. 적대적 M&A를 시도하는 등의 제3자의 공개매수에 대해서도 PBR을 충분히 끌어올려 헐값에 주주들이 주식을 빼앗기지 않도록 회사가 선제적으로 나서는 것도 정당화될 수 있다고 보게 될 것이다. 또 그 경우의 경영진(지배주주)의 개입에 대해서도, 그것이 자신의 지분율 등 지배력 또는 자리보전을 위한 목적인 경우 '주주계좌'와 이해상충이 있을 수 있고 그로 말미암은 과잉 또는 과소 대응이 있을 수 있으므로 '주주에 대한' 충실 관점에서 이해상충 통제, 합리성 통제가 이루어져야 한다고 보게 될 것이다.

나아가 '주주에 대한' 충실의무가 도입되면, 공개매수에 앞선 주가 누르기도 중요한 이슈로 다루어질 것이며, 주가 누르기가 해소될 수 있도록 공개매수 진행 중은 물론 추진 전에도 반드시 이해상충 해소 절차가 필요하다고 보게 될 것이다.

2024년 총수일가가 100%를 보유한 한화에너지라는 회사가, 한화그룹의 지주사격인 (주)한화의 주식을 공개매수한 사안에서, (주)한화의 주식이 극도로 저평가되어 있는 상태에서 이처럼 경영진인 총수일가의 공개매수가 적절한지 논란이 된 바 있다. '주주에 대한' 충실 개념이 없으면 이처럼 총수일가가 염가에 기존 주주들을 축출하고 지배력을 증가시키는 행위에 대해 이사회는 별다른 문제의식을 갖기 어렵고 달리 법적 견제를 할 명분도 없게 된다. 이 사안에 대하여 (사)거버넌스 포럼이 낸 논평은 위 공개매수에 내포되어 있는 주주이익 보호와 관련한 회사법적 문제점을 매우 잘 지적하고 있기에 아래에 그 원문을 소개한다(밑줄은 필자).

한화에너지의 한화 지분 공개매수 공정성 결여되었다

"한화그룹 공개매수 상법 개정 필요성 재부각"

지난 7월 3일 기획재정부가 대단히 실망스러운 상장기업 주주환원 확대를 위한 밸류업 세제지원안을 발표했다. 모 언론사 사설 제목같이 밸류업 정책 컨트롤 타워가 없는지 경제팀이 밸류업 의미를 잠깐 잊어버렸는지 세제지원안은 주주 및 투자자 보호라는 자본시장의 근간에 대한 배려가 부족함을 보여줬다.

오비이락인지 모르겠지만 정부가 이사의 충실의무 대상을 회사에서 주주로 확대하는 상법 개정안 추진을 당분간 보류하기로 결정하자 이틀 후인 7월 5일 한화에너지가 이미 9.7% 지분을 보유한 (주)한화 보통주 8%를 추가 매수해 "책임경영을 강화하겠다"는 공개매수 의사를 밝혔다. 공개매수 예정 수량 6백만 주에 대한 매수가격은 7.4일 종가 27,850원에 8% 할증된 30,000원이다.

공개매수 신고서에는 "책임경영 강화", "경쟁력 강화", "기업가치 제고" 같은 추상적 표현만 있다. 일반주주를 설득하기 위해서는 구체적인 기업가치 제고 계획이 필요하다. (주)한화의 지배주주는 책임경영 강화로 <u>기업가치가 제고될 것이라는 청사진을 제시하는데 장기간 극히 낮은 주가 성과로 피해를 입은 (주)한화 일반주주는 왜 지배주주에게 주식을 팔아야 하는지 이해할 수 없다.</u> 이런 무계획, 추상적 공시는 금융당국이 최소한 신고서 반려 등으로 규제해야 하는 것 아닐까? 같은 날 (주)한화 이사회는 1우선주 45만 주를 전날 7.4일 종가 36,350원에 11% 할증된 40,500원에 취득, 소각 후 상장폐지를 결의했다. 일반주주에게는 30,000원에 지배주주에게 보통주 매도를 권하면서 정작 회사는 이보다 35% 높은 가격에 우선주를 매입하는, 일반주주로서는 이해하기 어려운 행보를 보이고 있다.

(주)한화는 한화그룹의 실질적인 지주회사로서 김승연 회장 지분 23% 포함 지배주주가 총 44% 지분을 가지고 있다. 김동관 부회장, 김동원 사장, 김동선 부사장은 (주)한화 지분을 각각 5%, 2%, 2% 보유하고 있을 뿐 아니라 3형제가 100% 소유한 개인회사 한화에너지를 통해 (주)한화 10% 지분도 간접 보유하고 있다. 공개매수가 성사되면 지배주주의 (주)한화 지분율은 52%에 달할 것으로 보인다.

대부분 언론은 3세의 그룹 경영권 승계 과정에 주목했다. 승계가 물론 중요한 이벤트인 것은 사실이나 거버넌스 관점에서 공개매수에 주목하는 이유는 (주)한화 일반주주의 이익 침해 가능성이다. 공정성의 문제라고 보인다. 주주 보호 차원에서 상법 개정이 반드시 필요함을 보여주는 생생한 사례이다. (주)한화 이사회는 즉시 이사 충실의무 관점에서 일반주주를 보호하는 조치를 취해야 할 것이다. (주)한화는 그보다 더 먼저 윤석열 대통령이 연초부터 강조한 밸류업 계획을 밝히고 이를 바탕으로 주가를 적정 수준으로 끌어올리는 노력을 해야할 것이다.

절차적인 관점에서 이번 공개매수는 김동관 부회장과 패밀리가 양 사의 지배주주이며 김 부회장은 (주)한화의 이사이므로 (주)한화의 정보와 권한을 독점한 이해상충 당사자이다. 이사의 자기 거래(self dealing)는 제한되는 것이 원칙이고 글로벌 스탠더드이다. 이번 공개매수의 경우 (주)한화라는 회사에 피해가 없더라도 아래 예시같이 지극히 낮은 주가 및 밸류에이션 수준의 매수가격이 제시되었으므로 (주)한화 일반주주 이익이 침해될 수 있다고 보인다.

3형제 개인 회사인 한화에너지가 공개매수 이유로 “책임경영 강화”를 주장하는데 (주)한화 주가 성과 및 밸류에이션은 정반대의 결과를 보여준다. (주)한화 보통주 주주 입장에서 총주주수익률 (Total shareholder return, TSR)과 밸류에이션을 살펴보자. 공개매수 전날 주가 기준 지난 3년, 5년, 10년간 보통주는 각각 -7%, +8%, +7% 움직였다. 배당수익률을 반영해도 보통주 TSR 은 지난 3년, 5년, 10년간 각각 연 0%, +1%, +3%에 불과하다. 은행금리에도 못미치는 극히 저조한 주주수익률이다. 네이버증권에 따르면 (주)한화 PBR은 0.27배, SK 증권 최근 리서치에 의하면 순자산가치 대비 할인율은 69%이다. 그동안 (주)한화 이사회가 회사의 합리적 자본배치와 기업가치 파괴 해결책을 진지하게 논의했는지 궁금하다.

다른 절차적인 문제는 전체 상장 주식에 대한 의무공개매수가 아닌 작은 소량인 8%만 매수하므로 일반주주는 구조적 갈라치기(structural coercion) 피해를 입을 수 있다. 일반주주는 매수가격이 부당하게 낮은 가격인 줄 알면서도 매도에 응하지 않고 남아 있다가는 기업 거버넌스가 더 악화될 우려에 빠질 수 있다. 일반주주가 뛰어내리도록 유도하는 것은 침해 요소이다. 선진국에서는 100% 의무공개매수 도입이 주장되는 배경 중 하나이다.

실체적인 측면에서 3만 원의 공개매수가는 PBR 0.28배이다. 극히 낮은 밸류에이션에 지배주주가 일반주주 주식을 매입 편취하는 셈이다. 공정하지 않고 '책임경영'이라는 모토에 맞지 않는다. 게다가 김동관 부회장 포함 아들 3형제의 직간접 지분율이 19%에서 27%로 증가한다면 컨트롤 프리미엄(control premium)이 급증할 것이다. 그 결과 일반주주의 지배주주에 대한 견제력이 약화되고 기업가치에도 악영향을 미칠 가능성이 크다.

(주)한화 이사회, 특히 사외이사들이 중심을 잡아야 한다. 미국 영국 같은 선진국이라면 다음 같은 글로벌 스탠더드가 적용될 것이다. 김동관 부회장 포함 3명의 사내이사를 제외한 사외이사만으로 특별위원회를 구성해 주주에 대한 충실의무 차원에서, 일반주주들이 저가에 주식을 매도하지 않도록 보호해야 할 것이다. 특별위원회는 일반주주 입장에서 한화에너지가 제시한 3만 원은 너무 낮으니, 독립적 외부평가기관이 산정한 (훨씬 더 높은) 공정 가격에 매수 또는 일반주주 구조적 갈라치기(coercion)하지 말고 공정가격에 전량을 매입토록 촉구해야 할 것이다.

마지막으로 향후 한화에너지와 (주)한화 합병과 같이 개인회사를 이용한 승계 방식이 반복되어서는 안된다는 점을 지적하고 싶다. 이 경우 밸류업의 후퇴, 코리아디스카운트 확대가 확실하기 때문이다. 이사의 충실의무에 주주 보호의무를 포함하자는 상법 개정안이 국회를 통과하면 본 건 등과 같은 주주 간 이해상충 거래에서 일반주주의 재산을 보호하고 증진시킬 수 있는 것이다.

2024. 7. 11.
한국기업거버넌스포럼
회장 이남우

X. 손익거래(특수관계인 간 거래)와 '주주에 대한' 충실의무

1. 손익거래의 의미

손익거래는 회사의 계좌로 손익이 귀속되는 거래이다. 회사의 관점에서 손익을 인식하는 거래, 즉 회사의 계좌에서 거래가 일어나고 손익이 발생하는 거래를 말한다. 회사의 영업상의 매매거래가 대표적이다. 이러한 거래는 회사의 손익계정에서 거래가 일어나므로 주주들 상호간의 상대적인 지분가치나 지분율 구도에는 영향을 미치지 않는다. 다만 손익거래에서도 주주 간의 부의 이전은 발생할 수 있다. 지배주주의 지분율이 낮은 쪽 회사에서 높은 쪽 회사로 부가 이전되도록 하는 저가 양수도 또는 일감 몰아주기 등 계열사 부당지원은 대표적인 예다.

이 경우 불리한 거래 조건으로 거래를 실행한 계열사의 주주들은 손해를 보게 되는데, 손해를 입은 주체는 그 회사이고, 그처럼 회사의 계좌에서 입은 손실이 그 배후의 주주들에게 비례적으로 귀속됨으로써 주주들은 간접 손해를 입는다. 이 점이 자본거래와 다른 점이다. 합병이나 주식의 포괄적 교환 같은 자본거래는 '회사 계좌에서 손익을 직접 인식한 다음 그것이 주주에게 2차적으로 귀속되는 구조'가 아니라, 회사 계좌에 손익을 입히지 않은 채 주주들의 지분율이나 지분가치를 바꾸는 식으로 주주에게 직접 손익을 가한다.

손익거래는 관련 거래의 이행의무 또는 손해배상 의무의 이행 상대방은 '회사의 계좌'이므로 이와 관련한 이사의 선관/충실 의무 역시 회사의 손해를 방지할 '회사에 대한' 의무이다. 회사의 이익과 주주의 이익이 동일하므로 회사를 보호하면 주주는 저절로 보호된다는 식의 동일성설의 논리는 손익거래에 관하여는 어느 정도 타당하다. 하지만 이하에서 보듯이 손익거래인 경우도 '회사에 대한' 충실의무만으로는 보호가 충분치 못한데, 이 점이 학계나 실무에서 잘 인식되고 있지 못하다고 보인다. 그러나 이 점을 인식하는 것은 매우 중요하다.

2. 손익거래와 주주가치 훼손 가능성

가. 이해상충과 주주가치의 훼손

계열사 간의 매매거래를 생각해 보자. '회사의 계좌'에서 일어나는 거래이므로 '회사의 계좌'를 보호할 의무, 즉 '회사에 대한' 충실의무면 충분하고 '주주에 대한' 의무까지는 필요 없다고 생각하기 쉽다.

그러나 그렇지 않다. 주로 이해상충 해소 절차에서 문제가 발생한다. 회사는 이해관계가 서로 다른 여러 사람들이 모여 공동의 목적을 달성하기 위해 구성한 단체다. 따라서 회사라는 단체의 의사결정에서는 각 이해관계자가 가지는 사적인 이해관계가 의사결정에 투영되는 것을 여하히 통제할 필요가 있다. 그런 의미에서 회사법의 첫 번째 목적은 이러한 단체적·집단적인 의사결정 및 집행 과정에서의 이해상충을 해소하는 것이라고 해도 과언이 아니다. 물론 일반적으로는 소유와 경영이 분리되어 있기 때문에 특별히 문제가 되지는 않지만, 지배주주와 일반주주 간, 전체 주주와 전문경영진 간, 전체 주주와 채권자 간에는 회사를 위한 의사결정 과정에서 서로 이해가 충돌할 수 있다. 회사에 대한 충실의무라는 것은 회사의 경영진, 즉 회사의 공적인 권한을 행사하는 자가 자신의 사적인 이익을 내세우지 말고 회사의 이익을 앞세우라는 것이므로 기본적으로 이해상충의 인식 및 해소에 관한 원칙이다. 경영진이 사익을 앞세워 의사결정을 하게 되면 회사의 이익이 최선으로 추구되지 못하여 회사는 손해를 입게 된다. 이때 ① 경영진이 지배주주라면 주로 일반주주와의 이해상충이 문제될 것이고, ② 가령 1인 주주라면 주로 채권자들과의 이해상충이 문제될 것이며, ③ 전문경영인이라면 전체 주주들과의 이해상충이 주로 문제될 것이다. 이 책에서 염두에 두는 상황은 주로 ①과 ③이다.

그런데 위와 같은 이해상충을 인식하고 해소함에 있어서는 이해상충의 기준을 '회사에 대한' 충실로 삼는 것과 '주주에 대한' 충실로 삼는 것 사이에 중대한 차이가 발생한다. 둘 중 어느 것에 의하느냐에 따라 이해상충 판독의 기준점, 즉 출발점이 달라지기 때문인데 이것은 충실의무의 발동 요건과 행사 절차 및 효과에 중대한 차이를 낳는다. 이는 자본거래는 물론 손익거래의 경우에도 마찬가지다.

나. 계열사 간 거래와 이해상충의 판독 — '회사 계좌'를 기준으로 하는 경우

회사가 계열사와 매매거래를 하는 경우, '회사'를 중심으로 이해상충을 따지면 어떻게 될지 생각해 보자. 우선 이해상충 상황은 ① 해당 거래로부터 이익 또는 손실을 보는 사람이 그 거래 조건을 좌우하거나 그에 영향력을 행사할 수 있는 상황(이른바 자기거래)과, ② 양측의 거래 조건을 한 사람이 결정하는 상황(이른바 쌍방대리)을 가리킨다. 이러한 이해상충 상황이 생기면 그 결정권자는 회사에 최선의 이익이 되도록 거래조건을 결정하는 것이 아니라 자신의 자의(恣意) 내지는 사익(私益)에 따라 결정을 내림으로써 회사에 손해를 입힐 유인이 있다. 자기거래와 쌍방대리를 금지하는 민법 제124조의 취의를 이어받은 것으로 평가되는 상법 제398조가 바로 위와 같은 경우에 대비하는 조문이다.

계열사인 A사와 B사가 매매 거래를 하는 경우 A사가 손해를 본다면 그로써 이득을 보는 사람은 거래 상대방인 B사이다. 이처럼 '회사 계좌'를 중심으로 이해상충 구도를 세팅하면 거래 조건에 따라 손익이 좌우되는 사람은 '회사'의 거래 상대방이 된다. 그런데 계열사 간 문제성 거래는 대부분 총수일가(또는 그와 특수관계인인 전문경영인 이사)가 그 거래조건을 결정하는 것이지 거래상대방인 회사가 결정하는 것이 아니다. 따라서 이해상충 당사자가 존재하지 않는다는 결론에 이르게 된다. '주주' 레벨까지 거슬러 올라가 지분구도와 지배력 분포를 분석하지 않으면 총수가 양쪽을 지배하는 이해상충의 쌍방대리 구조라는 점이 파악되지 않는 것이다. 그 결과 이들 거래는 통상적인 독립 당사자 간의 매매거래처럼 간주되어 '회사에 대한' 충실의무가 발동되지 않는 단순한 경영판단의 영역으로 분류된다. 우리나라 실무상 대부분의 계열사 간 거래가 현재 이러한 논리에 따라 상법 제398조의 적용 대상이 아닌 것으로 다루어지고 있다. 본래는 충실의무의 영역으로 분류되어 이해상충 해소 여부가 강도 높게 심사되어야 할 계열사 간 거래들이 경영판단 영역으로 분류됨으로써 충실의무의 절차적 내용적 공정성 심사를 받지 못하는 일이 쉽게 발생하는 것이다. 이에 따라 우리나라 기업집단 내부 거래에서 주주가치 훼손이 쉽게 발생할 수 있다.

다. 계열사 간 거래와 이해상충의 판독 — '주주 계좌'를 기준으로 하는 경우

만약 '주주에 대한' 충실의무의 잣대로 위 거래를 들여다보면 어떻게 될까?

'주주에 대한' 충실의무 잣대라면 '주주 계좌' 간의 이해상충을 따져 보아야 하므로 손익의 주체도 '주주 계좌'를 중심으로 바라본다.

예를 들어 설명해 본다. 총수의 지분율이 A사에는 30%이고 B사에는 10%라면, 거래의 조건을 A사에게 100원 유리하게 거래할 때마다 총수는 20원씩 이득을 보게 된다. A사로부터는 30원의 이익(= 100원 × 30%)이 총수에게 귀속되는 반면, B사 쪽에는 10원의 손실(= 100원 × 10%)이 귀속되므로, 이를 합산한 손익은 플러스 20원인 것이다. 손해를 본 사람은 B사의 주주들이 된다. 즉 B사의 주주들은 그 이익이 총수에 의하여 정당하게 대변되지 못함으로 말미암아 100원을 편취당하는 손실을 입는다. 이처럼 이해상충의 판독 준거점을 '회사 계좌'가 아닌 '주주 계좌'로 설정하면, 거래 조건을 결정하는 자(= 총수)와 거래 조건에 따라 이익을 보는 자(= 총수)가 일치한다는 점이 쉽게 파악된다. 이익을 보는 자와 의사결정을 하는 자가 일치하므로 자기거래의 정의에도 부합한다. 쌍방대리의 경우에도 위와 같은 '주주 계좌'의 분석을 통해 총수의 지배력 확인이 가능하고 이를 통해 총수가 거래의 양 당사자 쌍방 의사를 결정하거나 영향력을 행사하는 이해상충 구조임이 확인 가능하다. 특히 우리나라는 공정거래법에 따른 기업집단 동일인제도 공시시스템 덕분에, 총수가 의사결정을 좌우할 수 있는 회사(이사)의 범위가 공시되기 때문에 이러한 쌍방대리 구조의 형성 여부를 매우 쉽게 확인할 수 있다.

그런데 이러한 거래를 충실의무에 위반되는 이해상충 거래라고 말할 수 있으려면, 그 충실의무가 '주주에 대한' 것이어야 한다. '주주를 보호한다'는 관점이어야 '주주 계좌'를 들여다볼 수 있고 그래야 「'의사결정자'와 '이득 귀속자'의 일치」 또는 「양 당사자가 독립당사자가 아니며 사실상 의사결정자 1인에 의한 쌍방대리」라는 이해상충 요소의 파악이 가능해진다. 반면 이 문제를 '회사에 대한' 이해상충 개념으로 바라보면, 계열사 간의 거래는 아무런 이해상충이 없는 경영판단 영역의 거래로 결론지어진다는 점은 전술하였다.

3. '주주에 대한' 충실의무 도입 시 기대효과: Before and After

가. '주주에 대한' 충실의무 도입 전

'주주에 대한' 충실의무가 도입되지 않은 상황, 즉 현재와 같은 '회사에 대한' 충실만 인정되는 상황에서 회사의 손익거래는 두 가지 경우로 나누어 보아야 한다.

첫째, 의사결정권자의 이해상충이 없는 경우이다. 계열사 간 거래와 같은 주주 간 이해상충이 개재되는 거래가 아니라면, 즉 순수한 독립당사자 간의 거래라면, 그 경우에는 '회사 계좌'의 손익을 극대화하면 그것으로 주주가치 극대화도 달성된다. 특별히 이해상충을 해소해야 할 충실의무 상황도 없으므로 '회사에 대한' 선관/충실 의무로도 충분하다.[361]

둘째, 의사결정권자의 이해상충이 있는 경우이다. 계열사 간 거래나 총수일가 등 특수관계인과의 거래가 이에 해당하는데, 이때는 충실의무에 의한 이해상충 해소가 필요하다. 이 경우 '회사에 대한 충실'이라

361 하지만 경영진(총수)의 이해상충이 없는 경우라도 회사의 이익과 주주의 이익을 엄격히 구별하는 판례의 입장에 따르면 주주이익을 위한 회사의 담보 제공과 같은 LBO 거래는 여전히 문제될 수는 있다. 하지만 이는 출자환급 성격이 있기 때문에 순수한 손익거래로 보긴 어렵다고 보아야 할 것이다. LBO거래의 출자환급적 성격에 대해서는, 이상훈, 앞의 「LBO와 배임죄(상)」, 131면 이하.

면 '회사 계좌'를 중심으로 이해상충을 살펴보게 되는데 '회사 계좌'를 중심으로 바라보면 계열사 간 거래에서 의사결정권자가 총수라는 점, 거래를 통해 이득을 보는 자 또한 총수라는 점을 도출해 내기 어렵다. 이해상충 거래라고 판단할 수 없게 되는 것이다. 그 결과 많은 수의 계열사 간 거래, 특수관계인 간의 거래가 이해상충 거래로 분류되지 않고 경영판단 영역의 거래로 분류됨으로써 경영진에게 광범위한 재량이 부여되고 이해상충 거래로 분류될 경우 요구되는 이해상충 해소조항의 적용도 면제되며, 이를 다투는 주주에게 입증의 부담이 전가된다. 결국 실체법상의 의무위반(이해상충 해소의무 위반)의 도출이 어려워져 주주가치 훼손이 견제 없이 손쉽게 이루어진다. 광주신세계 사건, 삼성물산 합병 사건[362]은 총수의 이해상충 사안임에도 '회사 중심' 충실의무 관점에서 경영판단이라는 이유로 면책이 이루어진 전형적인 사례들이다.[363]

한편, 현재의 '회사'만을 기준으로 하는 충실의무 개념은 이해상충이 존재하는 인적 범위를 판단할 때에도 문제를 일으킨다. 지배주주와 계열사 등 특수관계인과 같은 개념들을 누락시키는 문제가 그것이다. 계열사 등의 특수관계인 개념은 주주 간의 지분구도, 주주 간의 이해상충을 들여다보아야 도출되는 개념이다. 상법 스스로는 이러한 개념을 가지고 있지 못하다가 2009년에 자본시장법의 일부 조문이 상법

---

362 이 두 사건에 관한 자세한 설명은, 이상훈, 앞의 「그룹 총수의 계열사 지분투자와 회사기회 이용」, 200~208면.

363 가령 광주신세계의 회사기회 이용 사건에서 법인격 독립원칙상 398조(자기거래) 적용이 불가하므로 자기거래로 볼 수 없다는 이유로 경영판단으로 인정한 대법원 2013.9.12. 선고 2011다57869 판결이 이에 해당한다.

으로 이관되면서 비로소 상법에 이식되긴 하였지만 아직도 상법 체계 전체에 녹아들고 있진 못한 실정인데[364] 이는 '회사' 중심의 충실의무 체제에서는 당연한 것이다. 현행 상법에서도 주주의 영향력 문제에 대응하기 위하여 2011년에 상법을 개정하여 상법 제398조의 자기거래 규제 대상에 주주관계를 일부 고려하는 항목들을 각호에 넣어 두기는 했다. 하지만, 위와 같은 문제, 즉 충실의무의 범위를 회사로 국한할 것인지 주주에게 확장할 것인지의 문제가 이해상충 판단기준과 직결된다는 점을 깊이 고민하지 않은 채 조문을 만든 나머지, 대부분의 계열사들이 규정에서 누락되었다. 일부 적용 대상으로 명시된 경우조차도 해석 및 집행 과정에서 법인격 중심 사고 틀, 즉 '회사에 대한' 충실 개념 틀로 인하여 실제 적용 단계에서 별 실효성 없이 형식논리로 흐르고 있는 것이 현실이다. 특별이해관계인의 의결권을 제한하고 있는 상법 제368조 제3항도 마찬가지다.

요컨대 '주주에 대한' 충실 개념이 부재한 상황에서는 단체 내부의 지배주주와 일반주주 간의 이해상충과 같은, 단체법적 이해상충은 상법의 레이다망에 포착되기 어렵다. 그 결과 지배주주는 직접 계약의 상대방이 되지만 않으면, 가령 계열사나 특수관계인을 거래 상대방으로 내세워 거래하는 계열사 간 합병(자본거래) 또는 계열사 간 부당지원(손익거래)의 경우 상법 제398조(자기거래)나 제368조 제3항(주총 특별이해관계인)과 같은 이해상충 해소의무의 적용 대상에서 빠져나간다. 심지

---

364 이에 관한 상론은 이상훈, 「공정거래법 동일인 제도에 대한 회사법적 평가-상법, 자본시장법 및 미국 증권법과의 비교를 통해서 본 공헌과 과제-」, 『기업법연구』, 기업법학회, 2022, 31~39면.

어는 임원보수 책정 계약처럼 지배주주가 직접 계약의 상대방이 되는 경우조차도 해소해야 할 이해상충의 본질이 '전체 주주'와의 이해상충이라는 점을 수용하기 어려워 이해상충 해소 절차를 적절히 구축하기 어렵다.

나. '주주에 대한' 충실의무 도입 후

'주주에 대한 충실'이라면 '회사 계좌'뿐 아니라 '주주 계좌'를 중심으로도 이해상충을 살펴보게 된다.

회사라는 법인격 배후의 전체 주주 레벨까지 이해상충의 탐지 범위가 넓어지면, 양쪽에 지분율을 차등적으로 갖고 있으면서 양 사를 모두 지배하고 있는 총수가 의사결정권을 가지면서 실질적인 이득도 보게 되는 이해상충의 진원지라는 점을 쉽게 읽어낼 수 있다. 또한 지배주주의 영향력이 이해상충의 핵심이므로 주주들의 지분율 분포, 특수관계인들의 현황 파악도 중요해지고, 특수관계인들도 이해상충 파악의 대상 범위로 포섭된다. 이처럼 '회사'만을 중심으로 이해상충을 따질 때와는 이해상충 해소가 필요한 범위 획정 및 해소 절차가 판이하게 달라진다. 앞서 언급한 광주신세계 사건에 대해서도, '회사'라는 법인격 중심의 충실 관점에서는, 경영판단을 존중한 법원의 태도가 문제없다[365]는 입장으로 이어지지만, '주주에 대한 충실' 관점에서는 경영판단으로 분류한 위 법원의 태도는 문제가 있다[366]고 보게 된다.

---

365 천경훈, 「신세계 대표소송의 몇 가지 쟁점-경업, 회사기회유용, 자기거래」, 『상사법연구』, 상사법학회, 2014, 160~161면.

366 이상훈, 앞의 「그룹 총수의 계열사 지분투자와 회사기회 이용」, 204면.

요컨대 '주주에 대한' 충실의무가 도입되면, 자본거래 손익거래를 불문하고, 총수의 이해상충 행위에 대해 충실의무의 적용이 가능해지고 상법에 규정된 이해상충 해소 조문들의 적용이 가능해진다. '총수의 이해상충'을 '회사법상의 이해상충'이라고 말할 수 있게 된다는 뜻이다. 이것은 현행 '회사에 대한' 충실 체제와 비교되는 핵심적인 차이다. '주주에 대한' 충실의무의 적용이 가능해지면 사전적인 절차 설계와 입증의 부담 면에서 획기적인 전환이 이루어져 절차적(fair process)·내용적(fair price) 공정성(entire fairness) 확보를 위한 규범적 토대가 마련될 것이다.

또한 주주의 비례적 이익 보호의무를 이사의 충실의무에 포함시키면 지배주주(경영진)와 전체 주주와의 이해상충을 살펴보아야 하므로 전체 주주들의 지분 구도, 지배주주와 이해를 같이하는 특수관계인들의 파악도 중요해진다. 자본시장법의 특수관계인 개념, 공정거래법의 동일인 관련자 개념이 이러한 관점에 입각한 입법이라고 할 수 있는데, 2009년 상법전 속으로 편입되어 있음에도 제 역할을 하지 못한 채 겉돌고 있는 이들 규정과 회사법 전체 체계와의 정합성도 높아질 것이다.

맺음말

이상에서 이사의 '주주에 대한' 충실의무 도입을 위한 법 개정의 필요성과 기대효과, 해외 사례 등을 살펴보았다. 바람직한 조문 형태까지는 다루지 않았는데 가장 이상적인 형태는 "이사는 주주에 대하여 충실의무를 부담한다"고 명시하는 것이라고 본다. G20/OECD Principle이나 델라웨어 회사법이 주주 앞에 전치사 to를 사용하여 그 의무의 상대방이 주주임을 명시하였던 것처럼 말이다. 구체적인 조문 문구에 대해서 자세히 논하지 않은 이유는 이사의 '주주에 대한' 충실의무 개념, 지배주주로부터 일반주주 보호 개념을 수용할 것인지에 대해서 합의가 되지 않은 상황에서 조문 문구를 논하는 것은 시기상조인 면이 있다고 보기 때문이다. 공감대 형성이 되어 있지 않은 채 조문 문구만 가지고 논쟁을 벌이면 자칫 본질을 흐리고 엉뚱한, 쓸모없는 입법만 이루어질 우려가 있다.

이사의 '주주에 대한' 충실의무 도입의 핵심은, 회사의 자원을 콘트롤하는 경영진은 회사 내 일종의 공직자나 마찬가지이므로 그 직무를 수행함에 있어 전체 주주가치를 증진하고 그에 대한 자신의 사적인 이해상충을 해소하여야 한다는 것이다. 이는 '주식'회사의 개념 본질과 정의 관념에 비추어 당연하다고 본다. 그간 1960년대부터의 고도성장기, 개발연대(開發年代)의 자본축적기(資本蓄積期), 특히 IMF를 거치면서 2천년대 초반부터 각종 금융기법이 도입되고 구조조정과 조직재편이라는 명목하에 M&A가 활발하게 이루어지면서, '회사'라는 가림막 뒤에서 총수의 일반주주 침해 및 부의 이전이 당연시되고 제대로 견제가 이루어지지 못하여 왔던 면이 있다.[367] 여기에는 오랜 유교문화와 군사독재 경험에서 연유되었다고 보이는 단체주의, 권위주의가 상당 기간 지속되면서 의사결정권자의 이해상충에 무심했던 문화적 풍토도 한 원인이었을 것이다. 단체나 집단이라는 명분하에 구성원인 개인의 희생이 너무나도 당연한 것으로 간주되어 오던 정치, 문화적인 풍토, 그러한 시대에 자라고 교육받은 베이비붐 세대, 586세대들이 사회 주도층으로 올라서게 된 측면들도 어쩌면 역할을 하였을지 모르겠다. 하지만 단체라는 명분으로 구성원 개인의 희생을 당연시하던 사고방식은 시쳇말로 '꼰대'스러운 발상, 바람직하지 못한 사고체계라는 인식이 점증해 가고 있으며, 그것이 이 시대의 시대정신이라고 본다.

기업 경영진이 주주에 대하여 충실의무를 다하도록 한다는 것은 단순한 법적인 정의(正義)의 문제를 넘어, 기업의 체질을 개선하고 근본적인 기업문화를 바꿈으로써 기업의 경쟁력, 국가 경쟁력을 업그레이드하자는 문제의식도 담고 있다. 모든 주주가 아니라 총수를 위해 기업의 자원을 동원하고 의사결정을 내리는 그런 기업이 세계 최고의 기업이 되긴 어려우며 그런 곳의 임직원이 스스로에게 자긍심을 갖긴 어려울 것이다. 전체 주주가 아닌 총수에게 충성하는 기업이 세계 최고의 기업이 될 리 만무하며, 그렇게 트레이닝받은 임직원이 세계 최고의 기업가가 되긴 어려울 것이다.

---

367 물론 총수만 문제는 아니며 주주에 대한 충실의무는 전문경영인도 수범 대상이다. 다만 우리나라 소유 구조상 주로 총수 체제에서 문제가 되어 왔기에 이 책에서는 주로 총수형 소유 구조에 초점을 맞추었을 뿐이다.

이 문제는 젊은 세대와 노년 세대, 사회 기득권 세대 간의 부의 편중과 양극화 해소라는 관점에서도 우리 사회에 중대한 과제를 던져 주는 중요한 문제이다. '주주에 대한' 충실의무가 결여된 회사 운영은 주식시장의 코리아디스카운트를 야기하여, 젊은 세대들이 인플레이션과 집값 상승으로부터 자신의 노동가치 희석을 막고 재산을 증식할 수 있는 사실상 유일한 수단인 주식투자를 어렵게 만들어 급기야 '국장탈출은 지능순'이라는 자조섞인 말이 유행어가 되고 있을 지경이다. 주주에 대한 충실이 부정되는 기업 거버넌스는, 젊은 세대의 부의 증식수단을 막아 해외 주식시장으로, 코인과 부동산 '영끌'로 내몰고 있으며, 국민연금의 투자손실로 국민부담을 증가시키고 금융의 자원배분 기능을 훼손하며 모험 자본 육성을 어렵게 만든다. 한마디로 성장잠재력과 사회안전망을 근본적으로 훼손하는 심각한 문제를 야기한다. 이 문제가 단순한 회사법 이슈가 아니라 국가적 명운이 걸려 있는 중대 사안이라고 보는 이유이다. 총수 앞, 기업집단 앞으로의 부당한 경제력 집중이 손쉽게 초래되어 사회 전반에 양극화 현상이 심화되는 것, 공정거래법과 자본시장법이 제 역할을 하고 있지 못한 것 역시 기본적으로는 회사법상의 충실의무 규범의 형해화에서 출발한다. 충실의무를 바로잡는 것은 공정거래법과 자본시장법이 제 역할을 하도록 지원하는 핵심 요소이기도 하다.

오랜 기간 대기업의 낙수(落水)효과를 통해 기업의 부가 사회 전반으로 고르게 퍼지기를 기대하며 기업에 대해 우리 국민 모두 허리띠를 졸라매고 전폭적인 지원을 해왔다고 생각된다. 이러한 종래의 믿음이 이제 결실을 거두고 더욱 확대 발전해 나갈 수 있도록, 회사법이 예정하고 있는 당사자들의 인센티브 구조를 점검하고 발전을 가로막는 병목 요소를 재정비할 때이다. 과거 권위주의 시절 단체주의 문화에 기반하여 구성원들로 하여금 인내하고 희생하며 따라 줄 것을 요구하던 리더십은, 이제 선진국 반열에서 인구가 줄고 사람이 귀해지는 상황에서 세계 최고의 기업을 만들고 이끌어 가야 할 리더십으로는 턱없이 부족하다. 그야말로 '새 술은 새 부대에 담아야' 할 때가 된 것이다. 경영주의 사익편취로 말미암은 주주가치 훼손, 그로 인한 국민연금의 소득 감소 및 국민들의 부담 증가, 소위 오너리스크, 승계 리스크로 인한 기업 경쟁력 저하가 초래되고 있음에도 기성세대가 이 문제를 계속 방치한다면, 젊은 세대의 좌절과 세대간의 불신, 정부에 대한 불신, 미래에 대한 불신 그리고 그로 인한 국민들의 사기 저하는 피하기 어려울 것이다.

그간 일반주주들의 주주가치가 훼손되고 지배주주 앞으로 손쉽게 편취가 이루어지는 현상이 방치되어 왔던 데에는 법원과 실무 법률가 및 학자들, 정치인과 관료들이 일반 국민들의 희생을 지켜줄 수 있을 만큼 주식이나 재무, 금융에 관한 전문성이 충분치 못하였던 점도 중요한 원인이었다. 아직까지도 상법은 '회사 계좌'를 중심으로만 바라보고 있을 뿐, '총수와 일반주주의 이해상충'이라는 개념 틀조차 도입되어 있지 못하다. 법원의 판례나 자본시장 관련 법제 역시 이러한 현상에 대해 만족스런 문제의식을 보여 주지 못하고 있다. 필자는 미국 로스쿨 유학 시절에 미국의 교수님들이 자신들의 회사법이 미국의 국가경쟁력을 전세계 최고가 되도록 지원하고 자신들의 회사법이 전 세계를 석권하게 된 것을 매우 자랑스럽게 여기는 의미로 'Corporate

America'라는 표현을 사용하는 것을 보고 상당히 부러웠던 기억이 있다. 미국 회사법의 핵심은 경영진의 이해상충을 효과적으로 통제하는 투자자보호 메커니즘에 있다고 해도 과언이 아니다. 우리도 K라는 접두어를 쓰는 한국이 세계에 내놓은 여러 히트작들의 리스트에 한 항목 올릴 수 있도록, 정의감과 상식에 부합하며 젊은 세대에게 희망을 줄 수 있는 회사법을 만들어 'Corporate Korea'라는 표현을 자랑스럽게 쓸 날이 어서 왔으면 하는 바람이다.

'주주에 대한' 충실의무 도입 상법의 개정을 통해 미국 사람들이 자주 쓰는 용어인 이른바 'Corporate Democracy'가 조속히 정착되고, 탈권위, 탈'꼰대', 효율경영과 낙수효과, 양극화 해소 및 상생으로 이어지는 선순환 구도가 형성되어 젊은 세대들에게 꿈과 희망을 주고, 총수 앞 부당한 경제력 집중으로 인한 양극화 해소, 저출산 해소에도 기여하는 날이 오기를 간절히 기대하며 글을 맺는다.

부록

자주 묻는 질문(FAQs)

이하의 내용은 필자가 이 책의 내용에 관하여 언론에 자주 나왔던 의문, 반대론의 주장 또는 대학원 강의할 때 나왔던 질문을 Q&A 식으로 정리한 것이다.

Q. 회사와 주주이익은 동일하므로 회사에 대한 충실의무로 충분하며 주주에 대한 충실의무는 필요없다?

회사이익을 보호하면 주주이익은 저절로 보호되고, 회사의 부를 증가시키면 주주의 부도 증가하므로, 양자는 이익이 일치함. 따라서 주주의 손해는 회사의 손해로 환원 가능하며 회사의 손해를 보호하는 회사에 대한 충실의무로 충분하며, 주주의 손해를 보호하기 위한 별도의 의무를 도입할 필요는 없음.

A. 회사와 주주의 이익이 동일하다는 전제하에 주주에 대한 직접 의무가 필요없다는 주장은 잘못된 것임.

합병비율 불공정, 물적분할 상장, 지주사전환, 포괄적 주식교환, 주식병합, 신주발행, 공개매수의 예에서 보듯이, 회사의 부에는 변함이 없거나 오히려 늘어나는 경우에도 주주의 부는 감소하는 경우가 얼마든지 있을 수 있음. 특히 회사가 자사주를 염가에 취득하는 것은 사실상 주주들을 염가에 축출하여 그 잉여를 잔존주주에게 귀속시키는 행위인데, 이것은 회사의 부에는 영향이 없거나 오히려 저가매수이므로 "회사의 이익"(에버랜드의 저가매도와 반대 상황)이라고 평가될 여지마저 있음.

Q. 주주의 비례적 이익이라는 논리는 회사법 학문상 듣도보도 못한 논리이며, 개념이 불분명하다?

Q. 지배주주 역시 주주이므로 "지배주주가 주주이익을 침해한다"는 주장은 성립불가능한 주장이다?

주주의 비례적 이익은 회사법학상 처음 듣는 낯선 용어임.

주주의 이익은 n분의 1씩 동일하므로 주주 간 이해상충이라는 것 자체가 불가능하며 지배주주가 일반주주의 이익을 침해한다는 것도 성립 불가능함. 주주의 이익을 침해하면 지배주주 자신도 손해를 입기 때문임.

또한 주주의 n분의 1의 이익 침해는 주주평등의 원칙으로 충분히 방지가 가능함. 따라서 지배주주의 이해상충, 주주의 비례적 이익 보호라는 논리는 불필요하고 부적절함.

A. 주주의 비례적 이익은 n분의 1의 이익을 가리키는 용어로 어렵거나 불분명한 개념이 아님.

A. 지배주주와 일반주주의 이해상충, 주주의 비례적 이익 보호는 낯선 이슈가 아니며 회사법 3대 이해상충의 하나로 불리우는 핵심 이슈임.

① 지배주주와 일반주주의 이해상충, ② 전체 주주와 경영진의 이

해상충, ③ 전체 주주와 채권자의 이해상충은 회사법의 3대 이해상충으로서 회사법학이 다루는 핵심 주제임. 주주의 비례적 이익이란 이 중 첫 번째 이슈, 즉 일반주주의 이익을 보호하여야 한다는 의미로 사용되는 용어로서 낯선 용어가 아니며 회사법학계에선 잘 알려진 이슈임. 따라서 낯선 논리라는 주장은 사실과는 거리가 먼 주장임.

주주의 비례적 이익은 모든 주주의 지분율에 따른 이익, 즉 기업의 전체 가치에 대하여 n분의 1씩 가지는 이익을 말함. 주주의 비례적 이익은 대법원 판결 및 최근 카카오에 대한 SM의 전환사채 발행 가처분 판결에서 법원도 사용한 용어임. 주주가 회사에 대하여 가지는 지분율에 따른 이익을 가리킴. 전체 기업가치에 대하여 주주가 가지는 n분의 1의 이익을 가리키는 것으로 주식이라는 말 그 자체와 동의어임.

한편 지배주주가 주주인 경우에도 주주의 비례적 이익 침해는 가능함.

주주의 비례적 이익 침해는 두 가지 유형이 있는데, ① 1개의 회사 내에서 주주 간 비례성이 깨지는 형태와, ② 2개 이상의 회사에서 총수가 회사 밖의 특수관계인 등을 통해 '딴 주머니'를 차고 있음으로 해서 1개 회사 내 모든 주주들에게 공통으로 1/n 피해를 입히는 경우임.

지배주주에게만 신주를 저가로 발행해 주는 경우는 위 ①의 예이고, 합병비율이 불공정한 경우는 위 ②의 예임. 합병비율이 불공정하면 모든 주주들이 공통으로 피해를 보지만 지배주주는 밖에 '딴 주머니'를 차고 있기 때문에 이득을 보기에 비례적 이익이 깨지는 것임. 합병비율 불공정은 피해 회사의 주주들 모두가 가령 주당 20만 원을 인정받아야 하는데 13만 원만 인정받은 것을 뜻하는데, 이 사태를 표현하는 말로 주주의 비례적 이익(= 1주당 가치)이 침해되었다는 표현보다 더 정확한 표현은 아마도 찾기 어려울 것임.

Q. 주주에 대한 충실의무를 도입하면 일반주주의 단기이익에 치중하게 되어 회사에 해롭다?

일반주주는 주주환원에만 관심, 단기 주주자본주의 관점, 회사에 해로움
주주환원 과도하면 회사의 성장잠재력 훼손, 회사에 해로움

A. 장단기 문제와 주주에 대한 충실의무 도입은 무관한데 이를 혼동한 주장임.

주주환원은 주식회사의 기본으로 한국의 최근 10년간 주주환원율이 29%라는 것인데, 이는 성장의 문제가 아니라 회삿돈을 주주를 위한 곳이 아닌 다른 곳에 전용한다는 의미가 아니고는 설명이 어려운 수치임. 이는 충실의무의 문제이지, 장단기의 문제가 아님. 이해상충 행위를 '회사를 위한 장기 투자'로 정당화는 곤란함. 10년을 기다려도 평균 29% 환원인데 도대체 얼마를 더 기다려야 장기(長期)란 말인가? 장기 투자와 주주환원 중 어떤 것이 회사와 주주를 위해 최선일지의 배합은 경영판단의 문제임. 주주에 대한 충실이 도입된다고 해도 이해상충으로 계열사 지원 등 사익추구만 아니라면, 정상적인 투자판단의 문제에 일반주주가 법적인 문제를 제기할 수는 없음.

주주환원이 잘 이루어지면 시장에서 주가가 높게 형성되어 회사가 필요로 할 때 적기에 자금조달이 오히려 유리함. 이 과정에서 시장으로부터 경영진의 투자판단이 적정한지 모니터도 받게 되어 대리인 문제도 줄일 수 있음.

"주주는 비효율 소비, 경영진만 효율투자 가능" 논리는 미국에서도

1980년대에 경영진들이 내세웠다가 적대적 M&A 바람을 겪고 난 지금은 사라져 버린 낡은 논리라고 알려져 있는데, 이 주장은 근저에 경영진만이 똑똑하고 효율적인 자원배분이 가능하며 일반 시민들(개미투자자)에게 배당으로 분배하면 자원 분배의 비효율로 경제발전에 도움이 안 된다는, 국민들을 무시하는 취지가 깔려 있는 주장임.

Q. 충실의무 도입은 일반주주 과잉보호이며 자본다수결 원리에 반한다?

지배주주와 일반주주는 각자 생각이 다른 상황에서 주주의 비례적 이익을 보호하라는 것은 성립하기 어려운 요구임. 지배주주와 일반주주의 의견이 대립되는 상황에서 일반주주의 이익을 우선시하라는 것은 자본다수결에 반하는 주장임.

A. 충실의무를 "지배주주, 일반주주의 사적인 이익 보호" 취지로 혼동한 논리임.

전체 주주의 '회사법상의 이익(비례적 이익)' 보장 요구는 주식의 n분의 1의 가치를 보장하라는 것이지, 그 보유 주체의 주관적인 인적(人的) 특성을 보호하라는 것이 아님. 전체 주주를 보호하는 것은 지배주주 체제에서는 결국 일반주주 보호로 귀결되기 때문에 일반주주 보호로 줄여 부르는 것일 뿐임. 즉 모든 주주의 n분의 1을 보호하자는 뜻이지 일반주주만을 보호하자는 것이 아님. n분의 1을 지켜주지 않고 지배주주 앞으로 이전, 편취해 가는 것을 막아 달라는 취지일 뿐임.

지배주주의 이해상충, 사적 이익은 다수결로 밀어붙일 사항이 아니기 때문에, 자본 다수결을 논할 사항이 아님. 자본 다수결은 모든 주주의 공동 이익, 즉 전체 주주의 이익을 증진하는 사안에서 의견이 대립될 때 적용되는 것이지, 전체 주주 이익에 반하는 지배주주의 이해상충 상황에서 지배주주의 사적 이익을 다수결로 정당화할 수는 없음. 그것은 힘으로 약자의 부를 빼앗는 약육강식이나 다름 없음.

힘으로 약자의 권익을 빼앗는 표결(정치)은 법에 의한 사법(司法) 통제가 원칙임. 의사결정자의 쌍방대리, 이해상충(self dealing) 사안에 피해자의 동의(MoM)는 오랜 법원칙(민법 제124조 참조). 따라서 일반주주만을 과잉 보호하자는 것이 아님.

Q. 주주에 대한 충실의무 도입하려면 경영권 방어장치가 필요하다?

주주에 대한 충실의무가 도입되면 행동주의 펀드 등 주주들의 경영권 도전이 늘어나고 자사주 소각 요구가 늘어날 것인바, 외국과 달리 우리나라는 그에 상응하는 경영권 방어장치가 마련되어 있지 않으므로 경영권 방어 장치의 도입이 필요함.

A. 경영권 방어 장치 도입 주장은 타당하지 않음.

먼저 우리나라의 기업집단 체제에서 경영권이 위태로울 수 있는가의 문제가 있음. 만약 경영권이 위태롭다면 주주가치를 훼손, 표심을 잃었기 때문일 것임. 사익추구 금지, 전체주주 보호하는 데 경영권이 위태로워진다는 주장은 수긍하기 어려움.

나아가 경영권 방어가 필요하다는 것은 총수의 주식 지분율이 부족하다는 뜻인데 그것은 IPO 때 주식을 과도하게 팔았거나 레버리지 효과를 위해 M&A 시 주식을 소량만 매입했다는 뜻임.

본인의 자금 절약을 위해 적은 지분만 취득한 것이거나 과도하게 지분을 매각한 것이니 그로 인한 부담은 본인이 지는 것이 공평할 뿐 아니라 당연함. 그 부담을 덜기 위해 정부에게 회사법을 고쳐 경영권 방어를 할 수 있게 해달라는 것은 본인의 사익을 위해 회사의 공적 권능을 동원하여 일반주주의 반대를 무마할 수 있게 해달라는 요구여서 부적절함.

회사의 권능과 재원은 전체 주주에 비례적으로 귀속되어야 하는 것이므로 지배주주의 경영권 방어와 같은 사익을 위해 회사의 권능을 사용하는 것은 주주의 비례적 이익을 침해하는 것으로 허용될 수 없다고 보아야 함.

외국의 포이즌 필 같은 경영권 방어 수단은 주주에 대한 충실의무의 존재를 전제로 마련된 것임을 유의할 필요가 있음. 경영권 방어의 선례로 우리나라에서 자주 원용되는 델라웨어의 Unocal 판결도 기본적으로 주주에 대한 충실을 출발점으로 한다는 점을 간과해서는 안 될 것임. 가령 Unocal 판결은 판결문 스스로도 법원의 논리는 주주에 대한 충실의무에서 출발한다는 점을 다음과 같이 명확히 밝히고 있음.

> "In the board's exercise of corporate power to forestall a takeover bid our analysis begins with the basic principle that corporate directors have a fiduciary duty to act in the best interests of the corporation's stockholders.

이런 규범이 도입되어 있지 않은 상태에서 Unocal 판결을 원용하며 경영권을 방어하겠다고 주장하는 것은 앞뒤가 안 맞는 논리이자, 책임은 지지 않으면서 권한만 갖겠다는 논리여서 매우 부당하고 위험함.

요컨대 경영권 방어는 회사와 주주가치를 보호하는 개념(충실의무)의 일환이지 경영진의 지배권 방어라는 사익 추구 목적으로는 곤란함.

Q. 주주에 대한 충실의무 도입 시 "배임죄 범위 확대"가 우려되므로 도입되어서는 안 된다? 경영판단 면책도 마련되어 있지 않은 상태에서 의무 범위 확대는 문제다?

A. 배임죄 우려를 이유로 주주에 대한 충실의무 도입 반대는 부당함.

배임죄는 자신의 권한을 이용하여 관리하는 남의 재산을 빼돌리는 이해상충 행위에 대해 처벌하는 죄임. 회사에 대해서는 그러한 행위 처벌이 당연하다고 보면서도, 주주에 대해서는 그러한 행위를 하여도 처벌하면 안 된다는 논리는 납득하기 어려울 것임.

가령 회사에 대한 배임 처벌을 피하기 위해, 회사는 그대로 둔 채 저가 주식거래 형태로 바꾸면(*) 다 빠져나가도록 허용해야 한다는 논리라면 이는 궤변이 아닐 수 없음.

(*) 예: 저가 영업양도는 회사에 대한 배임으로 처벌되지만, 회사를 그대로 둔 채 합병 방식으로 구성하면 저가양도는 합병비율 문제로 바뀌고, 이는 주주들의 문제이므로 아무도 책임을 지지 않게 됨.

회사에 대한 배임이 처벌되어야 한다면, 주주에 대한 배임도 처벌되는 것이 마땅함. 이해상충으로 남의 재산을 빼돌리는 것을 처벌을 하지 말아 달라고 주장하는 것은 본말이 전도된 주장임. 배임이 과도하다면 배임죄 전반을 논해야지 회사에 대한 배임을 존치하면서 그것을 회피하기 위한 통로로 활용되는 주주이익 침해 행위를 방치하자는 주장은 수긍하기 어려움.

나아가 주주에 대한 충실의무는 민사법인 상법의 문제이며, 이를 형법의 "타인의 사무를 처리하는 자"와 연결지어 배임죄로 처벌할지에 관하여는 법에 언급이 없음. 순전히 판례로 형성되어 온 법리임. 법원의 형사 판례를 걱정해서 상법의 개정을 거부하고 주주들의 피해를 방치하겠다는 것은 입법과 사법을 혼동한 주장임.

요컨대, 이해상충으로 남에게 피해를 주는 것은 고의에 의한 행위이므로 경영판단과도 무관하며 면책을 주장할 사안도 아님. 스스로 그러한 행위를 하지 않거나 독립이사와 일반주주의 동의를 받아 진행함으로써 범죄 성립 요건을 조각시키는 방법이 얼마든지 가능함. 그런 해결책을 거부하면서 의무조항을 만들지 말라는 것은 균형을 잃은 주장임.

Q. 주주에 대한 충실의무는 해외 유례가 없고, 이사는 회사로부터 수임받는 체계인 회사법의 근간을 뒤흔든다?

A. 해외 유례가 없다는 주장은 사실과 다르며, 우리나라처럼 법과 판례가 확고하게 주주 보호를 외면하는 경우를 거의 찾기 어려움. 해외 법제에 관하여는 제3부 참조.

이사가 회사로부터 수임받는 체계라는 것을 부인하는 것은 아님. 이는 주주에 대한 의무를 인정하는 미국이나 영국도 모두 마찬가지임. 그러나 현실적으로 이사는 법에 근거해 주주의 권리, 주식 가치를 직접 콘트롤할 수 있는 권한을 부여받은 경우가 많은바, 그것은 곧 상법이 이사에게 주주의 사무를 처리하도록 권한을 부여(법정 위임)한 것이라고 봄이 타당함. 따라서 주주에게도 의무를 부담토록 하는 것이 회사법의 체계에 반한다고 볼 것은 아님.

이처럼 법에 의해 타인의 재산권을 관리하는 자는 명시적인 규정이 없더라도 법정 위임이 성립한다고 보는 것은 민사법의 일반 원칙이기도 함. 가령 민법 제734조(사무관리)는 타인과 아무런 계약이나 법령상의 근거가 없음에도 타인의 사무를 관리한 자에게 선관의무 위반 손배 책임을 지우고 있음. 또한 채권자대위권(민법 제404조)의 경우, 채권자는 아무런 위임계약을 작성한 바 없고 법이 명시적으로 수권을 해주는 조항을 둔 바도 없지만, 채권자가 채무자의 권리를 대신 행사한다는 점만으로 채권자와 채무자의 관계는 법정위임이라고 보는 것이 판례임(대결1996.8.21.96그8).

복잡한 계열사 간 거래에서는 주주에 대한 충실이라는 이해상충 해소를 위한 나침반이 분명하지 않으면, '회사의 이익을 위한 경영판단'이라는 구실하에 주주의 이익을 빼돌리는 행위가 너무나 쉽게 이루어질 수 있으며 이를 통제할 수 없게 됨. 이는 앞서 본 G20/OECD Principle에서도 지적하고 있는 사항임(본문 제1부 및 제3부의 각 I항 참조).

참고문헌

[단행본]

강성부, 『좋은 기업, 나쁜 주식, 이상한 대주주』, 페이지2북스, 2020

권종호, 『일본회사법 상』, 법무부, 2018

김건식·노혁준·천경훈, 『회사법』 제5판, 박영사, 2021

김건식·노혁준·천경훈, 『회사법』 제6판, 박영사, 2022

김정호, 『회사법』 제5판, 법문사, 2019

김홍기, 『상법강의』 제5판, 박영사, 2020

박영옥·김규식, 『주주 권리가 없는 나라』, 센시오, 2024

송옥렬, 『상법강의』 11판, 홍문사, 2021

오성근, 『회사법』, 박영사, 2019

이철송, 『회사법강의』 제32판, 박영사, 2024

이철송, 『회사법강의』 제29판, 박영사, 2021

임재연, 『미국회사법』 수정판, 박영사, 2004

장덕조, 『회사법』 제5판, 법문사, 2020

정광우, 『투자의 역사는 반드시 되풀이된다』, 포레스트북스, 2023

천준범, 『코리아 프리미엄 시대가 온다』, 부키, 2024

정찬형, 『상법강의(상)』 제22판, 박영사, 2019

최준선, 『회사법』 제18판, 삼영사, 2023

홍복기/박세화, 『회사법강의』 제7판, 법문사, 2019

[논문]

고창현, 「이사의 충실의무」, 『주식회사법대계 Ⅱ』 제4판, 상사법학회 편, 법문사, 2022, 756면.

______, 「이사의 충실의무」, 『株式會社法大系 Ⅱ』 제3판, 상사법학회 편, 법문사, 2019, 659면.

권용수, 「구조적 이해상충이 내재된 M&A의 공정성 확보 방안」, 『상사판례연구』 제32권 제3호, 상사판례학회, 2019
_____, 「일본의 매수방어책 관련 논의 동향-경제산업성의 「기업매수 시 행동지침(안)」을 소재로-」, 『법이론실무연구』 제11권 제3호, 법이론실무학회, 2023
권재열, 「물적분할 후 자회사 상장시 소수주주 보호방안 검토-법령개정사항을 중심으로-」, 『증권법연구』 제23권 제1호, 증권법학회, 2022
_____, 「이른바 '쪼개기 상장'을 둘러싼 제도정비 방안 검토」, 『상사법학회 2022 하계 학술자료집』
김규식, 「이사의 주주에 대한 신인의무의 존부, 법적 성질 및 관련 사례」, 『(사)한국기업거버넌스포럼 25차 세미나 유튜브』(https://www.youtube.com/watch?v=WdX49mlgk1M).
김문재·최주희, 『회사법 강론』, 책과 세계, 2024
김은수, 「회사 분할에 관한 법적 연구-기업가치에 대한 이해관계를 중심으로-」, 『경영법률』, 경영법률학회, 2021
김재범, 「주주 충실의무론의 수용」, 『비교사법』 제22권 제1호, 비교사법학회, 2015
_____, 「이사 보수액의 적정성과 이사 충실의무의 위반-대상판결: 대법원 2016.1.28. 선고 2014다11888 판결-」, 『상사판례연구』 제33권 제4호, 상사판례학회, 2020
김정호, 「적대적 M&A에 있어 방어행위의 적법요건-Unocal Corp. v. Mesa Petroleum Co. 사건을 중심으로-」, 『경영법률』 제19권 제4호, 경영법률학회, 2009
김준석·강소현, 「코리아 디스카운트 원인 분석」, 『이슈리포트 23-05』, 자본시장연구원, 2023
김지안, 「M&A 거래의 공정성 확보를 위한 이사의 행위기준 가이드라인 정립의 제언-델라웨어 MFW 판결(2014)와 일본 M&A 지침(2019)의 비교법적 고찰을 통해」, 상사법연구 제39권 제4호, 상사법학회, 2021
김화진, 「독일 회사법의 최근 동향」, 『선진상사법률연구』 통권 제75호, 법무부, 2016
노혁준, 「합병비율의 불공정성과 소수주주 보호-유기적 제도설계를 향하여-」, 『경영법률』 제26권 제2호, 경영법률학회, 2016
박수영, 『주식회사법대계 II』 제4판, 상사법학회 편, 법문사, 2022,
손영화, 「ESG 활성화에 따른 회사법의 쟁점과 과제」, 『상사판례연구』 제34권 제3호, 상사판례학회, 2021

손창완, 「상법 개정의 현황과 평가」, 『상사법연구』 제43권 제1호, 상사법학회, 2024
_____, 「미국 회사법상 이사의 의무와 그 시사점」, 『한국상사법학회 특별학술대회 자료집』, 상사법학회, 2024
송덕수, 『신민법강의』 제17판, 박영사, 2024
_____, 『신민법강의』 제14판, 박영사, 2021
심 영, 「영국 회사법 개정의 주요 내용과 그 시사점」, 『중앙법학』 제9집 제2호, 중앙법학회, 2007
_____ 번역, 『영국회사법 상』, 법무부, 2016
안태준, 「영국 회사법상 주주를 위한 법적 구제수단으로서의 불공정한 침해(unfair prejudice) 법리에 관한 연구」, 『상사법연구』 제40권 제2호, 상사법학회, 2021
원종현, 「회사 물적분할의 주요 쟁점과 주주보호 방향」, 『경제법연구』 제21권 제2호, 경제법학회, 2022
유영일, 「이사의 충실의무의 체계화에 관한 연구」, 『상사판례연구』, 상사판례학회, 2013
육태우, 「주주의 권리와 의무」, 『주식회사법대계 Ⅰ』 제3판, 상사법학회 편, 법문사, 2019
윤소연, 「지주회사 설립·전환시 포괄적 주식교환·이전의 실무상 쟁점」, 『상사법연구』 제41권 제2호, 상사법학회, 2022
이나래, 「상장회사 지배주주에 대한 주식 보상의 절차적 통제 방안」, 『경제법학회 하계학술대회 자료집』, 경제법학회, 2024
이완희, 「제382조의 3 이사의 충실의무」, 『주석 상법[회사3]』 제6판, 한국사법행정학회, 2021, 229면.
이상훈, 「LBO와 배임죄(上)-손익관계와 출자환급적 성격 및 법인이익독립론을 중심으로-」, 『법조』 제619호, 법조협회, 2008
_____, 「LBO와배임죄(下)-손익관계와 출자환급적 성격 및 법인이익독립론을 중심으로-」, 『법조』 제620호, 법조협회, 2008
_____, 「합병의 본질과 선관의무에서의 손해-주주이익론으로의 패러다임 전환을 제안하며」, 『법조』 제644호, 법조협회, 2010
_____, 「LBO에 대한 개정상법의 영향과 바람직한 규제의 방향」, 『증권법연구』 제13권 2호, 증권법학회, 2012
_____, 「삼성물산 합병을 통해서 바라본 주주이익 보호의 문제점과 개선방향-에버랜드의

재림(再臨), 그 극복을 위한 제언-」, 『상사법연구』 제34권 제3호, 상사법학회, 2015
_____, 「공정거래법상 동일인(지배주주)의 이해상충과 선관의무의 보호대상·자기거래·특별이해관계인 조항의 재해석-삼성SDS 회사분할 사례를 중심으로-」, 『증권법연구』 제17권 제2호, 2016
_____, 「'합병비율 불공정'과 구제수단-비판과 대안: 불공정의 재정의(再定義)와 신주의 추가발행-」, 『증권법연구』 제18권 제3호, 증권법학회, 2017
_____, 「신한·온세통신·한일합섬 LBO 판결에 대한 분석 및 비판」, 『상사판례연구』 제30집 제1권, 상사판례학회, 2017
_____, 「LBO 분석 틀의 정립 및 적용」, 『기업법연구』, 제31권 제1호, 기업법학회, 2017
_____, 「한국기업지배구조 문제의 본질과 바람직한 상법개정」, 『상사법연구』 제36권 제1호, 상사법학회, 2017
_____, 「삼성물산 합병의 교훈: 합병계획 공개의무–주주의 비례적 이익, Basic·Weinberger와의 비교를 통하여-」, 『증권법연구』 제19권 제1호, 증권법학회, 2018
_____, 「현대차그룹 지배구조 개편안에 대한 논평」, 『상사법연구』 제38권 제1호, 상사법학회, 2018
_____, 「자기거래와 주주전원의 동의: 주주의 비례적 이익·패러다임 전환을 촉구하며–대법원 2017. 8. 18. 선고 2015다5569 판결을 계기로-」, 『선진상사법률연구』 통권 제84호, 법무부, 2018
_____, 「주주전원 동의에 의한 자기거래 승인: 부정설 비판과 긍정설의 재구성–대법원 2017. 8. 18. 선고 2015다5569 판결을 계기로-」, 『기업법연구』 제32권 제3호, 기업법학회, 2018
_____, 「「사익편취」의 규제 근거(부당성)에 대한 새로운 해석」, 『경쟁법연구』 제39권, 경쟁법학회, 2019
_____, 「공정거래법 「사익편취」규제의 찬반양론에 대한 비판 및 제언–상법과 공정거래법의 접점, 통섭과 공조의 필요성-」, 『경제법연구』 제18권 제1호, 경제법학회, 2019
_____, 「합병비율 불공정에 대한 상법 제399조, 제401조의 적용가능성–주주는 보호되는가-」, 『증권법연구』 제20권 제3호, 증권법학회, 2019
_____, 「주식매수청구권, 기존 논의의 한계와 대안」, 『기업법연구』 제33권 제2호, 기업법학회, 2019
_____, 「국민연금 배임판결의 회사법적 의미–주주의 비례적 이익, 패러다임 전환을 제

안하며-」, 『상사법연구』 제38권 제2호, 상사법학회, 2019
______, 「주식매수청구권 시장성예외 도입논의 검토」, 『증권법연구』 제21권 제1호, 증권법학회, 2020
______, 「물적분할과 지주사 디스카운트-LG화학 물적분할을 소재로-」, 『법학논고』 제71집, 경북대학교 법학연구원, 2020
______, 「자사주, '마법(魔法)'과 '해법(解法)'-합병의 일방이 보유한 자기주식 또는 상대방 주식의 처리-」, 『상사법연구』, 제39권 제1호, 상사법학회, 2020
______, 「인적분할과 자사주마법」, 『상사법연구』 제39권 제2호, 상사법학회, 2020
______, 「공정거래법 동일인 제도에 대한 회사법적 평가-상법, 자본시장법 및 미국 증권법과의 비교를 통해 본 공헌과 과제-」, 『기업법연구』 제36권 제4호, 기업법학회, 2022
______, 「지배권 프리미엄과 의무공개매수-주주의 비례적 이익 관점에서-」, 『증권법연구』 제23권 제2호, 증권법학회, 2022
______, 「이사의 주주에 대한 충실의무-충실의무에 주주의 비례적 이익을 명시하는 법안에 대한 검토-」, 『상사법연구』 제41권 제2호, 상사법학회, 2022
______, 「이사의 주주에 대한 충실의무-비교법적 검토」, 『비교사법』 제29권 제3호, 비교사법학회, 2022
______, 「그룹총수의 계열사 지분투자와 회사기회 이용」, 『상사법연구』 제40권 제4호, 상사법학회, 2022
______, 「지배권주식 양도 시 의무공개매수 도입 논거에 대한 비판적 검토-금융위의 도입안을 중심으로-」, 『상사법연구』 제42권 제3호, 상사법학회, 2023
______, 「행동주의 펀드와 주주의 비례적 이익-에스엠 사례(서울동부지법 2023.3.3. 선고 2023카합10034 결정)를 소재로-」, 『증권법연구』 제24권 제12호, 증권법학회, 2023
______, 「자기주식 매입과 주주에 대한 충실의무」, 『상사법연구』 제43권 제3호, 상사법학회, 2024
이예지, 「금융투자소득세 쟁점과 개선과제-주식의 자본이득 및 배당소득에 대한 과세 논의를 중심으로-」, 『국회입법조사처』, 2024.7.24.
이중기, 「이사의 충실의무의 강행성 여부와 충실의무에 대한 사적 자치: 신탁 충실의무법의 보충적 적용을 중심으로」, 『비교사법』, 비교사법학회, 2015
______, 「지배권 프리미엄과 충실의무 관점에서 본 지배주주와 소수주주의 관계-다수결 원칙에 따른 지배권의 정당화와 내재적 한계」, 『사법』, 사법발전재단, 2021

정대익, 「주주에 대한 이사의 충실의무 부존재 하의 독일법상 주주보호수단」, 『한국상사법학회 특별학술대회 자료집』, 상사법학회, 2024
______, 「이사의 회사에 대한 책임에 관한 독일의 최근 현황과 개정논의」, 『상사법연구』 제36권 제2호, 상사법학회, 2017
______, 「합병비율 불공정에 대한 독일의 사후적 구제수단-보상청구권과 개정 논의를 중심으로-」, 『금융법연구』 제15권 제3호, 금융법학회, 2018
정연희, 「주주이익우선이론의 재검토-영국 회사법 이사의 의무 조항을 중심으로-」, 『홍익법학』 제15권 제4호, 홍익대학교 법학연구소, 2014
정진세, 「집단소속회사 이사에 대한 회사재산남용죄(특별배임죄)의 제한 대상판결: 프랑스 파기원 형사부 1985.2.4. 판결 (Rozenblum 사건)」, 『선진상사법률연구』제69호, 법무부, 2015
지원림, 『민법강의』 제19판, 홍문사, 2021
채이배, 「상법 제382조의 3(이사의 충실의무) 개정 필요성-이사 및 지배주주의 사익추구 방지를 위하여-」, 『경제개혁연구소 이슈&분석[2013-8호]』, 경제개혁연구소, 2013
천경훈, 「한국회사법상 이사의 의무와 주주이익의 보호」, 『한국상사법학회 특별학술대회 자료집』, 상사법학회, 2024
______, 「계열회사 간 합병과 이사의 의무」, 『상사법 연구』 제36권 제3호, 상사법학회, 2017
______, 「기업집단법제에 관한 연구-기업집단 소속회사의 손익판단을 중심으로」, 『기업법연구』 제29권 제3호, 기업법학회, 2015
______, 「신세계 대표소송의 몇 가지 쟁점-경업, 회사기회유용, 자기거래」, 『상사법연구』, 상사법학회, 2014
최문희, 「주식회사의 법인격의 별개성 再論-"에버랜드 판결"에 대한 비판적 고찰을 통하여」, 『한양법학』 제20권 제4집, 한양법학회, 2009
최민용, 「계열사간 합병과 회사법적 규제」, 『상사판례연구』 제30집 제3권, 상사판례학회, 2017
최승재, 「기업재편과정에서의 투자자보호: 인적분할과 물적분할을 중심으로」, 『기업법연구』 제37권 제4호, 기업법학회, 2023
황남석, 「기업집단 내 계열회사간 지원행위와 경영판단-대법원 2017.11.9. 선고 2015도12633 판결-」, 『법조』 제67권 제4, 법조협회, 2018

[외국 문헌]

Ann Lipton, 「The Three Faces of Control」, Lipton, Ann, The Three Faces of Control (November 2, 2021). 77 The Business Lawyer 801 (2022), Tulane Public Law Research Paper No. 21-8

American Bar Association Committee on Corporate Laws, Other Constituency Statutes: Potential for Confusion, 45 Bus. Law. 2270.

Brealey/Meyers/Allen(강경훈 외 번역), 『재무관리의 이해』 13판, 교문사, 2020

Brealey, Myers, Marcus(권경민 외 옮김), 『기본재무관리(Fundamentals of Corporate Finance)』 제10판, 교문사, 2021

David Kershaw, 『Principles of Takeover Regulation』, Oxford University Press, 2016

Douglas K. Moll, 『Corporations and Other Business Associations; Statues, Rules, And Forms 』 2021 edition, West Academic Publishing, 2021

Jeffrey J Haas, 『Corporate Finance in a Nutshell』 3rd edition, West Academic Publishing, 2015

M. H. Miller and F. Modigliani, 「Dividend Policy, Growth and the Valuation of Shares」, 『Journal of Business』 34, October 1961

O'Kelley/Thompson/Lund, 『Corporations And Other Business Associations』, Wolters Kluwer, 2022

Reinier Kraakman 외 10인 공저(김건식 외 번역), 『회사법의 해부』 개정판, 소화, 2020

Ronald J. Gilson, 「Unocal Fifteen Year Later (and What We Can Do About It)」, 『26 DEL. J. CORP. L. 491』, 2001

Stephen M. Bainbridge, 「Unocal at 20: Director Primacy in Corporate Takeovers」, 『Delaware Journal of Corporate Law』 Vol. 31, No. 3, 2006

William Bratton, 『Corporate Finance, Cases and Materials (University Casebook Series)』 8th edition, Foundation Press, 2016

江頭憲治郎, 『株式會社法』, 有斐閣, 2014

田中 亘, 『會社法』, 東京大出版部, 2018